Folgende Hilfen bietet dir *deutsch ideen* **in den Randspalten:**

> **TIPP**
> Es handelt sich um eine berühmte Ballade von Goethe, die vielfach vertont worden ist, unter anderem von Franz Schubert.

TIPP
Hier gibt es weiterführende Tipps oder Ideen.

> **Leitfragen**
> ▶ Womit beginnt das Gedicht?
> ▶ Wie wird die Motivik/das Thema entfaltet?
> ▶ Wie endet das Gedicht?
> [...]

Hinweiskasten
Das Merkwissen ist hier ganz kurz gefasst.
Im Hinweiskasten stehen auch Begriffserläuterungen.

> **METHODE**
> **Cluster**
> In einem Cluster (einer Art „Ideentraube") werden Assoziationen gesammelt. [...]

Methodenkasten
An manchen Stellen findest du zusätzlich zu den Erklärungen im **Methodenlexikon** noch einen Methodenkasten in der Randspalte.

Verweise

Erörtern → S. 58–63

Diese Verweise führen in ein Kapitel, in dem dieses Thema ausführlich behandelt wird.

Extra Lesen → S. 144–146

Verweist auf die zusätzlichen Texte im Teil „Extra Lesen"

M Parallelgeschichte → S. 291

Verweist auf das Methodenlexikon im Nachschlagen-Teil. Hier ist die Methode erklärt.

M Drama → S. 285–287

Diese Verweise führen zum Merkwissen des gesamten Kapitels.

M Extra Merkwissen → S. 276–279

Auch auf den Seiten „Extra Kompetenzen" gibt es Verweise ins Merkwissen.

Sprach- und Lesebuch

Reinhard Böhm, Ulla Ewald-Spiller,
Christian Fabritz, Martina Geiger,
Günter Graf, Michaela Klosinski,
Frauke Mühle-Bohlen,
Thomas Rudel, Torsten Zander

6

Schroedel

Sprach- und Lesebuch
10. Jahrgangsstufe

Erarbeitet von
Reinhard Böhm, Ulla Ewald-Spiller, Christian Fabritz,
Martina Geiger, Günter Graf, Michaela Klosinski,
Frauke Mühle-Bohlen, Thomas Rudel, Torsten Zander

Mit Beiträgen von Hans Stammel

Fachdidaktische Beratung Günter Graf

Unter Mitarbeit der Verlagsredaktion

Fördert individuell – Passt zum Schulbuch
Optimal für den Einsatz im Unterricht mit **deutsch ideen**:
Stärken erkennen, Defizite ausgleichen.
Online-Lernstandsdiagnose und Auswertung
auf Basis der aktuellen Bildungsstandards.
Inkl. individuell zusammengestellter Fördermaterialien.
www.schroedel.de/diagnose

© 2014 Bildungshaus Schulbuchverlage
Westermann Schroedel Diesterweg Schöningh Winklers GmbH, Braunschweig
www.schroedel.de

Das Werk und seine Teile sind urheberrechtlich geschützt.
Jede Nutzung in anderen als den gesetzlich zugelassenen Fällen bedarf der
vorherigen schriftlichen Einwilligung des Verlags. Hinweis zu § 52a UrhG:
Weder das Werk noch seine Teile dürfen ohne eine solche Einwilligung
gescannt und in ein Netzwerk eingestellt werden. Dies gilt auch für Intranets
von Schulen und sonstigen Bildungseinrichtungen.
Auf verschiedenen Seiten dieses Buches befinden sich Verweise (Links)
auf Internet-Adressen. Haftungshinweis: Trotz sorgfältiger inhaltlicher Kontrolle
wird die Haftung für Inhalte der externen Seiten ausgeschlossen. Für den
Inhalt dieser externen Seiten sind ausschließlich deren Betreiber verantwortlich.
Sollten Sie bei dem angegebenen Inhalt des Anbieters dieser Seite auf
kostenpflichtige, illegale oder anstößige Inhalte treffen, so bedauern wir dies
ausdrücklich und bitten Sie, uns umgehend per E-Mail davon in Kenntnis
zu setzen, damit beim Nachdruck der Verweis gelöscht wird.

Druck A^2 / Jahr 2016
Alle Drucke der Serie A sind im Unterricht parallel verwendbar.

Redaktion Dr. Hans-Georg Schede
Herstellung Udo Sauter
Illustrationen Christiane Grauert, Niels Schröder, Marei Schweitzer
Umschlaggestaltung, Logo, Typografie Farnschläder & Mahlstedt, Hamburg
Satz Typo Concept GmbH, Hannover
Druck und Bindung westermann druck GmbH, Braunschweig

ISBN 978-3-507-**47615**-8

Inhalt

Kompetenzen

Methoden lernen

„Wenn einer spricht, müssen die anderen zuhören ..." – Präsentieren

Sascha Lehnartz: Die Power Pointe 10
Kurt Tucholsky: Ratschläge für einen guten Redner 17

Über digitale Präsentationen nachdenken 11
Sich seiner Wirkung auf andere bewusst werden 12
Eine Präsentation planen und ausarbeiten 13
Informationen visualisieren 14
Erfolgreich präsentieren 16
Ein Feedback geben und annehmen 18
Bewertungskriterien für eine Präsentation formulieren 19

Sprechen, Zuhören, Schreiben

„Ihr Völker der Welt" – Rhetorik

Ernst Reuter: Rede in Berlin am 9. September 1948 20
Ronald Reagan, Stefan Heym und Willy Brandt 21

Die Wirkung von Reden erschließen 21

„Ich bin ein Berliner" 22
Rede des amerikanischen Präsidenten John F. Kennedy 22

Eine Rede analysieren und interpretieren 22

Atomenergie – Einstieg in den Ausstieg 25
Angela Merkel: Der Weg zur Energie der Zukunft 26
Richard von Weizsäcker: Rede zum 40. Jahrestag des
   Endes des Zweiten Weltkrieges in Europa 30

Eine Rede planen 25
Eine Rede gliedern 26
Eine Rede gliedern, schreiben und halten 29
Extra Kompetenzen Rhetorik 30

Zeit – Essayistisches Schreiben

Drei Erläuterungen zur Textsorte ‚Essay' 34

Die Textsorte Essay 35
Michael Hamburger: Essay über den Essay 35
Das Thema „Zeit" in fünf unterschiedlichen Essays 36

Merkmale essayistischen Schreibens erkennen 35

Darstellungsformen unterscheiden 36

Essayistische Schreibversuche 38
Heinrich Kürzeder: Multitasking ist eine Illusion 39
Anna Sauerbrey: Zeit, die blutige Tyrannin 41
Ulrich Schnabel: Unsere wichtigste Zeit 42
Sarah Baumgartner: Moment mal! 44

Assoziativ schreiben 38
Ideen sammeln und strukturieren 39
Den Anfang eines Essays schreiben 40
Den gedanklichen Aufbau entwickeln 41
Gedankenverknüpfungen nachvollziehen 42
Extra Kompetenzen Essayistisches Schreiben 44

Erörtern

„Philosophy for Kids" ... 47

Wie in Gesprächen erörtert werden kann 47

Die dialektische Erörterung 48

Den geforderten Erörterungstyp erkennen 48
Zwei Gliederungsmöglichkeiten kennenlernen 49
Eine Gliederung rekonstruieren 50
Eine Gliederung ausformulieren 52
Einleitungsvarianten vergleichen 54
Den Leser führen 55
Argumente sprachlich entfalten 56
Den Schluss verfassen 57

| Inhalt | Kompetenzen |

Die textgebundene Erörterung 58
R. Misik: Alles Ware. Glanz und Elend der Kommerzkultur 58

Den Inhalt des Textes klären 58
Sich mit dem Inhalt des Textes auseinandersetzen 62

Die literarische Erörterung 64
Peter Bichsel: San Salvador 64
Ung. Verf.: Rituale – die verkannten Baumeister des Alltags 66
Erich Fried: Herrschaftsfreiheit 69
Rainer Malkowski: Schöne seltene Weide 69

Den Text analysieren und interpretieren 64
Sich mit der Thematik auseinandersetzen 66
Themen- und Aufgabenstellungen bearbeiten 68

Zerstörte Illusionen – Kurzgeschichten interpretieren

Paul Melia: We Two Boys Together Clinging 70

Erworbene Kenntnisse wiederholen 71

Der gestaltende Interpretationsaufsatz 72
Heiner Müller: Das Eiserne Kreuz 72

Den Text verstehen 72
Einen Text produktiv erschließen 74
Eine gestaltende Interpretation schreiben 76
Die Textsorte beachten 77

Der analytische Interpretationsaufsatz 78
Nadja Einzmann: Etwas zu erzählen? 78

Nadja Einzmann: Da kann ich nicht nein sagen 82

Gabriele Wohmann: Kompakt 84

Eine Kurzgeschichte lesen 78
Beziehungen der Figuren herausarbeiten 80
Eine Figur analysieren und interpretieren 81
Einen analytischen Interpretationsaufsatz vorbereiten 82
Einen analytischen Interpretationsaufsatz schreiben 83
Extra Kompetenzen Kurzgeschichten interpretieren 84

Die Stadt – Gedichte interpretieren

Wolfgang Rothe: Großstadtlyrik im Expressionismus 86

Zwei Stadtgedichte 87
Paul Boldt: Auf der Terrasse des Café Josty 87
Günter Eich: Untergrundbahn 87

Vorwissen aktivieren 87

Interpretation eines Gedichtes 88
Alfred Wolfenstein: Städter 88
Reiner Kunze: Düsseldorfer Impromptu 91

Lesen, markieren, notieren 88
Notizen systematisieren 89
Einen Interpretationsaufsatz schreiben 90

Vergleich zweier Gedichte 92
Oskar Loerke: Blauer Abend in Berlin 92
Rolf Dieter Brinkmann: Einer jener klassischen 92
Georg Heym: Die Stadt 96
Wolfgang Hilbig: Berlin. Sublunar 97

Vergleichsaspekte in zwei Gedichten erkennen 92
Einen Gedichtvergleich systematisch vorbereiten 93
Eine vergleichende Gedichtinterpretation vervollständigen 94
Extra Kompetenzen Gedichte interpretieren 96

Lesen – Umgang mit Texten und Medien

Verschlüsselte Botschaften, heitere Kritik – Erzählende Texte

Parabel, Satire und Parodie 99
Bertolt Brecht: Das Wiedersehen; Erfolg 99
Günter Kunert: Hinausschauen 99
Franz Kafka: Eine kaiserliche Botschaft 100
Georg Philipp Harsdörffer: Ehrgeiz / ohne Tugendverdienst 101
Georg Philipp Harsdörffer: Die Zufriedenheit 101
Igor Irtenjew: Der Zettel 102
Robert Walser: Das Stellengesuch 104
Umberto Eco: Wie man mit Taxifahrern umgeht 106
Loriot: Bundestagsrede 107
Ung. Verf.: Der Ballabend 108

Den Charakter der modernen Entdeckungsparabel erkennen 99
Mit offenen Parabeln umgehen 100
Den Charakter der traditionellen Erbauungsparabel erkennen 101
Produktionsorientiert mit einer offenen Parabel umgehen 102
Eine Analyseskizze zur literarischen Satire anlegen 104
Gestaltungsmittel einer journalistischen Satire erörtern 106
Gestaltungsmerkmale der Parodie erarbeiten 107
Literarische Parodien erörtern 108

Inhalt   Kompetenzen

Martin Buchholz: Der Kohlkönig 109
Umberto Eco: Haben wir wirklich so viel erfunden? 110   **Extra** Kompetenzen Parabel, Satire, Parodie 110
Cornelia Rau: Der Erlkönig im Internet 111
Ung. Verf.: [Vadda und kind] 111

Literatur in der Diktatur – Prosa der DDR

Reiner Kunze: Die wunderbaren Jahre 113   Den politischen Hintergrund von Kurzgeschichten
Irmtraud Morgner: Das Duell 114   erkennen 113
Lutz Rathenow: Böse Geschichte mit gutem Ende 118   Systemkritik zwischen den Zeilen lesen 114
Franz Fühmann an Willi Stoph 120   Die Situation von Schriftstellern in der DDR erfassen 118
Volker Braun: Wie es gekommen ist 121   Die Entstehungszeit für die Interpretation nutzen 121

> **Extra** Projekt **Zeitzeugen befragen** 122

Erich Hackl: „Abschied von Sidonie" – Zeitroman

Die Zeit des Nationalsozialismus 125
Bundeszentrale für politische Bildung: [8. Mai 1945;   Sich einem Themenfeld annähern 125
   Am Ende des NS-Regimes] 125   Die Entstehung einer Erzählung nachvollziehen 126
Erich Hackl: Sehend gemacht. Eine Bilanz 126   Den geschichtlichen Hintergrund einer Erzählung erfassen 127

Abschied von Sidonie – der Film 128
Bert Rebhandl: Trügerisches Glück 128   Die aufklärerischen Möglichkeiten von Literatur und Film
                                                    erkennen 128

Kinderschicksale im Dritten Reich 129
Erich Hackl: Abschied von Sidonie 129   Die Biografie einer Figur erarbeiten 129
Persönliche Berichte (Elisabeth Guttenberger,   Einen literarischen Text und dokumentarische Quellen
   Herbert Adler, Rosa Winter) 131 und 132   vergleichen 131

Josefa und Hans – Sidonies Zieheltern 133
Erich Hackl: Abschied von Sidonie 133   Den geschichtlichen Hintergrund erforschen 133
                                                    Ein Soziogramm erstellen 135

Die Helfershelfer des Rassenwahns 136
Erich Hackl: Diesbezügliche Verfügungen 136   Auswirkungen der NS-Ideologie untersuchen 136
Äußerungen von Repräsentanten des NS-Regimes 137

> **Extra** Projekt **Projekt „Denk einmal"** 138
> Hans Sahl: Die Letzten 138

> **Extra** Lesen **Erzählende Texte**
> Alexander Kanewskij: Im Kreis 140
> Franz Kafka: [Der Aufbruch] 141
> Franz Kafka: [Heimkehr] 141
> Bertolt Brecht: Wenn die Haifische Menschen wären 142
> Günter Kunert: Sintflut 143
> Robert Walser: Basta 144
> Georg Bungter: Geh'n wir uns selber vergiften im Park 146
> Rolf Schneider: Herr K. und das Saxophem 147
> Ung. Verf.: Definition des „Reichsgerichts" 147
> Deutsches Reichsgericht: Definition der „Eisenbahn" aus dem Jahre 1879 147
> Robert Gernhardt: Verlassen stieg 148
> Eduard Mörike: Um Mitternacht 148
> Dieter Höss: Maria Stuart oder Elisabeth Tudor? 148
> Helga Schubert: Himmel 149
> Hans Joachim Schädlich: Tibaos 149
> Irmtraud Morgner: Das Seil 152

Zeiterfahrung – Lyrik

Rose Ausländer: Unendlich; Weiß nicht wie 158
Heinrich Heine: Nachtgedanken 159
Friedrich von Logau: Des Krieges Buchstaben 159   Gedichte in ihrer Zeit sehen 159
Bertolt Brecht: Rückkehr 159

Grausame Wahrheiten 160   Eigene Gedanken zu Gedichten formulieren 160
Erich Fried: Einer singt 160
Michael Krüger: Tagesschau 160

Zeitgeschehen im Gedicht 161   Gedichte mit produktiven Verfahren erschließen 161
Marko Ferst: Wendländische Impressionen 161

Weltende 162   Gedichte immanent und im Kontext interpretieren 162
Jakob van Hoddis: Weltende 162
Johannes R. Becher: O diese acht Zeilen 162
Else Lasker-Schüler: Weltende. 163

Schmerzliches Erinnern 164   Den biografisch-historischen Kontext berücksichtigen 164
Paul Celan: [Espenbaum] 164
Paul Celan: Nähe der Gräber 165
Rose Ausländer: Ich vergesse nicht 166
Johannes Bobrowski: Sprache; Der Wanderer 168   **Extra** Kompetenzen Lyrik 168
Johannes Bobrowski: [Zu schreiben habe ich begonnen …] 169

> **Extra Lesen Gedichte**
> Paul Fleming: Gedanken über die Zeit 170
> Andreas Gryphius: Tränen in schwerer Krankheit 170
> Heinrich Heine: Nachtgedanken 171
> Heinrich Heine: Die schlesischen Weber 172
> Georg Herwegh: Wiegenlied 172
> Erich Kästner: Kennst du das Land, wo die Kanonen blühn? 173
> Johann Wolfgang von Goethe: Kennst du das Land … 173

> **Extra** Projekt **Poetry Slam** 174
> Ung. Verf.: Kino als Sprengstoff-Lager 175

„Maria Stuart" – „Der gute Mensch von Sezuan". Klassisches und episches Drama

Ruth Klüger: Frauen lesen anders 176
Friedrich Schiller: Maria Stuart 177   Unterschiedliche Frauengestalten im Drama entdecken 177
Bertolt Brecht: Der gute Mensch von Sezuan 177

Friedrich Schiller: „Maria Stuart" 178   Historische Quellen untersuchen 178
Brief von Maria Stuart an Elisabeth I. 179   Die Figurenkonstellation herausarbeiten 180
Brief von Elisabeth I. an Jakob VI. 179   Subtexte schreiben 182
Friedrich Schiller: Maria Stuart: 180, 182, 184   Eine Dramenszene für die Bühne einrichten 184

Bertolt Brecht: „Der gute Mensch von Sezuan" 186   Sich in Dramenfiguren einfühlen 186
Bertolt Brecht: Der gute Mensch von Sezuan 187, 188, 189   Einen Rollenwechsel auf der Bühne darstellen 187
Den Widerspruch in der Figur aufzeigen 188
Verfremdungseffekte inszenieren 189

Vergleich der beiden Stücke 190   Zusatzszenen improvisieren 190
Bertold Brecht: Der gute Mensch von Sezuan 190 und 192
Friedrich Schiller: Maria Stuart 191 und 193

| Inhalt | Kompetenzen |

Schiller und Brecht: unterschiedliche Dramenkonzepte 194
Aus Schillers Briefen zu „Maria Stuart" 196
Aus Brechts „Journal" 196

„Maria Stuart" als Muster des klassischen Dramas beschreiben 194
Klassische und epische Dramenform vergleichen 195

Dramatische und epische Form des Theaters 197
Bertolt Brecht: [Gegenüberstellung der dramatischen und epischen Form des Theaters] 197
Friedrich Schiller: Maria Stuart 198
Bertolt Brecht: Der gute Mensch von Sezuan 199

Geschlossene und offene Form des Dramas unterscheiden 197
Extra Kompetenzen
Klassisches und episches Drama 198

Zukunftsforschung – Sachtexte

Cicero: De divinatione 200

Informierende Sachtexte 201
Karsten Polke-Majewski: Warum wir das Unmögliche wagen 201

Aus einem Sachtext Informationen entnehmen und visualisieren 201

Meinungsbildende Sachtexte 204
Tito Tettamanti: Die Zukunftsforscher 204

Einen meinungsbildenden Sachtext untersuchen 204

Eigene Sachtexte verfassen 206
Marcus Rohwetter: Bald werden wir alle … 206
Alexander Mitscherlich: Die Unwirtlichkeit unserer Städte 208

Einen meinungsbildenden Sachtext verfassen 206

Einen informierenden Sachtext verfassen 208

„Blueprint" – Literaturverfilmung

Buch und Film 211
Charlotte Kerner: Blueprint – Blaupause 212, 214, 216

Detlef Friedrich Petersen: [Die Filmmusik zu „Blueprint"] 217

Inhalt und Aufbau vergleichen 211
Literarisches und filmisches Erzählen vergleichen 212
Die Motive vergleichen 214
Die Rolle der Musik vergleichen 216

Filmanalyse 218
Charlotte Kerner: Blueprint – Blaupause 222
Claus Cornelius Fischer: „Blueprint", Auszug aus dem Drehbuch 223
Versch. Verf.: [Fünf Filmkritiken] 224

Filmische Darstellungsmittel kennenlernen 218
Filmische Darstellungsmittel verstehen 220
Die Struktur des Films erkennen 221
Roman und Drehbuch vergleichen 222
Den Film bewerten 224

Die Epoche des Barock

Das Barock – „Gesichter" einer Epoche 227
Martin Opitz: Carpe diem 227
Andreas Gryphius: Vanitas! Vanitatum Vanitas! 227
Hans J. Chr. von Grimmelshausen: Simplicissimus 227

Eindrücke von der Epoche sammeln 227

Das Jahrhundert des Krieges 228
Joachim Betke: Excidium Germaniae 228
Hans J. Chr. von Grimmelshausen: Simplicissimus 229

Die geschichtlichen Hintergründe der Epoche erarbeiten 228

Die Ordnung der Welt 230
Andreas Gryphius: An die Welt 230
Philipp von Zesen: Palmbaum 231
Nikolaus von Bostel: Herzgedicht 231
Sigmund von Birken: Waage 231
Heinrich Vogel: Kreuzgedicht 231

Die Vielfalt barocker Formen entdecken 230

Inhalt | Kompetenzen

Absolutismus – „Der Staat bin ich" 232 | Die gesellschaftlichen Hintergründe der Epoche erarbeiten 232
Ung. Verf.: [Über den absolutistischen Herrscher] 232
Johann Rist: Über das Hofleben 232
Pierre Goubert: Über das Leben der Landbevölkerung 233

Lyrik des Barock 234 | Ein Gedicht interpretieren 234
Friedrich von Logau: Abgedankte Soldaten 234
Christian Hofmann von Hofmannswaldau: Die Welt; Beschreibung vollkommener Schönheit 234, 235

Kurzporträts 236 | Dichter des Barock vorstellen 236
Hans J. Chr. von Grimmelshausen: Simplicissimus 236
Martin Opitz: Ach Liebste, lass uns eilen 237

Sprachbewusstsein entwickeln

Das Tier, das Wörter hat – Kommunikation

Semiotik: die Lehre von den Zeichen 239 | Verschiedene Typen von Zeichen unterscheiden 239

Kommunikationsmodelle 240 | Modelle der verbalen Kommunikation kennenlernen 240
Karl Bühler: Sprachtheorie 240
Novalis: [Wenn nicht mehr Zahlen und Figuren …] 241
Hadumod Bußmann: Lexikon der Sprachwissenschaft 241
Friedemann Schulz von Thun: Miteinander reden 242

Kommunikationsanalyse 243 | Formen verbaler Kommunikation analysieren 243
Wolf Haas: London 1988 243

Ohne Worte – nonverbale Kommunikation 244 | Formen nonverbaler Kommunikation analysieren 244
Paul Watzlawick u. a.: Menschliche Kommunikation 244
Samy Molcho: Körpersprache 245

Das Medium ist die Botschaft (Message) – Kommunikation und Medien 247 | Wirkungsweisen von Kommunikationsmedien untersuchen 247
Marshall McLuhan: Das Medium ist die Massage 247

„Doch hängt mein ganzes Herz …". Grammatik und Stil – ein Interpretationsansatz

Joseph Roth: Der blinde Spiegel 248

Wortarten 249 | Die stilistische Funktion von Wortarten bestimmen 249
Theodor Storm: Die Stadt 249
Eduard Mörike: Er ist's 250
Joseph von Eichendorff: Frühlingsnacht 250

Sätze 251 | Die stilistische Funktion von Sätzen erfassen 251
Günter Guben: So 251
Daniel Kehlmann: Die Vermessung der Welt 251
Heinrich von Kleist: Anekdote aus dem letzten preußischen Kriege 252
Gottfried Benn: Astern 254 | **Extra** Kompetenzen Grammatik und Stil 254
Ung. Verf.: [Text zum Jugendarbeitsschutz] 254
Rainer Maria Rilke: Herbsttag 255
Hermann Hesse: Unterm Rad 255

Inhalt · Kompetenzen

Sprach- und Wortkunde

Denotat und Konnotat 257	Denotat und Konnotat unterscheiden 257
	Denotat und Konnotat in einem Film unterscheiden 258
Bedeutungsveränderungen 259	Bedeutungsveränderungen beschreiben 259
	Bedeutungsänderungen kategorisieren 260
Fachsprachen 261	Funktionen von Fachsprachen kennenlernen 261
Ung. Verf.: [Beispiele für Fachsprachentexte] 261	
Etappen der Sprachgeschichte –	Die Sprache im Mittelalter des 13. Jahrhunderts 264
Deutsch gestern und heute 264	
Walther von der Vogelweide: Ich saz ûf eime steine 264	Die Sprache Luthers im 16. Jahrhundert 265
Ung. Verf.: Ein schön new Lied ... 266	Sprachgesellschaften im 17. Jahrhundert 266
Nikolaus Brender: [Laudatio auf Marietta Slomka] 267	Sprachgesellschaften in der Gegenwart 267
Armin Burkhardt: [Laudatio auf Günter Netzer und Gerhard Delling] 267	
Rainer Maria Rilke: Menschen bei Nacht 268	**Extra** Kompetenzen Sprach- und Wortkunde 268
Ung. Verf.: Nibelungenlied 269	

Nachschlagen

Extra Merkwissen

Rechtschreibung im Überblick 270

Grammatik im Überblick 272

Methoden lernen 276

Sprechen, Zuhören, Schreiben 276

Lesen – Umgang mit Texten 282

Sprachbewusstsein entwickeln 288

Methodenlexikon 291

Sachregister 292

Verzeichnis der Textsorten 294

Textquellenverzeichnis 297

Bildquellenverzeichnis 303

„Wenn einer spricht, müssen die anderen zuhören ..."
Präsentieren

Die Power Pointe (2004)   Sascha Lehnartz

Mit PowerPoint gelingen jedem im Handumdrehen ansprechende Präsentationen. Nur leider macht das Programm dumm.

Wer sich regelmäßig in Konferenzräumen, Vortragssälen und Klassenzimmern aufhält, mag es geahnt haben: PowerPoint macht doof und ist gefährlich. Inzwischen wird der Verdacht von seriösen Wissenschaftlern gestützt, die Indizien häufen sich, die Presse ist alarmiert. [...]

  PowerPoint hat sich seit Anfang der neunziger Jahre ausgebreitet wie Fußpilz in der Altherrensauna. Seit es im Microsoft „Office"-Paket ausgeliefert wird, verfügen rund 400 Millionen Menschen weltweit über eine Version auf ihrem Computer. Kein Vertretertreffen, keine Verkaufspräsentation, keine Soziologievorlesung und auch kein Unternehmensberaterhochzeitssketch auf dem Lande mehr, die noch ohne PowerPoint auskommen. Weltweit werden Fakten unterschiedlichster Art nach dem immer gleichen Muster präsentiert – und dabei unweigerlich verkürzt und eingedampft. Die PowerPoint-Ideologie behauptet, nichts sei so kompliziert, dass man es nicht auf ein paar Gliederungspunkte mit dürren Worten reduzieren könnte. Damit erweist sich das Programm als ideal für eine Welt, die so komplex ist, dass sie niemand mehr versteht, in der aber alle ständig so tun als ob. Nur in PowerPoint passt diese Welt noch auf ein paar Folien.

Nur leider steht auf den Folien nicht immer alles drauf. Oder wenn, dann so, dass es keiner kapiert. Der Bericht der NASA-Untersuchungskommission zum Absturz der Raumfähre Columbia ließ keinen Zweifel daran, was die Ursachen des Unglücks am 1. Februar 2003 waren: fehlerhafter Isolierschaum – und eine unverständliche PowerPoint-Präsentation. [...]

Der Befund war Wasser auf die Mühlen von Edward Tufte. Der Informationstheoretiker und Professor an der Universität Yale ist seit Langem einer der scharfzüngigsten Kritiker und Verächter von PowerPoint. In seinem 28-seitigen Pamphlet *The Cognitive Style of PowerPoint* – die Denkweise von PowerPoint – wütet Tufte, das Programm mache nicht nur dumm, es sei auch totalitär, denn es führe dazu, dass ein Sprecher über sein Publikum herrscht. Wo früher noch diskutiert wurde, wird heute nur noch präsentiert, diktiert, doktriniert. [...]

Regelmäßige PowerPoint-Konsumenten dürften Tufte da zustimmen. Denn wer hat sich, während ihm in der Dämmerung eines abgedunkelten Konferenzraumes vor Langeweile die Speichelfäden auf den Notizblock tropften, noch nicht gefragt, wieso der Vortragende noch einmal vorliest, was auf der Projektionswand jeder lesen kann – und was zur Sicherheit noch mal auf der ausgehändigten Fotokopie steht? „Dreifach-Lieferung" nennen dies Kenner der Materie. Der einlullende Effekt wird billigend in Kauf genommen. [...]

PowerPoint ist eine Entwicklung der Software-Firma Forethought, die ursprünglich „Presenter" hieß. Als Microsoft sie im Jahr 1992 für 14 Millionen Dollar übernahm, war kaum vorauszusehen, wie massiv das Produkt die Art beeinflussen würde, wie Menschen Informationen austauschen. Ursprünglich sollte PowerPoint lediglich Mitarbeitern verschiedener Abteilungen einer Firma erlauben, sich zu verständigen, ohne dafür jemanden um Hilfe bitten zu müssen, der sich mit Computergrafik auskannte. Doch „irgendwie wurde aus einem Programm, das vor 15 Jahren für die Geschäftswelt entwickelt wurde, eine Methode, Gedanken zu organisieren, der man selbst bei Kindergarten-Darbietungen begegnet", stellte Ian Parker vor drei Jahren als einer der ersten Kritiker im Magazin *New Yorker* fest. „Oh Gott, was haben wir da bloß angerichtet?", fragte sich ein PowerPoint-Entwickler, mit dem Parker sprach. [...]

Pamphlet Streit- bzw. Schmähschrift

doktrinieren eine Lehre verfechten, ohne Einwände gelten zu lassen

1. Was kritisiert der Autor an mit PowerPoint verfassten Präsentationen?
2. Kannst du der Kritik zustimmen? Begründe.
3. Welche Erfahrungen habt ihr mit analogen und digitalen mediengestützten Präsentationen gemacht? Tauscht euch untereinander aus.

Was ist ein guter Vortrag?

Ein guter Referent kennt sich in seinem Fachgebiet aus. Er hat seinen Vortrag umsichtig vorbereitet und kann sein Wissen einem breiten Publikum vermitteln. Das allein reicht aber nicht unbedingt aus, um restlos zu überzeugen. Aufmerksame Zuhörer nehmen weit mehr wahr als die inhaltliche Aufbereitung eines Themas ...

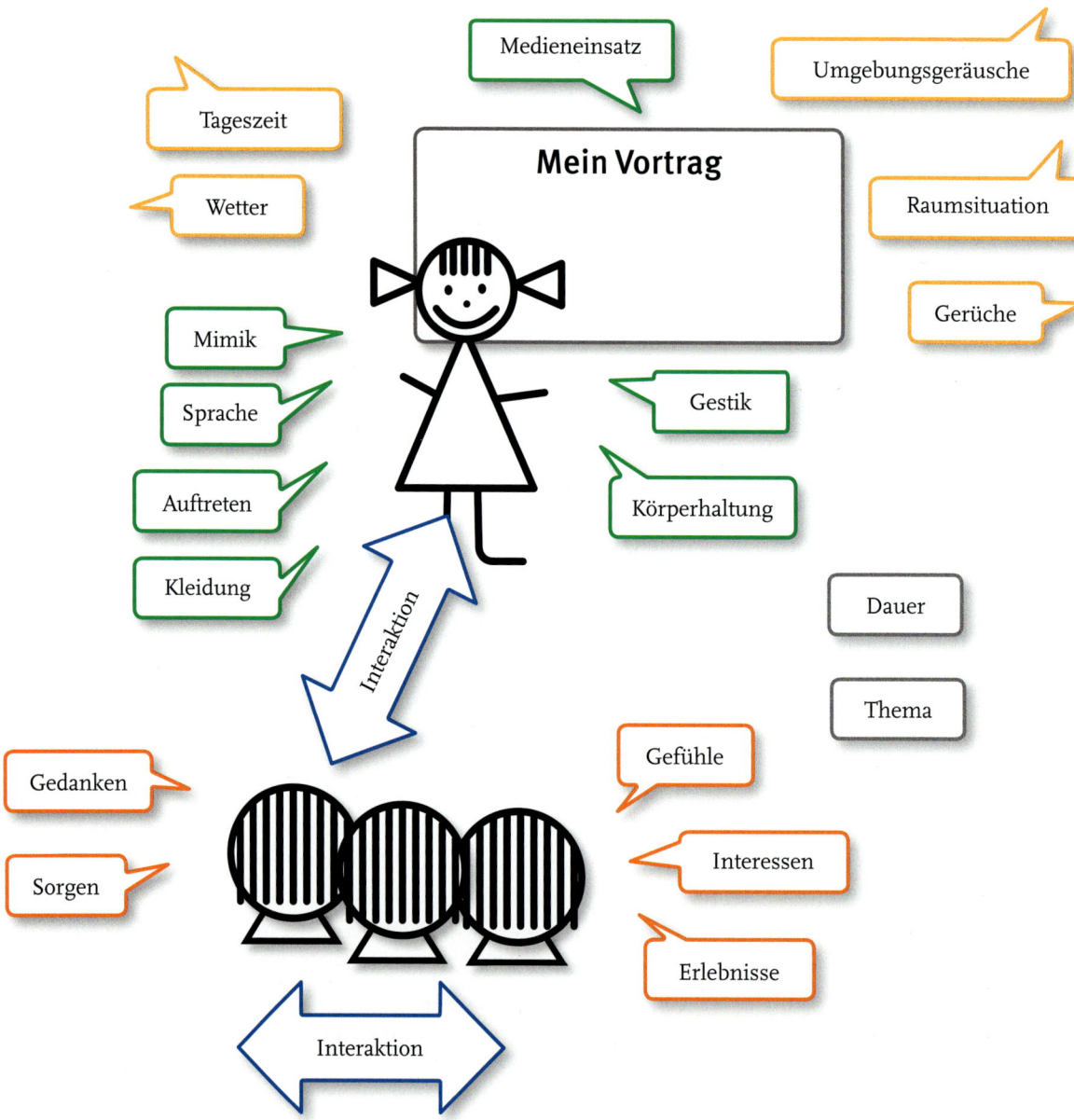

1. Worauf kommt es an, wenn man als Redner einen positiven Eindruck hinterlassen möchte? Nenne die für dich wichtigsten Punkte und begründe sie.
2. Was kann ich als Redner gut planen oder beeinflussen, was eher nicht?

Die Ausarbeitung einer Präsentation

Ein gelungener Vortrag beruht meist auf einer umsichtigen Vorbereitung.
- Zunächst einmal muss das Thema gewählt, erfasst und eingegrenzt werden.
- Der Vortrag muss geplant und ausgearbeitet werden.
- Bei einer mediengestützten Präsentation müssen geeignete Hilfsmittel ausgewählt und passende Inhalte medial aufbereitet werden.
- Zu einer guten Vorbereitung gehören auch das Einüben des Vortrags und ein sicherer Umgang mit der (Medien-)Technik.
- Eine realistische Zeitplanung hilft dabei, bis zum Ende nicht in Hektik zu verfallen.

1. Wie bereitest du deine Referate und Präsentationen vor? Wo liegen deine persönlichen Stärken und Schwächen?

Die Auswahl geeigneter Hilfsmittel

Jedes Medium, das du bei deinem Vortrag unterstützend einsetzen kannst, hat Vor- und Nachteile. Es hängt stark von deinen persönlichen Vorlieben und Fähigkeiten, den technischen Voraussetzungen und natürlich dem Thema deiner Präsentation ab, welches Medium besonders geeignet ist.

Wandtafel
+ immer verfügbar
+ einfach zu bedienen
+ Korrekturen leicht möglich
− nur Schrift und Zeichnungen
− benötigt Zeit

Anwendungsbeispiele
- Strukturskizze zu einem Drama
- sprachliche Analyse eines Gedichts

2. Stelle in einer Tabelle die spezifischen Vor- und Nachteile der einzelnen Medien zusammen.
3. Suche nach Beispielen von Präsentationen, bei denen sich einzelne Medien besonders gut einsetzen lassen.

Präsentieren → S. 276

Die Gestaltung von Grafiken und Schaubildern

Die meisten Reize, die auf uns einströmen, nehmen wir über unsere Augen auf. Aus der Vielzahl der Informationen wählt das Gehirn diejenigen aus, die zunächst im Kurzzeit- und schließlich dauerhaft im Langzeitgedächtnis abgelegt werden. Mit dem Grad ihrer Anschaulichkeit wächst auch die Wahrscheinlichkeit, dass eine Information dauerhaft im Gehirn gespeichert wird.

Welchen Stellenwert hat die Computernutzung für 16- bis 17-Jährige im schulischen Kontext? Laut der JIM-Studie 2013 nutzen drei von fünf Jugendlichen das Internet täglich oder zumindest mehrmals pro Woche, um etwas nachzulesen oder Informationen zu suchen. Gut die Hälfte (52 Prozent) von ihnen tauscht sich via Internet über die Hausaufgaben aus. 26 Prozent nutzen den Computer zum Texteschreiben, 16 Prozent rechnen damit oder führen Berechnungen aus. 11 Prozent, also rund jeder Neunte, erstellen regelmäßig Präsentationen oder Referate am Rechner.

1. Informiere dich unter www.mpfs.de darüber, wer die JIM-Studien durchführt und was in diesen Studien ermittelt wird.

Visualisierung von Informationen

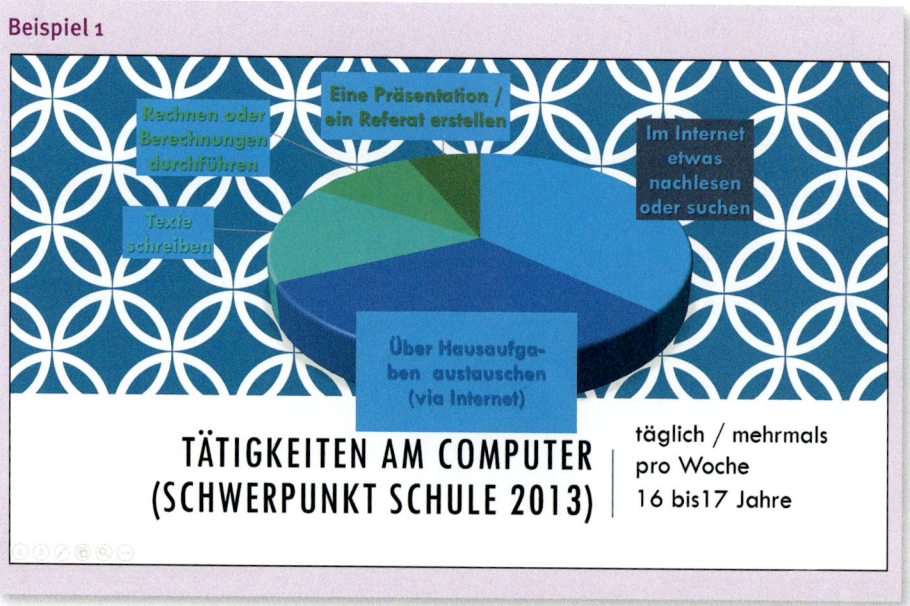

Informationen visualisieren 15

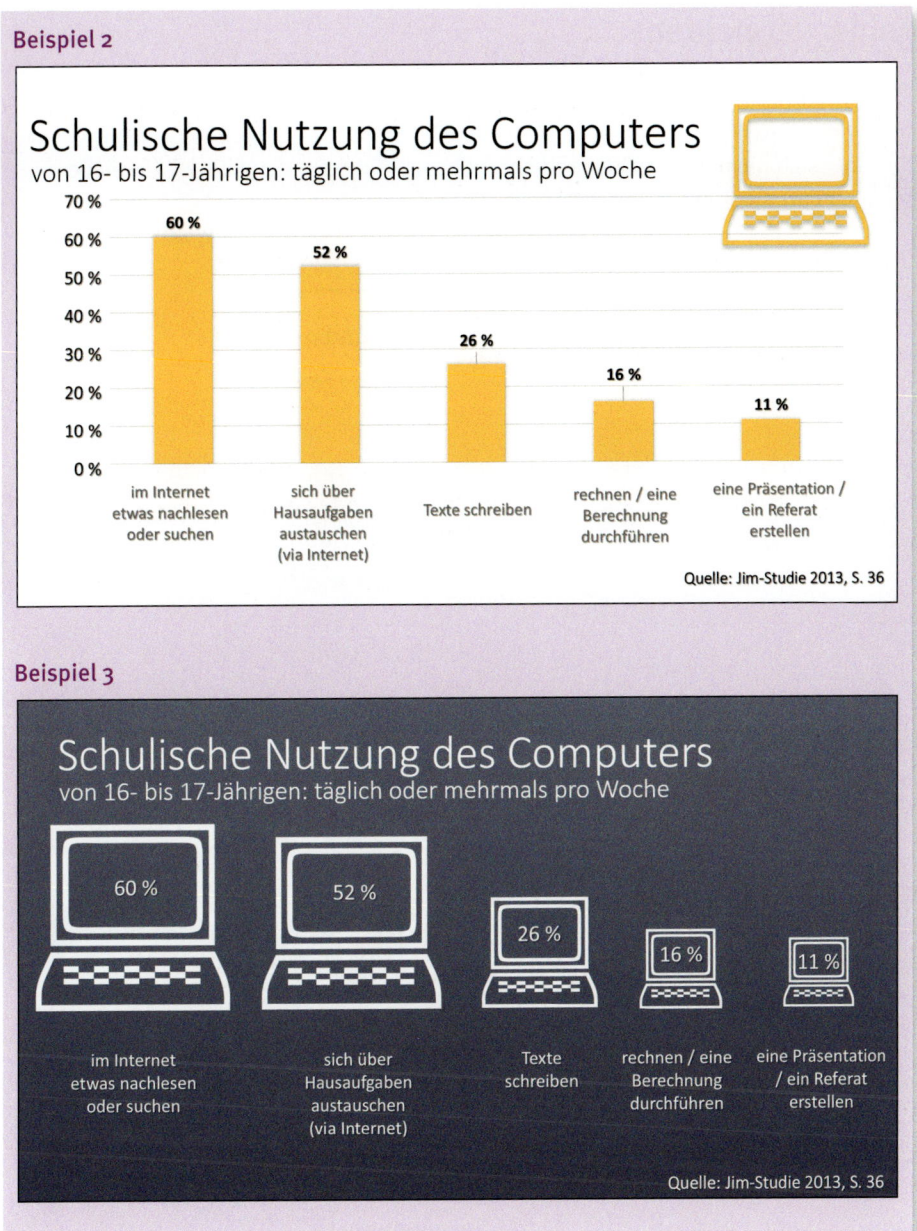

Beispiel 2

Beispiel 3

Alle drei Grafiken basieren auf Daten der JIM-Studie 2013, Medienpädagogischer Forschungsverbund Südwest, www.mpfs.de

2. Was gefällt dir an den einzelnen Folien, was nicht? Suche nach gelungenen und weniger gelungenen Elementen in den drei Beispielen.
3. Entwirf eine eigene Folie zu diesem oder einem anderen Sachverhalt. Du kannst dafür sowohl einen PC als auch ein Tablet benutzen oder Zeichnungen per Hand anfertigen.

Fehler vermeiden!

Digitale Präsentationen lassen sich mithilfe von ‚Assistenten' oft in wenigen Schritten und relativ kurzer Zeit erstellen – doch Vorsicht: gerade dadurch wächst die Verlockung, sich nicht auf das Wesentliche zu beschränken und auf eine gründliche Planung und Ausarbeitung der Präsentation zu verzichten.

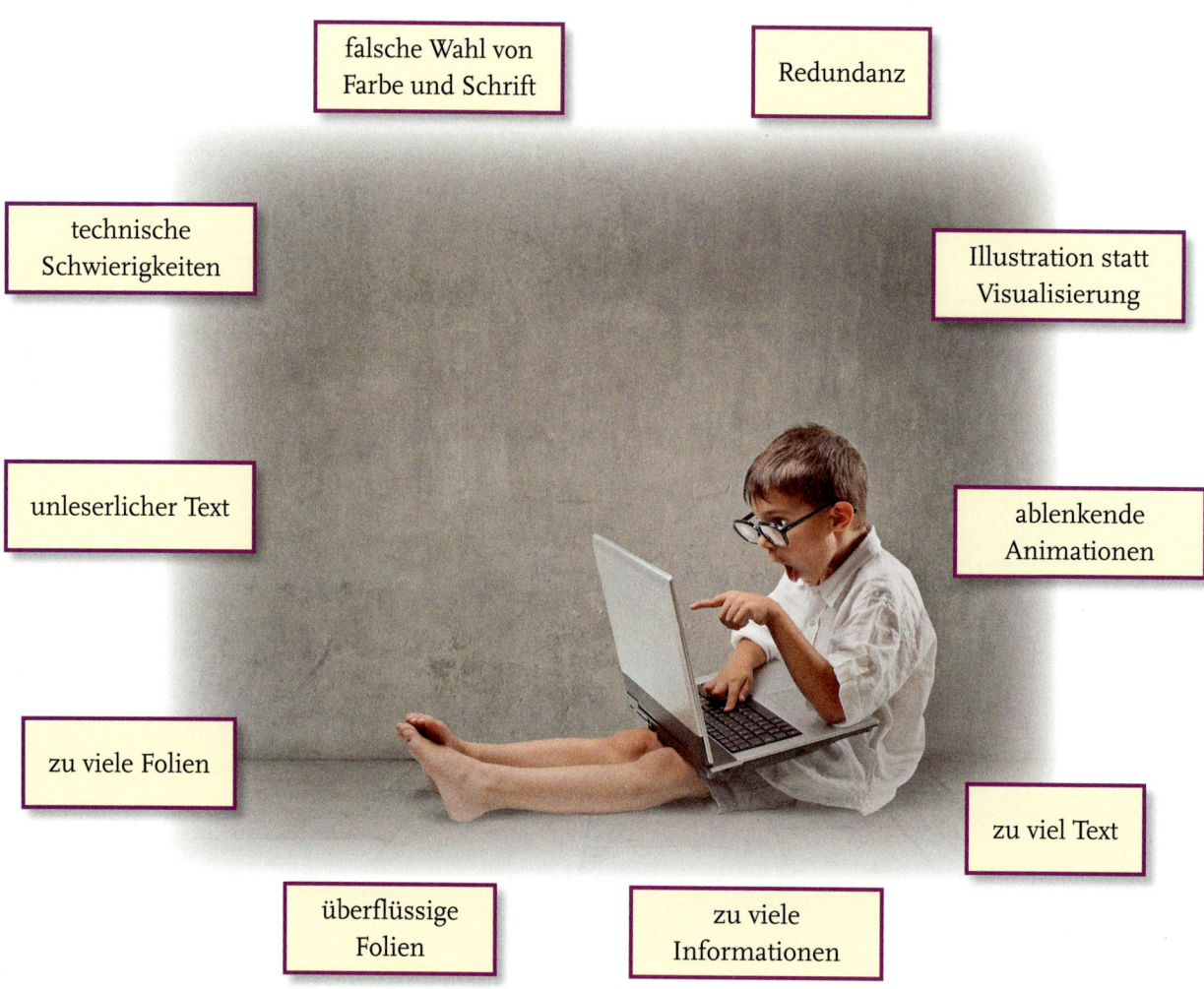

1. Untersucht euch vorliegende Präsentationen und macht Vorschläge, inwiefern diese noch verbessert werden könnten.
2. Arbeitet die Präsentationen entsprechend um.

Ratschläge für einen guten Redner (1930) Kurt Tucholsky

Hauptsätze. Hauptsätze. Hauptsätze.
Klare Disposition im Kopf – möglichst wenig auf dem Papier.
Tatsachen, oder Appell an das Gefühl. Schleuder oder Harfe. Ein Redner sei
kein Lexikon. Das haben die Leute zu Hause.
5 Der Ton einer einzelnen Sprechstimme ermüdet; sprich nie länger als vierzig
Minuten. Suche keine Effekte zu erzielen, die nicht in deinem Wesen liegen.
Ein Podium ist eine unbarmherzige Sache – da steht der Mensch nackter als im
Sonnenbad.
Merk Otto Brahms Spruch: Wat jestrichen is, kann nich durchfalln.

Otto Brahm (1856–1912) war ein deutsch-jüdischer Germanist, Regisseur und Theaterleiter.

Präsentieren – aber richtig!

Sprich frei!
- Orientiere dich an Stichworten.
- Lies nicht ab.
- Halte dich an deine Gliederung.
- Übe deinen Vortrag.

Sei verständlich!
- Behalte den Überblick – und achte darauf, dass auch deine Zuhörer nie den roten Faden verlieren.
- Erkläre Fachbegriffe.
- Achte auf eine angemessene Lautstärke und Sprechgeschwindigkeit.
- Achte auf Verständlichkeit – bemühe dich um Einfachheit, Übersichtlichkeit und Kürze.

Sei interessant!
- Verliere dich nicht in Nebensächlichkeiten.
- Verzichte auf unnötige Wiederholungen.
- Setze Gestik und Mimik gezielt ein.
- Achte auf einen Spannungsbogen in deinem Vortrag.
- Wenn du digital präsentierst: Lies deine Folien nicht ab!

Denke an deine Zuhörer!
- Halte Blickkontakt.
- Überfordere sie nicht.
- Binde sie mit Fragen oder Aufgaben ein.

Präsentiere anschaulich!
- Unterstütze deinen Vortrag durch den Einsatz passender Medien.
- Visualisiere komplexe Sachverhalte.
- Entlaste dein Publikum durch eine Gliederung, ein Handout, Pausen.

3. Welche Ratschläge erscheinen dir für eine gelungene Präsentation besonders wichtig?
4. Arbeite die Ratschläge zu einer Checkliste um, anhand derer du einschätzen kannst, wie gut du für eine Präsentation vorbereitet bist.

Kriterium	+ +	+	o	–	– –
Strukturierung des Themas					
Vorbereitung Stichwortkarten					
(…)					

In Diskussionen bestehen

Oft schließt sich der eigentlichen Präsentation noch ein Austausch mit den Zuhörern, eine Fragerunde oder ein Kolloquium an. Dies bietet die Möglichkeit, Unklarheiten zu beseitigen, offen gebliebene Punkte anzusprechen sowie Einwände gegen das Vorgetragene vorzubringen. Im schulischen Kontext steht am Ende häufig noch ein persönliches Feedback.

Darauf sollte der Referent bzw. die Referentin achten:
- Zeige deine Sachkompetenz, aber vermeide es, überheblich zu wirken.
- Versuche, offene Fragen angemessen zu beantworten – du bist der Spezialist in dem von dir vorgetragenen Thema. (Aber niemand erwartet, dass du ein wandelndes Lexikon bist!)
- Setze dich mit vorgetragener Kritik sachlich auseinander – widerlege sie oder erkenne sie an.
- Bleibe – auch bei kritischen Einwänden – stets freundlich.
- Nimm das Feedback, das man dir gegenüber äußert, auf. Du kannst daraus lernen. Es ist nicht nötig und sinnvoll, auf jedes Feedback zu antworten (indem du dich für vermeintliche oder tatsächliche Schwächen rechtfertigst).

Darauf sollten die Zuhörer achten:
- Wenn du inhaltliche Kritik anbringen möchtest, sei möglichst konkret, vermeide Allgemeinplätze. Vergiss nicht: Kritik kann sowohl negativ als auch positiv sein!
- Wähle Ich-Botschaften, um Kritik zu äußern. Also nicht: „Du kannst nicht erklären!", sondern: „Ich habe das nicht verstanden."
- Kritisiere, wenn nötig auch deutlich, die Präsentation – aber werte den Referenten nicht ab.

Es ist sinnvoll, sich zunächst auf inhaltliche Fragen oder Anmerkungen zu beschränken und erst danach ein differenziertes Feedback zur Präsentation zu geben.

1. Verständigt euch in der Klasse über Feedback-Regeln und haltet diese auf einem Wandplakat fest.
2. Übt das Feedback nach den gemeinsam formulierten Regeln ein oder verfasst in Partnerarbeit ein fiktives Feedbackgespräch, das die genannten Hinweise beherzigt.

Beobachtungs- und Bewertungskriterien

Die Qualität einer Präsentation lässt sich anhand verschiedener Bewertungskriterien beurteilen. Es ist für den Referenten wichtig, diese schon bei der Ausarbeitung zu kennen.

Themenerschließung	Sprache (Artikulation, Lautstärke)	Gliederung
Vortragsziel	Aufmerksamkeit aufrechterhalten	Vortragstechnik
Interesse wecken	Beantwortung von Fragen	Vortragshaltung
Schlussfolgerungen	Lockerheit	Blickkontakt
Auftreten	Medieneinsatz	Ausstrahlung

1. Prüfe die Kriterien auf ihre Eignung für eine angemessene Präsentationsbewertung. Welche würdest du streichen, welche ergänzen?

Ein Beobachtungsbogen

Gliederung	klar erkennbar, hilfreich für die Zuhörer	o	o	o	o	nicht nachvollziehbar, wirr, zufällig	
Sachkenntnis	überzeugend, breites Wissen, Sicherheit bei Fragen	o	o	o	o	falsch, verwirrend, unsicher, nicht ausreichend vorbereitet	
Vortragshaltung	offen, selbstbewusst, dem Publikum zugewandt	o	o	o	o	ängstlich, abgewandt, verloren, unmotiviert	
Sprache	laut, deutlich, einfacher Satzbau, frei formuliert	o	o	o	o	leise, undeutlich, abgelesen, auswendig gelernt	
Bezug zum Publikum	einladend, Interesse weckend, freundlich	o	o	o	o	distanziert, überheblich, abweisend	
Medieneinsatz	routiniert, unterstützend, zielführend, gut erkennbar/lesbar	o	o	o	o	aufdringlich, Selbstzweck, überladen, ablenkend	
…	…					…	

2. Vervollständigt gemeinsam den Beobachtungsbogen.
3. Setzt den Beobachtungsbogen bei einem Vortrag eurer Wahl – nicht nur im Deutschunterricht – ein. Diskutiert über eure Erfahrungen.

Zum Bild: Kundgebung auf dem Platz der Republik vor dem Reichstag am 9. September 1948. Ernst Reuter (1889–1953) spricht vor 350 000 Menschen.

Zeitgeschichtlicher Kontext: Blockade West-Berlins durch die Sowjetunion vom 24. Juni 1948 bis zum 12. Mai 1949; Versorgung West-Berlins durch die Luftbrücke der Westalliierten

TIPP

Hört die Radioaufzeichnung der Rede.

„Ihr Völker der Welt"
Rhetorik

Schluss der Rede von Ernst Reuter, dem Oberbürgermeister der Westsektoren Berlins, am 9. September 1948

[...] Ihr Völker der Welt, ihr Völker in Amerika, in England, in Frankreich, in Italien! Schaut auf diese Stadt und erkennt, dass ihr diese Stadt und dieses Volk nicht preisgeben dürft und nicht preisgeben könnt! Es gibt nur eine Möglichkeit für uns alle: gemeinsam so lange zusammenzustehen, bis dieser Kampf gewonnen, bis dieser Kampf endlich durch den Sieg über die Feinde, durch den Sieg über die Macht der Finsternis besiegelt ist.

    Das Volk von Berlin hat gesprochen. Wir haben unsere Pflicht getan, und wir werden unsere Pflicht weiter tun. Völker der Welt! Tut auch ihr eure Pflicht und helft uns in der Zeit, die vor uns steht, nicht nur mit dem Dröhnen eurer Flugzeuge, nicht nur mit den Transportmöglichkeiten, die ihr hierherschafft, sondern mit dem standhaften und unzerstörbaren Einstehen für die gemeinsamen Ideale, die allein unsere Zukunft und die auch allein eure Zukunft sichern können. Völker der Welt, schaut auf Berlin! Und Volk von Berlin, sei dessen gewiss, diesen Kampf, den wollen, diesen Kampf, den werden wir gewinnen!

▸ Wie wirkt der Auszug aus Ernst Reuters Rede auf euch?
▸ Wie dürften die Menschen 1948 in Berlin die Rede gehört haben?

Hauptstadt Berlin

Ronald Reagan am Brandenburger Tor (12. Juni 1987)

Mr. Gorbachev, open this gate! Mr. Gorbachev, tear down this wall!

Ronald Reagan (1911–2004), Präsident der USA 1981–1989

Stefan Heym auf dem Alexanderplatz (4. November 1989)

Liebe Freunde, Mitbürger, es ist, als habe einer die Fenster aufgestoßen nach all den Jahren der Stagnation, der geistigen, wirtschaftlichen, politischen, den Jahren von Dumpfheit und Mief, von Phrasengedresch und bürokratischer Willkür, von amtlicher Blindheit und Taubheit. Welche Wandlung! Vor noch nicht vier
5 Wochen schon gezimmerte Tribüne hier um die Ecke, mit dem Vorbeimarsch, dem bestellten, vor den Erhabenen! Und heute! Heute hier, die Ihr Euch aus eigenem freien Willen versammelt habt, für Freiheit und Demokratie und für einen Sozialismus, der des Namens wert ist.

Der Schriftsteller **Stefan Heym** (1913–2001) während der Kundgebung auf dem Berliner Alexanderplatz am 4. November 1989

Willy Brandt vor dem Rathaus Schöneberg (10. November 1989)

Liebe Berlinerinnen und Berliner, liebe Landsleute von drüben und hüben,
  dies ist ein schöner Tag nach einem langen Weg, aber wir befinden uns erst an einer Zwischenstation. Wir sind noch nicht am Ende des Weges angelangt. [...]
  Die Zusammengehörigkeit der Berliner und der Deutschen überhaupt mani-
5 festiert sich auf eine [...] uns aufwühlende Weise, und sie tut es am bewegendsten dort, wo getrennte Familien endlich wieder [...] zusammenfinden.
  Denen, die heute noch so schön jung sind, und denen, die nachwachsen, kann es nicht immer leichtfallen, sich die historischen Zusammenhänge, in die wir eingebettet sind, klarzumachen. Deshalb sage ich nicht nur, dass wir bis zur
10 Überwindung der Spaltung noch einiges vor uns haben, sondern ich erinnere uns auch daran, dass die widernatürliche Spaltung – und mit welchem, mit welchem Zorn, aber auch mit welcher Ohnmacht habe ich hier am 16. August '61 von dieser Stelle aus dagegen angeredet – ich will sagen: auch das hat natürlich nicht erst am 13. August 1961 begonnen. Das deutsche Elend begann mit dem terroris-
15 tischen Nazi-Regime und dem von ihm entfesselten schrecklichen Krieg. Jenem schrecklichen Krieg, der Berlin wie so viele andere deutsche und nichtdeutsche Städte in Trümmerwüsten verwandelte. Aus dem Krieg und aus der Vereinigung der Siegermächte erwuchs die Spaltung Europas, Deutschlands, in Berlin reproduziert auf mehrfache Weise. Und jetzt erleben wir, und das ist etwas Gro-
20 ßes [...], dass die Teile Europas wieder zusammenwachsen.

Willy Brandt (1993–1992), Regierender Bürgermeister von Berlin 1957–1966, Bundeskanzler 1969–1974, SPD-Ehrenvorsitzender, am 10. November 1989 vor dem Rathaus Schöneberg

   1. Vergleicht die Redeanlässe.
   2. Informiert euch über die Wirkung/die Folgen der Reden.
   3. Diskutiert, welche Wirkungen politische Reden heute haben können.

Rhetorik → S. 276–279

„Ich bin ein Berliner"

J. F. Kennedy war der 35. Präsident der USA (1961–1963). Er wurde 1917 in Brookline (Mass.) geboren und starb am 22. November 1963 in Dallas bei einem Attentat. Kennedy studierte Jura, zeichnete sich im Krieg als Marineoffizier aus und wandte sich früh der Politik zu. 1947–1953 war er Abgeordneter der Demokratischen Partei im Repräsentantenhaus, 1953–1960 Senator. 1960 setzte er sich im Präsidentschaftswahlkampf gegen den republikanischen Kandidaten Nixon durch.

TIPP

Seht euch eine Aufzeichnung der Rede an.

Rede des amerikanischen Präsidenten John F. Kennedy
(gehalten am 26. Juni 1963 in Berlin)

Meine Berliner und Berlinerinnen,
    ich bin stolz, heute in Ihre Stadt zu kommen als Gast Ihres hervorragenden Regierenden Bürgermeisters, der in allen Teilen der Welt als Symbol für den Kampf- und Widerstandsgeist West-Berlins gilt. Ich bin stolz, auf dieser Reise die Bundesrepublik Deutschland zusammen mit ihrem hervorragenden Herrn Bundeskanzler besucht zu haben, der während so langer Jahre die Politik der Bundesregierung bestimmt hat nach den Richtlinien der Demokratie, der Freiheit und des Fortschritts.

Ich bin stolz darauf, heute in Ihre Stadt in der Gesellschaft eines amerikanischen Mitbürgers gekommen zu sein, General Clays, der hier in der Zeit der schwersten Krise tätig war, durch die diese Stadt gegangen ist, und der wieder nach Berlin kommen wird, wenn es notwendig werden sollte. Vor zweitausend Jahren war der stolzeste Satz, den ein Mensch sagen konnte, der: Ich bin ein Bürger Roms.

Heute ist der stolzeste Satz, den jemand in der freien Welt sagen kann: Ich bin ein Berliner. Ich bin dem Dolmetscher dankbar, dass er mein Deutsch noch besser übersetzt hat. Wenn es in der Welt Menschen geben sollte, die nicht verstehen oder nicht zu verstehen vorgeben, worum es heute in der Auseinandersetzung zwischen der freien Welt und dem Kommunismus geht, dann können wir ihnen nur sagen, sie sollen nach Berlin kommen.

Es gibt Leute, die sagen, dem Kommunismus gehöre die Zukunft. Sie sollen nach Berlin kommen.

Und es gibt wieder andere in Europa und in anderen Teilen der Welt, die behaupten, man könne mit dem Kommunismus zusammenarbeiten. Auch sie sollen nach Berlin kommen.

Und es gibt auch einige wenige, die sagen, es treffe zwar zu, dass der Kommunismus ein böses und ein schlechtes System sei, aber er gestatte es ihnen, wirtschaftlichen Fortschritt zu erreichen. Aber lasst auch sie nach Berlin kommen.

Ein Leben in Freiheit ist nicht leicht, und die Demokratie ist nicht vollkommen. Aber wir hatten es nie nötig, eine Mauer aufzubauen, um unsere Leute bei uns zu halten und sie daran zu hindern, woanders hinzugehen.

Ich möchte Ihnen im Namen der Bevölkerung der Vereinigten Staaten, die viele tausend Kilometer von Ihnen entfernt lebt, auf der anderen Seite des Atlantiks, sagen, dass meine amerikanischen Mitbürger stolz, sehr stolz darauf sind, mit Ihnen zusammen selbst aus der Entfernung die Geschichte der letzten 18 Jahre teilen zu können. Denn ich weiß nicht, dass jemals eine Stadt 18 Jahre lang belagert wurde und dennoch lebt in ungebrochener Vitalität, mit unerschütterlicher Hoffnung, mit der gleichen Stärke und mit der gleichen Entschlossenheit wie heute West-Berlin.

Die Mauer ist die abscheulichste und stärkste Demonstration für das Versagen des kommunistischen Systems. Die ganze Welt sieht dieses Eingeständnis des Versagens. Wir sind darüber keineswegs glücklich; denn, wie Ihr Regierender Bürgermeister gesagt hat, die Mauer schlägt nicht nur der Geschichte ins Gesicht, sie schlägt der Menschlichkeit ins Gesicht. Durch die Mauer werden Familien getrennt, der Mann von der Frau, der Bruder von der Schwester, und Menschen werden mit Gewalt auseinandergehalten, die zusammenleben wollen.

Was von Berlin gilt, gilt von Deutschland: Ein echter Friede in Europa kann nicht gewährleistet werden, solange jedem vierten Deutschen das Grundrecht einer freien Wahl vorenthalten wird. In 18 Jahren Frieden und der erprobten Verlässlichkeit hat diese Generation der Deutschen sich das Recht verdient, frei zu sein, einschließlich des Rechtes, die Familien und die Nation in dauerhaftem Frieden

Kennedy hielt seine Rede auf Englisch. Den Satz „Ich bin ein Berliner" sprach er hier und am Ende der Rede auf Deutsch.

Beim Besuch Kennedys hatte die DDR-Führung das Brandenburger Tor mit rotem Stoff und einer riesigen DDR-Flagge ‚blickdicht' gemacht, sodass es Kennedy nicht möglich war, von seiner Aussichtsplattform aus in den Osten der Stadt zu schauen.

wiedervereinigt zu sehen, in gutem Willen gegen jedermann.

Sie leben auf einer verteidigten Insel der Freiheit. Aber Ihr Leben ist mit dem des Festlandes verbunden, und deshalb fordere ich Sie zum Schluss auf, den Blick über die Gefahren des Heute hinweg auf die Hoffnung des Morgen zu richten, über die Freiheit dieser Stadt Berlin und über die Freiheit Ihres Landes hinweg auf den Vormarsch der Freiheit überall in der Welt, über die Mauer hinweg auf den Tag des Friedens mit Gerechtigkeit. Die Freiheit ist unteilbar, und wenn auch nur einer versklavt ist, dann sind nicht alle frei. Aber wenn der Tag gekommen sein wird, an dem alle die Freiheit haben und Ihre Stadt und Ihr Land wieder vereint sind, wenn Europa geeint ist und Bestandteil eines friedvollen und zu höchsten Hoffnungen berechtigten Erdteiles, dann, wenn dieser Tag gekommen sein wird, können Sie mit Befriedigung von sich sagen, dass die Berliner und diese Stadt Berlin 20 Jahre die Front gehalten haben.

Alle freien Menschen, wo immer sie leben mögen, sind Bürger dieser Stadt West-Berlin, und deshalb bin ich als freier Mann stolz darauf, sagen zu können: Ich bin ein Berliner.

TIPP

Stattet dem LeMO, dem ‚Lebendigen Museum Online' des Deutschen Historischen Museums, einen Besuch ab: http://www.dhm.de/lemo/

1. Informiere dich über die politische Situation in Berlin zur Zeit des Kennedy-Besuchs.
2. Analysiere und interpretiere die Rede. Berücksichtige dabei insbesondere ihre (inhaltliche) Gliederung und den Einsatz rhetorischer Mittel.

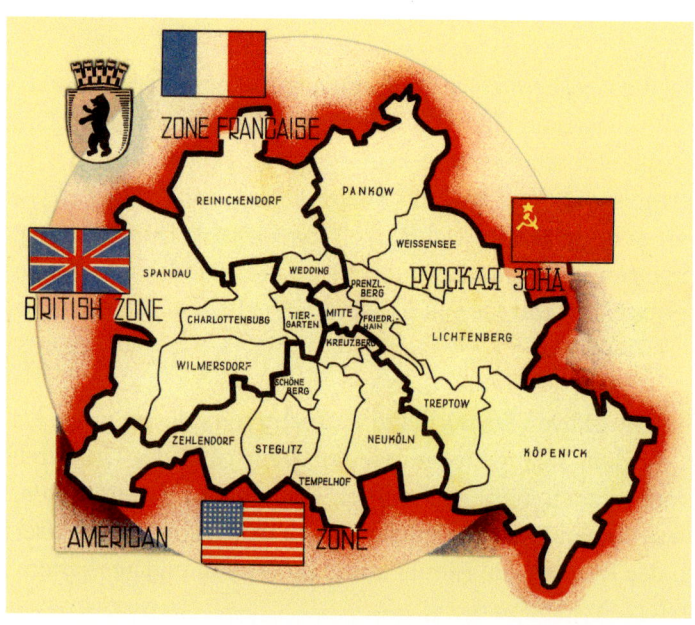

Karte von Berlin mit den Besatzungszonen der vier Siegermächte aus dem Jahre 1946

Atomenergie – Einstieg in den Ausstieg

Planungsaspekte

Bei der Planung einer Rede sind zunächst der Kontext und der äußere Rahmen zu bedenken: Ort, Tag bzw. Anlass sowie Auditorium.
Für die inhaltliche Planung und Gliederung kann man sich an der antiken Rhetorik orientieren:

- Sammlung von Gedanken
- Gliederung der Gesichtspunkte
- Schlussfolgerung aus den Ausführungen

1. Erarbeitet in Gruppen eine Rede zum Thema „Atomenergie – Einstieg in den Ausstieg". Orientiert euch dabei an den drei oben aufgeführten Schritten und nutzt die Kärtchen mit den Informationen zur möglichen Gliederung einer Rede bzw. zur Gliederung des Hauptteils.

> Es gibt Informations-, Meinungs- und Gelegenheitsreden.

Auditorium Zuhörerschaft

> Ihr könnt auch ein anderes Thema wählen.

Mögliche Redegliederung
- EINLEITUNG
- HAUPTTEIL
- SCHLUSS

Mögliche Gliederung des Hauptteils:
Drei-Punkte-Gliederung
- WAR-Stand (Entwicklung)
- IST-Stand (Gegenwart, Beispiele)
- SOLL-Stand (Zukunft, Entwicklung)

Das infolge eines Erdbebens am 11. März 2011 havarierte japanische Atomkraftwerk Fukushima, Luftaufnahme vom 24. März 2011

Zeitgeschehen im Gedicht → S. 161

Regierungserklärung am 9. Juni 2011 durch die Bundeskanzlerin im Deutschen Bundestag: Der Weg zur Energie der Zukunft Angela Merkel

Sehr geehrter Herr Präsident!
Liebe Kolleginnen und Kollegen!
Meine Damen und Herren!

Vor 90 Tagen wurde der Nordosten Japans vom schwersten Erdbeben in der Geschichte des Landes heimgesucht. Anschließend traf eine bis zu 10 Meter hohe Flutwelle seine Ostküste. Danach fiel in einem Reaktor des Kernkraftwerkes Fukushima I die Kühlung aus. Die japanische Regierung rief den atomaren Notstand aus.

Heute, 90 Tage nach jenem furchtbaren 11. März, wissen wir: In drei Reaktorblöcken des Kernkraftwerkes sind die Kerne geschmolzen. Noch immer steigt radioaktiver Dampf in die Atmosphäre. Die weiträumige Evakuierungszone wird noch lange bestehen bleiben, und an ein Ende der Schreckensmeldungen ist noch nicht zu denken. Erst letzte Woche herrschte in Block eins die bisher höchste Strahlenbelastung. Die Internationale Atomenergie-Organisation bewertet die Situation in Fukushima als weiterhin sehr ernst.

Wir werden heute weitreichende Vorhaben für eine neue Architektur der Energieversorgung in Deutschland beraten. Aber bevor wir das tun, wünsche ich mir, dass wir zuerst an die Menschen in Japan denken. Wir trauern um die Opfer, wir fühlen mit denen, die ihre Lieben, ihr Hab und Gut, ihr Zuhause unwiederbringlich verloren haben. Ich habe beim G-8-Gipfel vor wenigen Tagen in Deauville meinem japanischen Amtskollegen gesagt: Deutschland steht weiter an der Seite Japans.

Ohne Zweifel, die dramatischen Ereignisse in Japan sind ein Einschnitt für die Welt. Sie waren ein Einschnitt auch für mich ganz persönlich. Wer auch nur einmal die Schilderungen an sich heranlässt, wie in Fukushima verzweifelt versucht wurde, mit Meerwasser die Reaktoren zu kühlen, um inmitten des Schreckens noch Schrecklicheres zu verhindern, der erkennt: In Fukushima haben wir zur Kenntnis nehmen müssen, dass selbst in einem Hochtechnologieland wie Japan die Risiken der Kernenergie nicht sicher beherrscht werden können.

Wer das erkennt, muss die notwendigen Konsequenzen ziehen. Wer das erkennt, muss eine neue Bewertung vornehmen. Deshalb sage ich für mich: Ich habe eine neue Bewertung vorgenommen; denn das Restrisiko der Kernenergie kann nur der akzeptieren, der überzeugt ist, dass es nach menschlichem Ermessen nicht eintritt. Wenn es aber eintritt, dann sind die Folgen sowohl in räumlicher als auch in zeitlicher Dimension so verheerend und so weitreichend, dass sie die Risiken aller anderen Energieträger bei weitem übertreffen. Das Restrisiko der Kernenergie habe ich vor Fukushima akzeptiert, weil ich überzeugt war, dass es in einem Hochtechnologieland mit hohen Sicherheitsstandards nach menschlichem Ermessen nicht eintritt. Jetzt ist es eingetreten.

Genau darum geht es also – nicht darum, ob es in Deutschland jemals ein genauso verheerendes Erdbeben, einen solch katastrophalen Tsunami wie in Japan geben wird. Jeder weiß, dass das genau so nicht passieren wird. Nein, nach Fukushima geht es um etwas anderes. Es geht um die Verlässlichkeit von Risikoannahmen und um die Verlässlichkeit von Wahrscheinlichkeitsanalysen. Denn diese Analysen bilden die Grundlage, auf der die Politik Entscheidungen treffen muss, Entscheidungen für eine zuverlässige, bezahlbare, umweltverträgliche, also sichere Energieversorgung in Deutschland. Deshalb füge ich heute ausdrücklich hinzu: Sosehr ich mich im Herbst letzten Jahres im Rahmen unseres umfassenden Energiekonzepts auch für die Verlängerung der Laufzeiten der deutschen Kernkraftwerke eingesetzt habe, so unmissverständlich stelle ich heute vor diesem Haus fest: Fukushima hat meine Haltung zur Kernenergie verändert.

Vor diesem Hintergrund hat die Bundesregierung die Reaktor-Sicherheitskommission beauftragt, in den vergangenen drei Monaten alle deutschen Kernkraftwerke einer umfassenden Sicherheitsprüfung zu unterziehen. Darüber hinaus hat die Bundesregierung eine Ethik-Kommission zur sicheren Energieversorgung ins Leben gerufen. Beide Kommissionen haben inzwischen die Ergebnisse ihrer Arbeit vorgelegt, und beiden Kommissionen gilt für ihre Arbeit mein ausdrücklicher Dank.

Auf der Grundlage dieser Arbeiten hat die Bundesregierung am Montag acht Gesetzentwürfe und Verordnungen beschlossen. Sie hat damit die notwendigen Entscheidungen für den Betrieb der Kernkraftwerke in Deutschland und die zukünftige Architektur unserer Energieversorgung auf den Weg gebracht.

Erstens. Das Atomgesetz wird novelliert. Damit wird bis 2022 die Nutzung der Kernenergie in Deutschland beendet. Die [...] abgeschalteten sieben ältesten deutschen Kernkraftwerke [...] werden nicht wieder ans Netz gehen. [...]

Zweitens. Bis Ende dieses Jahres werden wir einen gesetzlichen Vorschlag für die Regelung der Endlagerung vorlegen. [...]

Drittens. Damit die Versorgungssicherheit, insbesondere die Stabilität der Stromnetze, in der jetzt anstehenden Zeit unmittelbar nach der Stilllegung von acht Kernkraftwerken zu jeder Minute und zu jeder Sekunde gewährleistet ist, müssen wir ausreichend fossile Reservekapazitäten unseres Kraftwerkparks vorhalten. [...]

Viertens. Zentrale Säule der zukünftigen Energieversorgung sollen die erneuerbaren Energien werden. [...]

[...] Deshalb steigen wir nicht einfach aus der Kernkraft aus, sondern wir schaffen die Voraussetzungen für die Energieversorgung von morgen. Genau das hat es bislang so in Deutschland nicht gegeben.

Weil wir wissen: „Wer A sagt, muss auch B sagen", wissen wir auch, dass das eine, nämlich der Ausstieg, ohne das andere, nämlich den Umstieg, nicht zu haben ist. Das ist es, worum es geht. Es führt daher kein Weg daran vorbei, die Stromnetze in ganz Deutschland zu modernisieren und auszubauen. Der erforderliche Leitungsausbau bei den Stromübertragungsnetzen in Deutschland liegt bei weit mehr als 800 Kilometern. Fertiggestellt sind bislang aber nur weniger als 100 Kilometer, weil geplante Stromleitungen noch immer auf Widerstände vor Ort stoßen. Planungsverfahren dauern – das ist eigentlich die Regel – häufig länger als zehn Jahre. Das ist nicht akzeptabel.

Hier müssen wir eine erhebliche Beschleunigung und gleichzeitig mehr Akzeptanz erreichen. Es kann nicht angehen, auf der einen Seite den Ausstieg aus der Kernenergie gar nicht schnell genug bekommen zu wollen, auf der anderen Seite aber eine Protestaktion nach der anderen gegen den Netzausbau zu starten, ohne den der Umstieg in die erneuerbaren Energien aber schlichtweg nicht funktionieren wird. Genau dieser Kreislauf – hier dagegen und dort dagegen – muss durchbrochen werden. [...]

Wenn wir den Weg zur Energie der Zukunft so einschlagen, dann werden die Chancen viel größer sein als die Risiken. Welches Land, wenn nicht unser Land, sollte dazu die Kraft haben? Deutschland hat schon so manches Mal gezeigt, was es kann, was in ihm steckt, und hat schon ganz andere Herausforderungen bewältigt: die Einführung der sozialen Marktwirtschaft, weltweit in dieser Form einmalig; die Vollendung der deutschen Einheit, historisch ohne Vorbild; aus der weltweiten Finanz- und Wirtschaftskrise stärker herausgekommen, als wir in sie hineingegangen sind, und – ja, auch das – besser als die meisten anderen.

Deshalb sind wir überzeugt: Deutschland hat das Potenzial und die Kraft für eine neue Architektur unserer Energieversorgung. Die Energie der Zukunft soll sicherer sein und zugleich verlässlich, wirtschaftlich und bezahlbar. Wir können als erstes Industrieland der Welt die Wende zum Zukunftsstrom schaffen. Wir sind das Land, das für neue Technik, Pioniergeist und höchste Ingenieurkunst steht. Wir sind das Land der Ideen, das Zukunftsvisionen mit Ernsthaftigkeit, Genauigkeit und Verantwortung für zukünftige Generationen Wirklichkeit werden lässt.

Wir alle, Regierung und Opposition, Bund, Länder und Kommunen, die Gesellschaft als Ganzes, jeder Einzelne, wir alle gemeinsam können, wenn wir es richtig anpacken, bei diesem Zukunftsprojekt ethische Verantwortung mit wirtschaftlichem Erfolg verbinden. Dies ist unsere gemeinsame Verantwortung. Für dieses gemeinsame Projekt werbe ich mit aller Kraft und mit aller Überzeugung.

Die ungekürzte Rede kannst du im Internet nachlesen: http://www.bundesregierung.de/Content/DE/Bulletin/2011/06/59-1-bk-regerkl-bt.html

TIPP
Tragt diese Rede vor, um ihre Wirkung besser verstehen zu können.

1. Untersuche die Gliederung der Rede. Inwieweit orientiert sie sich an den Mustern auf den Kärtchen von Seite 25?

Fünf-Punkte-Gliederungen

Bei komplexeren Problemen wird eine Drei-Punkte-Gliederung dem Thema unter Umständen nicht mehr ausreichend gerecht. In diesen Fällen kann man sie zu einer Fünf-Punkte-Gliederung erweitern. Hier findest du zwei Möglichkeiten:

Problemlösungsformel

Die Problemlösungsformel steigt vom Besonderen zum Allgemeinen auf:

1. Ist-Zustand, Lage, Analyse (evtl. Missstand)
2. Darlegung der Ursachen, der Fehlerquellen und evtl. Analyse
3. Zielformulierung (Soll-Zustand)
4. Wege zur Verwirklichung des Soll-Zustands, Problemlösung:
   a) wie das Problem nicht gelöst werden sollte
   b) wie es tatsächlich gelöst werden sollte
5. Zusammenfassung und Aufforderung zum (gemeinsamen) Handeln

Standpunktformel

Die Standpunktformel verläuft vom Allgemeinen zum Besonderen:

1. Standpunkt: A vertritt die Auffassung ...
2. A begründet seine/ihre Sicht wie folgt: ...
3. B meint hingegen: ...
4. B führt folgende Begründung an: ...
5. eigener Standpunkt: Ich selbst tendiere zu ..., weil ...

Verkürzt kann die Standpunktformel auch lauten:

1. Standpunkt
2. Begründung
3. Beispiele
4. Schlussfolgerung
5. Aufforderung

Möglichkeiten der Redeeröffnung

- eigenes Erlebnis
- historisches Ereignis
- aktueller Anlass
- Zitat / Spruch
- Anekdote
- rhetorische Frage
- Anlass der Rede
- Berufung auf eine Autorität

Eine Übersicht über die wichtigsten rhetorischen Mittel findest du im Nachschlageteil auf den Seiten 277 f.

Haltet die Kriterien fest, von den das Gelingen eines Redevortrags abhängt.

1. Wie unterscheiden sich die beiden Möglichkeiten?
2. Findet in Gruppenarbeit sinnvolle Anwendungsmöglichkeiten für beide Gliederungsvarianten und stellt sie euch gegenseitig vor.
3. Schreibt eine kurze Rede mit einer Fünf-Punkte-Gliederung, etwa zum Thema „Klimawandel" oder zum Thema „Datensicherheit".
4. Haltet die Rede. Gebt einander Rückmeldungen.

Extra Kompetenzen Rhetorik

Das hast du in diesem Kapitel gelernt:

- Die Wirkung von Reden zu erschließen
- Reden zu analysieren
- Eine eigene Rede zu planen
- Eine Rede zu gliedern
- Eine Rede zu schreiben und vorzutragen

M Extra: **Merkwissen** → S. 276–279

So kannst du dein Wissen anwenden und deine Fähigkeiten trainieren:

Schau dir eine Aufzeichnung der Rede an. Worauf solltest du achten?

Bundespräsident Richard von Weizsäckers Rede bei der Gedenkveranstaltung im Deutschen Bundestag zum 40. Jahrestag des Endes des Zweiten Weltkrieges in Europa

Bonn, 8. Mai 1985

I.
Viele Völker gedenken heute des Tages, an dem der Zweite Weltkrieg in Europa zu Ende ging. Seinem Schicksal gemäß hat jedes Volk dabei seine eigenen Gefühle. Sieg oder Niederlage, Befreiung von Unrecht und Fremdherrschaft oder Übergang zu neuer Abhängigkeit, Teilung, neue Bündnisse, gewaltige Machtverschiebungen – der 8. Mai 1945 ist ein Datum von entscheidender historischer Bedeutung in Europa.

Wir Deutsche begehen den Tag unter uns, und das ist notwendig. Wir müssen die Maßstäbe allein finden. Schonung unserer Gefühle durch uns selbst oder durch andere hilft nicht weiter. Wir brauchen und wir haben die Kraft, der Wahrheit so gut wir es können ins Auge zu sehen, ohne Beschönigung und ohne Einseitigkeit.

Der 8. Mai ist für uns vor allem ein Tag der Erinnerung an das, was Menschen erleiden mussten. Er ist zugleich ein Tag des Nachdenkens über den Gang unserer Geschichte. Je ehrlicher wir ihn begehen, desto freier sind wir, uns seinen Folgen verantwortlich zu stellen.

Der 8. Mai ist für uns Deutsche kein Tag zum Feiern. Die Menschen, die ihn bewusst erlebt haben, denken an ganz persönliche und damit ganz unterschiedliche Erfahrungen zurück. Der eine kehrte heim, der andere wurde heimatlos. Dieser wurde befreit, für jenen begann die Gefangenschaft. Viele waren einfach nur dafür dankbar, dass Bombennächte und Angst vorüber und sie mit dem Leben davongekommen waren. Andere empfanden Schmerz über die vollständige Niederlage des eigenen Vaterlandes. Verbittert standen Deutsche vor zerrissenen Illusionen, dankbar andere Deutsche vor dem geschenkten neuen Anfang.

Es war schwer, sich alsbald klar zu orientieren. Ungewissheit erfüllte das Land. Die militärische Kapitulation war bedingungslos. Unser Schicksal in der Hand der Feinde. Die Vergangenheit war furchtbar gewesen, zumal auch für viele dieser Feinde. Würden sie uns nun nicht vielfach entgelten lassen, was wir ihnen angetan hatten?

Die meisten Deutschen hatten geglaubt, für die gute Sache des eigenen Landes zu kämpfen und zu leiden. Und nun sollte sich herausstellen: Das alles war nicht nur vergeblich und sinnlos, sondern es hatte den unmenschlichen Zielen einer verbrecherischen Führung gedient. Erschöpfung, Ratlosigkeit und neue Sorgen kennzeichneten die Gefühle der meisten. Würde man noch eigene Angehörige finden? Hatte ein Neuaufbau in diesen Ruinen überhaupt Sinn?

Der Blick ging zurück in einen dunklen Abgrund der Vergangenheit und nach vorn in eine ungewisse dunkle Zukunft.

Und dennoch wurde von Tag zu Tag klarer, was es heute für uns alle gemeinsam zu sagen gilt: Der 8. Mai war ein Tag der Befreiung. Er hat uns alle befreit von dem menschenverachtenden System der nationalsozialistischen Gewaltherrschaft.

Niemand wird um dieser Befreiung willen vergessen, welche schweren Leiden für viele Menschen mit dem 8. Mai erst begannen und danach folgten. Aber wir dürfen nicht im Ende des Krieges die Ursache für Flucht, Vertreibung und Unfreiheit sehen. Sie liegt vielmehr in seinem Anfang und im Beginn jener Gewaltherrschaft, die zum Krieg führte.

Wir dürfen den 8. Mai 1945 nicht vom 30. Januar 1933 trennen.

Wir haben wahrlich keinen Grund, uns am heutigen Tag an Siegesfesten zu beteiligen. Aber wir haben allen Grund, den 8. Mai 1945 als das Ende eines Irrweges deutscher Geschichte zu erkennen, das den Keim der Hoffnung auf eine bessere Zukunft barg.

II.
Der 8. Mai ist ein Tag der Erinnerung. Erinnern heißt, eines Geschehens so ehrlich und rein zu gedenken, dass es zu einem Teil des eigenen Innern wird. Das stellt große Anforderungen an unsere Wahrhaftigkeit.

Wir gedenken heute in Trauer aller Toten des Krieges und der Gewaltherrschaft.

Wir gedenken insbesondere der sechs Millionen Juden, die in deutschen Konzentrationslagern ermordet wurden.

Wir gedenken aller Völker, die im Krieg gelitten haben, vor allem der unsäglich vielen Bürger der Sowjetunion und der Polen, die ihr Leben verloren haben.

Als Deutsche gedenken wir in Trauer der eigenen Landsleute, die als Soldaten, bei den Fliegerangriffen in der Heimat, in Gefangenschaft und bei der Vertreibung ums Leben gekommen sind.

Wir gedenken der ermordeten Sinti und Roma, der getöteten Homosexuellen, der umgebrachten Geisteskranken, der Menschen, die um ihrer religiösen oder politischen Überzeugung willen sterben mussten.

Wir gedenken der erschossenen Geiseln.

Wir denken an die Opfer des Widerstandes in allen von uns besetzten Staaten.

Als Deutsche ehren wir das Andenken der Opfer des deutschen Widerstandes, des bürgerlichen, des militärischen und glaubensbegründeten, des Widerstandes in der Arbeiterschaft und bei Gewerkschaften, des Widerstandes der Kommunisten.

Wir gedenken derer, die nicht aktiv Widerstand leisteten, aber eher den Tod hinnahmen, als ihr Gewissen zu beugen.

Neben dem unübersehbar großen Heer der Toten erhebt sich ein Gebirge menschlichen Leids,
Leid um die Toten,
Leid durch Verwundung und Verkrüppelung,
Leid durch unmenschliche Zwangssterilisierung,
Leid in Bombennächten,
Leid durch Flucht und Vertreibung, durch Vergewaltigung und Plünderung, durch Zwangsarbeit, durch Unrecht und Folter, durch Hunger und Not,

Leid durch Angst vor Verhaftung und Tod, Leid durch Verlust all dessen, woran man irrend geglaubt und wofür man gearbeitet hatte.

Heute erinnern wir uns dieses menschlichen Leids und gedenken seiner in Trauer.

Den vielleicht größten Teil dessen, was den Menschen aufgeladen war, haben die Frauen der Völker getragen.

Ihr Leiden, ihre Entsagung und ihre stille Kraft vergisst die Weltgeschichte nur allzu leicht. Sie haben gebangt und gearbeitet, menschliches Leben getragen und beschützt. Sie haben getrauert um gefallene Väter und Söhne, Männer, Brüder und Freunde.

Sie haben in den dunkelsten Jahren das Licht der Humanität vor dem Erlöschen bewahrt.

Am Ende des Krieges haben sie als erste und ohne Aussicht auf eine gesicherte Zukunft Hand angelegt, um wieder einen Stein auf den anderen zu setzen, die Trümmerfrauen in Berlin und überall.

Als die überlebenden Männer heimkehrten, mussten Frauen oft wieder zurückstehen. Viele Frauen blieben aufgrund des Krieges allein und verbrachten ihr Leben in Einsamkeit.

Wenn aber die Völker an den Zerstörungen, den Verwüstungen, den Grausamkeiten und Unmenschlichkeiten innerlich nicht zerbrachen, wenn sie nach dem Krieg langsam wieder zu sich selbst kamen, dann verdanken wir es zuerst unseren Frauen.

[...]

IX.

Manche jungen Menschen haben sich und uns in den letzten Monaten gefragt, warum es vierzig Jahre nach Ende des Krieges zu so lebhaften Auseinandersetzungen über die Vergangenheit gekommen ist. Warum lebhafter als nach fünfundzwanzig oder dreißig Jahren? Worin liegt die innere Notwendigkeit dafür?

Es ist nicht leicht, solche Fragen zu beantworten. Aber wir sollten die Gründe dafür nicht vornehmlich in äußeren Einflüssen suchen, obwohl es diese zweifellos auch gegeben hat.

Vierzig Jahre spielen in der Zeitspanne von Menschenleben und Völkerschicksalen eine große Rolle.

Auch hier erlauben Sie mir noch einmal einen Blick auf das Alte Testament, das für jeden Menschen unabhängig von seinem Glauben tiefe Einsichten aufbewahrt. Dort spielen vierzig Jahre eine häufig wiederkehrende, eine wesentliche Rolle.

Vierzig Jahre sollte Israel in der Wüste bleiben, bevor der neue Abschnitt in der Geschichte mit dem Einzug ins verheißene Land begann.

Vierzig Jahre waren notwendig für einen vollständigen Wechsel der damals verantwortlichen Vätergeneration.

An anderer Stelle aber (Buch der Richter) wird aufgezeichnet, wie oft die Erinnerung an erfahrene Hilfe und Rettung nur vierzig Jahre dauerte. Wenn die Erinnerung abriss, war die Ruhe zu Ende.

So bedeuten vierzig Jahre stets einen großen Einschnitt. Sie wirken sich aus im Bewusstsein der Menschen, sei es als Ende einer dunklen Zeit mit der Zuversicht auf eine neue und gute Zukunft, sei es als Gefahr des Vergessens und als Warnung vor den Folgen. Über beides lohnt es sich nachzudenken.

Bei uns ist eine neue Generation in die politische Verantwortung hereingewachsen. Die Jungen sind nicht verantwortlich für das, was damals geschah. Aber sie sind verantwortlich für das, was in der Geschichte daraus wird.

Wir Älteren schulden der Jugend nicht die Erfüllung von Träumen, sondern Aufrichtigkeit. Wir müssen den Jüngeren helfen zu verstehen, warum es lebenswichtig ist, die Erinnerung wachzuhalten. Wir wollen ihnen helfen, sich auf die geschichtliche Wahrheit nüchtern und ohne Einseitigkeit einzulassen, ohne Flucht in utopische Heilslehren, aber auch ohne moralische Überheblichkeit.

Wir lernen aus unserer eigenen Geschichte, wozu der Mensch fähig ist. Deshalb dürfen wir uns nicht einbilden, wir seien nun als Menschen anders und besser geworden.

Es gibt keine endgültig errungene moralische Vollkommenheit – für niemanden und kein Land! Wir haben als Menschen gelernt, wir bleiben als Menschen gefährdet. Aber wir haben die Kraft, Gefährdungen immer von neuem zu überwinden.

Hitler hat stets damit gearbeitet, Vorurteile, Feindschaften und Hass zu schüren.

Die Bitte an die jungen Menschen lautet:

Lassen Sie sich nicht hineintreiben in Feindschaft und Hass
gegen andere Menschen,
gegen Russen oder Amerikaner,
gegen Juden oder Türken,
gegen Alternative oder Konservative,
gegen Schwarz oder Weiß.

Lernen Sie, miteinander zu leben, nicht gegeneinander.

Lassen Sie auch uns als demokratisch gewählte Politiker dies immer wieder beherzigen und ein Beispiel geben.

Ehren wir die Freiheit.
Arbeiten wir für den Frieden.
Halten wir uns an das Recht.
Dienen wir unseren inneren Maßstäben der Gerechtigkeit.
Schauen wir am heutigen 8. Mai, so gut wir es können, der Wahrheit ins Auge.

▶ Analysiere und interpretiere Richard von Weizsäckers Rede.
▶ Verfasse eine Rede für eine schulische Gedenkveranstaltung am 9. November oder 27. Januar und trage anderen diese Rede vor.

> In der Nacht vom 9. auf den 10. November 1938 wurden in Deutschland Synagogen niedergebrannt, Geschäfte jüdischer Menschen zerstört, jüdische Menschen deportiert und ermordet („Reichspogromnacht").
>
> Der 27. Januar (Tag der Befreiung des Vernichtungslagers Auschwitz durch die Rote Armee im Jahr 1945) ist seit 1996 in Deutschland der „Tag des Gedenkens an die Opfer des Nationalsozialismus". 2005 erklärte die UNO ihn zum „Internationalen Tag des Gedenkens an die Opfer des Holocaust".
>
> An beiden Tagen finden jedes Jahr Gedenkveranstaltungen statt, die oft von Schülerinnen und Schülern (mit-) gestaltet werden.

Den ungekürzten Redetext kannst du im Internet nachlesen: http://www.bundespraesident.de/SharedDocs/Reden/DE/Richard-von-Weizsaecker/Reden/1985/05/19850508_Rede.html;jsessionid=F2223FB8E6AA02BD506F9C3A91206E70.2_cid285

Zeit
Essayistisches Schreiben

Essay engl. franz. essai = Versuch
Sujets Gegenstände

Mit Vorliebe knüpft er [der Essay] an vertraute Sujets und Meinungen an, um daran durch Verstehen und Kritik bislang Unbeobachtetes zu entdecken und bestehende Vorurteile zu korrigieren.

Digressionen Abschweifungen

Der Verzicht auf Systematik, die Zulässigkeit von Digressionen und der ausgiebige Gebrauch von poetischen und rhetorischen Mitteln [...] machen den ästhetischen Reiz des Essays aus, doch sind diese literarischen Strukturen dem Zweck untergeordnet, den Gegenstand anschaulich darzustellen und den Leser für die Argumentation einzunehmen [...]. *(Heinz Schlaffer)*

Essayistisch schreibt, wer experimentierend verfasst, wer also seinen Gegenstand hin und her wälzt, befragt, betastet, prüft, durchreflektiert, wer von verschiedenen Seiten auf ihn losgeht [...]. *(Max Bense)*

diskursiv lat. Discursus = Umherlaufen; ein hin und her laufendes Gespräch

Ich verstehe darunter einen diskursiven Text, bei dem ich am Anfang noch nicht weiß, was am Schluss dabei herausspringt. Es kommt, wie der Name schon sagt, auf den Versuch an. *(Hans Magnus Enzensberger)*

▸ Suche übereinstimmende Wesensmerkmale des Essays in diesen unterschiedlichen Äußerungen.
▸ Wie passt das Bild zum Essay?

Die Textsorte Essay

Essay über den Essay (1965)   Michael Hamburger

Schon das stimmt nicht ganz: ein Essay darf eigentlich nichts behandeln, nichts bestimmen oder definieren. Ein Essay ist ein Spaziergang, ein Lustwandeln, keine Handelsreise. Wenn hier als „über" steht, kann es nur bedeuten, dass der Spaziergang über das genannte Feld geht – aber ohne jede Absicht, es zu vermessen. Dieses Feld wird nicht umgepflügt, auch nicht bebaut. Es soll Wiese bleiben, wild. Der eine Spaziergänger interessiert sich für die Blumen, ein anderer für die Aussicht, ein dritter sucht Insekten. Die Jagd nach Schmetterlingen ist erlaubt. Alles ist erlaubt – außer den Absichten des Vermessers, des Bauers, des Spekulanten. Auch ist jedem Spaziergänger erlaubt, von einem Feld zu berichten, was er gerade gesehen hat – wenn es auch nur die Vögel waren, die es überflogen, nur die Wolken, die noch weniger dazugehören, nur die Abwandlungen von Vögeln oder Wolken im eigenen Kopf. Wer aber im Auto hinfuhr, im Auto sitzen blieb und dann sagt, er sei da gewesen, ist kein Essayist. Darum ist der Essay eine veraltete Gattung (fast hätte ich ‚Form' geschrieben, aber der Essay ist keine Form, hat keine Form, er ist ein Spiel, das seine eigenen Regeln schafft).

Der Essay ist ebenso veraltet wie die Kunst des Briefschreibens, wie die Kunst des Gesprächs, wie das Lustwandeln. Seit Montaigne ist der Essay höchst individualistisch, setzt aber zugleich eine Gesellschaft voraus, die den Individualismus nicht nur duldet, sondern auch genießt – eine Gesellschaft, die Zeit hat, zudem genug Bildung, um auf Information zu verzichten. [...]

Der Essay ist keine Form, sondern vor allem ein Stil. Von der reinen, absoluten oder autonomen Kunst unterscheidet er sich durch seinen Individualismus. Der Witz des Essays, wie auch seine Berechtigung und sein Stil, liegt in der Persönlichkeit des Autors, weist immer auf sie zurück. [...] Beim echten Essay ist es gleichgültig, ob sein Titel auf ein literarisches Thema deutet oder nicht, ob auf den Ursprung des Trauerspiels oder den Ursprung des Schweinebratens. [...]

Nie gesehen aber wird er dort, wo das wilde Feld auch als Erinnerung oder Möglichkeit aus dem Bewusstsein der Menschen verbannt wurde, wo sich die Mauern verabsolutiert haben und sogar das Gehen nur noch ein Kreislauf aus Zwang und Routine ist. [...] Wer ständig an diese denken muss, kann die Ziellosigkeit und Unverbindlichkeit der Essayistik nicht dulden, nennt sie schamlos, egoistisch und frech. Aber irgendwo läuft der Geist der Essayistik weiter; und niemand weiß, wo er auftauchen wird. Vielleicht wieder im Essay?

Der Essayist reflektiert sein Thema von einem persönlichen Standpunkt aus.

Michael Hamburger wurde 1924 als Sohn eines jüdischen Professors für Kinderheilkunde in Berlin geboren. Die Familie emigrierte 1933 nach England. Ab 1952 lehrte Hamburger an englischen Universitäten Deutsch. Bekannt wurde er vor allem als Lyriker; er veröffentlichte jedoch auch essayistische und literaturkritische Texte. Hamburger starb 2007.

Michel de Montaigne (1533–1592) war ein französischer Jurist, Politiker und Schriftsteller. Er gilt als Begründer der Essayistik („Essais", drei Bände, 1572 bis 1587).

---

1. In welchem Bild wird der Essay von Michael Hamburger veranschaulicht? Wie passt das zum Vorhaben, essayistisch zu schreiben?
2. Strukturiere die auf den ersten beiden Seiten genannten Merkmale eines Essays in einer Mindmap. Verwende als Hauptäste die folgenden Begriffe: Inhalt / Thema, Form, Aufbau, Darstellung, Leser.

Das Thema „Zeit" in unterschiedlichen Essays

Die Schreibweise des Essayisten bewegt sich im Spannungsfeld unterschiedlicher Darstellungsformen.

Hier findest du verschiedene Ausschnitte aus Essays, deren Verfasser Darstellungsformen verwenden, die dir aus dem Unterricht vertraut sind.

Text 1

[...] Im Intercity von Hamburg in den Süden ist es wieder passiert. Der Zug bremste abrupt, es roch nach Scheibenbremsen, dieser staubige metallene Geruch, die plötzliche Verlangsamung warf die Passagiere im Gang übereinander, Gepäckstücke wirbelten umher, Stimmen kreischten. Dann hielt der Zug auf offener Strecke. Die plötzliche Stille war lauernd. Die Zeit stand still, als hätten wir alle aufgehört zu atmen. [...]

Text 2

[...] Ich laufe auf das Laufband in der Mitte des Raumes zu und fange an meine Kalorien purzeln zu lassen. Von dort aus habe ich den besten Blick auf die anderen Leute und optimale Sicht auf die drei Flachbildfernseher an der Wand. Ich schaue MTV. Mit der Musik vergeht die Zeit wie im Flug. Hinzu kommt, dass ich mich mit den Rhythmen der Musik bewege. So sehe ich aus wie ein Hamster im Laufrad, total gequält und mit Schweißperlen im Gesicht. Aber was macht man nicht alles um fit und gesund zu bleiben. Sozusagen „forever young". „Young" sein bedeutet „in" sein und „in" sein heißt mit dem neusten Trend gehen und der neuste Trend ist definitiv Fitness. Nun lasse ich meinen Blick über die erste Etage des Fitnesscenters schweifen. Dort erblicke ich ein junges „Teenie-Girl", das sich hoch aufgestylt in perfekter Kleidung und mit riesigen Kreolen auf dem Crossgerät keine Erschöpfung anmerken lässt. [...] *(Schülertext)*

Text 3

[...] Es war einmal ein Autofahrer – genauer gesagt ein Testfahrer, der für einen großen deutschen Automobilhersteller neue Autos testete. Dieser Testfahrer wurde von seinen Kollegen liebevoll „Turbo-Rolf" genannt, da er nach eigener Aussage sehr gerne zügig fahre. Er liebte außerdem den Adrenalinstoß, der seinen Körper langsam durchströmte, wenn die Tachonadel sich der 300km/h-Marke näherte. Er liebte es, seinen 500 Pferden die Sporen zu geben und die Überholspur der Autobahn freizuräumen. Doch eines Tages kam ihm während einer seiner zügigen Fahrten ein Kleinwagen in die Quere, der die Überholspur blockierte. [...] Die Frau, die am Steuer des vor ihm fahrenden Kleinwagens saß, erschrak, verriss das Lenkrad und fuhr mit ihrer kleinen Tochter in den Tod. [...] *(Schülertext)*

Text 4

Die Schüler der innerschweizerischen Gemeinde Hitzkirch haben es offenbar übertrieben mit dem Wachsein am frühen Morgen: Die Lehrer merkten rasch, dass da irgendetwas nicht stimmen konnte. Sie gingen der Sache nach – und wurden fündig: Dopingtests ergaben durch die Bänke positive Befunde.

„Die Kinder und Jugendlichen konsumieren Energydrinks als Ersatz fürs Pausenbrot", stellte die Schulleiterin erschüttert fest. Wegen deren aufputschender Wirkung habe es Fälle gegeben, in denen die Schüler „überdreht im Klassenzimmer auffielen". Das könne man nicht dulden. Ein „geordneter Unterricht" müsse doch möglich sein. [...]

Nach dem aufgeflogenen Dopingskandal fragen sich Experten auch hierzulande, ob nicht Aufputschmittel sämtliche Pisa-Tests verfälscht haben könnten. Eine Antidopingwelle nach Schweizer Vorbild könnte mit der übertriebenen Hektik in ganz Europa Schluss machen. Dann zappelte im Klassenzimmer einzig noch der Lehrer – vor tiefenentspannten Schülern. So sähen faire Wettbewerbsbedingungen aus. *(Urs Willmann: Gedopte Schüler)*

Text 5

[...] Auf der Suche nach Gründen für den Geschwindigkeitswahn des Menschen muss man auch die Wissenschaft heranziehen. Forscher vermuten nämlich, dass diese Risikobereitschaft auf persönliche Eigenschaften zurückzuführen ist. Außerdem würden Hormone das Glücksgefühl bei hohen Geschwindigkeiten hervorrufen. Eines davon ist das Glückshormon Dopamin. Die Hormonausschüttung sei bei jedem Menschen anders und verursache deshalb ein individuelles Geschwindigkeitsniveau. Gleichzeitig erhöhe dies auch die Risikobereitschaft. [...] *(Schülertext)*

1. Untersuche die Textausschnitte. Welche Darstellungsform wurde jeweils verwendet? Übertrage die Tabelle in dein Heft und nenne die entscheidenden Merkmale.

subjektiv / assoziativ	narrativ (erzählend)	ironisch / pointiert	sachlich / argumentativ	reflektierend

2. Ordne die in der Tabelle genannten Merkmale folgenden Textsorten zu: Analyse, Charakteristik, Erörterung, Erzählung, Glosse, Parabel.
3. Wähle zwei Darstellungsformen aus und verfasse jeweils einen kurzen Text über das Thema „Verwaltete Zeit".
4. Überarbeitet in einer Schreibkonferenz die Texte, indem ihr die gewählte Darstellungsform überprüft.

Essayistisches Schreiben → S. 279

Essayistische Schreibversuche

Der Essayist umkreist experimentierend und spielerisch sein Thema. Der Essayist sagt ‚Ich'.

Schreibanregungen

- zeitlos
- unter Zeitdruck
- auf dem Laufband
- Zeit ist Geld
- Multitasking
- Gleitzeit
- Nimm dir Zeit und nicht das Leben!
- Ewigkeit
- Uhrzeit
- verwaltete Zeit
- in Zeitlupe
- Zeitreise

Assoziatives Schreiben
Ausgelöst durch einen Schreibimpuls entstehen Gedanken, Vorstellungen, Bilder, Erinnerungen, Gerüche und Farben, die rasch notiert werden. Die Gedanken entwickeln sich ohne Planung im Prozess des Schreibens.

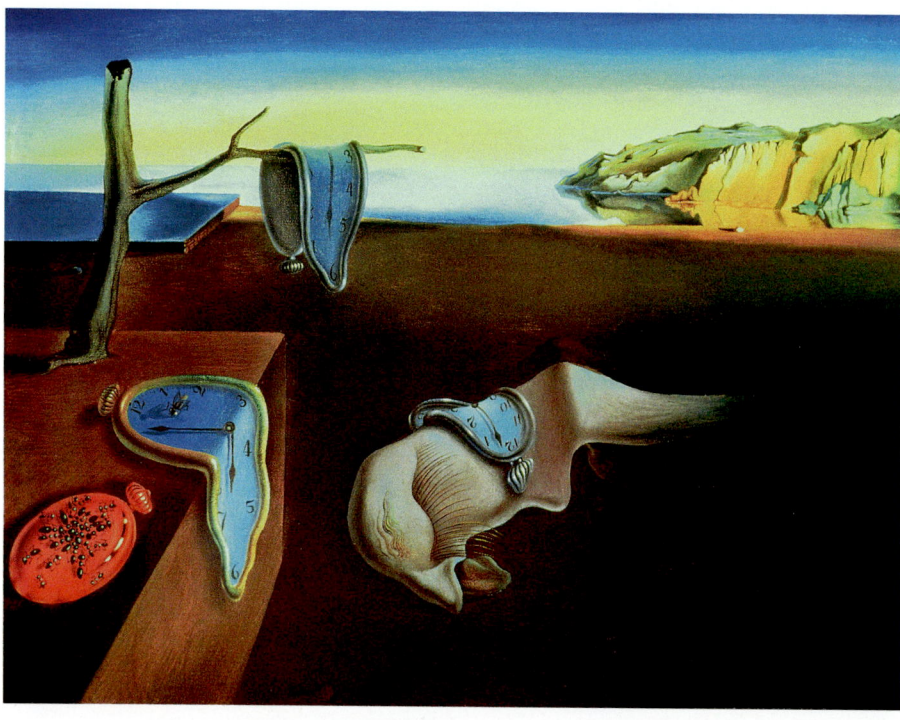

Salvator Dali (1904–1989): „La persistance de la mémoire" (1931). Öl auf Leinwand, 24 x 33 cm, Museum of Modern Art, New York

1. Wähle eine Anregung und schreibe spontan einen Kurztext.
2. Bildet Gruppen und legt eure Texte zum Lesen aus:
   – Was für Texte sind entstanden?
   – Welche Wirkung haben sie auf den Leser?
3. Betrachtet genauer, mit welchen Mitteln diese Wirkung erzielt wurde.

Ideencluster

Multitasking ist eine Illusion Heinrich Kürzeder

Hier eine neue E-Mail-Nachricht, da ein SMS-Beep, dort ein Telefonbimmeln, ein Mausklick und schon ist man im Internet und springt zwischen dem eigentlich zu bearbeitenden Dokument und vier Webseiten hin und her – keine Zeit. Nach zwei Stunden schmerzt der Nacken und mit jeder neuen Ablenkung sinkt die Denkleistung Stück für Stück. Hier ist Zeitmanagement gefragt. Am Ende des Tages überkommt einen das ungute Gefühl, wegen Multitasking mal wieder nichts geschafft zu haben. Kein Wunder, dass so das Abschalten schwerfällt.

Arbeitspsychologische Studien zeigen, dass wir nur ca. 60 Prozent der Zeit wirklich produktiv sind. [...] Doch wie packen wir es an? Stressmanagement wäre eine gute Idee, bringt aber nichts, wenn die Ursache nicht bewältigt ist. Auch klassische Zeitmanagementtools erweisen sich oft als zu starr. „Erst wenn wir verstehen, warum wir uns so gern selbst boykottieren, können wir wirklich produktiver werden." [...] „Die Forschung zeigt, dass Multitasking eine Illusion ist und wir nur ca. drei bis vier Dinge gleichzeitig überwachen können. Die Zeit ist also nicht die knappe Ressource, sondern unsere Aufmerksamkeit", so der Experte für Zeitmanagement.

Der Essayist sammelt, sortiert und filtert Ideen.

1. Markiere die Schlüsselwörter in dem Text und füge sie in ein Cluster.

METHODE

Cluster
In einem Cluster (einer Art „Ideentraube") werden Gedanken und Assoziationen gesammelt. Das Cluster kann stets erweitert werden.

2. Ergänze das Cluster, indem du weitere Aspekte hinzufügst.

Cluster → S. 291

Müßiggang: Schritte für den Anfang

Der Essayist wählt bewusst einen aussagekräftigen Titel und findet einen individuellen Einstieg.

Teil 1: „Smartphone ausstellen, Füße hochlegen, herumhängen – Nichtstun ..."
Teil 2: Überleitung
Teil 3: Erst in der Neuzeit wurden Faulenzer und Arbeitslose geächtet; erst jetzt galt das Sprichwort: „Müßiggang ist aller Laster Anfang." Technische Errungenschaften wie der Buchdruck, Taschenrechner, Internet, Smartphones, die uns helfen könnten, Arbeit zu vermeiden, haben uns ins Burnout-Zeitalter getrieben, wo Muße und Entspannung wieder gelernt werden müssen ...
Teil 4: Abschweifung, irgendein Gedankengang, der sich daraus ergibt.

1. Verfasse aus den vier Teilen den Beginn eines essayistischen Textes zum Thema „Müßiggang". Die vier Teile müssen noch ausgeweitet und zu einem Ganzen verbunden werden.
2. Gib deinem Text einen passenden Titel, der zum Lesen verlockt.

Schülerbeispiel

Die Kunst der Faulheit

Smartphone ausstellen, Füße hochlegen, herumgammeln – Nichtstun, ach, wer kann das noch. Oder besser, wer erlaubt das noch. Wenn ich mit meinen Freunden chille, prompt klopft es an der Tür und mein Vater fragt mit leisem Vorwurf in der Stimme: „Habt ihr nichts zu tun?" Für ihn ist Chillen Zeit töten, nicht Zeit, die nach eigenen Wünschen genutzt wird. So lange ich denken kann, wurde mir eingetrichtert, dass das Glück dem Fleißigen gehört. In dem Märchen „Frau Holle" wird auf die faule Marie Pech gekippt, während die fleißige Marie mit Gold überschüttet wird; und das Sprichwort lehrt: „Müßiggang ist aller Laster Anfang" – was ja wohl nichts anderes heißt, als dass derjenige, der keine Leistung im Sinne von Arbeit abliefert, sich Lastern wie dem Alkohol oder der Spielsucht hingibt oder gar zum Verbrecher wird ...

Franz von Lenbach (1836–1904): Hirtenknabe (1860). Öl auf Leinwand, 108 x 155 cm. Bayerische Staatsgemäldesammlungen, Sammlung Schack München

3. Was löst der Titel beim Leser aus?
4. Untersuche, wie die Anregungen von dem Schüler umgesetzt wurden.
5. Schreibe weiter.

Konzentrische Kreise

Der Essayist umkreist sein Thema auf verschiedenen Ebenen.

→ **Wissenschaft und Technik**
Digitalisierung – Vernetzung

→ **Gesellschaft und Politik**
Marktorientierung – „Zeit ist Geld" – Mobilität – Globalisierung

→ **mein Umfeld**
(Familie, Schule)
Arbeitszeit – Freizeit – Zeitchaos – ruheloser Konsum – Muße – Zeitvertreib – Müßiggang

Ich:
mein Zeitverständnis – mein Umgang mit der Zeit – Bedürfnis nach Entschleunigung

Zeit, die blutige Tyrannin (2001) Anna Sauerbrey

1. Wir essen schneller, schlafen weniger, lernen im Eiltempo. Feste Beziehungen halten weniger lang, wir wechseln häufiger die Arbeitsstelle, den Wohnort und die Religionszugehörigkeit [...].
2. Die Digitalisierung bewirkt ein solches Gefühl [von Beschleunigung]. Zum einen wird die Zahl der Ereignisse pro Zeitspanne größer, zumindest der medial vermittelten Ereignisse. Das Netz haben wir inzwischen immer dabei, die Distanz zwischen dem Betrachter und einem Ereignis wird immer unwichtiger.
3. Zeit ist relativ, wie schnell sie vergeht, hängt vom Beobachter ab. Zeit könne man nur messen, schreibt Augustinus, weil der menschliche Geist den Eindruck, den Ereignisse hinterlassen, im Geist bewahrt.
4. Die Diagnose, dass Gesellschaft und Politik an akuter Beschleunigung leiden, ist keine neue. Schon einmal, vor eineinhalb Jahrhunderten, wurde Europa von diesem Gefühl erfasst, mit der Revolution der Kommunikation durch den Telegraphen und der Erfindung der Eisenbahn. Das Zeitraster, an dem sich der Mensch orientierte, wurde sprunghaft präziser und einheitlicher, schließlich wollte man den Zug nicht verpassen.
5. Die Gegenbewegung, die „Entschleunigung" ist bereits in vollem Gange. Die Menschen verordnen sich selbst Bremsen, Yoga, Slow-Food, Sabbaticals, Landflucht.

METHODE

Kontextmethode: Das Thema wird in ganz bestimmte Kontexte gestellt. Diese werden grafisch veranschaulicht, indem man über das Thema „konzentrische" Halbkreise zeichnet. Die Kontexte sind frei wählbar.

Sabbatical (berufliche) Auszeit

1. Prüfe, zu welchen gedanklichen Kreisen diese Textbausteine passen, und führe sie weiter aus.
2. Ergänze weitere Textbausteine zu den markierten Kreisen.
3. Übertrage die Kreise in dein Heft und notiere in ihnen weitere Ideen.

Kontextualisieren → S. 291

Unsere wichtigste Zeit (2011)   Ulrich Schnabel

> Der Essayist behält bei aller Ideenvielfalt den „roten Faden" in der Gesamtkomposition im Blick.

Dem verstorbenen Schriftsteller Michael Ende verdanken wir zweifellos einige der erstaunlichsten Wissenschaftsgeschichten der Moderne. Zuerst erforschte er mit Jim Knopf und Lukas dem Lokomotivführer den Scheinriesen-Effekt, deckte das Geheimnis des Meeresleuchtens auf und erfand nebenbei das Perpetuum mobile, an dem sich Generationen von Erfindern die Zähne ausgebissen hatten. Und nachdem die zwei Lummerländer die Fesseln der klassischen Mechanik gesprengt hatten, brachte Endes Romanfigur Momo uns auf märchenhafte Art das Wesen der Zeit nahe. Dabei konfrontierte uns Momo mit dem Paradox, dass die Zeit sich unserem Zugriff umso mehr entzieht, je heftiger wir sie zu fassen versuchen. „Zeit ist Leben. Und das Leben wohnt im Herzen. Und je mehr die Menschen daran sparten, um so weniger hatten sie."

Der Wissenschaft geht es nicht viel anders. Seit sie die starre Mechanik des 19. Jahrhunderts überwunden hat, gerät mehr und mehr die Zeit selbst in den Blickpunkt von Forschung und Technik. Mittlerweile lässt sich die Zeit bis auf Attosekunden genau vermessen. Doch seltsam, je mehr sich die Wissenschaft mit dem augenscheinlich so klaren Zeitbegriff beschäftigt, umso rätselhafter scheint er zu werden. Der Physiker Paul Davies etwa hält ein restloses Verständnis der Zeit für „eine der großen Herausforderungen des 21. Jahrhunderts". Denn noch immer sind grundlegende Zeit-Fragen ungelöst. Zum Beispiel: Wie genau begann die Zeit? Wird sie bis in alle Ewigkeiten linear „nach vorne" verlaufen – oder kehrt sich die Zeitrichtung (zusammen mit der Ausbreitungsrichtung des gesamten Weltalls) irgendwann einmal um? Warum funktionieren die Gleichungen der Physik auch dann, wenn man darin die Zeit rückwärts laufen lässt? Sind Zeitreisen vielleicht doch möglich? Und: Warum unterscheidet sich unser subjektives Zeitempfinden oft so sehr von der starren physikalischen Zeit?

Nicht einmal eine vernünftige Definition des schillernden Begriffes Zeit können wir vorweisen. Selbst Albert Einstein, der 1905 mit seiner Relativitätstheorie das Zeitverständnis revolutionierte, vermied wohlweislich eine genaue Definition der Zeit. Entsprechende Fragen beantwortete er eher lapidar: „Zeit ist, was man an der Uhr abliest." Doch was liest man an der Uhr ab? Lediglich eine zyklische, immer wiederkehrende Bewegung. Damit stehen wir vor dem Widerspruch, dass sich zwei Begriffe gegenseitig definieren. Denn so wie wir Zeit durch Bewegung erfassen, messen wir wiederum Bewegung durch die Zeit – egal, ob es sich nun um die Jahreszeiten, die Bewegung der Planeten oder das zehntelsekundengenaue Schwingen eines Quarzkristalls handelt.

Zum Glück machen wir uns im täglichen Leben um solche Spitzfindigkeiten keinen Kopf. Da nehmen wir „die Zeit" einfach als gegebene Größe hin. Schließlich materialisiert sie sich ja in Form von Termin-, Stunden- oder Fahrplänen und bestimmt ganz handfest den Rhythmus unseres Lebens. Dabei ist, genau betrachtet, das alltägliche Diktat der Uhr letztlich nur eine gesellschaftliche Über-

> **Attosekunde** = die kürzeste jemals registrierte Zeitspanne. Eine Attosekunde hat die Dauer von 10^{-18} Sekunden.

„Stillleben mit Büchern, Violine, Totenschädel und Stundenglas" (1627). Öl auf Holz, 59 mal 69 cm. Das Bild wird Jan Lievens (1607–1674) zugeschrieben, einem Maler aus dem Umkreis von Rembrandt.

einkunft. Auf einer einsamen Insel, ohne Mitmenschen, verlöre die genaue Uhrzeit jeden Wert. Erst im sozialen Kontakt mit Gleichgesinnten, die dieselbe Zeit anerkennen, wird sie von Bedeutung.

Ganz und gar unabhängig von kulturellen Konventionen und philosophischen Fragen ist nur das Ticken unserer eigenen Lebensuhr. Und die Tatsache, dass wir nie wissen, wann dies endet, erinnert uns an jene Art von Zeit, die für uns wirklich von Bedeutung ist. Das ist jene Zeit, die tatsächlich in unserer Reichweite liegt, und streng genommen die einzige, über die wir verfügen: die Gegenwart. Schließlich findet unser Leben nicht gestern oder morgen statt, sondern immer nur im kurzen, ewigen Moment des Jetzt. Und wie schon Michael Ende wusste: Je mehr die Menschen daran sparen, umso weniger haben sie.

1. Lies den Text: Was meint der Autor mit dem Titel „Unsere wichtigste Zeit"? Tauscht euch darüber aus.
2. Halte die zentralen Aussagen über die Zeit stichwortartig fest.
3. Schreibe eine knappe inhaltliche Zusammenfassung dieses Essays über die Zeit. Achte auf den Hinweis in der Randspalte.
4. Prüfe, wie der Autor seine Gedanken über die Zeit entfaltet und verknüpft, indem du den „roten Faden" des Texts markierst.
5. Wähle aus den Gedanken über die Zeit einen Aspekt aus, den du gern weiter ausführen möchtest. Schreibe diese Erweiterung auf.
6. Schreibe einen Essay über die Zeit. Das Material in diesem Kapitel kann dir als Anregung dienen. Vergiss nicht, deinem Essay eine interessante Überschrift zu geben.

Hinweis: Die knappe Inhaltsangabe eines Textes wird auch „Abstract" genannt. Sein Zweck ist die Zusammenfassung der wesentlichen Aspekte des Texts.

Kompetenzen Essayistisches Schreiben

Das hast du in diesem Kapitel gelernt:

- Merkmale eines Essays zu erkennen
- Darstellungsformen zu unterscheiden
- Assoziativ zu schreiben
- Ideen zu sammeln und zu strukturieren
- Den Anfang eines Essays zu schreiben
- Den gedanklichen Aufbau zu entwickeln
- Auf die Gedankenverknüpfung zu achten
- Einen vollständigen Essay zu schreiben

M Extra: **Merkwissen** → S. 279

So kannst du dein Wissen anwenden und deine Fähigkeiten trainieren:

Moment mal! (2014) Sarah Baumgartner

So fängt sie an:

„I see as time goes by, I see the moments they fly, they soon will be gone and so far away, just like a bird in the sky" schallt es mir in den Ohren, als ich mit Kopfhörern im Zug sitze und darauf warte, endlich zu Hause zu sein. Ich träume vor mich hin, genieße die kurze Auszeit und beginne zum ersten Mal über den Text meines Lieblingsliedes wirklich nachzudenken. Mir fällt auf, dass die Metapher der davonfliegenden Momente eigentlich sehr zutreffend ist. Denn ein Moment ist stets von nur sehr kurzer Dauer, dann verschwindet er sofort und unaufhaltsam wieder, bis er schließlich ganz verschwunden ist. Mitten in diesem Gedankengang sehe ich ein Eichhörnchen, das über die Straße huscht, suchend nach einem leckeren Snack, mit dem es sich eine warme Speckschicht anfuttern kann. Zu gerne würde ich meine angebrochenen gesalzenen Erdnüsse mit ihm teilen. Ich muss grinsen. Welch ein absurder Gedanke. Dieses Schmunzeln war ein kurzer Moment des Glücks, den ich sofort wieder vergesse.

Momente wie dieser sind, so kurz sie auch sein mögen, voller Leben. So ein kurzer Zeitpunkt enthält das volle Spektrum an Gefühlen, Wahrnehmungen, Gedanken. Das Zusammenspiel dieser Faktoren macht ihn einzigartig, weshalb kein Moment so ist wie ein anderer. Wenn man es sich genauer überlegt, ist ein Moment eigentlich überhaupt nicht existent. Denn letztlich ist er doch nur der Übergang von der Vergangenheit zur Zukunft, oder? Er ist wie ein Punkt auf einem Kreis, er ist da, auf dieser unendlichen Linie, aber nicht zu definieren, von keiner messbaren physikalischen Größe einzufangen. [...]

Kürze den Beginn.

Vertiefe diesen Aspekt, zum Beispiel durch die Beschreibung einer Situation.

Schreibe hier weiter, indem du eigene Überlegungen über die Zeit einfügst.

So leitet sie zum Schluss über:
Den Ursprung dieser Entwicklung sehe ich in der Industrialisierung, seit welcher jeder angetrieben wird, so zügig und effektiv wie möglich zu arbeiten, denn, wie man so schön sagt, Zeit ist Geld.

So ist fraglich, ob dieser hoch angepriesene Fortschritt wirklich so gut war. Klar, er brachte auch erhebliche Menschenrechts- und Freiheitsgesetze mit sich, aber denken wir mal an die negativen Auswirkungen: Umweltverschmutzung, ungleiche Einkommensverteilung und natürlich die Instrumentalisierung der Zeit als Erwerbsmaßnahme.

Verdeutliche, inwiefern die Industrialisierung zu einer Neubewertung der Zeit führte.

Entfalte diesen Gedanken, ohne zu sehr vom Thema abzukommen.

Deine Ergänzungen

Und so beendet sie ihren Essay:
Also frage ich mich, wie das Leben lange, bevor all dies geschah, aussah. Wie war die Welt, in der es keine Uhren gab, in der die einzige Sorge bezüglich der Zukunft war, dass man nicht genug zu essen fand? Als Menschen noch Menschen waren und keine Maschinen, angetrieben von dem ständigen Verlust der Zeit und dem verzweifelten Versuch, diese festzuhalten, während sie ihnen wie Sand durch die manikürten Hände rieselt. Damals war Zeit noch weniger definiert als heute, es gab keine Sekunden, Minuten, Stunden. Der Tag begann, wenn die Sonne aufging, und war vorbei, wenn sie unterging.

Konnten die Menschen die Zeit also überhaupt so wahrnehmen, wie wir es heute tun? Oder haben sie es einfach nicht getan, weil keine Notwendigkeit für sie bestand? Vielleicht waren auch sie wahre Herren der Zeit, weil sie sich nicht von ihr beknechten ließen. Vielleicht ist die Einstellung, einen Moment gar nicht festhalten zu wollen, sondern seine Vergänglichkeit zu akzeptieren viel besser als jeder wissenschaftliche Fortschritt.

Denn das ist das Geheimnis der Zeit. Sie vergeht, unaufhaltsam, wir können sie nicht festhalten, sie nicht sehen, hören oder spüren und eigentlich hat sie auch keine andere Funktion, als dass sie vergeht. Wir können sie nur in der Schnittmenge der Vergangenheit und der Zukunft wahrnehmen, einen kurzen Moment lang. So sehen wir, wie sie vergeht und alles, was wir tun können, ist den Momenten zuzuschauen, wie sie, wie kleine Vögel, davonfliegen und so von der Bildfläche des Hier und Jetzt verschwinden.

Erweitere und vertiefe den Gedanken, wie sich Zeit verändert hat.

- ▶ Weise essayistische Merkmale in diesem Schülertext nach.
- ▶ Beurteile Anfang und Schluss dieses Essays. Was ist der Schülerin gelungen?
- ▶ Begründe, weshalb die Wahl der Überschrift Interesse weckt.
- ▶ Wähle eine der Aufgaben aus der Randspalte und bearbeite sie.

Sprechen, Zuhören, Schreiben

Zum Bild:
Raffael (1483–1520): „Die Schule von Athen". Ausschnitt aus dem um 1510 entstandenen Fresko für die Privaträume des Papstes Julius II. im Vatikan.

Erörtern

Das Erörtern ist keine Erfindung heutiger Lehrer. Es hat eine lange Tradition. Auf dem Ausschnitt aus dem Deckengemälde „Die Schule von Athen" in der Stanza della Segnatura des Vatikan, das der italienische Renaissancekünstler Raffael geschaffen hat, siehst du ein Gruppenbild der um 1500 n. Chr. als maßgeblich angesehenen Wissenschaftler und Philosophen der Antike: in der Bildmitte links Platon im roten Gewand und rechts seinen Schüler Aristoteles im blauen Gewand, links unten am Pult Heraklit und rechts unten auf den Treppenstufen Diogenes.

▸ Was haben die Tätigkeiten der vier Philosophen mit dem Erörtern zu tun? Diskutiert darüber.

„Philosophy for Kids" ...

... so heißt eine Internetseite, auf der philosophische Themen für Jugendliche aufbereitet werden. Das folgende Gespräch ähnelt den Gesprächen des Philosophen Sokrates, die uns über Platon (siehe auch das Bild auf Seite 46) überliefert sind:

ALISSA Und ich dachte, sie wäre meine Freundin.
JOY Meinst du Norma?
ALISSA Ja, Norma. Weißt du, was sie gemacht hat?
JOY Nun, ich schätze, es hat etwas mit Jonathan zu tun, oder?
5   ALISSA Ganz genau. Sie ist doch tatsächlich mit meinem Freund Jonathan ins Kino gegangen, ohne es mir zu sagen!
JOY Und jetzt ist sie nicht mehr deine Freundin?
ALISSA Natürlich nicht, wie denn auch?
JOY Was verstehst du eigentlich unter „Freundin"?
10 ALISSA Na ja, eine Freundin ist jemand, der dich mag und ...
JOY Und was noch?
ALISSA ... und gern mit dir zusammen ist.
JOY Und du meinst, jetzt mag dich Norma nicht mehr und möchte auch nicht mehr mit dir zusammen sein.
15 ALISSA Dazu wird sie nicht mehr die Gelegenheit haben. Das ist vorbei. Sie ist für mich gestorben.
JOY Kann ich verstehen, aber du hast meine eigentliche Frage nicht beantwortet. Du hast gesagt, dass Norma nicht mehr deine Freundin ist. Und du hast auch gesagt, dass eine Freundin jemand ist, der einen mag und gern mit einem zusammen ist. Das heißt, du glaubst, entweder mag dich Norma nicht mehr oder aber sie möchte nicht mehr mit dir zusammen sein. Aber ich glaube nicht, dass das stimmt. Ich glaube, sie mag dich genau so sehr wie immer und möchte immer noch mit dir zusammen sein.
ALISSA Aber ich habe doch gesagt, dazu wird sie keine Gelegenheit mehr haben, nicht nachdem sie mir das angetan hat.
JOY Aber du hast mich immer noch nicht ganz verstanden. Du hast gesagt, Norma ist nicht mehr deine Freundin. Aber du hast nicht gesagt, dass sie dich nicht mehr mag oder [nicht] mit dir zusammen sein möchte, wenn du ihr dazu Gelegenheit geben würdest.
30 ALISSA Ja, gut, ich verstehe, was du damit meinst. Na ja, dann muss doch mehr an einer Freundschaft sein als nur das, was ich eben gesagt habe. Ich glaube, der andere muss dir auch etwas bedeuten, nur weil man ist, wie man ist. Ich kann Norma aber nicht viel bedeuten, wenn sie bereit ist, mit meinem Freund ins Kino zu gehen, ohne mir etwas davon zu sagen [...].

1. Um welches Thema geht es in diesem Gespräch?
2. Was hat dieses Gespräch mit dem Erörtern zu tun?

Die dialektische Erörterung

Aufsatzthemen

> **Einfache (lineare) Erörterung:**
> Sie beschäftigt sich gleichsam nur mit dem „Für" eines Themas.

Normalerweise kann man leicht feststellen, ob das Aufsatzthema eine einfache oder eine dialektische Erörterung verlangt. Die folgende Auflistung enthält einige leichte, aber auch einige knifflige Themen.

1. „Du mit deinem Ehrgeiz!"
   Erörtere, ob Ehrgeiz etwas Positives oder Negatives ist.

2. Immer mehr Menschen, auch Jugendliche, unternehmen große Anstrengungen, ihr Äußeres zu verändern. Nenne Gründe für diese Entwicklung.

3. Meine Lieblingslektüre – Kriminalliteratur, Fantasyliteratur, Abenteuerliteratur. Lege dar, was dich an einem dieser Genres der Literatur fasziniert.

4. Müssen Tierversuche in der medizinisch-pharmazeutischen Forschung sein? Erläutere die Vor- und Nachteile dieses Forschungsbereichs.

5. Nachgeben – immer ein Zeichen von Schwäche?
   Erörtere.

6. „Im Zeitalter elektronischer Medien wird die Zeitung zunehmend überflüssig." Erörtere, inwieweit du dieser Behauptung zustimmen kannst.

7. Was erwartest du von Literatur, die in der Schule gelesen werden sollte?
   Erörtere.

8. „Anpassung ist notwendig." – „Anpassung ist gefährlich."
   Nimm Stellung zu diesen Aussagen.

9. In einigen Bundesländern wird Benimmunterricht als Unterrichtsfach eingeführt, um das soziale Miteinander zu fördern. Prüfe die Notwendigkeit dieser Maßnahme.

10. „Wer mich nicht kritisiert, meint es gut mit mir."
    Erörtere, ob du dieser Meinung zustimmen kannst.

> **Dialektische (bzw. antithetische) Erörterung:**
> Sie beleuchtet das „Für" und „Wider" eines Problems und verdeutlicht den eigenen Standpunkt.

1. Welche der hier aufgelisteten Themen verlangen eine einfache, welche eine dialektische Erörterung?

Zwei Gliederungsmöglichkeiten

Um das Argumentationsgerüst für den Hauptteil einer dialektischen Erörterung zu erstellen, hat man zwei Gliederungsmöglichkeiten zur Verfügung:

Variante 1	Variante 2
A. Einleitung	**A. Einleitung**
B. Hauptteil	**B. Hauptteil**
Pro-These *1. Argument* – Erläuterung, Beleg, Beispiel, Folgerung *2. Argument* – Erläuterung, Beleg, Beispiel, Folgerung *3. Argument ...* **Kontra-These** *1. Argument* – Erläuterung, Beleg, Beispiel, Folgerung *2. Argument* – Erläuterung, Beleg, ... und so fort	**Pro-These** *1. Argument* – Erläuterung, Beleg, Beispiel, Folgerung ⇔ Einwände, Einschränkungen – Erläuterung, Beleg, Beispiel, Folgerung *2. Argument* – Erläuterung, Beleg, Beispiel, Folgerung ⇔ Einwände, Einschränkungen – Erläuterung, Beleg, Beispiel, Folgerung *3. Argument ...* **Kontra-These** *1. Argument* – Erläuterung, Beleg, Beispiel, Folgerung ⇔ Einwände, Einschränkungen – Erläuterung, Beleg, Beispiel, Folgerung *2. Argument* – Erläuterung, Beleg, ... und so fort
C. Schluss	**C. Schluss**

1. Erläutere den Unterschied zwischen Variante 1 und Variante 2 der dialektischen Erörterung.
2. Welche Variante würdest du jeweils bei den beiden folgenden Aufsatzthemen anwenden?
   – *Erörtere die Vor- und Nachteile der Einführung von Benimmunterricht als Schulfach.*
   – *Inwieweit stimmst du der Einführung von Benimmunterricht als Schulfach zu?*

Einfache und dialektische Erörterung → S. 279 f.

Der Hauptteil der dialektischen Erörterung – Variante 1

Der folgende Text ist der Hauptteil eines Erörterungsaufsatzes zum Thema:
„Erörtere die Vor- und Nachteile der Einführung von Benimmunterricht als Schulfach."

Führt man Benimmunterricht an den Schulen ein, so hat das den großen Vorteil, dass diejenigen Mütter und Väter entlastet werden, die mit der Erziehung ihrer Kinder überfordert sind. Das hat zum Teil damit zu tun, dass sie alleinerziehend sind, Stress im Beruf haben und ihnen daher die Zeit und die Kraft fehlt, sich um ihre Kinder zu kümmern und ihnen die Regeln des sozialen Miteinanders beizubringen. So kommt es, dass diese Kinder, weil sie es nicht gelernt haben, oft keine guten Manieren besitzen, unhöflich sind, sich respektlos gegenüber Älteren verhalten und manchmal auch nicht in der Lage sind, Konflikte gewaltfrei zu lösen. Hier kann die Schule durch Benimmunterricht nachholen, was im Elternhaus versäumt wurde.

Hinzu kommt, dass durch ein Unterrichtsfach „Richtiges Benehmen" die Schülerinnen und Schüler auch auf das spätere Leben vorbereitet werden, denn sie verbessern, wenn sie gute Manieren haben, ihre Sozialkompetenz im Privatleben. Sie haben nämlich bereits in der Schule gelernt, ihren Mitmenschen gegenüber höflich und rücksichtsvoll zu sein. Durch ein solches Verhalten verschaffen sie sich später Respekt und Ansehen, denn man ist gern mit jemandem zusammen, der weiß, was sich gehört. Aber auch im Berufsleben verbessern sich ihre Chancen, denn wer pünktlich ist und zuverlässig, umgänglich gegenüber seinen Kollegen und seinen Vorgesetzten, wird als Mitarbeiter sehr geschätzt und kann daher auch leichter Karriere machen als jemand, der sich flegelhaft benimmt.

Am wichtigsten ist aber der Gesichtspunkt, dass durch Benimmunterricht das Schulklima im Allgemeinen verbessert wird. Wenn nämlich in einer Klasse Schülerinnen und Schüler sitzen, die gelernt haben, sich zu benehmen, wird dadurch die Unterrichtssituation besser. Der Lehrer muss in einer solchen Klasse weniger oft zur Ruhe ermahnen, und er kann unterrichten, ohne gestört und unterbrochen zu werden. Davon profitieren alle Schülerinnen und Schüler, weil sie mehr lernen können. Doch nicht nur im Klassenzimmer, sondern im ganzen Schulhaus entsteht eine Atmosphäre, in der sich alle Beteiligten des Schullebens wohlfühlen: die Schüler, die Lehrer und die Eltern. Herrscht dagegen ein rüpelhafter Umgangston, werden die Lehrer respektlos behandelt, Schülerinnen und Schüler, die sich am Unterricht beteiligen wollen, niedergebrüllt oder gemobbt, so entsteht rasch eine Atmosphäre der Aggressivität und Einschüchterung, und eine solche Schule wird zu einem Ort, mit dem sich niemand mehr identifizieren kann.

Diese drei Argumente sprechen dafür, den Benimmunterricht zu einem ordentlichen Schulfach wie Englisch oder Französisch zu machen. Doch es gibt auch

drei Argumente, die dafür sprechen, dass die Einführung dieses neuen Unterrichtsfachs keine sinnvolle Maßnahme darstellt.

Gegen den Benimmunterricht kann man einwenden, dass die Rahmenbedingungen dafür ziemlich ungünstig sind, da die Schülerinnen und Schüler bereits jetzt einen vollen Stundenplan haben und 36 Unterrichtsstunden, verteilt auf fünf Tage in der Woche, keine Seltenheit sind. Will man in dieser Situation nun auch noch zwei Stunden Benimmunterricht einführen, gibt es noch längere Schultage, noch mehr Nachmittagsunterricht und noch weniger Zeit für Hausaufgaben und die eigenen Hobbys. Hinzu kommt, dass in großen Klassen Benimmunterricht nicht in angemessener Weise durchgeführt werden kann, weil sich gerade in diesem neuen Unterrichtsfach die Lehrerin oder der Lehrer dem Einzelnen und seinen individuellen Schwierigkeiten widmen müsste. Dies ist aber bei 33 Schülerinnen und Schülern nicht möglich. Angesichts dieser Rahmenbedingungen muss man sich fragen, ob es nicht ausreicht, wenn jede Lehrkraft in ihrem Fachunterricht vorlebt, was gutes Benehmen heißt.

Außerdem spricht gegen den Benimmunterricht, dass die Erziehung eigentlich Aufgabe der Eltern ist. Sie – und nicht die Lehrerinnen und Lehrer – sind die Erziehungsberechtigten, sie müssen ihren Kindern von klein auf beibringen, was es heißt, sich gut benehmen zu können. Wenn nämlich Benimmunterricht eingeführt wird, so werden womöglich noch mehr Eltern ihre Erziehungsaufgaben vernachlässigen, weil sie der Meinung sind, die Schule sei dafür zuständig.

Benimmunterricht erscheint aber vor allem deswegen als eine unsinnige Maßnahme, weil gutes Benehmen keine Angelegenheit von zwei Unterrichtsstunden ist. Pünktlich, zuverlässig, höflich, umgänglich, hilfsbereit und freundlich ist doch nur derjenige, der von sich aus und ohne fremde Anleitung eingesehen hat, dass es sinnvoll ist, sich so zu verhalten. Das erleben Eltern jeden Tag, die mit den wohlmeinenden Ratschlägen scheitern, die sie ihren Kindern erteilen, die diese aber ebenso schnell vergessen wie Jahreszahlen oder geografische Daten. Wenn sie nun auch noch in der Schule eine Situation erleben, die sie aus dem Elternhaus kennen, werden sie sich vielleicht noch mehr dagegen sperren und die Regeln des sozialen Miteinanders erst recht nicht annehmen.

1. Erstelle die Gliederung, die dem Text zugrunde liegt.
2. Diskutiert die Pro- und Kontra-Argumente.

Der Hauptteil der dialektischen Erörterung – Variante 2

Die Gliederung

Die dialektische Erörterung kann in der Formulierung der Argumente noch differenzierter gestaltet werden. Der folgende Auszug aus einer Gliederung kann als Grundlage für eine solche differenziertere Erörterung dienen.
Das Thema lautet: „Inwieweit stimmst du der Einführung von Benimmunterricht als Schulfach zu?"

---

1 Argument: Entlastung der Eltern

1.1 *Begründung:* Mütter und Väter oft überfordert
1.1.1 *Erläuterung:* viele alleinerziehend
1.1.2 *Erläuterung:* Stress im Beruf
1.2 *Folge:* keine Zeit und keine Kraft für Erziehung
⇔ *Einwand:* nicht alle Alleinerziehenden sind Rabeneltern
1.3 *Folge:* Kinder haben keine guten Manieren
⇔ *Einwand:* nicht alle von diesen Kindern haben schlechte Manieren
1.3.1 *Beispiel:* unhöflich, respektlos, gewaltbereit
1.4 *Fazit:* Schule übernimmt Aufgabe des Elternhauses
⇔ *Einwand:* Schule kann Versäumnisse im Elternhaus nicht korrigieren

2 Argument: Vorbereitung aufs spätere Leben

2.1 *Begründung:* Sozialkompetenz im Privatleben verbessert
2.2 *Folge:* mehr Respekt und Ansehen, größere Beliebtheit
2.3 *Begründung:* Sozialkompetenz im Berufsleben verbessert
2.4 *Folge:* beliebt bei Kollegen
⇔ *Einwand:* ...
2.5 *Folge:* bessere Karrierechancen
⇔ *Einwand:* oft gute Manieren nur aus Berechnung
⇔ *Einwand:* ...

---

1. An welchen Stellen der beiden Argumente zeigt sich, dass diese Gliederung differenzierter ist als die der Variante 1 (vgl. S. 49)?
2. Welche Einwände oder Einschränkungen könnte man an den beiden freien Stellen unter 2.4 und 2.5 noch einfügen?

M Dezimalgliederung → S. 291

Der Aufsatz zur Gliederung
Die in dem Gliederungsauszug für die dialektische Erörterung in der Variante 2 angeführten Argumente hat ein Schüler folgendermaßen ausformuliert:

Führt man Benimmunterricht an den Schulen ein, so hat das den großen Vorteil, dass diejenigen Mütter und Väter entlastet werden, die mit der Erziehung ihrer Kinder überfordert sind. Zwar sind beileibe nicht alle, die alleinerziehend sind oder Stress im Beruf haben, zwangsläufig Rabeneltern, doch fehlt gerade dieser Gruppe oft die Zeit und die Kraft, sich um ihre Kinder zu kümmern und ihnen die Regeln des sozialen Miteinanders beizubringen. So kommt es, dass manche Kinder, weil sie es nicht gelernt haben, oft keine guten Manieren besitzen, unhöflich sind, sich respektlos gegenüber Älteren verhalten und leider auch nicht immer in der Lage sind, Konflikte gewaltfrei zu lösen. Hier kann die Schule durch Benimmunterricht zum Teil nachholen, was im Elternhaus versäumt wurde, auch wenn man differenzieren und entsprechend einräumen muss, dass natürlich nicht alle Kinder, nur weil ihre Erziehung vernachlässigt wurde, sich zu Rüpeln entwickeln und dass die Schule niemals alle Fehler korrigieren kann, die im Elternhaus gemacht wurden.

Hinzu kommt, dass durch ein Unterrichtsfach „Richtiges Benehmen" die Schülerinnen und Schüler auch auf das spätere Leben vorbereitet werden, denn sie verbessern, wenn sie gute Manieren haben, ihre Sozialkompetenz im Privatleben. Sie haben nämlich bereits in der Schule gelernt, ihren Mitmenschen gegenüber höflich und rücksichtsvoll zu sein. Durch ein solches Verhalten verschaffen sie sich später Respekt und Ansehen, denn man ist gern mit jemandem zusammen, der weiß, was sich gehört. Aber auch im Berufsleben verbessern sich ihre Chancen, denn wer pünktlich ist und zuverlässig, umgänglich gegenüber seinen Kollegen und seinen Vorgesetzten, wird als Mitarbeiter geschätzt und kann daher auch leichter Karriere machen als jemand, der sich flegelhaft benimmt. Allerdings verleiten gerade die beruflichen Aufstiegschancen manchen dazu, gute Manieren, zum Beispiel einen freundlichen, zuvorkommenden Umgangston, nur vorzutäuschen. Deswegen müssen die Schülerinnen und Schüler rechtzeitig den Unterschied lernen zwischen einer echten, das heißt von Herzen kommenden Höflichkeit und einer gespielten, die sich jemand nur aus Berechnung zu eigen macht, damit er im Beruf und anderswo schneller vorankommt.

3. Wie wird der Auszug aus der Gliederung (vgl. S. 52) sprachlich umgesetzt?
4. Notiere dir die entsprechenden Formulierungen.
5. Formuliere die weiteren Argumente des Aufsatzes zum Thema „Benimmunterricht" (vgl. S. 50 f.) in der gleichen Weise aus, nachdem du die zugrunde liegende Gliederungsskizze in derselben Weise erweitert hast, wie dies auf Seite 52 geschehen ist.

Einleitungsvarianten

... zum Aufsatzthema: „Im Zeitalter elektronischer Medien wird die Zeitung zunehmend überflüssig." – Erörtere, inwieweit du dieser Behauptung zustimmen kannst.

A Zunächst einmal will ich klären, was ich unter „elektronischen Medien" verstehe. Im Allgemeinen denkt man dabei an den Rundfunk, an das Radio und Fernsehen und an den PC. Ich will mich in meiner Erörterung auf das letzte hier genannte Medium beschränken und der Frage nachgehen, inwieweit es zutreffend ist, dass der Computer und vor allem der damit mögliche Internet-Zugang die Zeitung überflüssig machen.

B Die Zeitungen, gedruckte Medien also, sind fast so alt wie der Buchdruck. Im letzten Jahrhundert kamen das Radio und das Fernsehen hinzu, und seit ca. 20 Jahren verfügen immer mehr Haushalte über einen PC. Mit der Möglichkeit, über Computer und Internet die aktuellsten Nachrichten aus dem World Wide Web abzurufen, stellt sich die Frage, ob die Zeitung als Medium nicht aufgrund dieser technischen Möglichkeiten überflüssig wird.

C Die Zahl der Zeitungsabonnenten nimmt rapide ab. Erst in der letzten Woche wurde die angesehene ... Zeitung von einem ausländischen Medienkonzern aufgekauft. Der Grund für diesen wirtschaftlichen Niedergang einiger Zeitungsverlage liegt auf der Hand: Immer mehr Menschen informieren sich mithilfe von Radio oder Fernsehen oder sie holen sich ihre Informationen aus dem Internet und lesen Online-Zeitungen. Daher stellt sich die Frage, ob Zeitungen im Zeitalter der elektronischen Medien nicht zunehmend überflüssig werden.

D Kürzlich teilte mir mein Freund Carlo mit, dass sein Vater sein Zeitungsabonnement gekündigt hat. Das Geld dafür könne er sich sparen, hat Carlos Vater gesagt, weil er die aktuellsten Nachrichten ja auch im Radio hören, im TV sehen oder sich aus dem Internet besorgen könne. So wie Carlos Vater denken viele und behaupten daher, dass die Zeitung im Zeitalter elektronischer Medien überflüssig wird. Inwieweit kann man dieser These zustimmen?

1. Wodurch unterscheiden sich die vier Einleitungsvarianten?
2. Schau dir die Aufsatzthemen auf Seite 48 an. Nenne zu jeder der Einleitungsvarianten A, B, C oder D ein geeignetes Aufsatzthema.
3. Verfasse auf der Basis der Varianten A, B, C oder D eine Einleitung zu einem der Themen aus der Liste auf Seite 48.

Die sprachliche Gestaltung eines Erörterungsaufsatzes

Die folgenden Textbeispiele enthalten je zwei Argumente aus zwei Schüleraufsätzen zum Thema: „Kleidung ist für Jugendliche eine Möglichkeit, ihre eigene Individualität zu unterstreichen." – Erörtere, ob du dieser Behauptung zustimmen kannst.

1. Schüleraufsatz

Wir leben heutzutage in der Welt der Massenmedien. Keiner, und vor allem kein Jugendlicher, wird gern zum Außenseiter oder grenzt sich ab. Viele folgen dem aktuellen Trend, und da dann fast jeder mehr oder weniger das Gleiche trägt, ist die Hervorhebung der eigenen Persönlichkeit schwierig. Die meisten in einer Klasse tragen eine Hose, die eine ganz bestimmte Form hat.
    Die Modewelt hängt stark von jugendlichen Käufern ab. Jugendliche müssen sich zwischen so vielen Angeboten entscheiden; und gerade diese Entscheidung fällt den meisten Jugendlichen sehr schwer, da sie noch auf der Suche nach ihrer Persönlichkeit sind und daher auch nach dem eigenen Stil. Viele Jugendliche kaufen jede Saison etwas Neues und legen die alten Sachen, obwohl sie kaum getragen wurden, zuhinterst in den Schrank.

2. Schüleraufsatz

Gegen diese Behauptung spricht die Tatsache, dass die meisten Jugendlichen dem aktuellen Trend folgen, der von den Massenmedien vorgegeben wird, sich also nicht abgrenzen oder zum Außenseiter werden wollen. Eine Folge dieses Modediktats ist, dass alle mehr oder weniger das Gleiche tragen und eine Hervorhebung der eigenen Persönlichkeit schwierig ist. In einer Klasse tragen zum Beispiel die meisten eine Hose, die eine ganz bestimmte Form hat.
    Gewichtiger ist ein weiteres Argument: Jugendliche sind auf der Suche nach ihrer Persönlichkeit und auch nach ihrem eigenen Stil. Folglich können sie sich nicht zwischen den vielen Angeboten entscheiden, mit denen die Modewelt sie überhäuft. Sie kaufen also jede Saison etwas Neues, obwohl sie ihre alten Sachen kaum getragen haben, die nun zu Hause unbeachtet im Schrank hängen.

1. Wodurch unterscheiden sich der erste und der zweite Schüleraufsatz? Achte jeweils auf den Beginn der Absätze.
2. Suche in dem Schüleraufsatz zum „Benimmunterricht" (vgl. S. 50 f.) nach ähnlichen Formulierungen wie im zweiten Schüleraufsatz.

Argument, Erläuterung, Beleg, Beispiel und Folgerung

Zum Aufsatzthema „Warum unsere Schulhöfe verbessert werden müssen" findest du im Folgenden eine Gliederung und einen Aufsatz-Ausschnitt:

Schüleraufsatz (Ausschnitt)

Gliederung
1 Schulhof als Handlungs- und Erfahrungsfeld
1.1 Ort für soziales Lernen
1.2 Erfahrungen für alle Unterrichtsbereiche
1.2.1 Schulgärten, Biotope
1.2.2 Kletterwände
1.2.3 Wetterbeobachtungsstationen
1.3 Lernmöglichkeiten für die Kinder
1.4 Verantwortungsbewusstsein, Geschicklichkeit, genaue Beobachtung

Unsere Schulhöfe müssen verbessert werden, <u>denn</u> der Schulhof kann als Handlungs- und Erfahrungsfeld genutzt werden, das es den Schülerinnen und Schülern zu eröffnen gilt. <u>Mit anderen Worten</u>: Sie müssen Orte zur Verfügung haben, an denen sie ihre Handlungskompetenz erproben und erweitern können. <u>So</u> zeigt es sich, dass in einem veränderten Schulhof Erfahrungen möglich sind, die vielen Unterrichtsbereichen zugutekommen. <u>Beispielsweise</u> könnten im Biologieunterricht auf dem Schulhof Schulgärten oder Biotope angelegt und für den Sportunterricht Kletterwände angeschafft werden; die Physiklehrer könnten Wetterbeobachtungsstationen aufbauen. <u>Dadurch</u> werden Lernmöglichkeiten für die Schüler geschaffen, von denen diese längerfristig profitieren werden, <u>denn</u> sie müssen Verantwortung übernehmen für die Schulgärten und Biotope; sie entwickeln Mut, Kraft und Geschicklichkeit an der Kletterwand, und sie schärfen ihre Beobachtungsgabe im Umgang mit der Wetterstation.

1. Durch welche sprachlichen Mittel (vgl. die Unterstreichungen) werden Argumente, Erläuterungen, Belege, Beispiele und Folgerungen kenntlich gemacht?

Kletterfelsen auf dem Pausenhof des Gymnasiums Allee in Hamburg Altona (2004)

Schlussvarianten

Es gibt verschiedene Möglichkeiten, einen dialektischen Erörterungsaufsatz abzuschließen. Das wird an folgenden Auszügen und unvollständigen Sätzen aus Schlüssen verschiedener Erörterungen deutlich:

1 Bislang wurde die Frage behandelt, ob ... Im Wesentlichen ging es dabei um den Gesichtspunkt, dass ... Dabei wurde jedoch übersehen, dass ... Gerade dies scheint wichtig, weil ... Wie sich im Laufe der Erörterung nämlich gezeigt hat, wird man das Thema nicht so eng diskutieren dürfen, sondern muss es in einen größeren Zusammenhang einbetten ... Es handelt sich letztendlich nur um den Teilaspekt eines größeren Problems, nämlich um die Frage, ob ... Eine Einengung auf ... wird dem Thema nicht gerecht.

2 Das in der Themenstellung angesprochene Problem hat mich unmittelbar angesprochen und mir die Möglichkeit zu einer kritischen Selbstreflexion meines eigenen Verhaltens geboten. Im Laufe der Erörterung ist mir nämlich bewusst geworden, wie sehr auch ich ... Ich muss mich abschließend fragen, ob nicht auch ich ...

3 Die Erörterung hat gezeigt, dass die provokant formulierte These, ..., so nicht stehen bleiben kann. Sinnvoll ist es, in diesem Zusammenhang den Fragen nachzugehen, wer diese Behauptung, ..., überhaupt aufstellt, warum und wie er dies tut. Die Beantwortung dieser Fragen zeigt, dass die Befürworter der diskutierten These ein bestimmtes Interesse vertreten ... Man wird sie also mit demselben Recht, mit dem sie behaupten, ..., mit der Gegenthese konfrontieren können, dass ...

4 Einleitend wurde die Behauptung aufgestellt, dass ... Zu diesem Problem gibt es zwei Positionen. Die Befürworter vertreten im Allgemeinen die Ansicht, dass ..., die Gegner sind im Wesentlichen der Meinung, ... Aus den genannten Argumenten für und gegen ... sollen einige wichtige Aspekte herausgegriffen werden. Einerseits ist zu bedenken, dass ... Andererseits darf aber nicht außer Acht gelassen werden, dass ...

5 Die Erörterung hat den Nachweis erbracht, dass die Position ... falsch ist, denn erstens wird man festhalten müssen, dass ... Ferner muss beachtet werden, dass ... Schließlich – und das ist der wichtigste Punkt! – zeigt es sich, dass ... Daraus ergibt sich ganz eindeutig, dass die Position ... vorzuziehen ist.

1. Welche Möglichkeiten gibt es, den Schluss eines dialektischen Erörterungsaufsatzes zu gestalten?
2. Welche Texthinweise helfen dir dabei?
3. Verfasse zu jeder der hier vorgestellten Schlussvarianten einen Schluss. Themen für Erörterungsaufsätze findest du auf Seite 48.

Die textgebundene Erörterung

Alles Ware. Glanz und Elend der Kommerzkultur (2010)
Robert Misik

Aus: Robert Misik: Alles Ware. Glanz und Elend der Kommerzkultur. E-Book. Berlin-Verlag 2010 (ohne Seitenangaben)

In einem gewissen Sinne sind alle Dinge heute Dinge, die aussehen wie irgendwelche anderen Dinge. Nicht, dass ein Turnschuh nicht aussähe wie ein Turnschuh. Das natürlich keineswegs. Aber doch ist in der „designer capitalist society" kaum ein Ding mehr auf seine nackte Dinghaftigkeit reduziert. Die Dinge repräsentieren gleichzeitig Bedeutung. Der Turnschuh repräsentiert Fitness, die abgewetzte Trainingsjacke repräsentiert Hipness, der iPod Trendyness, die Obstpresse repräsentiert gesunde Ernährung, das zierliche Teeservice repräsentiert Entspannung, das Perrier-Mineralwasser Lebensart, und der Fair-Trade-Kaffee annonciert, dass der Käufer ein guter Mensch ist. Dinge, die besonders gut sind beim Repräsentieren, nennt man im Allgemeinen „Kult": der Adidas-Schuh, die Ray-Ban-Brille, der Latte macchiato, der iMac, das gerade angesagte Kult-Buch, die Toskana-Reise, das hippste Handy der Saison, das Stück von Prada, das Accessoire von Dolce&Gabana – die Liste ist endlos. Alles Dinge, die viele Leute haben wollen, weil sie gerne möchten, dass die Attribute, mit denen die Dinge verbunden sind, auch mit ihnen verbunden werden. Im Lifestyle-Kapitalismus ist der Stil eines Menschen, seine Identität, unmittelbar verbunden mit den Dingen, die er konsumiert.

Der praktische Gebrauchswert der Dinge gerät in den Hintergrund, was nicht heißt, dass er keine Rolle mehr spielt – aber dass die Güter ihren praktischen Nutzen erfüllen, wird ohnehin vorausgesetzt. Dass jeder MP-3-Player Musik wiederzugeben vermag, ist keine Frage, was aber den einen MP-3-Player von anderen unterscheidet, ist das, was man seine Kultur nennen könnte. Deshalb wird die Kultur in der Güterproduktion immer bedeutender. [...] Die Bedeutung wandert in die Dinge ein. [...]

[...] Wenn ich zu einem Gut immer „etwas dazu" bekomme, dann ist das nicht bloß eine nebensächliche Zugabe, sondern für meine Kaufentscheidung durchaus bedeutsam. In einer Welt, in der in weiten Segmenten die lebensnotwendige Basisausstattung mit den Dingen des täglichen Bedarfs vorhanden ist (und in der selbstver-

Andreas Gursky: 99 Cent II (2001). Die Diptychon-Version (zweiteiliges Bild) dieses Werks des deutschen Fotografen Andreas Gursky (geb. 1955) wurde berühmt, als sie 2007 vom Kunstauktionshaus Sotheby's als damals teuerstes Foto der Welt für 3,34 Millionen US-Dollar verkauft wurde.

ständlich auch diese Basisgüter durch Bedeutung unterscheidbar gehalten werden), bekommt der Konsument zu den Dingen immer auch etwas mitgeliefert: ein gutes Gefühl, gelegentlich auch ein gutes Gewissen. In gewissem Sinn ist das Gut das Accessoire des symbolischen Mehrwerts. [...]

Aber so, wie das Konsumgut meist nicht gratis ist, ist auch die Konsumkultur nicht ohne Preis zu haben. Sie formt sich unsere Städte, sie richtet sich die Subjekte her, sie schreibt sich in unser Innerstes. Mit unserer Umwelt interagieren wir, indem wir kaufen. Innenstädte sind von Shopping Malls nur mehr schwer zu unterscheiden. Wer etwas erleben will, wählt aus den Angeboten der Erlebnisindustrie aus. Die Jagd nach dem Neuen ist dem Konsumbürger zur zweiten Natur geworden. Wenn's mit den Freunden nicht so klappt – weg mit ihnen, man kann sich ja neue suchen (so sind wir es von den Waren gewohnt). Um die nächste Ecke wartet bestimmt ein noch aufregenderer Mensch. Der Homo shoppensis ist doch ein recht eindimensionales Wesen. [...]

Der Kulturkapitalismus zeigt eine innere Tendenz, die Menschen zu entmachten, gewissermaßen zu entmündigen. Sie müssen nichts mehr selber tun, alles wird ihnen angeboten. [...]

Ich denke, ein Anfang wäre schon gemacht, wenn wir unser Bewusstsein für die Mechanismen, die Dynamik und die Paradoxien des Konsumkapitalismus schärfen. Selbst wenn wir Teil dieses Systems sind und selbst „mitmachen", ist es doch ein Unterschied, ob ich weiß, wobei ich mitmache, oder nur bewusstloses Objekt bin. Es ist eine Sache, ein Spiel blind mitzuspielen. Es ist eine andere Sache, wenn ich die Regeln des Spiels kenne. Ich gewinne dann, auch wenn ich nicht Autor der Regeln bin, an Souveränität zurück. [...]

Insofern ist Aufklärung immer noch Ausgang aus selbstverschuldeter Unmündigkeit.

Mehrwert Begriff aus der Wirtschaftsanalyse von Karl Marx. Der Mehrwert erfasst die Differenz zwischen Herstellungskosten und Verkaufserlös.

Paradoxien Widersprüche enthaltend

Anspielung auf die berühmte Antwort Immanuel Kants auf die Frage, was Aufklärung sei: „Aufklärung ist der Ausgang des Menschen aus seiner selbstverschuldeten Unmündigkeit." (1784)

1. Lies den Text von Robert Misik genau durch. Welches Problem spricht er an?

Schlüsselbegriffe

Im Folgenden findest du eine Liste mit wichtigen Begriffen des Texts, aber auch einigen weniger wichtigen.

> Subjekt – Objekt – symbolischer Mehrwert – Konsumbürger – mitgeliefert – Bedeutung – Erlebnisindustrie – Jagd nach dem Neuen – Stil – Identität – Shopping Mall – Souveränität – Homo shoppensis – Kult – symbolischer Mehrwert – Basisgüter – kaufen – Konsumkultur – Lifestyle-Kapitalismus – Bewusstsein – der praktische Gebrauchswert – Unmündigkeit

2. Suche die Schlüsselbegriffe heraus. Begründe deine Wahl. Woran erkennst du, welche Begriffe wichtig sind?

Die textgebundene Erörterung → S. 280

Kernsätze

Im Folgenden sind Kernsätze aus beiden Textabschnitten zitiert: dem ersten Textabschnitt, der eine Analyse vornimmt, und dem zweiten, der eine mögliche Art des Umgangs mit dem dargestellten Sachverhalt beschreibt.

1 „Die Dinge repräsentieren gleichzeitig Bedeutung. Der Turnschuh repräsentiert Fitness, die abgewetzte Trainingsjacke repräsentiert Hipness, der iPod Trendyness […]." *(Z. 4–6)*

2 „Alles Dinge, die viele Leute haben wollen, weil sie gerne möchten, dass die Attribute, mit denen die Dinge verbunden sind, auch mit ihnen verbunden werden." *(Z. 13–15)*

3 „Im Lifestyle-Kapitalismus ist der Stil eines Menschen, seine Identität, unmittelbar verbunden mit den Dingen, die er konsumiert." *(Z. 15–17)*

4 „Der Homo shoppensis ist doch ein recht eindimensionales Wesen." *(Z. 51f.)*

5 „Der Kulturkapitalismus zeigt eine innere Tendenz, die Menschen zu entmachten, gewissermaßen zu entmündigen. Sie müssen nichts mehr selber tun, alles wird ihnen angeboten." *(Z. 53–55)*

6 „Ich denke, ein Anfang wäre schon gemacht, wenn wir unser Bewusstsein für die Mechanismen, die Dynamik und die Paradoxien des Konsumkapitalismus schärfen." *(Z. 56–58)*

7 „Ich gewinne dann, auch wenn ich nicht Autor der Regeln bin, an Souveränität zurück." *(Z. 61f.)*

8 „Insofern ist Aufklärung immer noch Ausgang aus selbstverschuldeter Unmündigkeit." *(Z. 63f.)*

3. Stimmst du der Auswahl zu? Begründe.
4. Diskutiert darüber, ob noch weitere Sätze des Textes als Kernsätze gelten könnten.

Textwiedergabe

Die Aufgabenstellung zur schriftlichen Form der textgebundenen Erörterung enthält in der Regel zwei Arbeitsaufträge. Sinngemäß kann sie lauten:

1. Gib den Inhalt des Textes wieder.
2. Setze dich mit ihm auseinander.

Aufgabe 1 wird auf dieser Seite vorgestellt, und zwar in Form von zwei Vorschlägen (A und B), die verglichen werden sollen. – Die Aufgabe 2 folgt auf der nächsten Seite.

Beispielaufsatz (zwei Varianten)

A Waren sind heutzutage mit Bedeutung aufgeladen. Der Gebrauchswert der Dinge tritt in den Hintergrund und weicht der Botschaft, die ein Produkt dem Käufer zu vermitteln vermag. In der Überflussgesellschaft wählt ein Kunde dasjenige Produkt aus, das ihm hilft, das für ihn passende Lebensgefühl auszudrücken. Der Käufer möchte die mit dem Produkt verbundenen Assoziationen wie Coolness oder Hipness erwerben. Die Identität der Personen wird davon bestimmt, was sie konsumieren. Diese Identitätsindustrie erfasst zahlreiche Lebensbereiche der Menschen, bestimmt auch deren Freizeitverhalten und wirkt sich auf die Gestalt unserer Städte aus. Der käufliche Erwerb von Lifestyle führt zu Einseitigkeit und Unselbstständigkeit des Menschen, der zum Homo shoppensis verkommt. Nur ein Prozess der Aufklärung kann der Kommerzkultur entgegenwirken. Wenn man die Regeln dieses vorgefertigte Identitäten produzierenden Systems durchschaut, gewinnt man wenigstens partiell Autonomie zurück.

B Der Autor Robert Misik beschreibt in seinem E-Book „Alles Ware. Glanz und Elend der Kommerzkultur" den Einfluss der modernen Marktwirtschaft auf die Identitätsbildung der Menschen. Der Markt versorge die Konsumenten mit Lifestyle-Produkten, sodass die Persönlichkeitsbildung zu einer Kaufoption verkümmere.

Einleitend skizziert der Autor die Aufladung der Waren mit Bedeutung. Der Gebrauchswert der Dinge trete in den Hintergrund und weiche der mit dem Produkt verknüpften Botschaft. In der Überflussgesellschaft wähle ein Kunde dasjenige Produkt aus, das ihm helfe, das für ihn passende Lebensgefühl auszudrücken. Der Verfasser geht davon aus, dass der Käufer eines Produkts vor allem Coolness oder Hipness erwerben möchte. Insofern werde die Identität der Personen davon bestimmt, was sie konsumierten. Diese Identitätsindustrie erfasse zahlreiche Lebensbereiche der Menschen, präge deren Freizeitverhalten und wirke sich auch auf die Gestalt unsere Städte aus. Die Kritik des Autors, die in dem Neologismus „Homo shoppensis" gipfelt, gilt der Unselbstständigkeit der Menschen, die Lifestyle käuflich zu erwerben versuchen. Diese Kommerzkultur sei nur durch einen Prozess der Aufklärung zu erschüttern. Indem man die Regeln und Automatismen dieses Systems durchschaue, gewinne man wenigstens teilweise Autonomie zurück.

5. Worin unterscheiden sich die Textwiedergaben? Welche hältst du für die überzeugendere? Warum?

„Homo shoppensis"

Die zweite Teilaufgabe der textgebundenen Erörterung setzt oft bei einem Kernsatz und zugleich einer zentralen These des Textes an:

Aufgabe 2

> „Wenn's mit den Freunden nicht so klappt – weg mit ihnen, man kann sich ja neue suchen (so sind wir es von den Waren gewohnt). Um die nächste Ecke wartet bestimmt ein noch aufregenderer Mensch. Der Homo shoppensis ist doch ein recht eindimensionales Wesen."
> Setze dich mit dieser These auseinander.

Eine mögliche Gliederung
1. *Einleitung*
   Der Neologismus „Homo shoppensis"
2. *Hauptteil*
   2.1 Der symbolische Mehrwert der Dinge
   2.2 Der vorschnelle Übertrag
   2.3 Identitätsbildung
3. *Schluss*
   Partielle Ablehnung

Beispielaufsatz (zweite Teilaufgabe)

Der Neologismus „Homo shoppensis" greift zu kurz. Bei seinem Bemühen, sich selbst zu definieren, fallen dem Homo sapiens, dem weisen Menschen, immer wieder neue Begriffe ein. Ein Homo faber, ein Mensch als Handwerker, soll er sein oder ein Homo ludens, ein spielender Mensch. Die englisch-lateinische Neuschöpfung „Homo shoppensis" begreift den Menschen als oberflächliches Konsumwesen – und reduziert den modernen Bürger der westlichen Welt einseitig auf einen Käufer von Lebensgefühl und Identität. Die Gleichungen, „ich bin, was ich konsumiere", und „weil ich konsumiere, bin ich", treffen beide nicht zu – sie sind für unsere komplexe Wirklichkeit zu einfach.

Sicherlich, viele Waren, insbesondere Markenprodukte, bieten neben dem Gebrauchswert auch ein Image an. Es ist dieses Image, das die Werbung aufwendig kreiert und das Menschen zum Kauf verleitet. Aber war das früher nicht ebenso? Legten die Römer auf Kleidung, Schmuck, auf Wohneinrichtung keinen Wert? Unterschieden sich die Menschen zur Zeit des Sonnenkönigs Ludwig XIV. nicht ebenso durch ihren Stil? Zur Zeit des Absolutismus gab es freilich einen Kleiderkodex, der sich heutzutage aufzulösen beginnt. In einer bewegten, veränderlichen, schnellen Welt wird der Symbolgehalt der Waren mehrdeutig. Ist eine Jogginghose nun trendy und hip oder ein Anzeichen dafür, dass sein Träger „die Kontrolle über sein Leben verloren" hat, wie der Modemacher Karl Lagerfeld befand? Selbst wenn man zugesteht, dass der Warenkauf ein Mittel der Selbststilisierung ist, geht die Rechnung „Turnschuh symbolisiert Fitness" so einfach nicht auf. Moden und Marken kommen und gehen und es ist längst noch nicht ausgemacht, wer in diesem Wettlauf zwischen Produzenten und Konsumenten Hase oder Igel ist. Zugegeben, wir leben in einer Wohlstandsgesellschaft und kaufen gerne und viel. Aber ich kenne niemanden, der sich als Hollister-Boy oder Ray-Ban-Girl versteht.

Möchte ich mir neue Eltern kaufen? Eltern mögen zuweilen anstrengend sein, aber die wenigsten wählen, wenn sie erwachsen geworden sind, ihre Eltern einfach ab. Unsere Beziehungen zu anderen Menschen, die uns nahestehen, zu unseren Eltern, Freunden, später zu den eigenen Kindern, folgen nicht dem Muster aus der Warenwelt. Zu sehr sind wir in unserem Leben von nicht-käuflichen Erfahrungen geprägt, von Geburt und Tod, Krankheiten, Zärtlichkeit, Humor, selbstloser Hilfe, als dass wir durch unser Kaufverhalten restlos konditioniert würden.

So ist auch unsere Identitätsbildung ein komplexer Vorgang, dessen zahlreiche Facetten durch die Formel „Ich bin, was ich kaufe" nur ungenügend eingefangen wird. Gene und Kinderbücher, Familienurlaube und Schulerlebnisse, Freunde und Freundinnen, der Sportverein oder Musikunterricht, Geburtsort und Zeiterfahrungen, Berufs- und Partnerwahl greifen in diesem Prozess, in dem sich eine Persönlichkeit herausschält, auf schwer entwirrbare Weise ineinander. Ob, wie oft und in welche Warenwelt man sich begibt, mag eine gewisse Bedeutung für die eigene Identität erlangen. Dieser oder jener geht vielleicht sogar im Glitzern und Glimmern der schönen Designprodukte auf. Wer aber glaubt, „Kleider machen Leute", war und ist geblendet vom schönen Schein.

In unserer Wohlstandsgesellschaft spielt der Konsum von Dingen, die ein Image transportieren, eine wichtige Rolle. Wir drücken uns mit Kultprodukten – oder durch den Verzicht auf solche – aus. Zu sagen, dass der Kern des Menschen heutzutage im Konsumieren von Lebensgefühl und Identitäten besteht und dass soziale Beziehungen nach dem Muster des Warenkaufs funktionieren, geht entschieden zu weit. Auch im 21. Jahrhundert bleibt der Homo sapiens mehr als die Summe seiner Einkäufe.

1. Würdest du dieser Erörterung des Kernsatzes zustimmen? Diskutiert darüber.
2. Untersuche den Erörterungsteil genauer:
   – Wie werden die Argumente entfaltet?
   – In welcher Weise ist das übliche Aufbauschema (Einleitung, Hauptteil, Schluss) realisiert? – Prüfe daraufhin die Gliederung.

„Insofern ist Aufklärung immer noch Ausgang aus selbstverschuldeter Unmündigkeit."

Textstelle
Ich denke, ein Anfang wäre schon gemacht, wenn wir unser Bewusstsein für die Mechanismen, die Dynamik und die Paradoxien des Konsumkapitalismus schärfen. Selbst wenn wir Teil dieses Systems sind und selbst „mitmachen", ist es doch ein Unterschied, ob ich weiß, wobei ich mitmache, oder nur bewusstloses Objekt bin. Es ist eine Sache, ein Spiel blind mitzuspielen. Es ist eine andere Sache, wenn ich die Regeln des Spiels kenne. Ich gewinne dann, auch wenn ich nicht Autor der Regeln bin, an Souveränität zurück. [...]
Insofern ist Aufklärung immer noch Ausgang aus selbstverschuldeter Unmündigkeit. *(Z. 56–64)*

3. Setze dich mit dieser Textstelle auseinander. Verfasse dazu eine schriftliche Erörterung.

Die literarische Erörterung

San Salvador (1964) Peter Bichsel

Er hatte sich eine Füllfeder gekauft.

Nachdem er mehrmals seine Unterschrift, dann seine Initialen, seine Adresse, einige Wellenlinien, dann die Adresse seiner Eltern auf ein Blatt gezeichnet hatte, nahm er einen neuen Bogen, faltete ihn sorgfältig und schrieb: „Mir ist es hier zu kalt", dann, „ich gehe nach Südamerika", dann hielt er inne, schraubte die Kappe auf die Feder, betrachtete den Bogen und sah, wie die Tinte eintrocknete und dunkel wurde [in der Papeterie garantierte man, dass sie schwarz werde], dann nahm er seine Feder erneut zur Hand und setzte noch seinen Namen Paul darunter.

Dann saß er da.

Später räumte er die Zeitungen vom Tisch, überflog dabei die Kinoinserate, dachte an irgendetwas, schob den Aschenbecher beiseite, zerriss den Zettel mit den Wellenlinien, entleerte seine Feder und füllte sie wieder. Für die Kinovorstellung war es jetzt zu spät.

Die Probe des Kirchenchores dauert bis neun Uhr, um halb zehn würde Hildegard zurück sein. Er wartete auf Hildegard. Zu all dem Musik aus dem Radio. Jetzt drehte er das Radio ab.

Papeterie (schweiz.) Papierwarenhandlung

Auf dem Tisch, mitten auf dem Tisch, lag nun der gefaltete Bogen, darauf stand in blauschwarzer Schrift sein Name Paul.

„Mir ist es hier zu kalt", stand auch darauf.

Nun würde also Hildegard heimkommen, um halb zehn. Es war jetzt neun Uhr. Sie läse seine Mitteilung, erschräke dabei, glaubte wohl das mit Südamerika nicht, würde dennoch die Hemden im Kasten zählen, etwas müsste ja geschehen sein.

Sie würde in den „Löwen" telefonieren.

Der „Löwen" ist mittwochs geschlossen.

Sie würde lächeln und verzweifeln und sich damit abfinden, vielleicht.

Sie würde sich mehrmals die Haare aus dem Gesicht streichen, mit dem Ringfinger der linken Hand beidseitig der Schläfe entlangfahren, dann langsam den Mantel aufknöpfen.

Dann saß er da, überlegte, wem er einen Brief schreiben könnte, las die Gebrauchsanweisung für den Füller noch einmal – leicht nach rechts drehen – las auch den französischen Text, verglich den englischen mit dem deutschen, sah wieder seinen Zettel, dachte an Palmen, dachte an Hildegard.

Saß da.

Und um halb zehn kam Hildegard und fragte: „Schlafen die Kinder?"

Sie strich sich die Haare aus dem Gesicht.

Kasten (schweiz.) Schrank

1. Lies dir den Text genau durch. Notiere dir Fragen zu Textstellen, die du nicht verstanden hast.

Analyse- und Interpretationsskizze

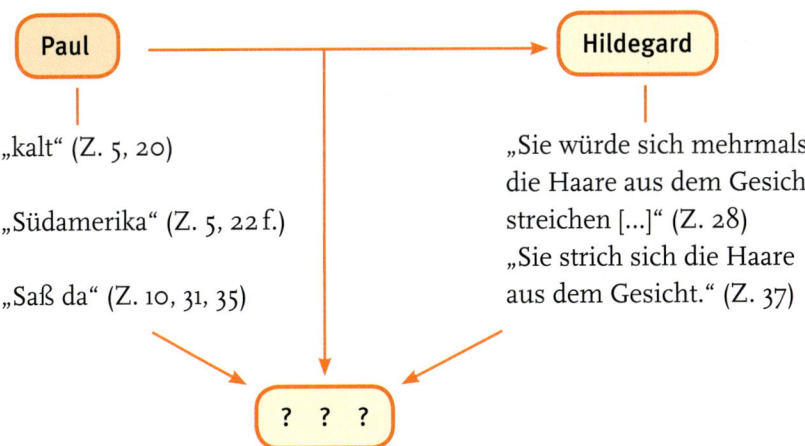

2. Bestimme durch eine genaue Analyse des Textes, welches Problem Paul hat. – Du kannst dazu die Skizze nutzen.

Die literarische Erörterung → S. 280

Rituale – die verkannten Baumeister des Alltags

Gewohnheiten bieten Halt in einer unüberschaubaren Welt

Ob Messer, ob Löffel: den Grundsatzstreit übers Frühstücksei sparen wir uns. Auch der harte Zugriff auf die Zeitung – er wie immer die Politik, sie das Lokale – soll uns nicht weiter stören. Die Geschichte nimmt ihren Ausgang schon viel eher. Frühmorgens fängt sie an beim Weckerklingeln. Der eine steht auf metallisches Scheppern, der andere fährt auf den schrillen Signalton ab – „Matrose ahoi!" Der Schöngeist erwacht zu Beethoven, der Zeitgeist zu den Backstreet Boys. Der Weckruf in unseren Schlafzimmern kennt alle Tonarten. Aber wer sich einmal mit der täglichen Pein – viel zu früh, viel zu laut – arrangiert hat, der bleibt dabei. Ob Warnton, ob Radioklang: auch das eine Frage der Gewohnheit. Wir nehmen die immer gleichen Handlungsabläufe am Morgen gar nicht richtig wahr. Vieles läuft automatisch ab. Wecker aus, aufstehen, ab aufs Klo, dann vor den Spiegel – bäh! Kaffee aufsetzen, Tisch decken. Frühstück: Schatz, wo ist die Marmelade? Die Morgenrituale gehören fest zum Tagesablauf – obwohl sie Stiefkinder des Bewusstseins sind. Aber Rituale sind hartnäckig. Wehe, am Tagesbeginn läuft etwas nicht so ab wie immer, schon geht alles schief. Die Hand auf dem Weg zum Marmeladeglas tappt ins Leere, stößt die Teetasse um und badet vor Schreck die tropfnassen Finger im Zuckertopf. Dann bleibt eigentlich nur eines: zurück ins Bett, Decke über den Kopf und leiden. Diese Verweigerungshaltung können sich die meisten allerdings höchstens an Sonntagen leisten. Und da gelten wieder andere Regeln. Viele Gewohnheiten haben sich längst zu einem festen Zeremoniell entwickelt. Wir haben unsere persönlichen Ticks und Marotten durch ständiges Wiederholen zu rituellen Handlungen veräußerlicht, ohne dass wir es freilich gemerkt hätten. Rituale sind die verkannten Baumeister des Alltags. Sie bringen ein Mindestmaß an Ordnung in die gestaltlose Zeit. Sie bilden das Gerüst im chaotischen Leben, das Halt gibt, Sicherheit suggeriert und Orientierung anbietet. Im taufrischen Tag kommt besser zurecht, wer die ersten Minuten und Stunden so verbringt wie schon alle Tage zuvor. Diese unbewussten Ordnungssysteme greifen vor allem in Momenten, „in denen wir versuchen, Übergänge zu bewältigen", meint die Psychotherapeutin Hildegard Ressel. Übergänge wie etwa der von Nacht zum Tag machten besonders empfindlich für Störungen, schreibt sie in ihrem Buch über „Die Macht der Gewohnheit". Gerade diese „Wechselfälle" im Alltag seien dadurch gekennzeichnet, „dass wir einen Bereich verlassen, aufgeben müssen, den nächsten Bereich aber noch nicht begonnen, ‚im Griff haben'. Da ist es wichtig, sich auf bewährte Abläufe verlassen zu können."

1. Welche Dimension der „Gewohnheiten" (Z. 36) oder immer wiederkehrenden „Rituale" (Z. 41) beschreibt dieser Zeitungsartikel? Sprecht darüber.
2. Welche Rolle spielt dabei die „Macht der Gewohnheit" (Z. 56)?

Die „Macht der Gewohnheit" Beispielaufsatz

Der folgende Text ist ein Teil einer literarischen Erörterung zu folgender Aufgabenstellung: Erörtere, warum Gewohnheiten eine negative und positive Dimension beinhalten können. – Gehe bei deinen Überlegungen von dem literarischen Text „San Salvador" aus und beziehe eigene Lebenserfahrungen mit ein.

Die Kurzgeschichte „San Salvador" und der Zeitungstext „Rituale – die verkannten Baumeister des Alltags" zeigen ganz unterschiedliche Erfahrungen der Menschen mit Gewohnheiten.

In der Kurzgeschichte werden vor allem negative Erfahrungen dargestellt. Bei der Hauptfigur Paul löst die Beklemmung über die Festgefahrenheit des Alltags eine Beziehungskrise zu seiner Frau Hildegard aus. Ihm ist „kalt" (Z. 5 und 20) und er sehnt sich offensichtlich nach Wärme: Er möchte nach Südamerika (vgl. Z. 5 und 22 f.). Der Titel der Geschichte – „San Salvador" ist die Hauptstadt des kleinen mittelamerikanischen Staats El Salvador – symbolisiert diese Sehnsucht. Immer wiederkehrende Gewohnheiten haben wohl die Ehe des Protagonisten zur Routine werden lassen und ihn von seiner Frau entfremdet. Er weiß zum Beispiel im Voraus, wie sie sich verhalten wird. Das zeigt der Satz: „Sie würde sich mehrmals die Haare aus dem Gesicht streichen [...]" (Z. 28–30). Als Hildegard nach Hause kommt, ist eben diese Geste tatsächlich ihre erste Handlung: „Sie strich sich die Haare aus dem Gesicht" (Z. 37). – Interessant ist aber auch, dass es von Paul am Schluss heißt: „Saß da" (Z. 35). Offenbar ist selbst für ihn die „Macht der Gewohnheit" so groß, dass er sich nicht dazu aufraffen kann, seine Frau zu verlassen.

Negative Erfahrungen mit Gewohnheiten kennt vermutlich jeder. Welchem jungen Menschen stoßen nicht die gewohnheitsmäßigen Besuche bei Verwandten (etwa zu Geburtstagen) sauer auf, bei denen die Gespräche immer um dieselben Themen kreisen (zum Beispiel Krankheiten, Hausumbau, Kapitalanlagen). Dabei kommt bei uns Jugendlichen große Langeweile auf. Ich kann davon ein Lied singen. Nach meinen Interessen und Problemen fragt doch bei diesen Gesprächen keiner; und da sie immer nach dem gleichen Muster ablaufen, muss ich sagen, dass ich auf diese Gewohnheiten gut verzichten könnte.

Aber Gewohnheiten oder „die immer gleichen Handlungsabläufe", von denen der Zeitungsartikel spricht (Z. 17 f.), haben nicht nur negative Auswirkungen. Sie können auch Halt geben.

...

3. Schreibe zu der oben genannten Aufgabenstellung einen eigenen Aufsatz.
4. Wenn du möchtest, kannst du auch den begonnenen Aufsatz weiterschreiben.

Formen der literarischen Erörterung

- Grundsätzlich können Texte aller poetischen Gattungen – also lyrische, epische und dramatische Texte – die Grundlage einer literarischen Erörterung bilden.
- Die literarische Erörterung stellt häufig eine Weiterführung der analytischen, eventuell auch der gestaltenden Interpretation dar. So kann beispielsweise der festgestellte Problemgehalt eines literarischen Textes im subjektiven Erfahrungshorizont weitergedacht und erörtert werden.
- Außerdem ist denkbar, dass die festgestellten Verhaltens- und Denkweisen literarischer Figuren vor dem Hintergrund persönlicher Werthaltungen und Lebenseinstellungen kritisch beleuchtet und erörtert werden.
- Schließlich könnten zwei Interpretationshypothesen zu einem literarischen Text existieren. Das eigene Textverständnis lässt sich aber nur mit einer der beiden vereinbaren, deren Gültigkeit dann in Abgrenzung von der anderen begründet werden müsste.

Themen- und Aufgabenstellungen

Die folgenden Themen- und Aufgabenstellungen sind mit Blick auf die genannten Merkmale und Formen der literarischen Erörterung formuliert worden. Sie beziehen sich auf einige in diesem Band abgedruckte literarische Texte.

A Im Rahmen der gestaltenden Interpretation von Heiner Müllers „Das Eiserne Kreuz" (vgl. S. 72 f.) ist die Figur des Papierhändlers mehrfach ins Blickfeld gerückt worden:
- Wie beurteilst du seine Absicht, angesichts von Hitlers Tod Frau und Tochter sowie sich selbst zu erschießen?
- Wie bewertest du ferner sein Verhalten nach der Tötung von Frau und Tochter?
- Begründe deine Meinung.

B Im Zusammenhang mit der Behandlung von Erich Hackls Erzählung „Abschied von Sidonie" (vgl. S. 124–139) wurde anhand des Texts „Diesbezügliche Verfügungen" (vgl. S. 136 f.) untersucht, wie nationalsozialistisches Gedankengut das Handeln der an Sidonies Überstellung beteiligten Personen prägt:
- Setze dich mit ihrem Handeln kritisch auseinander.

C Die Reaktion der Figur des Poljakow aus der Parabel „Der Zettel" von Igor Irtenjew (s. S. 102 f.) kann als ‚natürlich', aber auch als ‚überzogen' bezeichnet werden:
- Welche Interpretationshypothese bevorzugst du? Begründe deine Auffassung.

1. Wähle eine Themen- und Aufgabenstellung aus und bearbeite sie.

Auch eine literarische Erörterung!

Dass die Erörterung eines literarischen Textes in einem Gespräch stattfinden kann, ist vielleicht etwas ungewöhnlich.

Herrschaftsfreiheit (1984)
Erich Fried

Zu sagen
„Hier
herrscht Freiheit"
ist immer
ein Irrtum
oder auch
eine Lüge:

Freiheit
herrscht nicht

Ein Gespräch

ANNETTE Ein tolles Gedicht, findest du nicht auch?
JENS Ne, finde ich ganz und gar nicht.
ANNETTE Wieso findest du es nicht toll?
JENS Ist doch Quatsch, was Fried sagt: „Freiheit herrscht nicht". – Ja sicher herrscht Freiheit, zum Beispiel in unserer Demokratie.
ANNETTE Der Fried meint das doch ganz anders ...

Der Lyriker, Erzähler und Übersetzer **Erich Fried** (1921–1988) stammte aus einer assimilierten jüdischen Familie in Wien. 1938 starb sein Vater an den Folgen eines Verhörs durch die Gestapo. Fried, inzwischen Mitglied einer Widerstandsgruppe gegen die Nationalsozialisten, floh bald danach aus Österreich nach England. Ab 1940 veröffentlichte er Gedichte und Prosa. In seinen letzten Lebensjahrzehnten bezog er von seinem Wohnsitz London aus immer wieder kritisch Stellung zum politischen Leben in der Bundesrepublik Deutschland.

2. Wie „anders" meint Fried es denn? – Setze das Gespräch fort.

Schöne seltene Weide (1975) Rainer Malkowski

Manchmal, nach einem Herbststurm,
wenn die Luft still und gefegt ist,
gehe ich im Garten umher und zähle
die abgeschlagenen Äste.
Nur die Weide zeigt keine Veränderung.
Ich bewundere sie lange:
nicht immer sieht es so schön aus,
wenn die Biegsamkeit überlebt.

3. Probiere ein ähnliches Gespräch wie oben an diesem literarischen Text aus.

Rainer Malkowski (1939–2003) wuchs in Westberlin auf, wo er bis 1972 zunächst für Zeitungsverlage und dann als Geschäftsführer einer Werbeagentur tätig war. Gleich mit seinem ersten Gedichtband „Was für ein Morgen" (1975) machte er nachhaltig auf sich aufmerksam. Gegenstand seiner Gedichte sind häufig Naturbeobachtungen und sich daran anknüpfende Reflexionen. Im Suhrkamp Verlag erschienen zwischen 1977 und 1997 noch sieben weitere Gedichtbände Malkowskis.

Zum Bild:
David Hockney (geb. 1937):
We Two Boys Together
Clinging (1961).
Öl auf Hartfaserplatte,
122 mal 152,4 cm.
The Arts Council of
Great Britain, London

▸ Welche Vorstellungen löst das Bild in dir aus?
▸ Überlegt, inwieweit euch der Kommentar von Paul Melia hilft, das Bild besser zu verstehen.

Zerstörte Illusionen
Kurzgeschichten interpretieren

We Two Boys Together Clinging (2001)   Paul Melia

[...] Die Bildsprache ist aus dem gleichnamigen Gedicht des amerikanischen Dichters Walt Whitman (1819–1892) abgeleitet. Zwei Zeilen aus diesem Gedicht stehen als Kommentar auf der rechten Seite über dem, was die beiden jungen Männer tun. ‚Fühler' verbinden sie miteinander. Sie verweisen auf die Anziehungskraft, die sie aufeinander ausüben, und damit auf Whitmans Ideal der „adhesive love", der Liebe, die zwei Menschen „aneinander bindet". Die beiden Liebenden („one the other never leaving" [einer nie vom andern lassend], wie es im Gedicht heißt) umarmen und küssen sich leidenschaftlich [...].

Was gehört zum Interpretieren?

1. argumentieren
2. den Text analysieren
3. den Stil des Textes erfassen
4. die Intention des Autors erkennen
5. eine Gliederung entwerfen
6. die Textsorte berücksichtigen
7. Ergebnisse der Deutung zusammenfassen
8. gezielt Untersuchungsaspekte auswählen
9. eigene Ideen entwickeln
10. einen Schreibplan entwerfen
11. bei der Interpretation immer den Textbezug wahren
12. Inhalt und Form aufeinander beziehen
13. sprachliche Mittel wahrnehmen und benennen
14. Behauptungen am Text belegen
15. Zitiertechniken anwenden
16. auf einen schlüssigen Aufbau der Interpretation achten
17. die Erzählperspektive erkennen
18. Thema und zentrale Problematik formulieren und benennen
19. Untersuchungsergebnisse bündeln
20. den Text genau lesen

1. Ordne die Aspekte zu:
   - Welche sind beim analytischen Interpretieren wichtig, welche beim produktionsorientierten/gestaltenden Interpretieren?
   - Welche sind bei beiden Interpretationsverfahren gleichermaßen von Bedeutung?

Kurzgeschichten interpretieren → S. 281

Der gestaltende Interpretationsaufsatz

Das Eiserne Kreuz (1956)   Heiner Müller

Im April 1945 beschloß in Stargard in Mecklenburg ein Papierhändler, seine Frau, seine vierzehnjährige Tochter und sich selbst zu erschießen. Er hatte durch Kunden von Hitlers Hochzeit und Selbstmord gehört.

Im Ersten Weltkrieg Reserveoffizier, besaß er noch einen Revolver, auch zehn Schuß Munition.

Als seine Frau mit dem Abendessen aus der Küche kam, stand er am Tisch und reinigte die Waffe. Er trug das Eiserne Kreuz am Rockaufschlag, wie sonst nur an Festtagen.

Der Führer habe den Freitod gewählt, erklärte er auf ihre Frage, und er halte ihm die Treue. Ob sie, seine Ehefrau, bereit sei, ihm auch hierin zu folgen. Bei der Tochter zweifle er nicht, daß sie einen ehrenvollen Tod durch die Hand ihres Vaters einem ehrlosen Leben vorziehe.

Er rief sie. Sie enttäuschte ihn nicht.

Ohne die Antwort der Frau abzuwarten, forderte er beide auf, ihre Mäntel anzuziehen, da er, um Aufsehen zu vermeiden, sie an einen geeigneten Ort außerhalb der Stadt führen werde. Sie gehorchten. Er lud dann den Revolver, ließ sich von der Tochter in den Mantel helfen, schloß die Wohnung ab und warf den Schlüssel durch die Briefkastenöffnung.

Es regnete, als sie durch die verdunkelten Straßen aus der Stadt gingen, der Mann voraus, ohne sich nach den Frauen umzusehen, die ihm mit Abstand folgten. Er hörte ihre Schritte auf dem Asphalt.

Nachdem er die Straße verlassen und den Fußweg zum Buchenwald eingeschlagen hatte, wandte er sich über die Schulter zurück und trieb zur Eile. Bei dem über der baumlosen Ebene stärker aufkommenden Nachtwind, auf dem regennassen Boden, machten ihre Schritte kein Geräusch.

Er schrie ihnen zu, sie sollten vorangehen. Ihnen folgend, wußte er nicht: hatte er Angst, sie könnten ihm davonlaufen, oder wünschte er, selbst davonzulaufen. Es dauerte nicht lange, und sie waren weit voraus. Als er sie nicht mehr sehen konnte, war ihm klar, daß er zuviel Angst hatte, um einfach wegzulaufen, und er wünschte sehr, sie täten es. Er blieb stehen und ließ sein Wasser. Den Revolver trug er in der Hosentasche, er spürte ihn kalt durch den dünnen Stoff. Als er schneller ging, um die Frauen einzuholen, schlug die Waffe bei jedem Schritt an sein Bein. Er ging langsamer. Aber als er in die Tasche griff, um den Revolver wegzuwerfen, sah er seine Frau und die Tochter. Sie standen mitten auf dem Weg und warteten auf ihn.

Er hatte es im Wald machen wollen, aber die Gefahr, daß die Schüsse gehört wurden, war hier nicht größer.

Heiner Müller (1929–1995) begann seine literarische Karriere in den Fünfzigerjahren. Er arbeitete als Dramaturg am Maxim-Gorki-Theater in Ost-Berlin (1958/59), am Berliner Ensemble (1970–1977) und an der Volksbühne (1977–1982). Sein dramatisches Werk (etwa „Hamletmaschine", 1986, und „Germania 3 Gespenster am Toten Mann", UA 1996) verschaffte ihm internationales Ansehen.

Texte von Heiner Müller sind in ihrer originalen Orthografie abzudrucken.

Eisernes Kreuz (Z. 7): Orden, der für besondere Tapferkeit verliehen wird. Er wurde 1813 während der Befreiungskriege gegen das napoleonische Frankreich durch den damaligen preußischen König Friedrich Wilhelm III. gestiftet.

Als er den Revolver in die Hand nahm und entsicherte, fiel die Frau ihm um den Hals, schluchzend. Sie war schwer, und er hatte Mühe, sie abzuschütteln. Er trat auf die Tochter zu, die ihn starr ansah, hielt ihr den Revolver an die Schläfe und drückte mit geschlossenen Augen ab. Er hatte gehofft, der Schuß würde nicht losgehen, aber er hörte ihn und sah, wie das Mädchen schwankte und fiel.

Die Frau zitterte und schrie. Er mußte sie festhalten. Erst nach dem dritten Schuß wurde sie still.

Er war allein.

Da war niemand, der ihm befahl, die Mündung des Revolvers an die eigene Schläfe zu setzen. Die Toten sahen ihn nicht, niemand sah ihn.

Er steckte den Revolver ein und beugte sich über seine Tochter. Dann fing er an zu laufen.

Er lief den Weg zurück bis zur Straße und noch ein Stück die Straße entlang, aber nicht auf die Stadt zu, sondern westwärts. Dann ließ er sich am Straßenrand nieder, den Rücken an einen Baum gelehnt, und überdachte seine Lage, schwer atmend. Er fand, sie war nicht ohne Hoffnung.

Er mußte nur weiterlaufen, immer nach Westen, und die nächsten Ortschaften meiden. Irgendwo konnte er dann untertauchen, in einer größeren Stadt am besten, unter fremdem Namen, ein unbekannter Flüchtling, durchschnittlich und arbeitsam.

Er warf den Revolver in den Straßengraben und stand auf.

Im Gehen fiel ihm ein, daß er vergessen hatte, das Eiserne Kreuz wegzuwerfen. Er tat es.

1. Markiere Textstellen, die die historischen Zeitbezüge deutlich machen.
2. Schreibe in Stichworten auf, wie sich die Handlung entwickelt. Du kannst auch eine Tabelle anlegen.
3. Untersuche, welche Motive der Papierhändler für sein Handeln hat.
4. Schau dir die Illustration an: Welcher Moment im Text ist hier dargestellt?

Innerer Monolog

Die Mutter

Warum schreit er so? Er soll nicht schreien! – Mein Gott, wenn ... Nicht weinen jetzt. – Was ist das für ein Geräusch? Dieses Schlagen. Der Revolver ... er hat ihn nicht in der Hand ... ist in seiner Tasche. Ich höre seinen Atem. Er keucht. Was, wenn er unsicher ist? – Nein, nein, er weiß, was er tut. Hat es immer gewusst. Ich muss ihm vertrauen. Das Eiserne Kreuz macht ihn stark. – Gleich. Gleich. Nicht umdrehn! Gemeinsam sterben. Wie der Führer. Ich folge ihm. – Eisern bleiben. – Mein Kind. Oh Gott! Mein Kind! Nur nicht anschauen. – Was, wenn ich mich umdrehe ...

Die Tochter

Warum bleibt Vater so weit zurück? Verlässt ihn der Mut? Warum lässt er mich mit Mutter allein, mit ihrem Jammern und Klagen, ihren ungeschickten Versuchen, mich anzufassen und sich an mir festzuhalten? Sind das die Menschen, auf die der Führer gebaut hat, um den Krieg zu gewinnen? Habe ich mich in meinen Eltern getäuscht, wie sich der Führer in seinem Volk getäuscht hat?

Der Vater

War schwerer, als ich gedacht hatte. Die Augen von Ursula ... so weit aufgerissen. Erst dachte ich, sie lebt noch. – Es musste sein. Schluss. – Das Blut, so viel Blut ... widerwärtig! – Nicht zurückschauen! Ist vorbei! Sie spüren nichts mehr. Sie sehen mich nicht mehr. Wie still es ist. Wo bin ich? Wie lange bin ich gelaufen? Ruhig, ruhig. Ich sitze hier. Allein. Ruhig, ruhig. Meine Hände zittern. Keiner hat's gesehn. – Ich darf nicht so schwer atmen. – Das fällt auf. Hat doch keiner gesehn. – Also –

Beurteilungskriterien für einen Inneren Monolog:
▶ Führt der Innere Monolog zu einem vertieften Verständnis der Kurzgeschichte?
▶ Ist die Deutung der Figur nachvollziehbar?
▶ Ist der Ton des Ausgangstextes getroffen?

1. Zu welchen Textstellen in der Kurzgeschichte passen diese Inneren Monologe?
2. Untersuche, wie die innere Verfassung der Figur jeweils dargestellt wird.
3. Versetze dich in die Figur des Vaters und setze seinen Monolog fort. Achte dabei auf die Beurteilungskriterien eines Inneren Monologs in der Randspalte.
4. Tausche dich mit einer Partnerin bzw. einem Partner aus: Was sagen eure Monologe über die Motive und die Tat des Vaters aus?

EXTRA
Schreibe zu einer weiteren Textstelle einen Inneren Monolog.

Dialog

Konfrontation mit dem Schwager Beispieltext (Auszug)

Der Fluchtversuch des Papierhändlers endete bereits in einer der nächsten westwärts gelegenen Ortschaften. Zu bald nach der Tat waren die Leichen seiner Frau und seiner Tochter aufgefunden worden. Trotz der Auflösungserscheinungen der staatlichen Macht in den Wirren der letzten Kriegstage waren die polizeilichen Dienststellen der Region informiert und der entkräftete Papierhändler war noch am selben Tag aufgegriffen worden. Er hatte bei seiner Verhaftung keinen Widerstand geleistet. Im Gefängnis erhält er Besuch von seinem Schwager.

PAPIERHÄNDLER *(wird hereingeführt, setzt sich, blickt geradeaus, an dem Besucher vorbei, der ebenfalls schweigt; nach einer Minute)* Was willst du?

DER SCHWAGER Verstehen, Fritz, verstehen, wie es zu dieser entsetzlichen Tat kommen konnte. Was ist passiert?

5 PAPIERHÄNDLER *(ruhig, mit einem leisen Unterton von Verachtung)* Wenn du ein Mann von deutscher Ehre wärst, würdest du mir diese Frage nicht stellen.

DER SCHWAGER *(betroffen)* So stimmt es, was sie sagen, dass du Ursula und Eva selbst getötet hast? *(Mit vor Grauen belegter Stimme)* Wie konntest du? Dein eigen Fleisch und Blut.

10 PAPIERHÄNDLER *(tonlos)* Auch der Führer hat seine Frau getötet. *(Pause)* Und der Minister Goebbels seine ganze Familie ausgelöscht. Keusche deutsche Frauen dürfen nicht in die Hände des Feindes fallen. Ich habe getan, was getan werden musste – was du zu tun dich nicht getraut hättest. Das hast du mit dir abzumachen. Lass mich mit mir abmachen, was ich getan habe.

15 DER SCHWAGER Du Ungeheuer! Du erbärmlicher Mensch! Meine Schwester und Eva waren nicht dein Eigentum! Hast du sie gefragt, ob sie lieber sterben als weiterleben wollen?

PAPIERHÄNDLER *(mit leisem Triumph)* Eva hat mir direkt in die Augen gesehen, als ich die Waffe auf sie gerichtet habe. Ganz ruhig. Das war ein deutsches Mädel – stärker und fester in ihrem Willen als wir alle. *(Mit Geringschätzung)* Was Ursula angeht, so war sie wie du. Sie hat immer einen Stärkeren an ihrer Seite gebraucht, der für sie entschied und handelte. Sie hat ihn gehabt, bis zuletzt.

DER SCHWAGER Und du? Warum lebst du noch? Warst du stark genug, Frau und Tochter zu erschießen, aber dann, als es um dein eigenes Leben ging, hat dich der Mut verlassen?

PAPIERHÄNDLER *(schaut zur Seite)* Was weißt du schon. [...]

5. Untersuche, wie sich der Papierhändler in diesem Gespräch verhält: Passt sein Verhalten zu den Vorstellungen, die du von ihm gewonnen hast?
6. Setze den Dialog fort. Besprecht eure Entwürfe.

TIPP

Hilfreich bei der Gestaltung des Dialogs sind Fragen wie:
▶ Was wissen, fühlen, denken die Figuren zu diesem Zeitpunkt?
▶ Wie gehen sie nach außen hin mit ihrer inneren Verfassung um?

Beurteilungskriterien für einen Dialog:
▶ Wird der Zeitpunkt, zu dem der Dialog stattfindet, klar? (Auf welche Ereignisse beziehen sich die Figuren, welche Entwicklungen sind ihnen noch verborgen?)
▶ Welcher Konflikt zwischen den beiden Gesprächspartnern kommt im Dialog zur Sprache und macht ihn spannend?
▶ Wird die Art der Beziehung zwischen den beiden Beteiligten deutlich?
▶ Stehen alle Gesprächsäußerungen in inhaltlichem Einklang mit der dem Dialog zugrunde liegenden Geschichte?

Die Klassenarbeit

Aufgabenstellung zu Heiner Müllers Geschichte „Das Eiserne Kreuz":
Stelle dir vor, der Papierhändler wird von den amerikanischen Besatzern vor Gericht gestellt. Schreibe eine Gerichtsszene. Berücksichtige dabei folgende Fragen:
– Warum erschießt der Papierhändler seine Frau und seine Tochter, aber nicht sich selbst?
– Welche Bedeutung hat das Eiserne Kreuz in diesem Zusammenhang?

Vor Gericht Schülerbeispiel (Auszug)

Ort: Gerichtssaal. Personen: Richter, zwei Beisitzer, Angeklagter, Protokollantin, ein Zeuge, Frau aus dem Publikum, weitere Zuschauer

RICHTER Sie haben Ihre Frau und Ihre Tochter getötet. – Warum taten Sie das?
ANGEKLAGTER *(mit fester Stimme)* Ich kann nur so viel sagen, ich konnte mir ein ehrenvolles Leben ohne Hitler nicht vorstellen. Mir bedeutet der Begriff Ehre viel. Deshalb habe ich unseren gemeinsamen Tod beschlossen.
RICHTER *(sichtlich um Fassung bemüht)* Aber Sie haben nur Ihre Familienangehörigen erschossen, nicht sich! *(Lauter)* Wie erklären Sie sich das?
ANGEKLAGTER *(räuspert sich)* Das alles ist mir selber noch kaum verständlich. *(Pause)* Irgendwann wollte ich meine Frau und meine Tochter gar nicht mehr erschießen. Aber – wie hätte ich dagestanden – vor mir und vor ihnen? *(Empörte Zwischenrufe)* Ich habe getan, was von einem Mann mit Ehrgefühl erwartet wird.

RICHTER Ich verstehe aber nicht, wieso Sie so fluchtartig den Tatort verlassen haben.
ANGEKLAGTER Das kann ich mir selbst nicht erklären. Vermutlich stand ich unter Schock.
RICHTER *(erregt)* Sie sind beobachtet worden – der Junge wird gleich nochmals befragt werden –, wie Sie ein Eisernes Kreuz weggeworfen haben. Können Sie mir sagen, wieso Sie das bei der – *(Pause, dann mit erhobener Stimme)* Hinrichtung Ihrer Frau und der Tochter getragen haben?
ANGEKLAGTER *(erstaunt)* Das Eiserne Kreuz bedeutet für seinen Träger eine besondere Verpflichtung, wenn Sie verstehen, was ich meine. Ich habe das Kreuz im Ersten Weltkrieg bekommen. *(Mit lauter, feierlicher Stimme)* Was ich tat, geschah aus Achtung vor dem Führer! ...

1. Beurteile die Szene: Inwieweit hat der Schreiber die Vorgaben erfüllt?
2. Begründe, weshalb und in welcher Weise dieser Text die Kurzgeschichte interpretiert.
3. Schreibe die Szene weiter und gib ihr einen Abschluss.

Weitere Aufgabenbeispiele

Brief
Der Papierhändler schreibt aus dem Gefängnis einen Brief an seine Schwester.
a) Schreibe diesen Brief.
b) Begründe, was du in diesem Brief besonders hervorgehoben hast.

Tagebucheintrag
Am frühen Morgen des Tages, an dem sie sterben wird, vertraut die Frau des Papierhändlers ihrem Tagebuch ihre Sorgen an.
a) Schreibe diesen Tagebucheintrag.
b) Erkläre, wie du ihn gestaltet hast.

Zeitungskommentar
In einem Zeitungskommentar äußert sich ein Journalist zu dem Fall des Papierhändlers, dessen Prozess er miterlebt hat.
a) Schreibe den Kommentar.
b) Stelle dar, welche Aspekte der Gerichtsverhandlung du kommentiert hast und warum.

Rede
Das Gerichtsverfahren ist abgeschlossen. Der Richter begründet den Schuldspruch.
a) Verfasse diese Begründung und erläutere dabei die Höhe des Strafmaßes, das du in der Rolle des Richters für angemessen hältst.
b) Stelle dar, welche Aspekte der Tat dich zu dem Urteil und der Höhe des Strafmaßes bewogen haben.

Innerer Monolog
„Es dauerte nicht lange, und sie waren weit voraus. Als er sie nicht mehr sehen konnte, war ihm klar, daß er zuviel Angst hatte, um einfach wegzulaufen, und er wünschte sehr, sie täten es" (Z. 28–30). Welche Gedanken und Gefühle gehen dem Mann in dieser Situation durch den Kopf? Schreibe einen inneren Monolog, in dem der Mann an seine Familie, die Vergangenheit und die Zukunft denkt.

Interview
Der alte Mann wird als Zeitzeuge interviewt. Verfasse ein wörtliches Protokoll dieses Gesprächs. Beschreibe auch, wie der alte Mann sich verhält, und erläutere anschließend deine Entscheidungen.

Textsortenspezifisch schreiben:
- klarer gedanklicher Aufbau und sachlicher Stil
- Gedanken, Gefühle, Situationen, Beziehungen, Entwicklungen darstellen und reflektieren
- die zum derzeitigen Zeitpunkt der Handlung passenden Gedanken und Gefühle formulieren
- Vergangenheit, Gegenwart und Zukunft einbeziehen
- argumentierend und wertend schreiben
- die innere Verfassung, die Gedanken und Gefühle des Sprechers und anderer Figuren darstellen
- in dialogischer Form mithilfe von Fragen und Antworten objektive Sachverhalte und persönliche Erfahrungen ermitteln

1. Ordne die Kriterien in der Randspalte den einzelnen Aufgaben und ihren Textsorten zu.
2. Wähle eine Aufgabe aus und schreibe dazu eine gestaltende Interpretation.

> **EXTRA**
> Wie könnte der Schluss filmisch gestaltet werden? Skizziere das Drehbuch.

Der analytische Interpretationsaufsatz

Etwas zu erzählen? (2001)   Nadja Einzmann

Es lässt sich leben an so einem Tag. Nicht dass mir leicht wäre, das nicht. Ich lebe so dahin. Kein Pulsen um die Herzgegend, Gott sei Dank. Vielmehr ein Strömen, ein zartes Vibrieren in den Armen, die Beine hinab und im Bauch, als wären meine Adern mit Lammfell ausgespannt und die feinen Härchen zausten mein Blut.

Sie ist nicht nach Hause gekommen, gestern nicht und heute auch nicht. Ein Versehen vielleicht, eine Vergesslichkeit, hatte ich mir gedacht. – Aber natürlich, dass er sie mit seinen jungen Armen um die Taille gefasst hat und die Feuchtigkeit ihres Mundes durchforscht mit seiner blitzlebendigen Zunge. Da kann es kein Zurück mehr geben für sie zu mir.

Sie ist mir ans Herz gewachsen auf eine Art, die nicht gut war: Nach Reden war mir selten zumute in den letzten Jahren, sie begriff vieles nicht, und ihr Körper bedeutete mir immer weniger in der Zeit. Aber sie musste um mich sein, ihr Atem die Luft meines Zimmers pflügen, dass mir Gedanken kamen und Worte flossen. Ohne sie bin ich nichts.

Warum soll sie nicht tanzen gehen, hatte ich mir gedacht. Dass so ein luftiges Röckchen ihre Schenkel umspielt und dass sie einmal wieder tief Atem holen kann. Ein wenig Röte um die Wangen und wäre ein Rhythmus in ihr die nächsten Tage, dass auch mir leichter würde ums Herz. So habe ich mir gedacht und ihr freundlich zugenickt. „Ja", habe ich gesagt, „mach nur. Das wird dir guttun." Ich war nicht ängstlich. Gar nicht ängstlich bin ich gewesen. Den Abend nicht, und auch noch nicht in der Nacht. Mein Bauch lag warm auf dem Laken, und die Arme hatte ich mir um den Kopf gelegt wie stets. Kaum ein Gedanke an sie. Ein kleines Sehnen vielleicht, ein angenehmes, müheloses.

Gegen Mittag war ich aufgewacht und habe sie nicht gehört. Stille im ganzen Haus, kein Brummen von der Straße her, kein Ziehen im Holz. Sie fehlte, dass mir die Ohren schmerzten, und mein Herz schlug los, dass ich meinte, es würde mir aus der Brust hüpfen.

Dass sie viel Zeit vor dem Spiegel verbracht hätte die letzten Jahre, kann ich nicht sagen. Aber an diesem Abend hat sie sich Mühe gegeben. Ich habe ihr die feine, silberne Kette um den Hals legen müssen. Und tatsächlich habe ich sie in den Nacken geküsst bei dieser Gelegenheit, wie ich es lange nicht getan habe. Sie roch nach Vanille und nach etwas anderem. Ich habe sie nicht gefragt nach was.

Mit allzu beweglichen Hüften ist sie den Weg hinuntergegangen zum Wagen. Warum nur, habe ich mich noch gefragt, hat sie das nötig? Aber dann bin ich ins Haus zurückgegangen. Habe mir Teewasser aufgesetzt und ins Pfeifen des Teekessels hinein mir keine Gedanken mehr gemacht um sie und mich.

Der Hund lag vor dem Kamin wie immer, und wie sollte ich da auf etwas kommen. Tatsächlich in Pantoffelstimmung war ich an diesem Abend und löste die

Nadja Einzmann wurde 1974 in Malsch bei Karlsruhe geboren und lebt in Frankfurt am Main. Sie veröffentlichte Erzählungen und Gedichte in Zeitschriften und Anthologien. 2001 erschien im S. Fischer Verlag ihr erstes Buch „Da kann ich nicht nein sagen. Geschichten von der Liebe", 2006 der Band „Dies und das und das. Porträts".

Krawatte und ging nur in Strickjacke und weichen Hosen herum.

Mit mir kann man sich einiges erlauben, habe ich mir gedacht. Ich bin gut zu ihr. Und habe mich an den Schreibtisch gesetzt, die Arme recht weit ausgespannt, und mir ein Blatt Papier bereitgelegt. Als mir nichts aufzuschreiben einfallen wollte, verbrachte ich den Abend in Gemütlichkeit, zog mir ein Buch, ein dickes, staubiges, aus dem Regal und legte mich im Sessel zurecht.

Was hätte ich dort verloren gehabt? Das harte Umta-umta des Schlagzeugs würde mir noch nächtelang den Schlaf geraubt haben, und zuckende Lichter haben mir nie etwas bedeutet. Ihr würden sie in die Glieder fahren, und das war gut so. Dass ihre Muskeln sich spannen und entspannen könnten und ihr Atem ein und aus führe, ein und aus. Hell würde sie sein, wenn sie zurückkäme und leicht, und ihr Lachen würde meinem Zimmer eine andere Tönung geben.

Ich habe sie wenig gefragt, die letzten Jahre, und sie hat mir nichts gesagt. So ist das, wenn die Herzen im Gleichklang schlagen, hatte ich mir gedacht. Worte braucht, wer eine andere Sprache nicht zu sprechen versteht. Sanft war sie, wie sie es manchmal ist, dass ich nichts gespürt habe und habe mir mein Teil nicht gedacht. Allerlei Konserven hat sie eingekauft in den letzten Wochen, und Öl wurde geliefert und Kohle. „Dass du es warm hast." Und dass sie mir Kleinigkeiten erklären wollte, die ich bisher niemals wissen musste. Warum?, habe ich gefragt. Darum, hat sie gesagt. Vielleicht dass da schon ein Tanzen in ihr war auch ohne jenes zuckende Licht und ein Rhythmus ganz ohne Schlagzeug.

Ich werde mir keine Fragen mehr stellen. Mit Fragen helfe ich mir wenig. Und dass sie das Auto nicht heimlich gegen Abend abgestellt hat vor dem Haus, lässt mich hoffen. Ich stehe am Fenster, sehe in das graue Licht hinaus. Müde werde ich, dass mir die Lider manches Mal über die Augen gleiten wollen. Aber dann regt sich etwas dort, wo der Wald beginnt, oder es zuckt ein Schatten über die Straße. Wenn sie käme, ich würde ihr aufmachen, den Autoschlüssel ihr vom Ringfinger ziehen und ihn zurücklegen dorthin, wo er immer liegt. Ich würde sie um die Taille fassen und ins Esszimmer führen. Dann würde ich eine Kerze anzünden oder zwei, die Stehlampe schwach im Hintergrund. Etwas zu erzählen?, würde ich sagen.

1. Bildet Gruppen: Bestimmt einen Sprecher, der den Text in der Rolle des Ich-Erzählers laut vorliest. Wechselt auch den Sprecher.
2. Welchen Eindruck bekommt ihr von dem Mann?

Analyseskizze

Der Mann	Die Frau
keine Gespräche mit ihr („Nach Reden war mir selten zumute in den letzten Jahren", Z. 11f.; „Ich habe sie wenig gefragt, die letzten Jahre", Z. 57)	versteht ihn nicht, ist weniger gebildet („sie begriff vieles nicht", Z. 12; „sie hat mir nichts gesagt", Z. 57)
körperliche Entfremdung („ihr Körper bedeutete mir immer weniger", Z. 12 f.)	hat einen feurigen Liebhaber („[...] sie mit seinen jungen Armen um die Taille gefasst hat [...]", Z. 8)
unterschiedliche Interessen („Das harte Umta-umta des Schlagzeugs würde mir [...] den Schlaf geraubt haben", Z. 50–52)	will unter Menschen sein, tanzen („[...] ihre Muskeln sich spannen und entspannen könnten"; „Hell würde sie sein", Z. 53–55)
Bedürfnis nach Nähe („Sie ist mir ans Herz gewachsen", Z. 11)	versorgt ihn („Allerlei Konserven hat sie eingekauft [...]", Z. 61)
großzügiges Verhalten („Mit mir kann man sich einiges erlauben", Z. 42)	bekommt alles erlaubt und wird verwöhnt („Warum soll sie nicht tanzen gehen", Z. 16)
Bedürfnis nach Ruhe und Behaglichkeit („Pantoffelstimmung", Z. 39; „Strickjacke und weichen Hosen", Z. 40)	will sich bewegen, will Musik haben, Licht („Dass so ein luftiges Röckchen ihre Schenkel umspielt [...]", Z. 16 f.)
keine Veränderung („Ich werde mir keine Fragen mehr stellen. Mit Fragen helfe ich mir wenig", Z. 66)	bereitet ihren Weggang vor („Und dass sie mir Kleinigkeiten erklären wollte, die ich bisher niemals wissen musste. Warum?, habe ich gefragt. Darum, hat sie gesagt", Z. 62–64)
...	...

1. Prüfe die Analyseskizze: Welche Erkenntnisse vermittelt sie hinsichtlich der Beziehung zwischen dem Mann und der Frau?
2. Untersuche die Perspektive des Mannes: Wie würdest du seine Sprechhaltung charakterisieren?
3. Formuliere auf der Grundlage der Analyseskizze eine Interpretationshypothese für den Interpretationsaufsatz.

Der Mann Beispielaufsatz

Der Text „Etwas zu erzählen?" von Nadja Einzmann ist die Geschichte einer gescheiterten Beziehung. Dabei fällt auf, dass mögliche Ursachen bzw. Bewertungen des Geschehens ausschließlich aus der Perspektive des Mannes dargestellt sind. Im Verlauf des Textes versucht der Mann für sich Gründe zu finden, weshalb er und seine Frau sich auseinandergelebt haben. („Es lässt sich leben an so einem Tag. Nicht dass mir leicht wäre, das nicht. Ich lebe so dahin." Z. 1 f.)

Bei der Vorstellung, wie sie von einem jüngeren Liebhaber begehrt wird, scheint er sich nicht aufzuregen; vielmehr hält er eine solche Beziehung für normal. Hier wird schon deutlich, dass der Mann sein Gefühl des Verletztseins verdrängt, indem er Fremdgehen als „natürlich" (Z. 7) einordnet. Er möchte im Grunde alles als völlig normal hinstellen, so als sei gar nichts geschehen. Entsprechend äußert er weitere Entschuldigungen für ihr Fernbleiben. Überraschend folgt dann der Satz „Ohne sie bin ich nichts" (Z. 15), der in Widerspruch steht zu seinem Versuch, sich möglichst nicht aus seinem Alltagstrott herausreißen zu lassen. So hat er sich „Teewasser aufgesetzt" (Z. 36), war in „Pantoffelstimmung" (Z. 39), „ging nur in Strickjacke und weichen Hosen herum" (Z. 40 f.), hat sich „an den Schreibtisch gesetzt" (Z. 43 f.). Er überspielt seine Verunsicherung durch ganz normale, gewohnte Verhaltensweisen und bewertet alle Zeichen, die eine Vorwarnung hätten sein können, als selbstverständlich und normal. Daran wird deutlich, wie getrübt seine Wahrnehmung ist und wie sehr er die Probleme in seiner Beziehung verdrängt.

Indirekt kommen seine steigende Qual und sein Verlassenheitsgefühl aber doch zum Ausdruck, wenn er sich vorstellt, wie sich seine Frau beim Tanzen bewegt oder wie sie zum Auto geht (vgl. „Warum soll sie nicht tanzen gehen [...]. Dass so ein luftiges Röckchen ihre Schenkel umspielt", Z. 16 f.; oder: „Mit allzu beweglichen Hüften ist sie den Weg hinuntergegangen [...]", Z. 34). Auch der Versuch, am Schreibtisch zu arbeiten, misslingt („Als mir nichts aufzuschreiben einfallen wollte, verbrachte ich den Abend in Gemütlichkeit [...]", Z. 45–47). Doch er scheut davor zurück, sich der schmerzlichen Realität zu stellen – sonst würde er sich nicht genau ausmalen, wie es wäre, wenn seine Frau zurückkäme. Vermutlich würde er das Leben im vermeintlichen „Gleichklang" (Z. 58) fortsetzen.

All diese Textsignale machen deutlich, dass der Mann sich mit der neuen Situation – dass seine Frau ihn verlassen hat – noch nicht abgefunden hat. Daher deutet er ihr Ausbleiben hilflos als bloßes „Versehen" bzw. „Vergesslichkeit" (Z. 7).

1. Lest und bewertet diesen Aufsatz in einer Schreibkonferenz:
   – Was ist gut gelungen, was weniger gut?

> **EXTRA**
> Schreibe eine Charakterisierung der Frau, so wie der Mann sie sieht.

Beurteilungskriterien für die Charakterisierung einer literarischen Figur:
▶ Was erfährt man über ihre äußere Erscheinung (Geschlecht, Größe, Alter, Gesichtszüge, Kleidung)?
▶ Was erfährt man über ihr Verhalten (z. B. Gestik, Mimik, Reaktion auf Verhalten anderer, Verhalten in Konfliktsituationen ...)?
▶ Was erfährt man über ihre Art zu sprechen (z. B. Tonfall, Wortwahl, Satzbau, Ausdruck)?
▶ Was erfährt man über das Verhältnis der Figur zu sich selbst, zu anderen Menschen, zu ihrer Umwelt?
▶ Was erfährt man über die Weltsicht und die Wertvorstellungen der Figur?

Zum Bild:
Edward Hopper (1882–1967): „Morning Sun" (1952), Öl auf Leinwand. 71,5 mal 102 cm. Columbus Museum of Modern Art (Ohio/USA)

Da kann ich nicht nein sagen (2001) Nadja Einzmann

Mein Liebster ist einer, auf den zu warten sich lohnt. Er mag mich, und das genügt mir. Da bin ich gerne sein Haus und sein Hof und prüfe das Dach und öle die Tür, tagein, tagaus, und warte. Es ist eine Nacht, in der er so zu mir kommen wird, übers Feld, und die Sterne werden dröhnen und der Mond pubbern und pulsen, meinem Liebsten zur Begrüßung. Noch lebt er unter anderem Himmel und forscht und strebt und leckt sich die Zungenspitze wund zwischen den Büchern, er hat es mir oft geschrieben. Da kann ich nicht nein sagen und beiseitetreten und lasse ihn nicht vorbei: in einer anderen Stadt einer anderen Frau. Da kann ich nicht nein sagen. Und so einen Liebsten hätte ein jeder gern, und hat er ihn nicht, erträumt er ihn. Ich sehe zum Fenster hinaus und sehe ihn kommen, ein Schatten auf dem Weg. Und der Kies wird knirschen unter seinen Füßen, und meine Hand, gestützt auf die Fensterbank, wird schwer werden, meine wartende Hand.

1. Lies den Text mehrmals. Markiere und notiere, was dir auffällt.
2. Tausche dich mit einer Partnerin bzw. einem Partner aus und ergänze deine Notizen.
3. Untersucht gemeinsam, mit welchen sprachlichen Mitteln die „Traumwelt" der Ich-Erzählerin dargestellt ist.

„Da kann ich nicht nein sagen" Schüleraufsatz

In Nadja Einzmanns Text schildert eine Frau aus der Ich-Perspektive ihre Gefühle und Gedanken in einer Situation, in der sie auf ihren „Liebsten" (Z. 1, 5 und 9) wartet.

Der monologische Text macht deutlich, wie sehr die Wartesituation von der Frau Besitz ergriffen hat: Alle ihre Gedanken kreisen um das ersehnte Erscheinen des Geliebten. Sie malt sich in konkreten Bildern („Da bin ich gerne sein Haus und sein Hof", Z. 2) sein Kommen aus. Seine Ankunft wird in fast religiöser Sprache überhöht: „Es ist eine Nacht, in der er so zu mir kommen wird, übers Feld, und die Sterne werden dröhnen [...]" (Z. 3 f.). Diese ausdrucksstarken Bilder, die zum Teil leicht verrückt wirken („Sterne werden dröhnen und der Mond pubbern und pulsen", Z. 4 f.), zeigen, wie sehr sich die Frau den „Liebsten" ersehnt – das Weltall scheint ihre Anspannung und Aufregung zu teilen. Jedoch stellt sich die Frage, ob der Liebste wirklich existiert oder nur dem Wunschdenken der Frau entspricht, die allein ist.

Die Unbestimmtheit der Zeitangaben nährt den Verdacht, dass der Wartezustand sich kaum auf eine konkrete Person bezieht. Irgendwann („tagein, tagaus, und warte. Es ist eine Nacht", Z. 3) wird der Geliebte kommen. Ungenau sind auch die Angaben über ihn: Er lebt irgendwo in der Fremde „unter anderem Himmel" (Z. 5) und scheint ein ‚Büchermensch' (vgl. Z. 6 f.) zu sein. Auffällig ist zudem, dass sich die Aussagen im Verlauf des Monologs immer weiter von der Realität entfernen, was unter anderem durch die Verwendung des Konjunktivs deutlich wird: „Und so einen Liebsten hätte ein jeder gern, und hat er ihn nicht, erträumt er ihn" (Z 9 f.). Dieser Satz bildet den Höhepunkt des Textes. Hier kommt der Titel „Da kann ich nicht nein sagen" in den Blick. Er wird im Text zweimal wiederholt (vgl. Z. 7 und 8 f.), wie um die eigene Wunschvorstellung zu beschwören. Er klingt beinahe wie ein Werbespruch und erinnert darüber hinaus an den ‚Polly-Song' in Bertolt Brechts „Dreigroschenoper", der ebenfalls vom Warten auf den richtigen Mann handelt.

Der ersehnte Geliebte darf nicht verschwinden, der Wunsch soll sich erfüllen: „Ich [...] sehe ihn kommen [...]. Und der Kies wird knirschen unter seinen Füßen" (Z. 10–12). Doch dieser Geliebte ist nur ein „Schatten" (Z. 11), er ist nicht wirklich da. Die Frau wirkt am Ende eher müde und resignativ: „[...] und meine Hand, gestützt auf die Fensterbank, wird schwer werden, meine wartende Hand" (Z. 12 f.).

Das Schlussbild zeigt eine einsame, müde Frau, die sich ihrer Illusionen bewusst ist.

Nicht ganz deutlich wird am Ende, ob die Frau von ihren Träumen lassen kann oder ob sie ihnen weiter nachhängen wird. Sollte der fantasierte Geliebte jemals Wirklichkeit werden, müsste sie ihre Traumwelt aufgeben. Dieses Dilemma scheint im Schlusssatz auf: Einerseits wird die Ankunft des Geliebten so konkret wie möglich vorgestellt („der Kies wird knirschen unter seinen Füßen", Z. 11 f.), andererseits überrascht die körperliche Reaktion der Ich-Erzählerin, deren Erwartung – versinnbildlicht in der Hand – nicht freudig ist, sondern „schwer" (Z. 12). Der Schlusssatz macht deutlich, dass die einsame Frau sich womöglich noch ängstlicher an ihre Träume klammert, als dass sie deren Erfüllung herbeisehnt.

1. Untersuche, wie dieser Aufsatz gegliedert ist.
2. Schreibe einen Kommentar zu dem Aufsatz: Was überzeugt dich und was sind deine Verbesserungsvorschläge?

Das hast du in diesem Kapitel gelernt:

- Den Aufbau einer Kurzgeschichte zu erkennen
- Untersuchungsaspekte zu Inhalt und Form in einer Skizze festzuhalten
- Figuren und ihre Beziehungen zueinander zu charakterisieren
- Einen gestaltenden Interpretationsaufsatz zu schreiben
- Einen analytischen Interpretationsaufsatz zu schreiben

M Extra: Merkwissen → S. 281

So kannst du dein Wissen anwenden und deine Fähigkeiten trainieren:

Kompakt (1973)   Gabriele Wohmann

Gabriele Wohmann wurde 1932 in Darmstadt geboren. Sie ist hauptsächlich Erzählerin, hat aber auch Gedichte, Bühnenwerke, Fernseh- und Hörspiele verfasst. Oft erzählt sie von Angst und Einsamkeit sowie den Schwierigkeiten, Gefühlen Ausdruck zu verleihen. Bevorzugte Mittel sind innere Monologe oder die distanzierte Schilderung der inneren Verfassung einer Person.

Die Texte von Gabriele Wohmann sind in ihrer ursprünglichen Orthografie abzudrucken.

„Das Meer ist fast grün", sagte die amerikanische Kusine Susan. „Wie gestern", sagte Lore. „Langweilig langweilig", sagte Meline. Es war gegen zwei und zu heiß. Die drei Frauen lagen im Schattenparallelogramm, das die Badehütte nach Norden warf. „Mir fällt kein so heißer Sommer ein", sagte Meline. „Bloß gut für die Kinder." „Sie spielen nett", sagte Susan. Wieder ärgerten sich die beiden andern über ihren Singsang. Lore machte die Augen zu. Meline starrte über ihr Buch weg in Richtung Meer. Winzig vor dessen Blaugrün die Kinder. Mickey, Fredchen, Babette – sie zählte nur drei, oder nur bis drei, kam nicht weiter, döste vielleicht ein, und fuhr dann fort zu lesen. „Es sind aber nur drei", sagte Susan laut. „Ich seh nur drei Kinder." Lore seufzte. Sie war nie mehr richtig wach, seit sie hier waren. Seit Alfreds Abschiedskuß am Hafen. Oder schon früher. Diese Hitze, die sich gleich blieb. Sie wälzte sich auf den Bauch. Meline legte das Buch weg und nutzte die Gelegenheit, unbehelligt Lores Krampfader zu beäugen, befriedigt gewann sie den häßlichen Eindruck. „Sie schaufeln und schaufeln", sagte Susan. „Ich seh nur drei von ihnen." „Gäb's nur Regen", sagte Lore, sie machte ihren Unterarm naß dabei, schmeckte Schweiß auf der sandigen Zunge. „He, steh nicht rum, Fred, die Stelle muß noch dichter werden." Mickey schnaubte vor Anstrengung und Stolz. Mickey war ein Angeber, fand Fred. Er merkte auf einmal, daß das hier nicht gut für ihn war. Seit dem Scharlach wurde ihm jetzt manchmal schlecht, wenn er sich anstrengte. Er hatte auf einmal Angst, wovor? Mickey gab ihm einen leichten Stoß. Er hieb wieder sein Schaufelblatt in den Sand. Aber er sah gar nicht mehr richtig.

Extra — Kompetenzen Kurzgeschichten interpretieren

„Du, Lore", rief Susan, „Meline! Ich seh das Evchen überhaupt nicht." Susan stand auf. Ihr erschrockenes und kühles Gesicht reizte die beiden andern.

25 „Letzter Schliff, so!" sagte Mickey. Der Berg war plattgeklopft, er war kompakt, sein Fundament zuverlässig. Auf dem Gipfel eine Mütze aus Tang. Fredchen fühlte sich wieder wohler und stellte sich eifrig neben den tüchtigen Mickey. Jetzt war Babette niedergeschlagen. Bloß diese zwei Bösewichter zum Spielen. Sie spielte viel lieber mit Evchen. Liebes weiches zusammengekauertes Evchen tief
30 unten im Sandberg. Wie lang war's noch bis zur Flut?

▶ Gliedere den Text hinsichtlich der Figuren:
hier die Gruppe der Frauen, dort die Gruppe der Kinder.

| Aufbau der Kurzgeschichte | | |
Zeit: ein Tag im Sommer, „gegen zwei" (Z. 2)		
Szene	**Figurengruppe**	**Ort: Strand**
I: Z. 1–16	drei Frauen: Meline, Lore, Susan	in der Nähe einer Badehütte
II: Z. 17 …		
III: …		
IV: …		

▶ Charakterisiere das Verhalten der Frauen bzw. der Kinder:
Wie sprechen sie miteinander?
▶ Kläre, wer den letzten Satz spricht: der Erzähler oder eines der Kinder oder eine andere Figur?
▶ Wie erklärt sich die Überschrift der Geschichte?
Wie bezieht sie sich auf den Schlusssatz?
▶ Ordne deine Untersuchungsergebnisse in einer Analyse- und Interpretationsskizze.
▶ Formuliere eine Interpretationshypothese.
▶ Aufgabe 1:
Schreibe eine Interpretation dieser Kurzgeschichte. Achte besonders auf die Kommunikation innerhalb der zwei Figurengruppen.
▶ Aufgabe 2:
„Du Lore", rief Susan, „Meline! Ich seh das Evchen überhaupt nicht." Susan stand auf. Ihr erschrockenes und kühles Gesicht reizte die beiden andern. (Z. 23 f.)
Was denken und fühlen die Frauen in dieser Situation? Schreibe drei innere Monologe.

Zum Bild:
Max Beckmann
(1884–1950):
Die Synagoge (1919).
Öl auf Leinwand,
90 mal 140 cm,
Städtische Galerie
im Städelschen
Kunstinstitut
Frankfurt am Main

Die Stadt
Gedichte interpretieren

Großstadtlyrik im Expressionismus (1973)   Wolfgang Rothe

Ihre zweite Blüte erlebte die deutsche Großstadtlyrik im ‚*expressionistischen Jahrzehnt*‘, also zwischen 1910 und 1920, und zwar sowohl numerisch wie qualitativ. [...] [N]ie zuvor und danach haben wohl so viele Strophen das Phänomen ‚moderne Großstadt' unmittelbar thematisiert. [...] Zu keiner Zeit bemühten sich Lyriker mit derartiger intellektueller Intensität und persönlicher Betroffenheit, das Wesen der großen Stadt zu erfassen und Sprache werden zu lassen. [...] Inhaltlich lösten sich die jungen Expressionisten [...] von der naturalistischen Beschränkung des Sachverhaltes Stadt auf die Motive Proletariat, Armut, Wohnelend und Fabrikarbeit. Solche klassenmäßig-soziale Fixierung weicht jetzt [...] einer symbolischen Sicht der Asphaltregionen: Sie werden Schauplatz eines Geschehens, das ganz Europa betrifft und Auflösung heißt – von ‚Verfall' und ‚Zerfall', Zerstörung und Untergang, mit einem Wort, vom ‚Weltende' künden die Dichter.

▶ Betrachte das Bild einige Zeit: Welche Einzelheiten nimmst du wahr? Welche Assoziationen entstehen? Welche Atmosphäre wird vermittelt?

Zwei Stadtgedichte

Auf der Terrasse des Café Josty (1912) Paul Boldt

Der Potsdamer Platz in ewigem Gebrüll
Vergletschert alle hallenden Lawinen
Der Straßentrakte: Trams auf Eisenschienen
Automobile und den Menschenmüll.

5 Die Menschen rinnen über den Asphalt,
Ameisenemsig, wie Eidechsen flink.
Stirne und Hände, von Gedanken blink,
Schwimmen wie Sonnenlicht durch dunklen Wald.

Nachtregen hüllt den Platz in eine Höhle,
10 Wo Fledermäuse, weiß, mit Flügeln schlagen
Und lila Quallen liegen – bunte Öle;

Die mehren sich, zerschnitten von den Wagen. –
Aufspritzt Berlin, des Tages glitzernd Nest,
Vom Rauch der Nacht wie Eiter einer Pest.

Paul Boldt wurde 1885 als Sohn eines Gutsbesitzers geboren. Er veröffentlichte ab 1912 in der expressionistischen Zeitschrift „Die Aktion" Gedichte. Nach dem Ersten Weltkrieg studierte Boldt Medizin. Er starb 1921 an den Folgen einer Operation.

Untergrundbahn (1948) Günter Eich

Spiegelbild

In den Kacheln der Station
spiegelt manches grün sich wider.
Was dort schattenhaft erscheint,
damit bin ich selbst gemeint.
5 Aus den ungefügen Gliedern
ist die Seele längst entflohn.

Nur ein dunkler Farbenton
wandelt auf und wandelt nieder.
Aus dem Hades ausgeweint,
10 in die Kacheln grün versteint,
kehrt er in die Zeiten wieder
an den Wänden der Station.

Der Lyriker, Hörspielautor und Erzähler **Günter Eich** (1907–1972) begann mit zwanzig Jahren Gedichte zu veröffentlichen. 1929 entstand sein erstes Hörspiel. Ab 1932 lebte er als freier Schriftsteller von seinen Hörfunkarbeiten. Nach dem Krieg wurde er als Gründungsmitglied der „Gruppe 47" ein bekannter Autor. Ab 1953 war er mit der österreichischen Schriftstellerin Ilse Aichinger verheiratet. „Untergrundbahn" ist ein Zyklus aus vier Gedichten, deren erstes das hier wiedergegebene Gedicht „Spiegelbild" ist. Die weiteren Gedichte heißen „Schienen", „Staub" und „Die Zigarettenfrau".

1. Bildet Gruppen und wählt jeweils eines der Gedichte.
   – Wer spricht in dem Gedicht?
   – Untersucht die Bildsprache und entschlüsselt sie.
   – Welchen Gesamteindruck der Stadt und ihrer Bewohner vermitteln die Sprachbilder?
   – Präsentiert den anderen eure Ergebnisse. Beginnt mit einem Gedichtvortrag.

Interpretation eines Gedichtes

Textwahrnehmung

Alfred Wolfenstein
kam 1883 in Halle als Sohn eines Kaufmanns zur Welt und studierte in Berlin Jura. Ab 1912 schrieb er für Franz Pfemferts Zeitschrift „Die Aktion", deren Mitarbeiter er bis 1917 blieb. Seine frühe Lyrik kreist um die Themen Vereinzelung, Entfremdung und Ich-Verlust.
Nach 1933 musste Wolfenstein als Jude und Pazifist vor den Nationalsozialisten fliehen. Er starb Anfang 1945 in Paris.

Städter (1914) Alfred Wolfenstein

Nah wie Löcher eines Siebes stehn
Fenster beieinander, drängend fassen
Häuser sich so dicht an, dass die Straßen
Grau geschwollen wie Gewürgte sehn.

⎫ 4 Zeilen

5 Ineinander dicht hineingehakt
Sitzen in den Trams die zwei Fassaden
Leute, wo die Blicke eng ausladen
Und Begierde ineinander ragt.

⎫ 4 Zeilen

Unsre Wände sind so dünn wie Haut,
10 Dass ein jeder teilnimmt, wenn ich weine,
Flüstern dringt hinüber wie Gegröhle:

⎫ 3 Zeilen ← *lyrisches Ich*

Und wie stumm in abgeschlossner Höhle
Unberührt und ungeschaut
Steht doch jeder fern und fühlt: alleine.

⎫ 3 Zeilen

← *zentrales Wort*

Inhalt/Thema
▶ Aussage/Gehalt

Sprachliche Form
▶ Wortwahl
▶ Satzbau
▶ Satzzeichen
▶ sprachliche Bilder

Lyrische Gestaltungsmittel
▶ Gedichtform
▶ Reimform
▶ Metrum
▶ Rhythmus
▶ Enjambement

Sprecher
▶ lyrisches Ich

1. Lies das Gedicht aufmerksam durch: Worauf beziehen sich die Markierungen?
2. Markiere weitere Stellen im Gedicht zu Inhalt und lyrischen Gestaltungsmitteln.
3. Fertige einen Notizzettel zu deinen Beobachtungen an: Du kannst die Notizen unten auf dieser Seite fortsetzen oder einen neuen Notizzettel anfangen.

> **Notizzettel: Beobachtungen zum Gedicht „Städter"**
> Aussage/Gehalt: Großstadtleben – Vereinsamung der Menschen
> Gedichtform: Sonett, 2 Quartette = Öffentlichkeit / äußere Welt;
>   2 Terzette = Privatsphäre / innere Welt
> Sprachliche Bilder: Vergleiche, Personifikation, Metapher
> Metrum: Trochäus
> Satzbau: Aussagesätze / Hypotaxe

4. Beschreibe, was für eine Art von Großstadtatmosphäre das Gedicht heraufbeschwört.

Analyse- und Interpretationsskizze

Die Skizze verdeutlicht die Wechselbeziehung inhaltlicher und formaler Elemente im Gedicht. Sie bildet ein Gerüst für die Abfassung des Interpretationsaufsatzes.

FORM	1. Teil:		2. Teil	
	1. Quartett	2. Quartett	1. Terzett	2. Terzett
Metrum	Trochäus	Trochäus	Trochäus	Trochäus
Rhythmus	gleichmäßige Bewegung	gleichmäßige Bewegung	gleichmäßige Bewegung	gleichmäßige Bewegung
Satzbau	Enjambements	Enjambements	V. 11: Doppelpunkt	V. 14: Doppelpunkt vor dem letzten Wort „alleine"
	Aussagesätze/ Hypotaxe	Aussagesätze/ Hypotaxe	Aussagesätze/ Hypotaxe	Aussagesätze/ Hypotaxe
Wortwahl (expressionistische Sprache)	*Vergleiche:* „wie Löcher" (V. 1), „wie Gewürgte" (V. 4) *Personifikation:* „stehn / Fenster" (V. 1f.), „fassen Häuser" (V. 2f.), „die Straßen / [...] wie Gewürgte sehn" (V. 3f.)	*Metapher:* „Sitzen [...] die zwei Fassaden / Leute" (V. 6f.) *Wiederholung:* „ineinander" (V. 5 und 8)	*Personalpronomen:* „ich" (V. 10) *Possesivpronomen:* „Unsre" (V. 9) *Vergleiche:* z. B. „dünn wie Haut" (V. 9); „wie Gegröhle" (V. 11)	*Vergleich:* „wie stumm" (V. 12)
	„Nah" (V. 1) ◄- - - - - - - - - - - - - - - - - - -►			„alleine" (V. 14)
GEHALT/ AUSSAGE	äußere Welt (Öffentlichkeit)		innere Welt (Privatsphäre)	
	Häuser/Straßen ↓ – Enge – Bedrückung	Menschen in der Tram ↓ – Leblosigkeit – Begierde – Reduzierung auf Animalisches	Ich als Sprecher ↓ – Mensch als Individuum – Klage über Zerstörung der Privatsphäre	Folgerung ↓ – Auswirkung der Stadt auf die Menschen – Verlust von Beziehungen – Erfahrung von Einsamkeit und Verlassensein

TIPP

Nicht alle formalen Elemente sind für die Aussage des Gedichtes wichtig.

Expressionismus
Während des expressionistischen Jahrzehnts zwischen 1910 und 1920 entwickelten sich neue Formen in allen Bereichen der Kunst und Literatur. Die hauptsächlich von jungen Künstlern getragene Bewegung reagierte auf die Entfremdungserfahrungen in der modernen Industrie- und Massengesellschaft: teils, indem sie diese Entfremdungserfahrungen betonte und ihnen künstlerischen Ausdruck verlieh, teils, indem sie pathetisch eine neue Gemeinschaft beschwor.
Die Großstadt mit ihrer Hektik und Anonymität war ein zentrales Thema des Expressionismus.

1. Prüfe die Analyeskizze:
   – Inwiefern sind die genannten formalen Mittel für die Erschließung des Gedichts bedeutsam?
   – Welche weiteren Details können hinzugefügt werden?

Beispielaufsatz

Einleitung:
– Name des Autors, Titel, Erscheinungsjahr, Gattung
– erster Gesamteindruck
– Interpretationshypothese

Das Gedicht „Städter" von Alfred Wolfenstein aus dem Jahr 1914 stellt das Leben in der Großstadt dar. Es beschreibt vor allem die Entfremdung zwischen den Menschen. Die gedrückte Stimmung, die vermittelt wird, ist geprägt von Anonymität und Einsamkeit. Obwohl die Bewohner der Stadt auf engstem Raum zusammenleben, existiert ein jeder für sich, abgesondert, distanziert und ohne Kontakt zum anderen.

Im Folgenden möchte ich genauer untersuchen, wie es dem Dichter Wolfenstein gelingt, die oben angesprochene Stimmung herzustellen.

Hauptteil:
entsprechend der Analyse- und Interpretationsskizze: strophenweises Vorgehen

– das erste Quartett: die Stadt

Das Gedicht besteht aus vier Strophen, zwei mit vier Verszeilen und zwei mit drei Verszeilen. Es hat also die Form eines Sonetts. Das erste Quartett beschreibt in einem Satz Details der Stadt, wobei zunächst die Häuser in den Blick geraten: Bereits der erste Vergleich „Nah wie Löcher eines Siebes" (V. 1) vermittelt dem Leser ein Gefühl von Enge. Das Beengende der großen Häuser wird gleich darauf in der Personifikation „drängend fassen / Häuser sich so dicht an" (V. 2 f.) nochmals betont. Die Aufmerksamkeit des Lesers wird dann auf die Straßen gelenkt. Der befremdlich wirkende, durch die Alliteration hervorgehobene Vergleich „Grau geschwollen wie Gewürgte" (V. 4) und die Personifizierung der Straßen lässt die Stadt bedrohlich erscheinen.

– das zweite Quartett: die Menschen

Das zweite Quartett wendet sich den Menschen zu, die „[i]neinander dicht hineingehakt" (V. 5) in den Straßenbahnen sitzen. Die Menschen und ihre Beziehungen rücken nun ins Zentrum. Der Mensch ist seiner menschlichen Züge beraubt, wird zur „Fassade[]" (V. 6). So wie in der ersten Strophe Dinge vermenschlicht werden, werden nun Menschen – von außen betrachtet – zu Dingen. Lebendigkeit ist nur in Form primitiver Triebe vorhanden: Beziehungen werden reduziert auf „Begierde", die „ineinander ragt" (V. 8).

Konstatiert werden diese Verhältnisse von Enge und Entmenschlichung in betont emotionsloser Weise. Zu dieser Haltung passt auch der Titel des Gedichtes: Die Substantive „Stadt" und „Stadtbewohner" scheinen zu einem Wort zusammengezogen zu sein: Die Menschen in der Stadt sind „Städter" geworden – eine nüchterne Feststellung.

– das erste Terzett: Empfindungen des lyrischen Ichs

Erst in den beiden Terzetten erscheint ein lyrisches Ich. Die Perspektive wechselt vom allgemeinen „Leute" (V. 7) zum „ich" (V. 10) und „wir" (vgl. „Unsre", V. 9). Erneut beginnt das erste Terzett mit einem Vergleich: „Unsre Wände sind so dünn wie Haut" (V. 9). Wieder werden Dinge vermenschlicht, nun aber auf ganz andere Art: Sie erscheinen nun nicht bedrohlich dynamisiert, sondern in menschlicher Art empfindlich und verletzbar und leiten so zu der gefühlvollen Aussage „wenn ich weine" (V. 10) über. Trost geht von den hautdünnen Wänden dennoch nicht aus, im Gegenteil: Privatsphäre gibt es nicht; auch die intimsten Regungen des lyrischen Ichs bleiben nicht geheim: „Dass ein jeder teilnimmt, wenn ich weine" (V. 10). Private Mitteilungen erscheinen gar – in expressionistischer Überzeichnung der Realität – schaurig verstärkt: „Flüstern [...] wie Gegröhle" (V. 11). Aus dieser Aufhebung von Privatsphäre entsteht aber kein Interesse am anderen, denn „Unberührt und ungeschaut / Steht doch jeder fern" (V. 13 f.). Ein aufmerksamer Leser erinnert sich an dieser Stelle an das erste Wort des Gedichtes: „Nah": In der Verbindung von „nah" und „fern" (im letzten Vers des Gedichtes) schließt sich der Kreis: Nah und fern zugleich sind sich die „Städter". Das letzte Wort des Gedichtes, „alleine", betont diesen Befund. Es erhält durch den vorangehenden Doppelpunkt eine zusätzliche Bedeutung und Schwere. Das, was alle verbindet, ist die Erfahrung von Kälte und Einsamkeit.

Der Wirkung des Gedichtes „Städter" von Alfred Wolfenstein kann man sich als Leser auch heutzutage nicht entziehen. In einer Großstadt gibt es häufig keine Nachbarschaft, jeder denkt nur an sich, nicht an den Nächsten, der doch so nah hinter der dünnen Wand lebt. Man ist verblüfft, wie aktuell das Thema des Gedichtes auch heute noch ist. Wie sonst ist es zu erklären, dass beispielsweise ein älterer Mensch wochenlang tot in seiner Wohnung liegen kann, ohne dass irgendjemand aus der Nachbarschaft es bemerkt. Solche Verhältnisse umreißen die Begriffe „stumm", „abgeschloss[en]", „unberührt", „ungeschaut" im zweiten Terzett von Wolfensteins Gedicht. Die Enge der Großstadt hat Auswirkungen auf menschliche Gefühle, sie lässt die Menschen vereinsamen und verrohen – so könnte man die Aussage des Gedichtes zusammenfassen.

– das zweite Terzett: Folgerungen als allgemeine Feststellung

Schluss:
– Bezug zur Einleitung (Bestätigung, Ausweitung, Korrektur der Interpretationshypothese)
– persönliche Stellungnahme

1. Prüft in einer Schreibkonferenz, in welcher Weise die Beobachtungen aus der Analyse- und Interpretationsskizze in diesem Aufsatz berücksichtigt werden.
2. Lies das folgende Gedicht. Formuliere in einem Text, wie hier die Großstadt und das Leben in ihr im Vergleich zu Wolfensteins Gedicht dargestellt sind.

Beurteilungsaspekte
– Werden die sprachlichen und stilistischen Besonderheiten des Gedichtes wahrgenommen und bei der Deutung herangezogen?
– Werden der Satzbau, die Verwendung von Satzzeichen, die Reim- und Strophenform (Sonett) berücksichtigt?
– Entsteht ein Gesamteindruck des Gedichtes?

Düsseldorfer Impromptu (1969) Reiner Kunze

Der himmel zieht die erde an
wie geld geld

Bäume aus
glas und stahl, morgens
5 voll glühender früchte

Der mensch
ist dem menschen
ein ellenbogen

Impromptu frz. Stegreifgedicht; auch: kleines frei gestaltetes Musikstück, das aus einem einzelnen musikalischen Einfall heraus entwickelt wird

Nähere Informationen zu Reiner Kunze findest du auf Seite 113 dieses Bands.

> **EXTRA**
> Untersuche, inwiefern Reiner Kunzes Gedicht inhaltlich und formal dem Expressionismus nahesteht. In welchen Zügen wirkt es unexpressionistisch?

Vergleich zweier Gedichte

Blauer Abend in Berlin (1911)
Oskar Loerke

Der Himmel fließt in steinernen Kanälen;
Denn zu Kanälen steilrecht ausgehauen
Sind alle Straßen, voll vom Himmelblauen.
Und Kuppeln gleichen Bojen, Schlote Pfählen

5 Im Wasser. Schwarze Essendämpfe schwelen
Und sind wie Wasserpflanzen anzuschauen.
Die Leben, die sich ganz am Grunde stauen,
Beginnen sacht vom Himmel zu erzählen,

Gemengt, entwirrt nach blauen Melodien.
10 Wie eines Wassers Bodensatz und Tand
Regt sie des Wassers Wille und Verstand

Im Dünen, Kommen, Gehen, Gleiten, Ziehen.
Die Menschen sind wie grober bunter Sand
Im linden Spiel der großen Wellenhand.

Einen jener klassischen (1975)
Rolf Dieter Brinkmann

schwarzen Tangos in Köln, Ende des
Monats August, da der Sommer schon

ganz verstaubt ist, kurz nach Laden
Schluss aus der offenen Tür einer

5 dunklen Wirtschaft, die einem
Griechen gehört, hören, ist beinahe

ein Wunder: für einen Moment eine
Überraschung, für einen Moment

Aufatmen, für einen Moment
10 eine Pause in dieser Straße,

die niemand liebt und atemlos
macht, beim Hindurchgehen. Ich

schrieb das schnell auf, bevor
der Moment in der verfluchten

15 dunstigen Abgestorbenheit Kölns
wieder erlosch.

Vergleichs-möglichkeiten
- Motive
- lyrischer Sprecher und seine Eindrücke
- Bildsprache
- Wortwahl
- Form/Aufbau: Strophen
- Epochenmerkmale: Expressionismus/Gegenwart

1. Lies die beiden Gedichte.
2. Markiere zentrale sprachliche Bilder in dem Gedicht „Blauer Abend in Berlin": Wie wird die Stadt gesehen?
3. Lies das Gedicht „Einer jener klassischen" und suche nach inhaltlichen und formalen Vergleichsaspekten. Ergänze die Tabelle.

„Blauer Abend in Berlin"	„Einer jener klassischen"
– die Stadt Berlin: neutraler Sprecher, Vogelperspektive	– die Stadt Köln: Perspektive eines lyrischen Ichs
– Stadt als Unterwasserlandschaft (Metapher)	– Stadt: Alltäglichkeit, verstaubte Straße
– ...	– ...

Ein Gedankengerüst

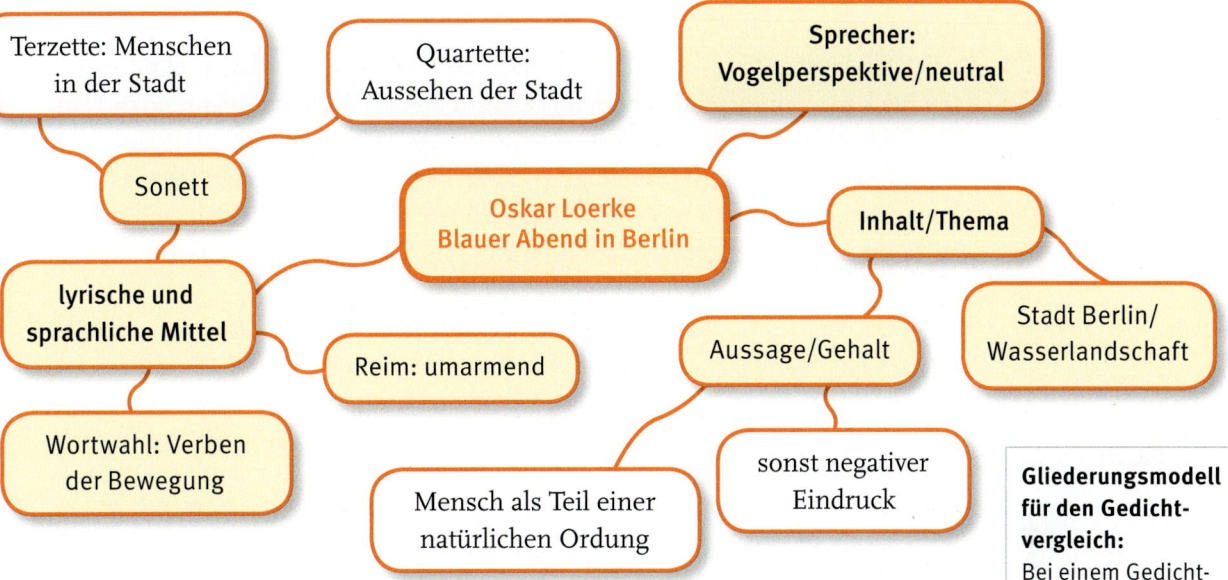

1. Fertige zu dem Gedicht von Rolf Dieter Brinkmann ebenfalls eine Mindmap an. Du kannst dich an der Struktur der Mindmap zu Loerkes Gedicht orientieren.

Eine Aufsatzgliederung für den Gedichtvergleich

I. **Einleitung**
   Das Stadtmotiv als Thema beider Gedichte

II **Hauptteil**
   1. Schwerpunktanalyse des Gedichtes „Blauer Abend in Berlin"
      a. Inhalt und Form
      b. Aufbau und Sprache: expressionistische Sprachbilder
      c. Gesamtdeutung
      Überleitung zum zweiten Gedicht
   2. Ergänzende Analyse des Gedichtes „Einer jener klassischen"
      a. Inhalt und Form
      b. Aufbau und Sprache: Wortfeld der Dunkelheit im Gegensatz zum Überraschungsmoment
   3. Vergleich der beiden Gedichte: Gemeinsamkeiten und Unterschiede

III **Schluss**
   Hervorhebung von zentralen Deutungsaspekten / Stellungnahme

2. Vergleiche die Mindmap mit der Gliederung: Welche Vorgehensweise überzeugt dich als Vorbereitung für den schriftlichen Gedichtvergleich stärker?

Gliederungsmodell für den Gedichtvergleich:
Bei einem Gedichtvergleich bietet es sich an, zunächst eines der beiden Gedichte genau nach Form und Gehalt zu untersuchen und anschließend das zweite Gedicht im Hinblick auf einzelne Vergleichsaspekte ergänzend zu analysieren.

TIPP
Wiederholungen sollten beim abschließenden Vergleich vermieden werden, auch wenn auf Ergebnisse aus den Einzelanalysen Bezug genommen werden muss. Auch sollte man sich nicht in Details verlieren, die für den Vergleich unerheblich sind.

Ein Gedichtvergleich Beispielaufsatz (Auszüge)

Einleitung

In den beiden Gedichten „Blauer Abend in Berlin" von Oskar Loerke und „Einer jener klassischen" von Rolf Dieter Brinkmann wird die Großstadt auf den ersten Blick ganz unterschiedlich wahrgenommen und gestaltet. Während in Loerkes Gedicht in der geschlossenen Form eines Sonetts ein Gesamtbild der Stadt vermittelt wird, steht im Mittelpunkt von Brinkmanns Gedicht ein Ich, das ganz konkret in einer Straße Kölns am Abend eine überraschende Erfahrung macht. Wie nun diese unterschiedlichen Eindrücke im Einzelnen in den Gedichten gestaltet werden, will ich im Folgenden ausführen.

Hauptteil:
Quartett I und
Quartett II

Oskar Loerkes Gedicht besteht aus vier Strophen: zwei Vierzeilern und zwei Dreizeilern. Es weist somit die typische Form des Sonetts auf. Die Verszeilen bestehen durchgängig aus fünfhebigen Jamben, was gemeinsam mit den umarmenden Reimen (bis V.12) einen durchweg harmonischen Gesamteindruck vermittelt. Dieser klaren Form entspricht das Bild von der Stadt: Die Bilder und Vergleiche in den ersten beiden Quartetten lassen die Stadt wie eine unterirdische Wasserwelt erscheinen („Und Kuppeln gleichen Bojen, Schlote Pfählen / Im Wasser", V. 4 f.; „Und sind wie Wasserpflanzen anzuschauen", V. 6; „Wie eines Wassers Bodensatz und Tand", V. 10).

Oskar Loerke (1884–1941) studierte in Berlin Geisteswissenschaften und arbeitete ab 1917 als Lektor beim S. Fischer Verlag. Bereits 1913 erhielt er für seine Gedichte den im Vorjahr ins Leben gerufenen Kleist-Preis.

> **Weiterschreiben:** Wie passen zu dem Bild „Wasserwelt"
> – die Verben („fließt", V. 1; „schwelen", V. 5; „stauen", V. 7)?
> – der Satzbau? Beziehe auch die Verbkette im zweiten Terzett mit ein („Im Dünen, Kommen, Gehen, Gleiten, Ziehen", V. 12).

In der zweiten Hälfte des zweiten Quartetts richtet sich der Blick auf „[d]ie Leben, die sich ganz am Grunde stauen" (V. 7). Zunächst entsteht der Eindruck von Anonymität. Die Menschen werden verallgemeinernd als „die Leben" bezeichnet und somit mit allem, was in der Großstadt lebendig ist, gleichgesetzt. Doch diese Leben sind nicht verdinglicht, sondern sie stehen in Verbindung mit dem Himmel, von dem sie „sacht" „erzählen" (V. 8).

> **Weiterschreiben:** Was für ein Gesamtbild von der Großstadt entsteht? Wie ist die Perspektive? Welche Bedeutung hat die Farbe Blau? Womit sind die Bewegungen des Wassers vergleichbar?

Terzett I und
Terzett II

In den letzten beiden Versen des Sonetts, die als Paarreim auch äußerlich vom Vorhergehenden abweichen, wird die Aussage des Gedichtes pointiert gebündelt: Einerseits bilden die Menschen in der Großstadt eine Masse („die sich ganz am Grunde stauen", V. 7), andererseits sind sie Teil einer natürlichen Ordnung.

Weiterschreiben: Wodurch werden „die Leben" bewegt? Was bestimmt sie (vgl. dazu die jeweils letzten Zeilen der beiden Terzette)? Womit werden die Menschen verglichen (vgl. V. 13 f.) und wie passt diese Vorstellung zur Großstadt?

Ganz anders in Form und Aussage ist das Stadtgedicht „Einen jener klassischen" von Brinkmann. Der Titel ist der Anfang eines Satzes, der sich in den ersten zwölf Versen des Gedichtes fortsetzt und erst mit dem Wort „Hindurchgehen" endet. In aller Genauigkeit wird das Wunder (V. 7), von dem hier die Rede ist, nach Ort und Zeit seines Auftretens benannt.

Überleitung zum zweiten Gedicht

Weiterschreiben: Welches ist dieses Wunder und wie erlebt das Ich es? Wozu steht es im Gegensatz? Was löst dieser überraschende Moment beim lyrischen Ich aus (vgl. die beiden letzten Strophen)? Mit welchen sprachlichen Mitteln wird dieser besondere Moment ausgedrückt?

Beide Gedichte repräsentieren einen ganz unterschiedlichen Blick auf die Großstadt, und dennoch erkennt man bei näherem Hinsehen Gemeinsames: Die Stadt in Loerkes Gedicht ist ein natürlich harmonisches Gebilde im abendlichen Licht. Bei Brinkmann ist die an sich triste Stadt immer auch ein Ort, an dem ganz plötzlich etwas Unerwartetes, etwas Schönes geschehen kann.

Vergleichsaspekte

Weiterschreiben: Welche Funktion hat in diesem Zusammenhang die jeweilige Form der Gedichte? Wie lautet deine Stellungnahme am Schluss des Aufsatzes?

Schluss

1. Lies die Auszüge aus dem Aufsatz: Wie wurde die Mindmap bzw. die Gliederung umgesetzt?
2. Vervollständige den Aufsatz, indem du in den Lücken weiterschreibst. Beziehe dabei die Tabelle der Vergleichsaspekte und die Mindmap bzw. die Gliederung mit ein.

> **EXTRA**
> Arbeite die zeittypischen Gestaltungselemente beider Gedichte heraus. Zeige, inwiefern „Blauer Abend in Berlin" ein expressionistisches Gedicht ist und welche Merkmale von Brinkmanns Gedicht für die Gegenwartsliteratur typisch sind.

> **TIPP**
> Den zweiten Arbeitsauftrag könnt ihr auch arbeitsteilig erfüllen. Allerdings solltet ihr dann zuvor eure Analysen und Deutungen gemeinsam entwickeln, um schlüssig argumentieren zu können.

Extra Kompetenzen: Gedichte interpretieren

Das hast du in diesem Kapitel gelernt:

- Ein Gedicht zu markieren und Beobachtungen zu notieren
- Sprachbilder in einem Gedicht zu entschlüsseln
- Vergleichsaspekte in Gedichten zu entdecken
- Den Gedichtvergleich systematisch vorzubereiten
- Eine vergleichende Gedichtinterpretation zu schreiben

M Extra: **Merkwissen** → S. 281 f.

So kannst du dein Wissen anwenden und deine Fähigkeiten trainieren:

Die Stadt (1911)   Georg Heym

Sehr weit ist diese Nacht. Und Wolkenschein
Zerreißet vor des Mondes Untergang.
Und tausend Fenster stehn die Nacht entlang
Und blinzeln mit den Lidern, rot und klein.

5 Wie Aderwerk gehn Straßen durch die Stadt,
Unzählig Menschen schwemmen aus und ein.
Und ewig stumpfer Ton von stumpfem Sein
Eintönig kommt heraus in Stille matt.

Gebären, Tod, gewirktes Einerlei,
10 Lallen der Wehen, langer Sterbeschrei,
Im blinden Wechsel geht es dumpf vorbei.

Und Schein und Feuer, Fackeln rot und Brand,
Die drohn im Weiten mit gezückter Hand
Und scheinen hoch von dunkler Wolkenwand.

- Lies das Gedicht. Markiere alles, was dir auffällt, und mache dir Notizen.
- In der folgenden Tabelle sollen Sprachbilder aus dem Gedicht eingetragen und gedeutet werden. Ergänze.

Sprachbild	Deutung
tausend Fenster stehn die Nacht entlang / Und blinzeln mit den Lidern, rot und klein (V. 3f.)	Fenster sind Augen, die „blinzeln": Hinter den Fenstern sind unzählige schlaflose Menschen, ihre Augen sind „rot und klein".
Wie Aderwerk gehn Straßen durch die Stadt (V. 5)	
Unzählig Menschen schwemmen aus und ein (V. 6)	

Berlin. Sublunar (1994) Wolfgang Hilbig

Die Zeit ist wieder eingekehrt in Berlin
und die Hochstapler defilieren in der Oranienburger Straße
um Mitternacht gen Himmel deutend: die Zeit
ist retour aus dem Exil.

5 Die ganze Stadt in den Fesseln silbergrauer Magie
der Vollmond rollt: und wir die Marionetten seines Lichts –
Unwirklichkeiten die uns glänzend informieren.
Wir und die Toten
               über Schattengräben wandelnd
10 wir sprechen uns ein letztes Mal die Unsterblichkeit zu.
O dieser stark leuchtende Staub zwischen den Investruinen
und welcher April noch so kurz vor dem dritten Jahrtausend!
Wir wollen nicht mehr weiterzählen

die grünen Wasser in den alten Häusern brennen langsam ab.

sublunar (lat.) unter dem Mond

defilieren (lat.) parademäßig vorbeiziehen

retour (frz.) zurück

▸ Lies das Gedicht, markiere alle sprachlichen Bilder, welche die Zeit direkt oder auch indirekt thematisieren, und deute sie.
▸ Vergleiche Heyms Gedicht mit dem von Hilbig: Notiere mögliche Vergleichsaspekte.
▸ Stelle Gemeinsamkeiten und Unterschiede der beiden Gedichte tabellarisch zusammen. So kannst du beginnen.

Unterschiede zwischen beiden Gedichten		Gemeinsamkeiten
Heym	**Hilbig**	**Heym und Hilbig**
		Thema: nächtliche Großstadt im Mondlicht
klassische Form des Sonetts: 2 Quartette, 2 Terzette	Form des Sonetts aufgerissen, nur noch angedeutet, keine Geschlossenheit	Form: 14 Verszeilen: Sonett ...
Reimschema: Quartette: umarmender Reim; Terzette: dreifacher Reim; stumpfe Kadenzen; vorwiegend fünfhebiger Jambus (➔ fließende Sprache).	Reimschema: reimlos; freier Sprechrhythmus; unterschiedliche Verslängen (➔ stockender Sprachfluss).	...

▸ Verfasse eine vergleichende Gedichtinterpretation. Berücksichtige dabei die jeweilige Entstehungszeit der Gedichte.

Zum Bild:
Hieronymus Bosch (um 1450–1516): Das Steinschneiden (Ausschnitt). Öl auf Holz, 48 x 35 cm. Museo del Prado, Madrid

Verschlüsselte Botschaften, heitere Kritik
Erzählende Texte

Was ist Erzählen?

- Erzählen gehört immer schon zu den elementaren Bedürfnissen des Menschen: ob auf dem Schulhof, bei Familienfesten oder im Kinderzimmer. Sobald einer mit einem „Weißt du noch?" oder „Es war einmal" anhebt, ist man mittendrin im Geschichtenerzählen.
- Der Erzähler gleicht einem Reiseführer, der in vergangene Zeiten und unbekannte Räume einlädt.
- Erzählen ist immer auch ein Erhellen und Durchleuchten. Der Wechsel von Licht und Dunkel, Tag und Nacht ist ein wesentliches Erzählprinzip.
- Der Erzähler ähnelt einem Kapitän: Er steuert von einem Abenteuer zum nächsten, kommt manchmal vom Wege ab und verliert sein Ziel doch nicht aus dem Auge.

▶ Sprecht, ausgehend von diesen Bemerkungen, über eure Erfahrungen mit Erzähltexten.

Parabel, Satire und Parodie

Die Parabel ist eine kurze „Erzählung, die explizit oder implizit auf eine vom Wortlaut des Textes unterschiedene Bedeutung verweist" (Volker Meid). Autoren des 20. Jahrhunderts und der Gegenwart nutzen sie, um die Orientierungsschwierigkeiten des Menschen in der modernen Welt zu veranschaulichen. Man spricht in diesem Zusammenhang von der ‚offenen Parabel' oder der ‚modernen Entdeckungsparabel'. Franz Kafka und Bertolt Brecht sind zwei ihrer wichtigsten Vertreter.

Das Wiedersehen (1932)   Bertolt Brecht

Ein Mann, der Herrn Keuner lange nicht gesehen hatte, begrüßte ihn mit den Worten: „Sie haben sich gar nicht verändert."
   „Oh!" sagte Herr Keuner und erbleichte.

Bertolt Brecht (1898–1956) war vor allem Dramatiker und Lyriker. Sein erzählerisches Werk ist vergleichsweise schmal; die Keuner-Geschichten sind seine erfolgreichsten Erzähltexte. Texte von Brecht sind immer in der Rechtschreibung des Originals abzudrucken.

Erfolg (1953)   Bertolt Brecht

Herr K. sah eine Schauspielerin vorbeigehen und sagte: „Sie ist schön." Sein Begleiter sagte: „Sie hat neulich Erfolg gehabt, weil sie schön ist." Herr K. ärgerte sich und sagte: „Sie ist schön, weil sie Erfolg gehabt hat."

Hinausschauen (1974)   Günter Kunert

Wer sähe nicht gern aus dem Fenster auf die Passanten männlichen und weiblichen Geschlechts, welch letztere zur Sommerszeit äußerst bewegliches Fleisch zur Schau tragen, später in der Kälte geheimnisvolle Mäntel, darunter meist hitzig-heißes Leben vermutet wird und meist irrtümlich.
5   Man lehnt sich bequem über Autos, Pferde, die es noch gibt, über Polizisten und Panzer, die es auch noch gibt, über Müllwagen, Elefanten (sehr selten) und Mörder, die für gewöhnlich schwer erkennbar sind. Gemütlich die Ellbogen aufs Fensterbrett gestützt, ist man sich des Unheils nicht bewusst, das hinterrücks geschieht, indem da ungeahnte Hände schon die Treppen abreißen, die Öfen,
10 Herde, Badewannen, das ganze Haus, sodass man, noch eben über einen Spaziergänger gebeugt, plötzlich ohne Hintergrund ist, ohne festes Dach und ohne Boden unter den Füßen, eigentlich bereits in der Luft hängt und nur für die draußen auf der Straße unverändert anheimelnd aus dem Fenster sieht: Wie gefährlich das ist, ahnt keiner, der vorbeigeht.

Günter Kunert wurde 1929 in Berlin geboren. Als Schriftsteller ist der Erzähler und Lyriker Kunert ein Spezialist für die kurze Form. 1976 gehörte er zu den Ersten, die in der DDR gegen die Ausbürgerung von Wolf Biermann protestierten (vgl. hierzu auch S. 120 dieses Bands). 1979 verließ er selbst das Land.

   1. Was könnte der ‚tiefere Sinn' dieser drei kurzen Parabeln sein? Diskutiert eure Deutungsvorschläge.

Parabel → S. 282 f.

Eine kaiserliche Botschaft (1919)   Franz Kafka

Franz Kafka (1883–1924) mit knapp vierzig Jahren vor dem Haus der Familie am Altstädter Ring in Prag

Der Kaiser – so heißt es – hat Dir, dem Einzelnen, dem jämmerlichen Untertanen, dem winzig vor der kaiserlichen Sonne in die fernste Ferne geflüchteten Schatten, gerade Dir hat der Kaiser von seinem Sterbebett aus eine Botschaft gesendet. Den Boten hat er beim Bett niederknien lassen und ihm die Botschaft ins Ohr zugeflüstert; so sehr war ihm an ihr gelegen, dass er sich sie noch ins Ohr wiedersagen ließ. Durch Kopfnicken hat er die Richtigkeit des Gesagten bestätigt. Und vor der ganzen Zuschauerschaft seines Todes – alle hindernden Wände werden niedergebrochen und auf den weit und hoch sich schwingenden Freitreppen stehen im Ring die Großen des Reichs – vor allen diesen hat er den Boten abgefertigt. Der Bote hat sich gleich auf den Weg gemacht; ein kräftiger, ein unermüdlicher Mann; einmal diesen, einmal den andern Arm vorstreckend schafft er sich Bahn durch die Menge; findet er Widerstand, zeigt er auf die Brust, wo das Zeichen der Sonne ist; er kommt auch leicht vorwärts, wie kein anderer. Aber die Menge ist so groß; ihre Wohnstätten nehmen kein Ende. Öffnete sich freies Feld, wie würde er fliegen und bald wohl hörtest Du das herrliche Schlagen seiner Fäuste an Deiner Tür. Aber stattdessen, wie nutzlos müht er sich ab; immer noch zwängt er sich durch die Gemächer des innersten Palastes; niemals wird er sie überwinden; und gelänge ihm dies, nichts wäre gewonnen; die Treppen hinab müsste er sich kämpfen; und gelänge ihm dies, nichts wäre gewonnen; die Höfe wären zu durchmessen; und nach den Höfen der zweite umschließende Palast; und wieder Treppen und Höfe; und wieder ein Palast; und so weiter durch Jahrtausende; und stürzte er endlich aus dem äußersten Tor – aber niemals, niemals kann es geschehen – liegt erst die Residenzstadt vor ihm, die Mitte der Welt, hochgeschüttet voll ihres Bodensatzes. Niemand dringt hier durch und gar mit der Botschaft eines Toten. – Du aber sitzt an Deinem Fenster und erträumst sie Dir, wenn der Abend kommt.

1. Probiert, dem Rätselcharakter der Erzählung auf die Spur zu kommen – zunächst durch eigene Beobachtungen und Notizen, dann in gemeinsamer Diskussion.

Die ersten Parabeln in der deutschen Literatur verfasste im Barockzeitalter der Nürnberger Patrizier Georg Philipp Harsdörffer. Er selbst sprach von ‚Lehrgedichten'.

Ehrgeiz / ohne Tugendverdienst (1651)
Georg Philipp Harsdörffer

In dem feuchten Schattenwald hat sich ein grosser Pfifferling [...] hervorgetan / und sich auf einem Fuß erhaben / sein Haupt in die Rundung ausgebreitet [...] und sich gerühmet / daß er ein Sohn der guldenen Sonnen / und daß seine Gestalt und umstriemre Häutlein der Sonnen Stralen gleichten / etc. Diesen Ruhm
5 hörten die anderen Erdgewächse / Waldblumen / Morgel und Kräuter / wol wissend / daß er bey dem Bliz hervorgekommen / und nicht Ursach / seinen siebentägigen Adel (dann so lang wachsen die Erden-Geschwär) so hoch zu erheben / verlachten also diesen Aufkömmling / und weissagten ihm / daß der Stolz ein Vorbot bald erfolgenden Untergangs seyn würde. Es fügte sich aber / daß ein
10 starker Regen diesen Pfifferling erweichte / und die Würmlein häuffig herbey kamen / sich von seiner Fäulung zu nehren und zu mehren / da er dann wieder zu der Erden worden / von welcher er erwachsen war.
   Die Auslegung ist unschwer zu finden. Der Ehrgeiz ohne Verdienst rühmet und brüstet sich hervor / kan aber von einem geringen Geschöpfe zu Grund ge-
15 richtet und zu Schanden gemachet werden.

Georg Philipp Harsdörffer (1607–1658) entstammte einer vornehmen Nürnberger Familie, erhielt eine gründliche Ausbildung, unternahm ausgedehnte Bildungsreisen durch Europa und diente seiner Stadt als Jurist am Stadtgericht und zuletzt als Mitglied des Inneren Rats. Seine weltmännische, auf das Wohl der Allgemeinheit abzielende Lebenshaltung spiegelt sich auch in seinem umfangreichen schriftstellerischen Schaffen.
Die beiden Texte entstammen der Sammlung „Nathan und Jotham: das ist: Geistliche und Weltliche Lehrgedichte" (2 Bände, 1650/51).

Die Zufriedenheit (1651)   Georg Philipp Harsdörffer

Der abscheuliche Tod hatte eine holdselige Tochter / die Zufriedenheit benamet / die versprache er / dem auszuheyrahten / welcher den besten Wunsch thun würde. So bald dieses ruchbar worden / haben sich sehr viel Freyer gefunden / und / an Statt der Anwerbung / ihren Wunsch hören lassen. Der Arme sagte: Ach
5 daß ich Gelds gnug hätte / so würde mir diese Jungfrau nicht entgehen? Der Reiche sagte: Ach daß ich mehr als gnug hätte / so solte keiner bey dieser Schönen angenehmer seyn als ich. Der Stolze sagte: Ach daß ich der Höchste in der Welt seyn möchte / so würde mich diese holdselige Dirne vor allen wehlen! Der Gelehrte sagte: Ach daß in Künsten und Wissenschaften meines Gleichen nirgend
10 zu finden / so würde mir auch die Kunst nicht ermanglen / wie ich der Zufriedenheit gefallen solte. Der Einfältige sagte: Wann ich klug were / so würde mich diese lieben / etc. Hierauf antwortete der Tod: Ein jeder hat gewünschet / was ihm anständig ist / darum will ich euch allen meine Tochter zu einem Weibe geben / kommet zu mir in mein Haus. Als sie das hörten / hassten sie die Zufrie-
15 denheit / und wolten lieber ihren Wunsch fallen lassen.

Weitere Texte aus der Barockzeit findest du auf den Seiten 226 bis 237 dieses Bands.

> **EXTRA**
> Betrachte nun genauer den inhaltlichen Aufbau und die gestalterischen Mittel beider Texte. Verfasse auf der Grundlage deiner Ergebnisse ein ‚Rezept für Lehrgedichte' bzw. eine ‚Anleitung für Dichter traditioneller Parabeln':
> Man nehme ...

1. Arbeite mit einem Partner. Lest euch die beiden Lehrgedichte gegenseitig vor.
2. Wo liegt in formaler Hinsicht der Hauptunterschied zwischen beiden Texten?
3. Erörtert, wie sich diese ältere Parabelform von den Parabeln Brechts, Kunerts und Kafkas unterscheidet.

Parabel → S. 140–143

Der Zettel   Igor Irtenjew

Als Poljakow irgendwann Anfang Januar die Zeitung aus dem Briefkasten nahm, entdeckte er darin ein vierfach gefaltetes Papier. Da er von Natur aus neugierig war, faltete Poljakow das Papier auseinander. Mit schwarzem Filzstift stand darauf geschrieben: „In einem Jahr". Das war alles. Kein Datum, keine Unterschrift. Er betrachtete den rätselhaften Zettel von allen Seiten, zerknitterte ihn und warf ihn hinter den Heizkörper. Was sollte man sonst mit so einem Zettel tun?

Nach einiger Zeit ging der Winter zu Ende und ließ den Frühling an die Reihe. Dann ging auch der Frühling zu Ende.

Und als Poljakow irgendwann am Anfang des Sommers die Zeitung aus dem Briefkasten nahm, entdeckte er dort erneut ein vierfach gefaltetes Blatt. Als er es auseinandergefaltet hatte, las er: „In einem halben Jahr". Und da erinnerte er sich, dass er vor einem halben Jahr einen ähnlichen Zettel erhalten hatte. Als Poljakow diese Fakten kombinierte, erfasste er in all diesem eine bestimmte Tendenz, deren eigentliches Wesen jedoch unklar blieb. Diesmal warf er den Zettel nicht weg, sondern steckte ihn im Gegenteil in seine Jackentasche. Dann fuhr er in den Urlaub, dann geschah noch alles Mögliche und letztendlich vergaß Poljakow die Zettel.

Als Poljakow aber eines Tages zu Beginn des Herbstes nach seiner Gewohnheit die Zeitung aus dem Briefkasten nahm, entdeckte er dort wieder den bekannten Zettel. Ist es nötig zu sagen, dass sein Anblick in ihm heftige Neugier weckte? Es ist nicht nötig. Als er das Blatt auseinandergefaltet hatte, las er: „In drei Monaten". Aber was „in drei Monaten" sein würde und warum „in drei Monaten", war völlig unklar. Zumindest war dies aus dem Inhalt des Zettels keineswegs ersichtlich. Von diesem Tag an nistete sich Unruhe in Poljakows Seele ein. Er wurde verschlossen und mürrisch. Zum ersten Mal fühlte er sich nicht als vollwertiger Bürger, sondern als nichtiges Stäubchen im erbarmungslosen Spiel verhängnisvoller Elementargewalten. „Was bin ich?", dachte Poljakow manchmal, wenn er sein finsteres Abbild im Spiegel des Institutsliftes anschaute. „Was sind sie?", überlegte er bitter, indem er sich die sorglosen Gesichter seiner Kollegen genau ansah. „Was sind wir alle?", schrie seine Seele und warf sich, ohne eine Antwort zu finden, in ihrem engen Gefängnis von einer Seite auf die andere.

Die Zeit verging, und in den ersten Dezembertagen, als das Eis schon die Wasseroberfläche bedeckte und die Vögel in Länder mit höherer Jahresdurchschnittstemperatur flogen, nahm Poljakow aus dem unheilvollen Briefkasten einen neuen Zettel. „In einem Monat" – so stand diesmal darauf geschrieben. Im Angesicht des Unausweichlichen besorgte er sich bei einem ihm bekannten Arzt einen Krankenschein mit einer undurchsichtigen Diagnose und begann ein rasendes Trinkgelage. Bis auf den heutigen Tag schaudern die Stammgäste des Cafés „Windchen", das gleich neben seinem Haus liegt, wenn sie sich daran erinnern, was der von verhängnisvollen Ahnungen gepeinigte Poljakow dort anrichtete. Vier Wochen verflogen wie ein Tag. Vier Wochen lang ging der völlig ins

Trudeln geratene Poljakow nicht an den verhängnisvollen Briefkasten, und als er ihn endlich aufmachte, suchte er aus dem Zeitungshaufen das prophetische Blatt. Die Zeilen begannen vor seinen Augen zu tanzen, verbanden sich zu einem Reigen, und als sie wieder auseinanderfielen, bildeten sie das Wort: „Heute". Seine Kräfte verließen ihn. Sich ans Geländer klammernd, stieg Poljakow in seine Wohnung hinauf, legte sich auf die Couch, bedeckte seinen Kopf mit einem Kissen und sank in einen schweren Schlaf.

   Als er erwachte, war es zehn Uhr. Ein trockener frostiger Morgen. Auf der Straße strömte der Verkehr in verschiedenen Richtungen, die Menschen gingen eilig ihren Geschäften nach. Er rasierte sich, nahm eine Dusche und zog ein sauberes Hemd an. Er fühlte sich leer und heiter zugleich. Poljakow frühstückte, zog sich etwas über und ging pfeifend nach unten. Er öffnete den Briefkasten und nahm die frische Zeitung heraus. Aus der Zeitung fiel ein vierfach gefaltetes Blatt. Ohne mit dem Pfeifen aufzuhören, faltete er es auseinander. Wissen Sie, was darauf stand? Es stand darauf: „Gestern". Das stand darauf! Er betrachtete den dummen Zettel von allen Seiten, zerknitterte ihn nachlässig, warf ihn hinter den Heizkörper, ging und lebte weiter.

> **Eine neue Figur erfinden**
> Nachdem Poljakow einen neuen Zettel mit dem Vermerk „In einem Monat" erhalten hat, gerät er völlig außer Fassung und gibt sich im benachbarten Café „Windchen" dem Alkohol hin.
> Ein ihm vertrauter Stammgast aus dem Café fragt ihn, was denn eigentlich mit ihm los sei; er mache sich Sorgen um ihn, denn er sei doch sonst ganz anders gewesen. Daraufhin erzählt Herr Poljakow dem Stammgast seine Erlebnisse und bittet ihn um Rat.

1. Schreibe auf, was der Stammgast Herrn Poljakow raten könnte.
2. Vergleicht eure Texte. Prüft, ob sie zu den Erwartungen passen, die sich mit der Gattung Parabel verbinden. – Erörtert in kleinen Gruppen, inwiefern auch Irtenjews „Der Zettel" ein Beispiel für die „offene Parabel" ist.
3. Versuche einmal, selbst eine offene Parabel zu schreiben.

Die Satire ist mehr eine Schreibart und Darstellungsform als eine Textgattung. Es gibt Verssatiren, satirische Romane und zahlreiche Formen satirischer Kurzprosa. Satirisches Schreiben deutet spöttisch oder ironisch auf Missstände aller Art hin und deckt – explizit oder implizit – deren Ursachen auf.

Das Stellengesuch (1914)   Robert Walser

Robert Walser (1878–1956), führte ein unruhiges Wanderleben; die letzten Jahrzehnte seines Lebens verbrachte er in Nervenheilanstalten. Seine Dichtung, vor allem Romane (z. B. „Der Gehülfe", 1908) und Kurzprosa, gelangte erst in neuerer Zeit zu starker Beachtung. Walser wendet sich in seinen Texten häufig gegen das Aufgehen des Menschen in der Arbeitswelt.

Hochgeehrte Herren!
Ich bin ein armer, junger, stellenloser Handelsbeflissener, heiße Wenzel, suche eine geeignete Stelle und erlaube mir hiermit, Sie höflich und artig anzufragen, ob vielleicht in Ihren luftigen, hellen, freundlichen Räumen eine solche frei sei. Ich weiß, dass Ihre werte Firma groß, stolz, alt und reich ist, und ich darf mich daher wohl der angenehmen Vermutung hingeben, dass bei Ihnen ein leichtes, nettes, hübsches Plätzchen offen ist, in welches ich, wie in eine Art warmes Versteck, hineinschlüpfen kann. Ich eigne mich, müssen Sie wissen, vortrefflich für die Besetzung eines derartigen bescheidenen Schlupfwinkels, denn meine ganze Natur ist zart, und mein Wesen ist ein stilles, manierliches und träumerisches Kind, das man glücklich macht, dadurch, dass man von ihm denkt, es fordere nicht viel, und dadurch, dass man ihm erlaubt, von einem ganz, ganz geringen Stück Dasein Besitz zu ergreifen, wo es sich auf seine Weise nützlich erweisen und sich dabei wohlfühlen darf. Ein stilles, süßes, kleines Plätzchen im Schatten ist von jeher der holde Inhalt aller meiner Träume gewesen, und wenn sich jetzt die Illusionen, die ich mir von Ihnen mache, dazu versteigen, zu hoffen, dass sich der junge und alte Traum in entzückende, lebendige Wirklichkeit verwandle, so haben Sie an mir den eifrigsten und treuesten Diener, dem es Gewissenssache sein wird, alle seine geringfügigen Obliegenheiten exakt und pünktlich zu erfüllen. Große und schwierige Aufgaben kann ich nicht lösen und Pflichten weitgehender Natur sind zu schwer für meinen Kopf. Ich bin nicht sonderlich klug, und was die Hauptsache ist, ich mag den Verstand nicht gern so sehr anstrengen, ich bin eher ein Träumer als ein Denker, eher eine Null als eine Kraft, eher dumm

als scharfsinnig. Sicherlich gibt es in Ihrem weitverzweigten Institut, das ich mir
überreich an Ämtern und Nebenämtern vorstelle, eine Art von Arbeit, die man
wie träumend verrichten kann. – Ich bin, um es offen zu sagen, ein Chinese, will
sagen, ein Mensch, den alles, was klein und bescheiden ist, schön und lieblich
anmutet, und dem alles Große und Vielerforderische fürchterlich und entsetz-
lich ist. Ich kenne nur das Bedürfnis, mich wohl zu fühlen, damit ich jeden Tag
Gott für das liebe, segensreiche Dasein danken kann. Die Leidenschaft, es weit in
der Welt zu bringen, ist mir unbekannt. Afrika mit seinen Wüsten ist mir nicht
fremder. So, nun wissen Sie, was ich für einer bin. – Ich führe, wie Sie sehen,
eine zierliche und geläufige Feder, und ganz ohne Intelligenz brauchen Sie sich
mich nicht vorzustellen. Mein Verstand ist klar; doch weigert er sich, Vieles und
Allzuvieles zu fassen, wovor er einen Abscheu hat. Ich bin redlich, und ich bin
mir bewusst, dass das in der Welt, in der wir leben, herzlich wenig bedeutet, und
somit, hochgeehrte Herren, warte ich, bis ich sehen werde, was Ihnen beliebt zu
antworten Ihrem in Hochachtung und vorzüglicher Ergebenheit ertrinkenden
Wenzel.

Offene Analyseskizze

```
                    ┌─────────────────────┐
                    │ Stellengesuch Wenzels│
                    └──────────┬──────────┘
                  ↙                         ↘
  ┌──────────────────────┐         ┌──────────────────────┐
  │  Selbstdarstellung   │         │ Arbeitsplatzbeschreibung │
  │        …             │         │        …             │
  │        …             │         │        …             │
  │        …             │         │        …             │
  │        …             │         │        …             │
  └──────────┬───────────┘         └──────────┬───────────┘
              ↘                             ↙
               Satirisch-kritische Aussage:
                         …
```

1. Versuche, die offene Analyseskizze aufzufüllen.
   Nutze dabei wichtige Textstellen. –
   Du kannst auch eine eigene Skizze anfertigen.
2. Sprecht über eure Vorschläge: Diskutiert vor allem darüber,
   wie ihr die satirisch-kritische Aussage des Textes versteht. –
   Ihr könnt dabei die Kurzinformation zu Walsers poetischen Absichten
   auf der gegenüberliegenden Seite in eure Überlegungen miteinbeziehen.

Satire → S. 283

Wie man mit Taxifahrern umgeht (1988) Umberto Eco

Sobald man in ein Taxi steigt, ergibt sich das Problem der korrekten Interaktion mit dem Fahrer. Der Taxifahrer ist ein Mensch, der den ganzen Tag lang im Stadtverkehr Auto fährt – eine Tätigkeit, die entweder zum Herzinfarkt oder zum Nervenzusammenbruch führt –, wobei er ständig in Konflikt mit anderen Auto fahrenden Menschen gerät. Infolgedessen ist er nervös und hasst jedes anthropomorphe Wesen. Weshalb die linke Schickeria gerne behauptet, alle Taxifahrer seien Faschisten. Das stimmt aber nicht, der Taxifahrer interessiert sich nicht für ideologische Fragen: Er hasst Gewerkschaftskundgebungen, aber nicht wegen ihrer politischen Farbe, sondern weil sie den Verkehr verstopfen. Er würde auch einen Umzug der Neofaschisten hassen. Er wünscht sich nur eine starke Regierung, die alle privaten Autofahrer an die Wand stellt und eine vernünftige Ausgangssperre von sechs Uhr morgens bis Mitternacht verhängt. Er ist frauenfeindlich, aber nur gegenüber Frauen, die ausgehen. Wenn sie zu Hause bleiben und Spaghetti kochen, erträgt er sie.

Der italienische Taxifahrer zerfällt in drei Kategorien. In den, der solche Ansichten während der ganzen Fahrt zum Besten gibt, in den, der verbissen schweigt und seinen Menschenhass nur durch seinen Fahrstil ausdrückt, und in den, der seine Anspannung in reine Erzählfreude auflöst und ununterbrochen erzählt, was ihm alles mit anderen Kunden widerfahren ist. Es handelt sich um Anekdoten ohne jede gleichnishafte Bedeutung, die, würden sie in einer Kneipe erzählt, den Wirt veranlassen müssten, den Erzähler mit dem Hinweis, es sei nun Zeit, ins Bett zu gehen, hinauszukomplimentieren. Aber der Taxifahrer hält sie für kurios und voller Überraschungen, und man tut gut daran, sie mit häufigen „Also nein, was für Leute es gibt! Na so was! Und das ist Ihnen wirklich passiert?" zu kommentieren. Solcherlei Anteilnahme erlöst zwar den Taxifahrer nicht von seinem narrativen Autismus, aber sie gibt einem ein besseres Gefühl.

[...] New Yorker Taxifahrer kennen nur die Straßen mit Nummern und nicht die mit Namen.

Pariser Taxifahrer kennen dagegen überhaupt keine Straße. [...]

Die deutschen Taxifahrer sind freundlich und korrekt, sie reden nicht, sie drücken nur aufs Gas. Wenn man am Ende aussteigt, weiß wie die Wand, begreift man, warum sie anschließend zur Erholung nach Italien kommen, wo sie mit sechzig auf der Überholspur vor uns herfahren.

[...]

Überall gibt es ein unfehlbares Mittel, einen Taxifahrer zu erkennen: Er ist immer derjenige, der nie herausgeben kann.

Der 1932 geborene italienische Zeichentheoretiker, Medienwissenschaftler und Schriftsteller **Umberto Eco** ist seit der Veröffentlichung seines ersten Romans „Der Name der Rose" (1980) weltberühmt. In dieser Detektivgeschichte entfaltet er ein Panorama der mittelalterlichen Welt und veranschaulicht nebenbei zahlreiche Erkenntnisse der Semiotik (Zeichentheorie).

1. Umberto Eco arbeitet hier mit typischen satirischen Stilmitteln. Weise sie im Text nach und erläutere ihre Wirkung.
2. Überlegt gemeinsam, ob ein solcher Text Klischees und Vorurteile kritisch hinterfragt oder eher verfestigt.

Satire → S. 144–146

Parodien (wörtlich übersetzt: Gegengesänge) sind Texte, die sich auf eine Vorlage beziehen und diese „durch Techniken wie stilistische Übertreibung und bewusste Verzeichnung von Thema und Aussage in komischer oder satirischer Weise" beleuchten (Volker Meid). Parodien sind wie Satiren an keine bestimmte Textgattung gebunden.

Bundestagsrede Loriot

Moderator *Guten Abend, meine Damen und Herren, seit kurzem hat sich die Szene in Bonn verändert. Der zur Zeit parteilose Abgeordnete Werner Bornheim hielt eine Rede, die für einen neuen politischen Stil richtungweisend sein könnte. [...] Die Rede [...] stellt durch ihre Unbestechlichkeit und ihre politische Linie, so meine ich, alles in*
5 *den Schatten, was man an Äußerungen von seiten der Regierung gehört hat.*

W. Bornheim Meine Damen und Herren, Politik bedeutet, und davon sollte man ausgehen, das ist doch – ohne darumherumzureden – in Anbetracht der Situation, in der wir uns befinden. Ich kann meinen politischen Standpunkt in wenige Worte zusammenfassen: Erstens das Selbstverständnis unter der Voraussetz-
10 zung, zweitens, und das ist es, was wir unseren Wählern schuldig sind, drittens, die konzentrierte *Be-inhaltung* als Kernstück eines zukunftweisenden Parteiprogramms.

Wer hat denn, und das muß vor diesem hohen Hause einmal unmißverständlich ausgesprochen werden. Die wirtschaftliche Entwicklung hat sich in keiner
15 Weise ... Das wird auch von meinen Gegnern nicht bestritten, ohne zu verkennen, daß *in* Brüssel, *in* London die Ansicht herrscht, die Regierung der Bundesrepublik habe da – und, meine Damen und Herren ... warum auch nicht? Aber *wo haben* wir denn letzten Endes, ohne die Lage unnötig zuzuspitzen? *Da*, meine Damen und Herren, liegt doch das Hauptproblem.
20 Bitte denken Sie doch einmal an die *Alters*versorgung. *Wer war* es denn, der seit 15 Jahren, und wir wollen einmal davon absehen, daß niemand behaupten kann, als hätte sich damals – so geht es doch nun wirklich nicht!

Wir haben immer wieder darauf hingewiesen, daß die Fragen des Umweltschutzes, und ich bleibe dabei, wo kämen wir sonst hin, wo bliebe unsere Glaub-
25 würdigkeit? Eins steht doch fest und darüber gibt es keinen Zweifel. Wer das vergißt, hat den Auftrag des Wählers nicht verstanden. [...]

Meine Damen und Herren, wir wollen nicht vergessen, draußen im Lande, und damit möchte ich schließen. Hier und heute stellen sich die Fragen, und ich glaube, Sie stimmen mit mir überein, wenn ich sage ... Letzten Endes, wer wollte
30 das bestreiten! Ich danke Ihnen ...

Texte von Loriot sind grundsätzlich in der originalen Rechtschreibung abzudrucken.

1. Tragt die „Bundestagsrede" vor der Klasse vor.
2. Untersucht, welche Kunstgriffe Loriot anwendet, um die Sprechweise von Politikern zu parodieren.

Parodie → S. 283 **M**
Politische Rede → S. 20–28

Der Ballabend (1887) Anonym

Wer sitzt dort im Ballsaal? O sage geschwind!
Es ist die Mutter mit ihrem Kind;
Sie zupft das Mädchen leis an dem Arm,
Sie fragt sie innig, sie fragt sie warm:

5 „Mein Kind, was wendest du bang dein Gesicht?"
„Siehst, Mutter, du den Leutnant denn nicht?
Den Leutnant drüben mit Geist und Genie?"
„Mein Kind, er ist 'ne brillante Partie."

„Ach, gnädiges Fräulein, der erste Ton
10 Erklingt zum Walzer dort gar wohl schon;
Ich fasse kühn die rosige Hand!
Auf Ehre! Superb, ein schneid'ges Gewand!"

„O Mutter, o Mutter! und hörest du nicht,
Wie keck der Leutnant jetzt zu mir spricht?"
15 „Sei ruhig, bleibe ruhig, mein Kind,
Und nimm die Männer so, wie sie sind."

„O holdeste Elfe – noch einen Tanz,
Sonst verzehr vor Sehnsucht ich mich noch ganz;
Lass uns schwingen zusammen im gaukelnden Reihn
20 Und wiegen und tanzen und schweben zu zwein."

„O Mutter, o Mutter, und siehst du nicht dort
Die spähenden Blicke an jedem Ort?"
„Mein Kind, mein Kind, ich seh es genau,
Die Mädchen da drüben ärgern sich grau."

25 „Ich liebe dich, mich reizt deine schöne Gestalt,
Nicht länger bezähm ich des Herzens Gewalt."
„O Mutter, er küsst mich, jetzt fasst er mich an –
Weh mir, was hat der Unsel'ge getan?"

Die Mutter lächelt, erhebt sich geschwind,
30 Sie hält in den Armen ihr zitterndes Kind,
Führt hin es zu ihm mit schmeichelndem Laut –
In ihren Armen das Mädchen war – Braut.

Der unwiderstehliche Glanz der Uniformen im Deutschen Kaiserreich: Diese Aufnahme von 1879 zeigt den späteren Generalfeldmarschall (im Ersten Weltkrieg) und Reichspräsidenten (der Weimarer Republik) Paul von Hindenburg als Hauptmann im Generalstab mit seiner Braut Gertrud von Sperling.

Parodie → S. 147f.

Der Kohlkönig (1990) Martin Buchholz

(sehr frei / nach / Na-wie-hieß-das-gleich / von / Na-Sie-wissen-schon)

Was geistert so spät durch den Trabbi-Smog?
Der Geist von Leipzig. Der geht lang schon am Stock.
Es war der Vater der Revolution.
Doch das Volk hat längst abgewendet sich schon.

5 – Mein Volk, was wendest du ab dein Gesicht?
– Siehst, Vater, du den Kohlkönig nicht?
Den Kohlkönig, der sitzt auf dem Thron
bei der christdemagogischen Währungs-Union.

– Mein liebes Volk, komm, geh mit mir.
10 Ein einig Vaterland kaufe ich dir.
Komm in das Land, wo Marlboro glüht,
wo der Tschibo-Experte kalten Kaffee aufbrüht.

– Mein Vater, mein Vater, und hörest du nicht,
was der Kohlenkönig mir leise verspricht?
15 – Sei ruhig, mein Volk, ein Wind ist's, der weht,
lass ihn fahren dahin, weil Kohl eben bläht.

[...]

– Ich liebe dich. Ich bin so gesamtdeutsch
                                         verknallt.
Und ich krieg dich ja billig – mit barer Gewalt.
– Mein Geist, mein Geist, jetzt geb ich
                                   dich auf.
20 Kohlkönig nimmt mich im Ausverkauf.

Dem Geiste grauset's. Mit ihm ist's vorbei.
Zurück bleibt ein Leipziger Allerlei.
In der Wahlnacht wurde die Urne geholt.
Darinnen das Volk hat sich selber verkohlt.

Der (West-) Berliner Kabarettist **Martin Buchholz** (geb. 1942) wandte sich nach 1989 in zahlreichen Texten gegen die Art und Weise, wie die deutsche Wiedervereinigung ‚abgewickelt' worden war. (Sein Kabarettprogramm von 1993 stand unter der Überschrift: „Wir sind, was volkt.")

Bundeskanzler Helmut Kohl (rechts) in Begleitung des Ministerpräsidenten der DDR Hans Modrow am 19. Dezember 1989 in Dresden

1. Finde heraus, auf welche Vorlage sich diese beiden Parodien beziehen.
2. Vergleiche die Gedichte mit dem Original. Auf welche Weise spielen die beiden Texte mit der Vorlage?
3. Stelle gezielte Recherchen an, um die politisch-gesellschaftlichen Anspielungen und die Wirkungsabsichten beider Parodien genauer zu verstehen.

TIPP
Es handelt sich um eine berühmte Ballade von Johann Wolfgang von Goethe, die oft vertont worden ist, unter anderem von Franz Schubert.

Politische Rede → S. 21

Kompetenzen Parabel, Satire, Parodie

Das hast du in diesem Kapitel gelernt:

- Die Gestaltungsmerkmale und Wirkungsabsichten moderner wie auch traditioneller Parabeln zu erkennen
- Satirische Textformen und Darstellungstechniken zu verstehen
- Den Charakter einer Parodie zu erfassen
- Parodien mit ihrer Vorlage zu vergleichen und auf ihren eigenen Aussagegehalt hin zu untersuchen

M Extra: Merkwissen → S. 282 f.

So kannst du dein Wissen anwenden und deine Fähigkeiten trainieren:

Ein satirischer Effekt entsteht auch, wenn schlichte Sachverhalte oder Gegenstände mithilfe von Werbesprache ‚aufgepeppt' werden.

Haben wir wirklich so viel erfunden? (1998) Umberto Eco

Die Annonce ist wahrscheinlich im Internet aufgetaucht, aber ich weiß nicht wo, denn sie ist mir per E-Mail geschickt worden. Es handelt sich um eine Pseudo-Werbeanzeige, die
5 eine Neuheit anpreist: das Built-in Orderly Organized Knowledge, abgekürzt BOOK.

Keine Drähte, keine Akkus, kein elektrischer Antrieb, kein Schalter oder Druckknopf, das Ding ist kompakt und tragbar, es kann auch im
10 Sitzen vor dem Kamin benutzt werden. Es besteht aus einer Folge von nummerierten Blättern (aus recycelbarem Papier), deren jedes Tausende von Bits enthält. In der richtigen Reihenfolge zusammengehalten werden diese Blätter, genannt Seiten, durch ein elegantes Etui, ge- 15
nannt Bindung.

Jede Seite wird optisch gescannt, und die Information wird direkt ins Gehirn übertragen. Es gibt einen Befehl *Browse*, mit dem man von einer Seite zur anderen gelangt, [...] durch eine 20
einzige Fingerbewegung. Ein Tool namens „Inhaltsverzeichnis" erlaubt das sofortige Auffinden des gewünschten Themas auf der richtigen Seite. Ein optionales Zusatzgerät namens „Lesezeichen" führt zielgenau an die Stelle zu- 25
rück, an der man beim ersten Mal haltgemacht hatte, auch wenn das BOOK zwischenzeitlich geschlossen worden ist. [...]

- Mit welchen marketingsprachlichen Mitteln wird hier gearbeitet, um das BOOK anzupreisen?
- Lässt sich aus dem Text herauslesen, wie Eco selbst über das Buch denkt? Begründe deine Auffassung.
- Setze den Text fort, indem du ähnliche Beispiele hinzufügst.

Im Internet finden sich zu der Ballade von Goethe zahlreiche weitere parodistische Umdichtungen. Hier folgen zwei Beispiele:

Der Erlkönig im Internet Cornelia Rau

Wer surft noch so spät durch den Cyberspace?
Es ist der Student, der ist müd und nervös;
Er haut in die Tasten und tippt rasend schnell,
jetzt noch einen Mausklick und ab geht die Mail.

5 Gar dick ist die Brille und bleich sein Gesicht,
doch die Ladies im Internet stört all das nicht.
Sie locken den Jüngling ins Flirtforum 'rein
und heizen mit wilden Versprechen ihm ein.

„My darling, my darling, komm surf zu mir!
10 Gar schöne Spiele gibt es hier,
auch Sex und Erotik zum Runterladen..." –
„Na gut, warum nicht, es kann ja nicht schaden." –

„My darling, my darling, wie wär's mit 'nem Chat?
Bei uns kriegst du alles: pervers und auch nett!
15 I LOVE YOU, wie reizt mich dein schüchterner Charme,
und bist du nicht willig, gibt's Virus-Alarm!"

Dem Knaben grauset's: Nur fort von hier, schnell!
Doch drohend erhebt sich der Download-Befehl.
Ein letztes RESET, mit Mühe und Not ...
20 Der Student überlebt, doch sein Rechner ist tot.

Vadda und kind
reiten im wind
kommt 'n mann
quatscht se an
5 ob der klene nicht mitkommen kann
vadda sagt ne
kind weh weh
vadda nach haus
kind tot aus –

unbekannter Verfasser

▶ Erörtert die unterschiedliche Vorgehensweise der Verfasser dieser beiden Parodien.
▶ Verfasse eine eigene Parodie auf die Ballade von Goethe.

Lesen – Umgang mit Texten und Medien

Zum Bild:
Maria Lassnig (geb. 1919 in Kappel am Krappfeld in Kärnten/Österreich): Hände (1989). Öl auf Leinwand

Literatur in der Diktatur
Prosa der DDR

Entgrenzung   Leere   SCHRANKE   Augenblick
Abwesenheit   Spalt
TOD   Schwelle   *Freiheit*   Auslöschung   Überschreitung
   Angst   **VERBOT**   innere Erfahrung   **Gewalt**
Verstummen   Abgrund   Souveränität   Riss   **Opfer**

▸ Welche Assoziationen verbindet ihr mit dem Titel des Kapitels? Bezieht in eure Überlegungen auch das Bild und die Sammlung von Begriffen mit ein.

Die wunderbaren Jahre (1976) Reiner Kunze

Mitschüler

Sie fand, die Massen, also ihre Freunde, müßten unbedingt die farbige Ansichtskarte sehen, die sie aus Japan bekommen hatte: Tokioter Geschäftsstraße am Abend. Sie nahm die Karte mit in die Schule, und die Massen ließen beim Anblick des Exoten kleine Kaugummiblasen zwischen den Zähnen zerplatzen.

In der Pause erteilte ihr der Klassenlehrer einen Verweis. Einer ihrer Mitschüler hatte ihm hinterbracht, sie betreibe innerhalb des Schulgeländes Propaganda für das kapitalistische System.

Schießbefehl

„Ich fahre zum Vater, sagt er, nimmt das Motorrad, und ich denke, warum kommt er denn nicht wieder, wo der bloß bleibt, langsam werde ich unruhig, da kommen die und sagen, ich soll nach P... kommen, er hat über die Grenze gewollt, und sie haben ihn erwischt. Also bin ich mit dem nächsten Zug nach P... gefahren, er hat schon gestanden, sagen sie, und als ich mich nicht mehr beherrschen konnte und mir die Tränen kamen, haben sie gesagt, machen Sie sich keine Sorgen, gute Frau, Ihr Gerhard lebt, er hat gut gegessen, und jetzt schläft er. Und wenn's während der Armeezeit gewesen wäre, wär's schlimmer. Er hatte doch gerade erst seinen Facharbeiter mit Abitur gemacht, und am Montag sollte er einrücken ... Und dann, am Montagnachmittag, kommen die von hier und sagen, ich soll am Dienstag nach P... kommen. Ich backe einen Kuchen, kaufe ein, und dann sagen sie mir in P..., ob ich denn nichts wüßte, ob denn unsere nichts gesagt hätten, er hat sich erhängt. Mit der Unterhose. Und sie hätten ihm einen Zettel gegeben, ob er mir nicht ein paar Worte schreiben wollte, aber er hätte abgelehnt. Wie er mir das hat antun können ... Und sehen darf ich ihn nicht, nur noch kurz vor der Feier, die im Gefängnis stattfindet. Aushändigen können sie mir nur die Urne."

Tatort „Republikflucht": Ermittlungen an einer Überstiegstelle

Der Lyriker und Erzähler **Reiner Kunze** wurde 1937 im Erzgebirge geboren. Nach einem Studium der Philosophie und Journalistik war er an der Universität Leipzig tätig, die er aber nach schweren politischen Angriffen gegen ihn verlassen musste. Danach arbeitete er als Hilfsschlosser im Schwermaschinenbau. Sein Prosaband „Die wunderbaren Jahre" konnte 1976 nur in der BRD erscheinen. Kunze wurde daraufhin aus dem Schriftstellerverband ausgeschlossen, bespitzelt und bedroht. 1977 reiste er in die BRD aus. Kunze erhielt zahlreiche Auszeichnungen, darunter den Georg-Büchner-Preis.

Reiner Kunzes Texte sind in der originalen Rechtschreibung abzudrucken.

EXTRA
Recherchiert zu folgenden Themen:
▶ Bau der Mauer
▶ Reisebeschränkungen
▶ Flucht aus der DDR
www.dhm.de/lemo

EXTRA
Schreibe einen Brief des Jungen an seine Mutter.

1. Erläutere, welche politische Situation in den zwei Texten dargestellt wird.
2. Beschreibe, welcher sprachlichen Mittel sich Kunze dazu bedient.

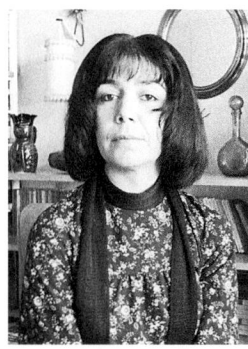

Irmtraud Morgner wurde 1933 in Chemnitz geboren und starb 1990 in Ost-Berlin. In ihren Erzählungen und Romanen (etwa „Hochzeit in Konstantinopel", 1968, „Leben und Abenteuer der Trobadora Beatriz nach Zeugnissen ihrer Spielfau Laura", 1974, und „Amanda. Ein Hexenroman", 1983) kritisiert sie ein Zuviel an Ordnung und System, indem sie das Alltägliche verfremdet und den Leser dadurch ahnen lässt, dass es Alternativen zum Leben im sozialistischen Alltag gibt.

„Das Duell" entstammt dem größeren Erzählzusammenhang des Romans „Hochzeit in Konstantinopel", wird darin aber als in sich abgeschlossene Geschichte präsentiert: „Bele taufte das Ziel der Hochzeitsreise Konstantinopel. Paul trug die Koffer in ihr Zimmer. Gegen Morgen erzählte sie Paul folgende Geschichte:" (S. 11)

BVG Berliner Verkehrsbetrieb (Zeile 19)

Winker Vorläufer des Blinkers

Das Duell (1968) Irmtraud Morgner

Ich arbeitete jahrelang an diesem Entschluss. Eines Abends war er gefasst. Kurz vor Geschäftsschluss betrat ich den Laden und verlangte einen luftbereiften Roller. Der Verkäufer zeigte mir verschiedene Ausführungen. Ich verlangte einen ganz bestimmten. Der Verkäufer holte drei weitere Exemplare vom Lager. Ich verlangte den verchromten mit schaumgummigepolsterter Sitzeinrichtung, Hand- und Fußbremse sowie dynamobetriebener Lampe zu achtundneunzig Mark siebzig aus dem Schaufenster. „Fensterware erst nach Dekorationswechsel", sagte der Verkäufer. „Wann wird gewechselt?" – „In drei bis vier Tagen." – „Zu spät", sagte ich. Der Verkäufer fragte nach dem Datum des Geburtstages. Ich versicherte, kein Geburtstagsgeschenk kaufen zu wollen. „Dann kann das Kind auch noch drei, vier Tage warten", sagte er. „Keine Stunde", sagte ich. „Wie alt ist denn das Kind?", fragte er. „Ich kaufe den Roller für mich", sagte ich. Der Verkäufer wechselte einen Blick mit dem Ladenmeister. Der winkte die anderen beiden Verkäufer zur Kasse. Ich stand vor der Kasse und wedelte mit dem Scheck. Der Ladenmeister bedauerte, mir auf Scheck nichts verkaufen zu können. Ich verwies darauf, dass es sich bei dem Papier um einen Barscheck handelte, steckte ihn ein und holte vier grüne Geldscheine aus der Tasche. Der Ladenmeister brachte seine Verwunderung über die Summe zum Ausdruck, die ich mit mir führte. „Lohntag", sagte ich. „Wo?", fragte er. „Bei der BVG", sagte ich. „Was arbeiten Sie denn da?", fragte er wieder. „Ich bin Schaffnerin, krieg ich nun den Roller, ja oder nein." – „Schaffnerin", sagte der Ladenmeister und wechselte Blicke mit seinem Personal. Ich wechselte das Standbein. Ein Verkäufer riss den Arm hoch, winkelte ihn an und gab bekannt, dass die Uhr in fünf Minuten neunzehn Uhr anzeigen würde. Wir verglichen unsere Uhren. Wir stellten Einstimmigkeit fest. Der Ladenmeister erklärte seinen Laden für geschlossen und bat mich, morgen wiederzukommen. Ich machte ihn auf die Gesetzwidrigkeit seiner vorzeitigen Handlung aufmerksam, sagte ferner, dass ich meine Zeit nicht gestohlen hätte, und bestieg einen der herumstehenden luftbereiften, jedoch nicht verchromten und nicht mit schaumgummigepolsterter Sitzeinrichtung versehenen Roller, entschlossen, die noch verbleibenden viereinhalb Minuten für Trainingszwecke zu nutzen. Der Laden war weiträumig. Sein linker Trakt wurde von vier Säulen gestützt. Ich benutzte ihn als Slalomstrecke. Obgleich ich noch nie in meinem Leben auf einem luftbereiften Roller gestanden hatte, nahm ich die Kurven sicher. An den Schaufenstern standen Leute. Die Finger meiner rechten Hand lagen auf dem Bremshebel. Vor jeder Kurve klappte ich ordnungsgemäß den Winker heraus und verringerte die Geschwindigkeit. Wenn ich am Verkaufspersonal vorbeifuhr, blendete ich ab und klingelte. An den Schaufenstern drängten sich Menschen. Die Räder waren vorzüglich gelagert, einmal mit dem Fuß abstoßen, und ich hatte Schwung für eine ganze Runde. Menschenmassen belagerten die Schaufenster. Der Geschäftsführer schien um die Scheiben zu bangen. Er rannte abwechselnd zu den Scheiben und hinter mir her. Ich war schneller. Er gestikulierte. Stumm. Das gesamte Personal gestikulierte stumm. Schließlich bestieg der Ladenmeister das Auslagenpodest, um den Ruf des Ladens zu retten, wie er später in seiner Anzeige formulierte, er bestieg, wie gesagt, das Podest, schnitt den an Perlonfäden hängenden verchromten, mit schaumgummigepolsterter Sitzeinrichtung, Hand- und Fußbremse sowie dynamobetriebener Lampe versehenen Roller ab, schrieb einen Kassenzettel aus, ich betätigte sofort Hand- und Fußbremse und stellte das relativ gute Gerät zurück zu den anderen seiner Art, dankte, man händigte mir das absolut gute gegen die auf dem Preisschild angegebene Summe aus. Eingepackt, ich musste versprechen, den mit mehreren Quadratmetern Wellpappe verhüllten und mit Tauwerk verschnürten Traum nach Hause zu tragen.

Als Kind hatte ich von Holzrollern geträumt. Ein Mädchen im Nebenhaus besaß einen gummibereiften zu sieben Mark achtzig. Mit dem fuhr ich nachts über die Dächer. Bisweilen erschien mir auch ein Tretroller im Traum. Den fuhren Damen von Schneewittchen aufwärts. Aber luftbereift war auch der nicht gewesen. Unvergleichbar jenem, den ich bis zur Unkenntlichkeit verschnürt aus dem Laden schleppte. Geschultert. Die Menge bildete eine Gasse. Ich schritt hindurch und auf dem schnellsten Weg nach Hause, versprochen ist versprochen.

Die meisten Bewohner meines Hauses bezeichneten mein Hobby als komisch. Anfangs. Ein international bekannter Radballsportler, wohnhaft im Vorderhaus, griff sich an den Kopf. Ich boykottierte die Verkehrsmittel, deren unentgeltliche Benutzung mir zustand, und fuhr täglich mit dem Roller zum Dienst. Mein Gesundheitszustand verbesserte sich. Doktor Lauritz, der mir von je Bewegung verordnet hatte, war zufrieden. Als ich ihm verriet, wie ich mich bewegte, verwickelte er mich in ein längeres Gespräch über Gegenstände, die auf seinem Schreibtisch standen. Außer Dienst bewegte ich mich vorzugsweise luftbereift, zum Bäcker fuhr ich, zum Fleischer, alle Besorgungen erledigte ich mit dem Rol-

Eine Straßenbahn der Linie 49 auf dem Berliner Alexanderplatz, Aufnahme von Februar 1967

Kurzgeschichte → S. 149–157

Aufmarsch der FDJ in der Berliner Karl-Marx-Allee beim „Nationalen Jugendfestival" im Juni 1979

ler, Plage wandelte sich in Wohltat, manchmal kaufte ich für meine Nachbarn ein. Natürlich ließ sich der Lenker schwer bedienen, wenn prallgefüllte Netze an ihm hingen, aber die Erziehung, die ich genossen hatte, wertete Angenehmes nur dann moralisch auf, wenn es mit Nützlichem verbunden war. Ich versteuerte mich nie, beladen und dennoch leicht fuhr ich dahin, beflügelt von dieser selten erlebten Harmonie zwischen Moral und Lust, ich fuhr, ich fuhr, größer als sonst – zwischen Trittbrett und Straße maß der Abstand zwölf Zentimeter –, ich schaukelte mich auf den Luftpolstern über die Unebenheiten von Pflaster-, Asphalt- und Betonstraßen, bergauf stieg ich nie ab, schon bei geringem Gefälle war Anschieben mit dem Fuß überflüssig, tat ich es dennoch, überholte ich nicht selten Straßenbahnzüge auf Strecken, die nur mit einer Geschwindigkeit von dreißig Kilometern befahren werden durften. Oft saß ich jedoch auch auf dem schaumgummigepolsterten Sitz, der stahlrohrgestützt über dem verchromten Kotflügel des Hinterrads angebracht war, lauschte dem Summen des Dynamos und genoss den Fahrtwind. Der stemmte sich gegen mich, zauste das Haar, bauschte den Mantel, trieb mir Tränen in die Augen: Ich besiegte ihn immer. So eroberte ich binnen Kurzem alle Straßen des Stadtbezirks und eine mir umständehalber bis dahin vorenthalten gebliebene Lustbarkeit des Lebens. Ich pries sie, wo sich Gelegenheit bot. Die meisten Erwachsenen fanden sie wie gesagt komisch. Mitleidig oder auch froh über die unverhoffte Abwechslung sahen sie auf mich herab. Anfangs. Die Kinder hörten mir zu. Alle lachten. Am fünften Tag nach dem Kauf standen, als ich meinen Roller bestieg, um zum Dienst zu fahren, einige Frauen und Männer vor der Haustür. Als ich wiederkehrte, versperrte eine Menschenmenge den Torweg. Ich fragte, ob man gestatten würde, man gestattete, zögernd, eine Frau verlangte Auskunft über den Zweck, zu welchem ich mich derartig benähme. Ich erläuterte den Zweck der Fortbewegung. Man fragte nach dem Sinn. Ich erläuterte den Sinn des Spaßes. Die Menschenmenge sah misstrauisch zu mir hinauf. Am anderen Morgen besuchte mich ein Herr in meiner Wohnung und protestierte im Namen gegen derartige Provokationen, die einer Verächtlichmachung des Radsports, das heißt einer olympischen Sportart, das heißt der olympischen Idee, gleichkäme. Ich versicherte ihn meiner Loyalität. Er versicherte mir, nicht zu ruhen. Als ich gegen Mittag den Roller im Straßenbahndepot an seinen Platz stellte, wurde ich zu Betriebsarzt Lauritz gerufen. Er schrieb mir eine Überweisung für die psychiatrische Abteilung der Charité. Auf dem Weg zur Charité merkte ich, dass die Fußbremse defekt war. Da ich den Laden in der Nähe wusste, fuhr ich einen kleinen Umweg und wandte mich vertrauensvoll an den Fachmann, bei dem ich den Roller gekauft hatte. Der Fachmann wechselte sofort einen Blick mit dem Ladenmeister. Dieser winkte die anderen beiden Verkäufer zur Kasse. Ich stand vor der Kasse und erläuterte mein Anliegen. Als keiner von den vier Herren die bedrohte Kasse, wie später in der Anzeige formuliert war, verließ, um den Schaden in Augenschein zu nehmen, führte ich den Schaden vor. Ich stellte den rechten Fuß aufs Trittbrett, stieß mich mit dem linken zweimal kräftig ab, trat mit dem linken Absatz mehrmals auf den Bremsknopf, vergebens, ich fuhr zwei Runden durch den weiträumigen Laden, alle anwesenden Käufer konnten bestätigen, dass die Fußbremse nicht funktionierte. Der Ladenmeister nahm meine Personalien auf, händigte mir einen Reparaturzettel aus und behielt den Roller. Kurz darauf bekam ich die Mitteilung, dass gegen mich eine Anzeige wegen groben Unfugs sowie Erregung öffentlichen Ärgernisses vorläge.

Da machte ich mich zum drittenmal auf den Weg, betrat den Laden kurz vor der Mittagspause, stellte mich in einer Entfernung von zirka zwei Metern vor dem Ladenmeister auf, gab die Bedingungen bekannt, verzichtete auf einen Sekundanten, gewährte ihm drei, nahm die Schultern zurück, zählte, holte tief Luft und lachte ihn tot.

Altbau der Psychiatrischen Nervenklinik der Charité in Berlin Mitte

Charité Universitätsklinik in Berlin

> **EXTRA**
> Recherchiert zu folgenden Themen:
> ▶ Bedeutung des Sports in der DDR
> ▶ „der perfekte DDR-Bürger" – das Menschenbild des Systems
> ▶ Bezüge der Kurzgeschichte zum „Sozialistischen Realismus"

1. Sammelt Ideen, was der Roller für die Ich-Erzählerin bedeutet.
2. Arbeite heraus, welche Auswirkungen der Wunsch nach einem Roller in der Geschichte hat. Entwirf dazu ein Schaubild, das folgende Elemente grafisch veranschaulicht:
   – die Entwicklung des Lebensgefühls der Ich-Erzählerin;
   – das Verhältnis der Ich-Erzählerin zu ihrer Umwelt.
   Stelle diese Prozesse anhand verschiedener Situationen dar.
3. Tauscht euch über eure Schaubilder aus.
4. Diskutiert über die Bedeutung des Titels und die im Text enthaltene Kritik an der DDR.

Sekundant Zeuge und Beistand beim Duell

> **EXTRA**
> Schreibe eine Parallelgeschichte.

METHODE

Parallelgeschichte
Geschichte, die Muster, Idee und Perspektive eines Textes aufnimmt und auf eine neue Situation überträgt

Parallelgeschichte → S. 291 **M**

Böse Geschichte mit gutem Ende (1992) Lutz Rathenow

Der Spitzel, um den es hier geht, war kein gewöhnlicher Spitzel, sondern der beste des Landes. Er säuberte fünfmal am Tag die Ohren und konnte drei Gespräche gleichzeitig mitschreiben. Aus siebenhundert Meter Entfernung hörte er, wenn einer gegen den Wind hustete oder nur so vor sich hin fluchte. Ein außerordentliches Riechvermögen erlaubte ihm festzustellen, ob man mit der gerade dem Briefkasten entnommenen Tageszeitung das Feuer anzündete, ohne sie vorher mit gebührender Gründlichkeit studiert zu haben.

Wenn dieser Spitzel lautlos die Straßen entlangschlich, sah ihn keiner, jedenfalls nicht in seiner normalen Gestalt, die er selbst kaum noch kannte, da Namen und Aussehen täglich mehrfach wechselten. Anfangs imitierte er Straßenkehrer, mürrische Greise, Debile, Kindergärtnerinnen, Sarghändler; später verwandelte er sich in Gegenstände, tarnte sich als Papierkorb, Parkbank oder Strauch, um eine Unterhaltung unbemerkt zu verfolgen. Selbst gelegentliche Tritte, ihre Notdurft verrichtende Hunde, vermochten ihn nicht aus der Ruhe zu bringen. Einmal sträubte er sich allerdings gegen den Abtransport durch zwei Männer, die vor Verblüffung fast erstarrten, als ihr vermeintliches Stück Schrott, dessen genaue Beschaffenheit sie gerade prüfen wollten, sich als eine Person entpuppte, die, ohne sie eines Blickes zu würdigen, davoneilte.

In der Regel verlief sein Dienst ohne Komplikationen. Seine Berichte schätzte der Regierer so, dass er stets persönlich zum Landeshöchsten vorgelassen wurde. Er erhielt vom Regierer den Auftrag, vor allem den Geheimdienstchef zu überprüfen; schließlich lebe man in einer Demokratie, jeder sei zu kontrollieren. Sein unmittelbarer Vorgesetzter, der Geheimdienstchef, befahl wiederum, schwerpunktmäßig das Verhalten des Regierers zu beobachten; Demokratie bedeute, keinen von der Observation auszunehmen.

Leider konnte der Spitzel diese ungemein reizvolle Situation nicht in ihrer ganzen Pikanterie auskosten. Sein sich weiter verfeinerndes Gespür für eine Tarnung in geschlossenen Räumen behinderte eine umfassende Erfüllung der Aufträge. So sprach er nicht mehr, war kaum noch in der Lage zu flüstern, hörbar einen Raum zu betreten – ja, anderen als Mensch gegenüberzutreten. Er hielt sich als Möbelstück im Zimmer auf, man saß auf ihm, stellte Teller ab, drückte Zigaretten aus.

Anfangs knarrten die Dielen lauter als gewöhnlich, wenn er seine Stellung veränderte; das war die Zeit seiner in Landessprache verfassten Berichte, die in den Diensträumen der Vorgesetzten deponiert wurden, wo man ihm die neuen Weisungen hinterlegte.

Später benutzte der mehrfach mit dem „Goldenen Ohr" dekorierte Kundschafter ausgeklügelte Codes, um möglichen Missbrauch zu vermeiden. Er verzichtete schließlich ganz auf das Schreiben und punktierte die Informationen auf Mikrofilm, den er an wechselnden Orten versteckte, sodass Regierer und Geheimdienstchef nur durch Zufall in den Besitz der ohnehin kaum zu entschlüsselnden

Lutz Rathenow wurde 1952 in Jena geboren. Er studierte die Fächer Deutsch und Geschichte, um Lehrer zu werden. 1973 bis 1975 leitete er den Arbeitskreis Literatur im Kreiskulturhaus Neulobeda (bei Jena), der von staatlicher Seite aufgehoben und verboten wurde. 1976 erfolgte die erste Festnahme Rathenows durch das Ministerium für Staatssicherheit. 1977 wurde er aus politischen Gründen von der Universität ausgeschlossen. Rathenow versuchte, seine Texte durch Lesungen in Wohnungen oder Kirchen in der DDR ohne staatliche Kontrolle zu verbreiten. Veröffentlichen konnte er fast ausschließlich im Westen. Er hatte intensive Kontakte zu westlichen Journalisten und stand unter ständiger Beobachtung der Staatssicherheit. Rathenow wurde mehrfach verhaftet, aber aufgrund internationaler Proteste jeweils schnell wieder freigelassen.

Daten gelangten. Der Spitzel recherchierte mit einer Sorgfalt, die ihn zu diesem Zeitpunkt nicht mehr ängs-
45 tigte, obwohl er Wochen reglos als Klappstuhl im Zimmer des Regierenden weilte und über eine absolut sichere Form der Berichterstattung nachdachte, bei der er we-
50 der zu sprechen, zu schreiben noch sich zu bewegen brauchte. So etwas wie Gedankenübertragung, was letztlich an der mangelnden konspirativen Sensibilität seiner Auftraggeber schei-
55 terte.

Regierer und Geheimdienstchef vergaßen die Existenz ihres fähigsten Informanten und ließen in dessen Akte einen Vermerk anbringen: vermisst, vermutlich bei einem der Straßen-
60 kämpfe gefallen. Der Sache nachzugehen, blieb keine Zeit. Die Führung des Staates wurde von in immer größerer Zahl demonstrierendem Volk bedrängt und gestürzt.

Jetzt das angekündigte gute Ende: Schöne Zeiten begannen, ohne Geheimdienst und Regierer, die Angst um ihre Macht haben mussten. Der Spitzel aber,
65 durch mangelndes Bedürfnis an Denunziation des Sinns seiner Tätigkeit beraubt, die ihm wirklicher Antrieb zu stets ausgeklügelteren Tarnungsmethoden gewesen war, dieser Spitzel degenerierte allmählich zu einem Menschen, der erkannte, überflüssig geworden zu sein.

Er trat in einem Varieté auf und zeigte der staunenden Öffentlichkeit, wie
70 man sich in einen Tisch oder Garderobenständer verwandelt. Doch starker Applaus verhinderte nicht die zunehmende Lustlosigkeit seiner Darbietungen. Eines Tages weigerte er sich, weiter als Kuriosum der Öffentlichkeit präsentiert zu werden.

Es blieb sein beachtliches Geruch- und Gehörvermögen, er arbeitete in ei-
75 ner Klinik. Nach Erlangung gewisser Routine vermochte er anhand des bloßen Mundgeruchs die Diagnose bei Magenerkrankungen zu stellen. Ferner beauftragte man ihn, Patienten den Brustkorb abzuhören, ob da ein Geräusch wider die Vorschrift sei. Unnötig zu erwähnen, dass er seinen Dienst korrekt versah.

degeneriert hier: verfallen

EXTRA
Schreibe einen Tagebucheintrag des Spitzels, in dem er von einem Tag in der DDR berichtet.

1. Übertrage die Geschichte auf die politische Wirklichkeit in der DDR: Was kritisiert der Autor? Wie hätte die politische Führung der DDR wohl auf diesen Text reagiert?
2. Woran erkennt man, dass es sich bei diesem Text um eine Satire handelt?

Satire Die Satire will menschliche Schwächen und gesellschaftliche Missstände entlarven (vgl. auch S. 104 dieses Bands).

Franz Fühmann an Willi Stoph

Dem Dichter und Liedermacher **Wolf Biermann** (geb. 1936) wurde nach einem Konzert in Köln am 13. November 1976 die Wiedereinreise in die DDR verweigert und die Staatsbürgerschaft aberkannt. Bereits 1965 war über ihn ein Auftritts-, Publikums- und Ausreiseverbot verhängt worden. 1974 hatte man ihm nahegelegt, die DDR zu verlassen, was er jedoch ablehnte.

Franz Fühmann (1922–1984) war bis 1945 Anhänger des Nationalsozialismus, wandte sich dann aber unter dem Eindruck der Wahrheit über Auschwitz vom Faschismus ab und dem Sozialismus zu. Bis 1958 diente er der DDR als hauptamtlicher Parteifunktionär. Schon während des Krieges hatte er Gedichte veröffentlicht. Später kamen Prosa, Essayistisches, Kinderbücher und Nachdichtungen hinzu. Fühmann war in der DDR als moralische Instanz hoch angesehen und setzte sich in den Siebzigerjahren für die Friedensbewegung und politisch nicht linientreue junge Autoren ein.

An den
Vorsitzenden des Ministerrates der
Deutschen Demokratischen Republik
102 Berlin
Klosterstraße 47

Märkisch Buchholz
16. 11. 76

Sehr geehrter Herr Stoph,
   aus Radio und Fernsehen erfahre ich bestürzt von dem Beschluss, dem Sänger und Dichter Wolf Biermann die Rückkehr in die DDR zu verwehren.
   Ich halte es als Bürger und Schriftsteller der Deutschen Demokratischen Republik nicht nur für mein Recht, sondern auch für meine Pflicht, Ihnen mitzuteilen, dass mich diese Maßnahme sowie ihre Modalitäten aufs Äußerste verstört und beunruhigt, ich sie weder mit dem Wesen, noch mit der Würde, dem Ansehen und auch der Stärke dieses meines Staates vereinbaren kann. Mich schrecken Spuren; ich sehe wachsenden Schaden und fürchte die Folgen.
   Ich kann und will darum einfach nicht glauben, dass diese so tief bedauerliche Entscheidung schon das letzte Wort in dieser Sache darstellt. Sollte Ihnen, verehrter Herr Vorsitzender, an einer eingehenderen Darstellung oder Begründung meiner Meinung gelegen sein, so stehe ich selbstverständlich dafür zu jeder beliebigen Stunde zur Verfügung.
   Ich bleibe, in tiefer Betroffenheit,

Ihr sehr ergebener
F.

3. Erkläre, wie das Überwachungssystem der DDR funktionierte und wie dieses System in Rathenows Text „Böse Geschichte mit gutem Ende" gespiegelt ist.
4. Stelle dar, worin Franz Fühmann seine Aufgabe als Schriftsteller der DDR sieht.

EXTRA
Diskutiert, welche Rolle Schriftsteller eurer Meinung nach in der Gesellschaft einnehmen sollen.

EXTRA
Recherchiert zu folgenden Begriffen:
▶ Ministerium für Staatssicherheit (= Stasi)
▶ inoffizielle Mitarbeiter
▶ Hohenschönhausen
▶ Behörde des Bundesbeauftragten für die Stasi-Unterlagen (BStU)
Nutzt dazu wiederum die Internetseite www.dhm.de/lemo.

Wie es gekommen ist (Frühjahr 1989) Volker Braun

Es war nichts Besonderes, es war nur die Stimmung im Lande (die man hätte kennen können). Man wußte ja: es denkt in den Leuten; man hatte es nicht ernstgenommen. Nun war es soweit, es meldete sich zu Wort in den Versammlungen, und man mußte eine Antwort geben.

Man war es, offen gestanden, nicht gewohnt. Noch vor wenigen Jahren, ja Monaten, hätte man es verurteilt, man hätte es einfach nicht zugelassen. „Es wird nicht diskutiert!" „Es muß aufhören!" Ja, das waren noch Zeiten, als man die Weisungen gepachtet hatte.

In einer Sitzung dann hat es uns kalt erwischt. Einer brachte, nach dem Gerede, ein wenig verzweifelt, halb im Scherz, einen Antrag ein an das Oberste Amt. An das Oberste Amt, und wir waren doch fast Beamte. (Bei der Zollverwaltung, sozusagen, Hundeführer auf jeden Fall!) Stand uns zu, eine Maßnahme anzuprangern? Und uns einen Kopf zu machen?

Uns, die es tunlichst vermieden hatten ... Die es erwarten konnten. Wir sahen uns um, in dem kalkgrünen fahnenroten Versammlungsraum. Es war nicht mehr undenkbar. D. h. es hakte sich fest, es ergriff Besitz von uns. Es stand in den Gesichtern geschrieben. Und wir hoben, zögernd, von einer herrlichen Kraft gezogen, die Hand auf und ergaben uns dem neuen Gefühl.

Ich hätte ebensogut für meine Absetzung stimmen können, und natürlich wurde sofort vom Obersten Amt darauf hingearbeitet – aber etwas schien ihm dazwischenzukommen. Aber wirklich wurde ich irgendwie abgelöst von mir selber, und ein anderer trat meinerseits auf ohne ein Wort der Entschuldigung, es sei halt passiert. „Es war stärker als ich." – Wer hätte gedacht, daß es sich unserer Köpfe bediente? Es schreckte vor nichts zurück.

1. Diskutiert über die Bedeutung des sich wiederholenden „es".
2. Nehmt zu der Kritik im Kasten rechts Stellung. Überlegt, ob – und wenn ja: wie – die Kenntnis der Entstehungszeit des Textes eure Lesart verändert.

EXTRA
▶ Recherchiert zum Jahr 1989 (www.dhm.de/lemo).
▶ Schreibe einen Dialog zwischen dem Ich-Erzähler und seinem ‚Doppelgänger' (vgl. Z. 22 f.).

Volker Braun wurde am 7. Mai 1939 in Dresden geboren. Er arbeitete einige Jahre im Bergbau und Tiefbau, bevor er in Leipzig Philosophie studierte. Braun hatte große Schwierigkeiten, seine Theaterstücke, Romane und Sprechgedichte in der DDR zu veröffentlichen. Der Autor lebt heute in Berlin.

Volker Brauns Texte sind in der originalen Rechtschreibung abzudrucken.

Keinem dieser Texte hat der Verlag ein Entstehungsdatum beigegeben, zu keinem angemerkt, wann und wo er zuerst veröffentlicht wurde, ob in der DDR oder in der Bundesrepublik. Das ist bei einem Autor, der so verstrickt ist in seine Zeit und sein Deutschland wie Volker Braun, mehr als schade. Es ist ärgerlich.
Lothar Müller in der „Süddeutschen Zeitung", Ausgabe vom 20. März 2002

Zeitzeugen befragen

Wie haben Menschen die DDR erlebt? Fragt nach! Worauf ihr dabei achten solltet, zeigt euch der nachfolgende Projektvorschlag.

Familie im August 1976 vor dem DDR-Emblem am Palast der Republik

Innerdeutsche Grenze: In Obersuhl in Hessen durfte in der Zone geparkt werden.

Ein Zeitzeugeninterview vorbereiten

- Überlegt, zu welchem Thema ihr einen Zeitzeugen interviewen wollt.
- Macht Zeitzeugen ausfindig und vereinbart einen Gesprächstermin.
- Schreibt euch eine Einstiegsfrage auf und notiert Stichworte zu dem Thema, das euch interessiert.
- Bestimmt, wer von euch die Befragung durchführt und wer die Antworten protokolliert. Falls der Zeitzeuge zustimmt, könnt ihr das Gespräch mitschneiden oder mit einer Kamera aufnehmen.

TIPP

Zeitzeugen finden

- Fragt eure Eltern, Verwandte oder Freunde, ob sie Menschen kennen, die in der DDR gelebt haben.
- Erkundigt euch in der Schule bei Lehrern oder in Parallelklassen.
- Setzt als Klasse gemeinsam eine Annonce in die Zeitung.

Themenvorschläge

- Jugend in der DDR: FDJ, Jugendweihe
- Die Staatssicherheit
- Schule, Ausbildung, Studium
- Probleme in der DDR: Wohnungsnot, Warenknappheit etc.
- Die Bedeutung des Sports
- Kirche in der DDR
- Das Verhältnis zur BRD
- Flucht aus der DDR
- Das Jahr 1989

Ein Zeitzeugeninterview durchführen

- Erklärt eurem Gesprächspartner das Ziel eures Interviews.
- Notiert zunächst seine persönlichen Daten: Name, Alter, Beruf, Geburtsort etc.
- Fragt nach, wenn ihr etwas nicht versteht, und stellt weiterführende Fragen. Was würdet ihr gerne genauer wissen?
- Erkundigt euch nach Fotos und Dokumenten.

Das Lenin-Denkmal am Lenin-Platz in Ost-Berlin im Juni 1973

1972: Fahnenappell der Jungen Pioniere in Potsdam zu Ehren von Ernst Thälmann

Ein Zeitzeugeninterview auswerten

- Verwendete euer Zeitzeuge Begriffe oder erwähnte er politische Ereignisse, die ihr nicht kennt? Informiert euch!
- Überprüft, ob euer Zeitzeuge sich an politische Daten und Ereignisse richtig erinnert hat.
- Beurteilt, welche Aussagen des Zeitzeugen unwahrscheinlich sind. Was konnte er wissen, was nicht?
- Ordnet die Ergebnisse des Interviews in einen größeren Zusammenhang ein und fasst zusammen, welche neuen Erkenntnisse ihr gewonnen habt.

Möglichkeiten, ein Zeitzeugeninterview zu präsentieren

- Verfasst ein Ergebnisprotokoll.
- Gestaltet ein Plakat.
- Zeigt aufgenommene Teile des Gesprächs und erläutert sie. Achtet dabei auch auf Körperhaltung, Gestik und Mimik.

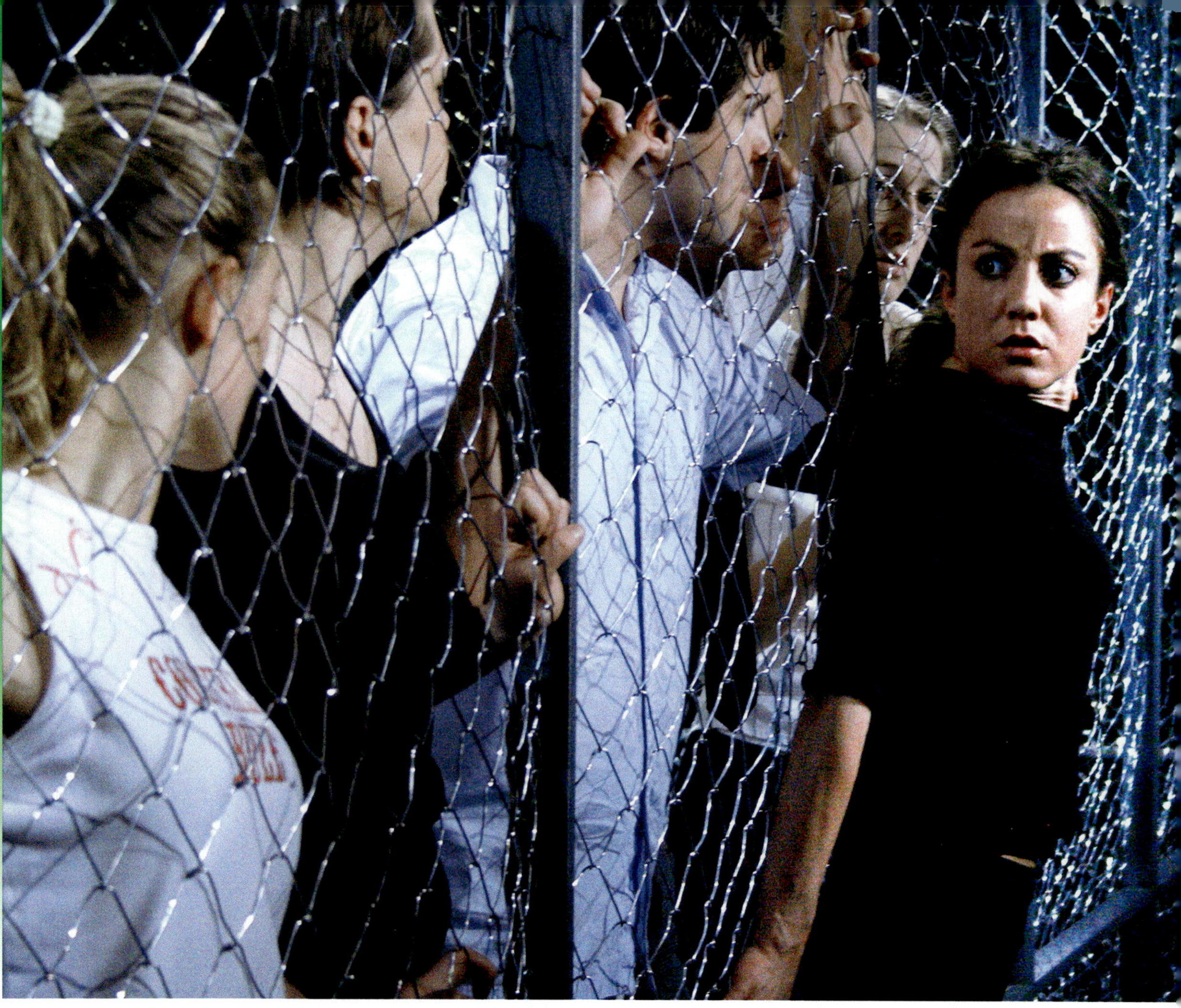

Szene aus einer Bühnenfassung von „Abschied von Sidonie" am Schauspielhaus Salzburg (Spielzeit 2005/06, Regie: Claus Tröger)

Erich Hackl: „Abschied von Sidonie"
Zeitroman

▸ Beschreibt das Szenenfoto aus der Theaterfassung zu „Abschied von Sidonie".

▸ Wie könnte das Szenenfoto mit der Thematik „Extremismus und Gewalt" in Verbindung stehen? Kennt ihr weitere Ereignisse aus der Gegenwart oder der Vergangenheit, die im Zeichen dieser beiden Begriffe (oder einem der beiden) stehen?

▸ Am 23. Mai 2000 gründeten die Bundesministerien des Innern und der Justiz das „Bündnis für Demokratie und Toleranz – gegen Extremismus und Gewalt". Seit 2011 ist die Geschäftsstelle des Bündnisses Teil der Bundeszentrale für politische Bildung (bpb). Aus welchen Gründen und mit welchen Absichten ist das „Bündnis für Demokratie und Toleranz – gegen Extremismus und Gewalt" wohl ins Leben gerufen worden?

Die Zeit des Nationalsozialismus

Abtransport in ein Vernichtungslager

Köln 1945

8. Mai 1945: Europa liegt in Trümmern. In den Krisen der Weimarer Republik war der Nationalsozialismus in Deutschland zur Massenbewegung gewachsen. [...] 1939 entfachte Deutschland einen Weltkrieg, der am Ende über 55 Millionen Menschen das Leben kostete. *(bpb)*

   1. Betrachtet die Bilder und den Textausschnitt. Was wisst ihr über die Zeit des Nationalsozialismus? Tauscht eure Kenntnisse darüber aus.

Am Ende des NS-Regimes war von der „Volksgemeinschaft" eine „Trümmergesellschaft" übrig geblieben. Über fünf Millionen deutsche Soldaten waren getötet worden, der Luftkrieg hatte in Deutschland etwa 570 000 Todesopfer gefordert, rund 14 Millionen Deutsche flüchteten aus den damaligen deutschen Ost-
5 gebieten oder wurden aus ihnen vertrieben.
   [...] Annähernd sechs Millionen Juden waren ermordet worden, ebenso waren Hunderttausende Roma und Sinti, behinderte und kranke Menschen der rassistischen Politik des NS-Regimes zum Opfer gefallen. [...]
   Schriftsteller wie Heinrich Böll, Alfred Andersch und Günter Grass sowie
10 andere, die sich in der „Gruppe 47" zusammenfanden, behandelten in ihren Büchern die Kriegs- und Nachkriegszeit. „Wir schrieben", notierte Heinrich Böll 1952, „also vom Krieg, von der Heimkehr und dem, was wir im Krieg gesehen hatten und bei der Heimkehr vorfanden: von Trümmern". *(bpb)*

   2. Recherchiert zur „Gruppe 47" und stellt die Intention der Gruppe kurz dar.
   3. Diskutiert, warum Schriftstellerinnen und Schriftsteller über die Kriegs- und Nachkriegszeit geschrieben haben und auch heute noch schreiben.

Sehend gemacht. Eine Bilanz (2000) Erich Hackl

Erich Hackl berichtet unter dieser Überschrift, wie es dazu kam, dass er sich mit Sidonie Adlersburg und ihrem Schicksal befasste, und warum er eine Erzählung über sie geschrieben hat.

Auf die Geschichte bin ich durch Zufall und durch Beharrlichkeit gestoßen. Ich bin in Steyr aufgewachsen, am westlichen Stadtrand, kaum sieben Kilometer von Breirathers Wohnhaus entfernt, als ich geboren wurde, war Sidonie seit zwölf Jahren tot. Ich wusste nichts, hatte nie von ihr gehört. Aber im Frühjahr 1987 saß ich in der Küche des Ehepaares Franz und Erna Draber, das ich gelegentlich aufsuchte, um Franz Draber zu befragen: Er war, als Arbeiter in den Steyr-Werken, im Widerstand gegen den Nationalsozialismus tätig gewesen, verhaftet, gefoltert und in das Zuchthaus München-Stadelheim überstellt worden. Dort verbrachte er über 200 Tage in einer Todeszelle, ehe ihm Ende November 1944 die Flucht gelang. Ich erinnere mich, dass er bei seinen Schilderungen Sidonies Pflegevater Hans Breirather erwähnt hat – die Gestapobeamten, die Draber verhörten, hatten ihm ein Foto hingehalten, darauf Breirather, sie schlugen ihn, kennst du den, wer ist es, spucks aus.

Aber diesmal, in Drabers Küche, ging es nicht nur um seine Erlebnisse. Wir kamen auf die Roma zu sprechen – Verfolgte des Naziregimes, deren Überlebenden nach fünfundvierzig sogar das Bewusstsein vorenthalten wurde, dass sie und ihre Angehörigen Opfer eines Völkermords geworden waren. Und da sagte Erna

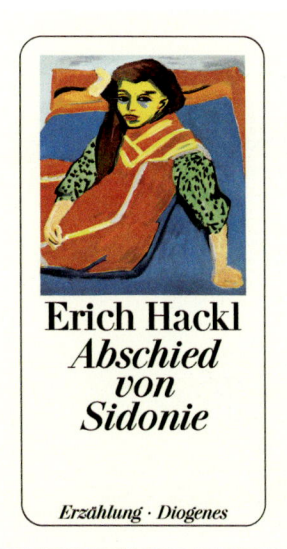

Draber, ihr Nachbar, Manfred Breirather, würde sich schon lange erfolglos darum bemühen, dass irgendwas an seine Ziehschwester erinnert, ein Zigeunermädchen, das im KZ umgekommen sei. Ich horchte auf, wandte mich an Manfred Breirather (sein Vater, den ich nie kennengelernt hatte, war schon 1980 gestorben), er schenkte mir sein Vertrauen. [...]

Als wir einander kennenlernten, war Manfred Breirather ziemlich verbittert. Er sah es als Verpflichtung an, Sidonies Schicksal öffentlich zu machen, aber offenbar war niemand daran interessiert. Ich vermute, man hielt ihn für einen Querulanten, weil er eine Gedenktafel für das Mädchen forderte, so wie schon sein Vater als Querulant niedergeschrien worden war, im Sierninger Gemeinderat, als er die Errichtung des Kriegerdenkmals kritisiert hatte. Mein erster Impuls war, Fred und seiner Mutter zur Seite zu stehen, mitzuhelfen, dass das Schweigen um Leben und Tod Sidonie Adlersburgs gebrochen werde.

1. Fasse mit eigenen Worten zusammen: Wie ist Erich Hackl zum Stoff für seine Erzählung gekommen und warum hat er sie geschrieben?
2. Finde eine Erklärung, warum sich Manfred Breirather so beharrlich für eine Gedenktafel für Sidonie Adlersburg eingesetzt hat.

Sinti und Roma – eine ausgegrenzte Gemeinschaft

Seit mehr als 1000 Jahren leben die ursprünglich aus Nordwest-Indien eingewanderten Sinti und Roma in Europa. In den west- und mitteleuropäischen Ländern ließen sich die Angehörigen der Sinti nieder, in den ost- und südosteuropäischen Ländern die Roma. Ohne eigenes Land leben sie verstreut in Europa und wurden und werden immer wieder von der Gesellschaft ausgeschlossen, verfolgt und vertrieben. Das Schicksal der seit rund 600 Jahren in Deutschland beheimateten Sinti und Roma zeigt dabei viele Ähnlichkeiten mit dem der Juden.

Beide Völker sollten nach dem Willen der Nationalsozialisten vollkommen ausgerottet werden. Mit deren Machtübernahme in Deutschland verschärften sich die Gesetze, die sich gegen die nichtsesshaften Teile der Bevölkerung richten. Insbesondere die Nürnberger Gesetze von 1935 (u. a. das ‚Gesetz zum Schutz des deutschen Blutes und der deutschen Ehre') degradierte die seit dem 14. Jahrhundert in Deutschland ansässige Minderheit der Sinti und Roma, die seit dieser Zeit auch als Zigeuner bezeichnet wurden, zu angeblich asozialen und rassisch minderwertigen Menschen. Ihnen wurde die Reichsbürgerschaft abgesprochen sowie verboten, mit Ariern Ehen einzugehen.

In einem nächsten Schritt wurden viele Sinti und Roma in Arbeitslagern interniert und zur Zwangsarbeit verpflichtet. Kindern wurde der Besuch der Schule untersagt, Erwachsene erhielten Berufsverbot, wurden durch sogenannte Rassegutachten erfasst und mussten im Alltag zahlreiche Benachteiligungen hinnehmen. Ab 1940 wurden etwa eine halbe Million Sinti und Roma in Konzentrationslagern ermordet. Dabei wurden die Deportationen als ‚kriminalpräventiv' begründet.

Nach dem Ende der Diktatur der Nationalsozialisten wurden den Überlebenden Hilfen, Entschädigungen sowie die Anerkennung als Opfer verweigert. Erst der damalige Bundeskanzler Helmut Schmidt erkannte am 17. März 1982 die Gräueltaten der Nationalsozialisten als Völkermord aus rassischen Gründen an.

Die Verbände der Sinti und Roma setzen sich seit Jahrzehnten dafür ein, dem in der Bevölkerung nach wie vor stark verbreiteten Antiziganismus entgegenzuwirken. So konnten die Verbände erreichen, dass die Sinti und Roma seit 1995 als nationale Minderheit anerkannt sind.

Heute leben etwa 120 000 Angehörige der Sinti und Roma, meist in kleinen Gruppen, in Deutschland, davon etwa 70 000 mit deutscher Staatsbürgerschaft.

1. Erstelle mit den Aussagen des Textes eine Mindmap zur Gemeinschaft der Sinti und Roma. Recherchiere weitere Hintergründe und ergänze die Mindmap.
2. Welche Parallelen zeigen sich zum Schicksal von Sidonie Adlersburg?

Recherchetipps:
www.sintiundroma-nrw.de
www.sintiundroma.de

Abschied von Sidonie – der Film

Trügerisches Glück

Karin Brandauers Verfilmung von Erich Hackls „Sidonie"

Arghavan Sadeghi-Seragi als Sidonie Adlersburg in Karin Brandauers Verfilmung von Erich Hackls Erzählung

Im Film ist der Name Breirather von Sidonies Pflegefamilie in Breitner verändert worden.

Bert Rebhandl

„So a schwarzes Dirndl." Diese Bemerkung ist noch relativ höflich im Vergleich zu dem, was andere Leute über das Mädchen Sidonie sagen, das in den Dreißigerjahren als Pflegekind bei einer Familie in Steyr lebt. Als „Negerkind" wird sie mehrmals verunglimpft, ihrer dunkleren Hautfarbe wegen, die sie deutlich von der einheimischen Bevölkerung unterscheidet.

„Ich heiße Sidonie Adlersburg und bitte um Eltern", stand auf dem Zettel, den man bei dem ausgesetzten Kleinkind fand. Bei Josefa Breitner findet das Mädchen schließlich ein Heim. Das kann aber nicht von Dauer sein, denn in den Jahren des Heranwachsens von Sidonie setzt sich auch in Österreich der Nationalsozialismus durch und damit eine paranoide Vererbungstheorie, die zwischen Rassenschande und Blutsgemeinschaft keine Außenseiter dulden konnte.

Der Schriftsteller Erich Hackl hat den Fall von Sidonie Adlersburg aufgeschrieben, als Drehbuch für den Film von Karin Brandauer und auch als eigenständige Erzählung. Der Film überrascht nicht zuletzt dadurch, dass es anfangs kaum um Sidonie geht. Es muss erst der gesellschaftliche Boden bereitet werden, vor dem diese Geschichte ihre so prägnante Relevanz entfalten kann.

Karin Brandauer erzählt von der Familie Breitner, die mit ihrem kommunistisch inspirierten Anstand (in der Küche hängt ein gesticktes Tuch mit dem Wort „Freundschaft") den Argwohn der Austrofaschisten auf sich zieht. Hans Breitner sitzt wegen „marxistischer Zusammenrottung" im Gefängnis, Josefa muss sich und den Jungen allein durchbringen. Der Pfarrer erpresst eine katholische Hochzeit des Paars, er erträgt es nicht, dass sie die einzigen „Heiden" in der Gegend sind. Als Josefa schließlich Sidonie als Pflegekind annimmt, tut sie das aus Menschlichkeit, aber auch der 30 Schilling wegen, die sie als Pflegegeld bekommen wird.

Die Jahre des gemeinsamen Lebens sind auch Jahre eines trügerischen Glücks. Mit der Rüstungswirtschaft kommt die Arbeit zurück in die Fabriken, doch Hans Breitner lässt sich nichts vormachen. Er arbeitet im Untergrund für die Rote Hilfe und hofft auf ein Ende der Nationalsozialisten.

Für Sidonie aber kommt dieses Ende zu spät. Obwohl ihr der Bürgermeister bescheinigt, es hätten sich „keine Untugenden bemerkbar gemacht, die auf ein Zigeunererbe hinweisen würden", gibt es doch keinen Ausweg aus der biologistischen Menschensortierungspolitik.

Sidonie muss zu ihrer Mutter zurück, und sie erleidet mit der Mutter das Schicksal ihres Volkes – sie wird ein Opfer der nationalsozialistischen Vernichtungen. Nur der Grabstein von Hans Breitner (Breirather) erinnerte seit 1980 an sie, dann nahm Erich Hackl sich dieser Geschichte an und fand in ihr einen Modellfall von Anstand in schwieriger Zeit.

> **EXTRA**
> Diskutiert vor dem Hintergrund der im Artikel enthaltenen Informationen über die aufklärerischen Möglichkeiten von Literatur und Film.

1. Welche Informationen erhältst du in dem Artikel über Sidonie Adlersburg?

Kinderschicksale im Dritten Reich

1. Sidonie Adlersburg

Während die zuständigen Stellen versuchen, ihre leibliche Mutter zu ermitteln, wird Sidonie mit der Frage konfrontiert, wer ihre ‚richtigen Eltern' sind.

Für Sidonie war es keine Frage, dass sie das rechtmäßige Kind ihrer Zieheltern war. Hans und Josefa hatten ihr vorsichtig beibringen wollen, dass sie wie Hilde erst als Säugling von ihnen aufgenommen worden sei, und Sidonie dachte sich eine Geschichte aus, der zufolge sie in Dunkelheit und tiefem Schnee zum Haus gefunden habe, mühsam die schwere Tür aufgestemmt habe und ermattet die Treppe hinaufgekrochen sei. Vor Breirathers Wohnung sei sie in tiefen Schlaf gefallen, von Josefa aufgenommen und in die warme Küche getragen worden, wo sie bald zu Kräften gekommen sei. Dann wieder behauptete sie unerschütterlich, von Josefa empfangen worden zu sein. Braun sei sie nur deshalb, weil sie sich so oft in der Sonne aufhalte. *(S. 56)*

Sidonie mit Puppe im Alter von drei Jahren

Dieselbe Frage stellt sich für Sidonie auch in der Schule.

Später einmal, Sidonie ging schon in die zweite Klasse, nahm sich die Lehrerin ein Stück aus dem Lesebuch vor. *Der schönste Geburtstag*. Laut lasen sie die Geschichte von Berta, deren Herzenswunsch es ist, den Führer vor seinem Haus auf dem Obersalzberg zu Gesicht zu bekommen, und der das unerwartete Glück zuteil wird, von ihm persönlich zur Jause eingeladen zu werden. [...]
    In der nächsten Stunde sollten die Kinder aufschreiben, was sie dem Führer von sich erzählen würden, wenn er sie wie Berta in sein Haus einladen sollte. Sie zerkauten ihre Bleistifte, [...] brüteten über den leeren Blättern, aber schließlich fanden auch die Unwilligsten einen Anfang, nachdem ihnen die Lehrerin etwas weitergeholfen hatte, es sei doch nicht so schwer, sich mit Namen vorzustellen, die Geschwister, Eltern, den Beruf des Vaters.
    Nach einiger Zeit, als die einschläfernde, nur vom Geräusch der Bleistifte unterbrochene Stille einem allmählich anschwellenden Wispern Platz machte, klatschte Schönauer in die Hände. Gehorsam legten die Kinder ihre Stifte beiseite.
    Wer will vorlesen, fragte die Lehrerin.
    Fünf, sechs Hände schossen in die Höhe.
    Sidonie, sagte die Frau.
    Das Mädchen strahlte. Sie nahm ihr Heft und ging nach vorn. Neben dem Katheder blieb sie stehen und räusperte sich.

Auf dem **Obersalzberg** in der Nähe von Berchtesgaden hatte sich Hitler eine Art von zweitem Regierungssitz in privater Atmosphäre errichten lassen.

Jause österreichisch für Vesper/Zwischenmahlzeit

Katheder Lehrerpult, das auf einem etwas erhöhten Podium stehen kann

Kredenz: Anrichte

u. k.: unabkömmlich, freigestellt vom Wehrdienst, etwa für die Arbeit in der Rüstungsindustrie

Ich heiße Sidonie Adlersburg, aber alle nennen mich Sidi, weil das leichter geht. Meine Eltern heißen Hans und Josefa und mein Bruder Manfred, aber ich sag immer Fredi zu ihm, und meine Schwester heißt Hilde und geht schon in die dritte Klasse. Sie sind ganz lieb zu mir, nur passt meine Mutter immer auf, dass wir keinen Zucker aus der Kredenz nehmen, und mein Vater ist u. k., weil er sonst in den Krieg müsste und man nie weiß, ob einer zurückkommt.

Sie stockte und hob den Kopf.

Fertig, fragte die Lehrerin, und als Sidonie nickte: Brav. Noch ehe sie das Mädchen zurück in die Bank schicken konnte, meldete sich ein Bub: Das stimmt nicht, was Sidonie von ihren Eltern geschrieben hat. Weil das nämlich nicht ihre richtigen Eltern seien.

O ja, rief Sidonie, das sind schon meine Eltern! Sie schaute Schönauer hilfesuchend an, die Frau sah ratlos in die Klasse.

Die Sidi ist nur angenommen, sagte ein Mädchen, und ein anderes: Gelogen! Und wieder der Bub: Nicht gelogen. Eine Zigeunerin ist sie, das sieht ja ein Blinder!

Nach dem Unterricht, draußen war das Lachen und Schreien der Kinder schon abgeebbt, stand Sidonie als Einzige noch in der Klasse, vor dem Becken mit dem Schwamm, und wusch sich sorgfältig Arme und Gesicht. Die Lehrerin kam und holte das Klassenbuch.

Was machst du noch da, fragte sie. Und ohne die Antwort abzuwarten: Geh heim. Ich muss zusperren. *(S. 72–74)*

Die Fürsorgerin Cäcilia Grimm bringt Sidonie auf Anweisung einer Dienststelle gegen den Willen ihrer Ziehmutter zu ihrer leiblichen Mutter.

Dann standen sie, immer noch schweigend, im Wartesaal des Steyrer Bahnhofs. [...]

Das ist die Stelle, an der sich der Chronist nicht länger hinter Fakten und Mutmaßungen verbergen kann. An der er seine ohnmächtige Wut hinausschreien möchte. Sidonies Ahnungslosigkeit. Ihre plötzliche Furcht. Wie sie sich halb umdreht und an Josefa klammert. Deren Tränen. Sidonies Tränen. Josefas hilfloser Versuch, das Mädchen zu trösten. Du musst tapfer sein, Sidi. Ich will nicht zu dieser Frau fahren. Du musst. Ich will bei dir bleiben. Das geht nicht. Du musst mitfahren. Ich kann nicht. Ich komm zurück. Wir vergessen dich nicht. Grüß alle schön von mir. Wein nicht. Ich wein ja gar nicht. Es wird alles gut.

Draußen plärrte der Lautsprecher. Gehn Sie, schrie Grimm und packte Sidonie am Arm. Gehen Sie endlich! *(S. 100 f.)*

1. Wie erklärst du dir Sidonies Verhalten in den dargestellten Situationen?
2. Zeige auf, wie es Erich Hackl gelingt, einen lebendigen Eindruck von Sidonie zu vermitteln. Welche sprachlichen Mittel setzt er hierzu ein?

2. Berichte von Zeitzeugen – Stimmen, die gehört werden müssen

Ähnliche Vorfälle wie diejenigen in Steyr, von denen Erich Hackl erzählt, gab es überall im sogenannten „Großdeutschen Reich". Im Folgenden berichten drei Zeitzeugen:

Elisabeth Guttenberger

Ich versuchte irgendeinen Beruf zu erlernen und fand eine Stelle als Lehrmädchen in einer Konditorei. Doch das dauerte nur vierzehn Tage. Eines Abends, kurz nach Ladenschluss, nahm mich meine Chefin beiseite und fragte: „Eli-
5 sabeth, warum bist du denn so schwarz?" Ich wurde verlegen und spürte, wie mir das Blut in den Kopf stieg. Die Frau nahm mich in den Arm und erzählte mir, dass am Nachmittag zwei Gestapo-Leute bei ihr waren und sie aufgefordert hätten, mich unverzüglich zu entlassen, da sie
10 sonst mit einer Anzeige rechnen müsse.

Restlose Einvernahmung und unerbittliche Ausgrenzung gehörten gleichermaßen zum Wesen der NS-Staats. Propagandaplakat aus dem Jahre 1936

Herbert Adler

Im Jahr 1938 ist meine Familie von meiner Geburtsstadt Dortmund nach Frankfurt umgezogen, wo mein Vater eine leitende Stellung bei der Post am Hauptbahnhof gehabt hat. Wir waren sieben Geschwister, ich war das vierte
5 Kind. Mein Bruder Heinz und ich waren in der Frankensteinerschule, wo ich in die 4. Klasse ging; [...]. Etwa zwei Jahre lang ging ich in die Schule und habe mich dort sehr wohl gefühlt, ich war ein richtiger „Frankfurter Bub".

Eines Tages im Jahr 1940 hat es plötzlich geklopft, und
10 es kamen zwei Männer mit schwarzen Ledermänteln herein, die sich leise mit meinem Lehrer unterhalten haben. Nachdem sie wieder hinausgegangen waren, hat mich mein Lehrer, zu dem ich ein sehr gutes Verhältnis hatte, zu sich gerufen. Er sagte zu mir, dass draußen zwei Gestapo-Männer stünden, die mit mir sprechen wollten. Ich habe natürlich gleich Angst bekommen, dass ich etwas an-
15 gestellt hätte – ich war immer mit meiner Clique zusammen gewesen, wir haben Fußball gespielt, haben auch mal Fensterscheiben eingeworfen beim Räuber- und-Gendarm-Spielen, eben diese Jugendstreiche. Mein Lehrer sagte aber: Nein, es sei nicht so schlimm, ich solle meinen Ranzen nehmen, denn morgen sei ich ja wieder hier. Er wollte mich trösten, obwohl er es besser wusste – aber er konnte
20 mir nicht helfen.

Ich hab daraufhin meinen Ranzen genommen und bin vor die Tür gegangen, wo mein Bruder Heinz – er war eine Klasse höher als ich – mit den Gestapo-Männern bereits gewartet hat. Gemeinsam brachte man uns zu unserer Wohnung in der Löhergasse, von wo aus die gesamte Familie zum Internierungslager in der
25 Dieselstraße gebracht wurde.

Zeitzeugenberichte → S. 122 f.

EXTRA
Rosa Winter wurde durch ein Buch und einen Film über ihr Schicksal bekannt. Finde mehr über ihr Leben heraus.

Rosa Winter

Wenn ich keine Zigeunerin gewesen wär, wär ich ja nicht ins KZ gekommen. Ich hab keine Vorstrafen gehabt, gar nichts, ich war noch ein Kind. Nur wegen der Rasse sind wir hineingekommen, weil wir Zigeuner sind. Ich glaube, so etwas wie ein KZ könnte es bei uns nicht mehr geben. Heutzutage würde er nicht lange existieren, der Hitler. Weil die Leute viel schlauer und intelligenter sind als früher. Wenn er heute wo eine Rede halten würde, ist er weg. Bringens ihn um. Auf der Stelle.

Vor 1938 waren wir da und dort, im ganzen Österreich sind wir herumgezogen. Wie dann der Hitler gekommen ist, sind wir in Salzburg gewesen, meinen Vater habens gleich genommen und nach Dachau gebracht. Wir haben noch keine Ahnung gehabt, was dort ist. So fünfzehn, sechzehn Jahre bin ich damals gewesen.

Einmal, in der Früh, sind wir aufgestanden, und der ganze Platz war umstellt, von der Polizei und von Kriminalisten. Alles aufstehen, hat es geheißen, und mitgehen, wir kommen weg. Auf Lastautos habens uns rauf, ganze Familien, die dort gewohnt haben. In Salzburg haben sie uns auf eine Rennbahn, in Boxen hinein. Wo sonst ein Pferd drinnen ist, waren wir zwei, drei Familien. Später ist in Maxglan ein Lager aufgemacht worden. Wieder haben sie die Leute in solche Boxen hinein, familienweise. Oh Gott, von kreuz und quer sind die Menschen dorthin geschickt worden. Zusammengesammelt und weiter verschickt. Arbeiten mussten wir dort, schwere Arbeit, Straßen bauen. Gearbeitet hast du genug, aber Geld hast keines gekriegt, gar nix, nur einen Haufen Schläg, von den Beamten genauso wie von manchen Häftlingen.

Im Vergleich mit Ravensbrück war das aber tausend gegen eins. Erstens war ich mit meinen Eltern und Geschwistern zusammen, und so viele Schikanen und Methoden hat es in Maxglan noch nicht gegeben. In Ravensbrück haben alle ganz gleich ausgeschaut. Wie ich angekommen bin, haben ein paar geschrien, bist du auch da! Aber ich hab niemand gekannt.

Jede mit einer Glatze, dasselbe gestreifte Gewand, ich hab niemand erkannt. Die Haar waren ganz weg, so wie auf der Hand. Wenn sie nachgewachsen sind, sind die Leute freiwillig hingegangen und haben gebeten, abschneiden. Weil so viele Läuse waren, so viel Ungeziefer, das können Sie sich nicht vorstellen. Nichts zum Anziehen haben wir gehabt, nur ein Gewand mit kurze Ärmel, ganz dünn.

Schwer arbeiten haben wir müssen, Straßen bauen. Viel Hunger, viel Schläge. Und die Kälte. Damals haben sie die Leute noch nicht bei lebendigem Leib vergast, sie haben sie moralisch umgebracht. Mit der vielen Arbeit, mit dem vielen Hunger und mit den vielen Schlägen. So bist du zugrunde gegangen.

1. Setze die Zeugenberichte in Bezug zum Text der Erzählung. Welche Gemeinsamkeiten, welche Unterschiede nimmst du wahr?

Josefa und Hans – Sidonies Zieheltern

Auch in den folgenden Textauszügen A bis D aus „Abschied von Sidonie" finden sich Hinweise auf den geschichtlichen Hintergrund:

A *In der Nähe von Steyr wird ein polnischer Zwangsarbeiter wegen einer Liebesbeziehung zu einer Österreicherin hingerichtet.*
Inzwischen scherte man seine Geliebte, eine junge Frau aus der Gegend, kahl und trieb sie anschließend mit einer Tafel um den Hals durch den Ort. „Während deutsche Soldaten an der Front stehen, buhle ich um einen Polen." Großes Hallo, lachende Gesichter.

Möglich, dass Josefa mit den zwei Mädchen gerade vom Einkaufen kam, als die Menschentraube um die Ecke bog. Ein Bub, kaum älter als Sidonie, hüpfte vor der geschmähten Frau her, drehte sich um und spuckte ihr ins Gesicht. Dann lief er zur Seite, dorthin, wo Josefa und die Kinder standen und das Geschehen sprachlos betrachteten. Josefa fasste ihm an die Schulter, er drehte sich zu ihr um, lachend und selbstsicher, als sei ihm Zuspruch oder Lob gewiss. Die Ohrfeige hatte er nicht erwartet. Noch als er sich die Backe hielt, war dieses Lachen in seinem Gesicht. Verdutzt sah er Josefa nach, die jetzt Sidonie und Hilde eilig fortzog. *(S. 66f.)*

Familie Breirather 1950

B *Nachdem Josefa den Bescheid erhalten hat, dass Sidonie ihrer leiblichen Mutter übergeben werden soll, besucht sie die Fürsorgerin, Frau Grimm.*
Näherkommende Schritte im Flur, Grimms eher lustlose Stimme. Wer ist denn da. Josefa sagte ihren Namen. Der Schlüssel drehte sich im Schloss, dann wurde die Tür geöffnet, aber nur zögernd, als müsse sich die Fürsorgerin davon überzeugen, dass die Frau auf der Straße auch nicht gelogen habe. Grimm trug ein Kopftuch; während sie es abnahm und sich mit beiden Händen das Haar ordnete, sagte sie, sie sei gerade erst heimgekommen, es klang wie eine Entschuldigung. Josefa hörte sie nicht an.

Der Brief, stammelte sie, die Sidi. Warum haben Sie es mir nicht früher gesagt, Sie haben es doch gewusst.

Nichts habe ich gewusst, sagte Grimm und wich ihrem Blick aus. Es ist alles so schnell gekommen.

Ich bitt Sie, helfen Sie uns! Und weil die Fürsorgerin schwieg: Das geht doch nicht. Das darf man nicht machen. Wenn Sie ein Kind hätten!

Jetzt beruhigen Sie sich, bat Grimm. Stehen Sie auf.

Josefa hatte sich vor ihr niedergekniet und hielt die Hände flehend erhoben. Tun Sie dem Kind das nicht an, sagte sie mit erstickter Stimme. Zwei Männer gingen auf der Straße vorüber, sie schlugen einen Bogen und sahen sich dann neugierig nach den Frauen um. Der Fürsorgerin war das unangenehm.

Ich kann wirklich nichts tun, sagte sie. Meine Vorgesetzte, Korn, mit ihr müssen Sie reden. Aber stehen Sie endlich auf. *(S. 85)*

C *Hans und Petrak versuchen vergeblich, Sidonie bei einem Bergbauern zu verstecken.*
Petrak, der jetzt öfter auf ihn warten musste, wollte Hans auf andere Gedanken bringen, aber alles, was ihm in den Sinn kam, hing irgendwie mit Sidonie zusammen, so verbat er sich das Reden, aber das Schweigen war noch unerträglicher, es könnt' ja noch schlimmer sein, sagte er schließlich, wer weiß, vielleicht hat sie's dort genauso gut, und überhaupt: ist doch nur eine Zigeunerin.

Kaum war ihm das herausgerutscht, lag er auch schon im Schnee, unter Hans, der ihn mit den Fäusten bearbeitete, ihm die Mütze vom Kopf schlug, was, schrie er, sag das noch einmal, schlug, schlug blind auf den Mann ein. Endlich kam er zur Besinnung, unendlich müde war er mit einem Mal, wälzte sich zur Seite, blieb mit dem Gesicht nach unten schwer atmend liegen, während der andere versuchte, erst mit Schnee, dann mit dem Sacktuch das Blut zu stillen, das aus seiner Nase tropfte. *(S. 87 f.)*

D *Hans wendet sich, wie die Fürsorgerin Grimm seiner Frau geraten hat, an die Amtsleiterin Korn.*

Als Hans seinen Zweifel daran äußerte, ob diese Frau nicht überhaupt eine Erfindung der Behörden sei, ein Vorwand, nicht mehr, das Mädchen wegzuschaffen, änderte Korn ihren Ton. Was erlauben Sie sich, wollen Sie den Beamten unterstellen, nicht korrekt vorzugehen und deutsche Reichsangehörige hinters Licht zu führen, ich muss mich schon sehr wundern.

[...]

Und wenn wir auf das Pflegegeld verzichten, sagte Hans, ab sofort verzichten wir, und ich verspreche Ihnen, dass wir dem Magistrat alles zurückzahlen, in Raten, was wir für das Mädchen bisher bekommen haben. Wir kommen für alles auf, bis sie vierzehn Jahre alt ist, und sorgen auch dafür, dass sie später was lernt, Schneiderei, sie begreift schnell und ist flink.

Nichts zu machen. Befehl ist Befehl.

Hans griff zum letzten Mittel. Mehr zu sich sprach er aus, wovor ihm schauderte: Und wenn wir sie sterilisieren lassen. Die Frau hob jäh den Kopf. Was haben Sie eben gesagt? Sagen Sie das nochmal! Stille. Und Korns scharfe Stimme: Seien Sie froh, dass ich darüber jetzt keine Meldung mache. *(S. 88–90)*

> Mit „dieser Frau" ist Sidonies leibliche Mutter gemeint.

1. Wie verhalten sich Hans und Josefa? Inwiefern spiegeln sich in ihren Haltungen die zeitgeschichtlichen Ereignisse?

„Abschied von Sidonie" – Personenkonstellation

1. Vorbemerkung
Ein Soziogramm ist die visuelle Darstellung des Beziehungsgeflechts innerhalb einer Gruppe. Es verdeutlicht, wer mit wem befreundet ist, wer wem feindlich gegenübersteht oder welche Personen eine zusammengehörige Gruppe bilden oder isoliert und einzeln stehen.

2. Material
Um ein Soziogramm gestalten zu können, verwendet man am besten Metaplankärtchen, die man beschriften und mit Magneten an der Tafel befestigen kann.

3. Beschriften der Metaplankärtchen
Auf die Metaplankärtchen werden mit dickem Filzstift die Angaben zu denjenigen Personen geschrieben, deren Beziehungen untereinander dargestellt werden sollen. Im Falle von Erich Hackls Erzählung „Abschied von Sidonie" sind das die folgenden Figuren: Sidonie, Hans, Josefa, Manfred, Hilde, Gemeindearzt, Inspektor Atzmüller, Gefängnisseelsorger, Fürsorgerin (Frau Grimm), Ehepaar Krobath, Kinder der Familie Krobath, Petrak, Zellenleiter Lux, Kinder der Familie Lux, Franziska Sieder, Lehrerin (Frau Schönauer), Frau Hinteregger, Leiterin des Jugendamtes (Frau Korn), Oberlehrer (Herr Frick), Bürgermeister (Herr Eder), Oberinspektor (Herr Schiffler).

4. Ordnen der Metaplankärtchen
Die Kärtchen mit den Namen der Personen werden ungeordnet an der Tafel fixiert. In einer gemeinsamen Diskussionsrunde – die Moderation übernimmt eine Schülerin oder ein Schüler – werden Gruppen von Personen gebildet, die zusammengehören.

5. Beziehungen kennzeichnen
In einem abschließenden Arbeitsschritt werden Linien zwischen den Gruppen und Einzelpersonen gezogen. Oberhalb der Linie wird notiert, welcher Art die Beziehung ist (zum Beispiel wechselseitige Sympathie oder Ablehnung). Ebenso können zusammengehörige Personen eingekreist werden. In den Kreis wird geschrieben, was die Personen verbindet.

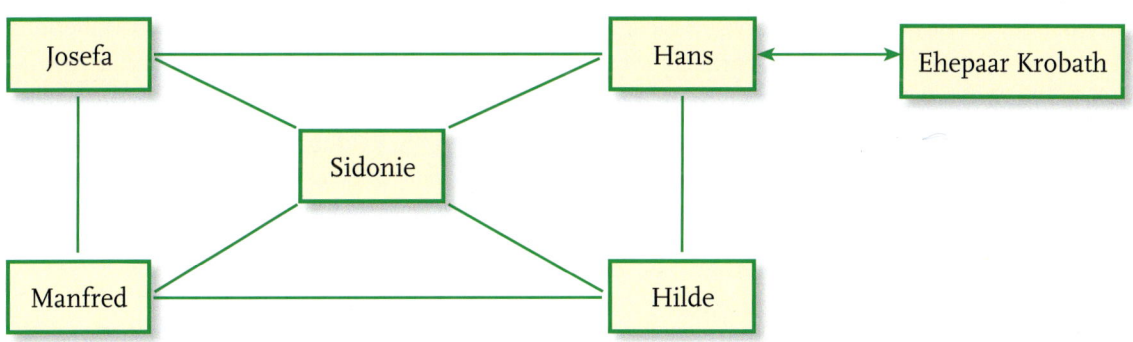

1. Erstellt das Soziogramm entsprechend den Anweisungen. Ihr könnt euch an der Skizze orientieren. Erweitert euer Soziogramm um die in Punkt 3 aufgeführten Figuren.

Die Helfershelfer des Rassenwahns

Diesbezügliche Verfügungen (2000)   Erich Hackl

Nachdem es den Behörden gelungen ist, Sidonies leibliche Mutter aufzuspüren, sollen die beiden zusammengeführt werden.

Nach einigem Hin und Her – Korn hatte den Geburtsort unbedingt in Erfahrung bringen wollen, um die von der Steyrer Fürsorge aufgewendeten Pflegebeiträge rückerstattet zu bekommen – war am siebten März ein Schreiben der Kriminalpolizei Innsbruck eingelangt, in dem *um kurze Beschreibung des Kindes, wie es sich im Allgemeinen aufführt und wie die Ziehmutter, die Schule und erforderlichenfalls andere vertrauenswürdige Personen dieses im Allgemeinen, besonders in charakterlicher Hinsicht beurteilen und ob das Kind der Ziehmutter zugetan sei und umgekehrt* gebeten wurde.

Für eine eindeutige Begutachtung des dortigen Jugendamtes besonders nach der Richtung, ob die Rücküberstellung des Kindes an dessen Mutter am Platze ist, bzw. gewünscht wird, wäre ich dankbar. Hiezu wäre allerdings zu erwägen, ob im Falle der Belassung der Sidonie bei der Pflegemutter nicht zu befürchten steht, dass bei demselben später die zigeunerischen Untugenden und Instinkte zutage treten, da es als Zigeunermischling, wenn nicht als Vollzigeuner (und zwar als Rom-Zigeuner) anzusehen sein dürfte. Beigefügt wird, dass eine Alimentation seitens der Kindeseltern, auch später, kaum zu erwarten ist. Ich ersuche um ausnahmsweise vordringliche Behandlung, da schon in nächster Zeit diesbezügliche Verfügungen getroffen werden müssen.

Frau Korn war entrüstet gewesen, als sie den Brief gelesen hatte. Keine genauen Richtlinien, man überließ ihr die Entscheidung. Jetzt haben wir den Scherben auf, sagte sie zu Grimm. Wie werden Sie entscheiden, fragte die andere. Ich, sagte Korn und lachte: Ich?

So kam es, dass die Fürsorgerinnen Minuspunkte sammelten. *Könnte manchmal etwas mehr folgen*, hatte Cäcilia Grimm nach ihrem Hausbesuch am Dreikönigstag notiert, und: *Pflegeeltern hängen mit überschwänglicher Liebe an dem Kind und lässt dies die Minderjährige nicht ganz unbenutzt*. Korn dagegen fragte beim Schuldirektor an, auch schriftlich, damit man ihr nicht am Zeug flicken konnte, *wie sich das Mädchen im Allgemeinen aufführt, wie sein Verhalten den Lehrpersonen und den Mitschülern gegenüber ist und ob sich besondere Charaktereigenschaften, sei es im guten oder schlechten Sinne*, bemerkbar machen.

Schwer zu glauben, dass Oberlehrer Frick nicht wusste, was da auf dem Spiel stand. Ein Rückgrat hatte er, biegsam wie sein Rohrstock, mit dem er den Kindern die Rechtschreibung einbläute. Frick hätte zum Beispiel nur Gutes schreiben oder die Auskunft so allgemein halten können, dass niemandem gedient war. Aber sein pädagogischer Eifer war geweckt. Er war gefragt worden und wollte nach bestem Wissen und Gewissen antworten. *Das Mädel*, schrieb er mit sorgfältig gesetzten, nach rechts fallenden Lettern, *zeigt jetzt Aufmerksamkeit und Arbeitsfreude, lernt aber nicht leicht und fängt auch gleich zu weinen an, wenn sich Hindernisse ihr entgegenstellen. Schwierigkeiten bereitet dem Mädel das Rechnen, da es an der Zahlenauffassung fehlt. Das Mädel ist ängstlich, empfindlich, leicht gekränkt, mitunter etwas ungestüm, wenn es das Gewünschte nicht erreicht. Der Lehrkraft gegenüber ist es etwas scheu und geht scheinbar auf alles ein. Bei schlechter Benotung ist es empfindlich, ist ehrgeizig. Das Mädel ist bei den Pflegeeltern in guter Pflege u. Lernbeaufsichtigung, doch wäre mehr Strenge nötig.*

Käthe Korn wurde auch beim Sierninger Bürgermeister vorstellig. Eder wusste schon, worum es ging. Hans und Josefa hatten ihn angefleht, alles zu unternehmen, was in seiner Macht stand, [...] damit sie Sidonie behalten könnten. Er war gerührt gewesen ob des Vertrauens in seine Person, er war halt doch wer, versprach, sich für das Mädchen einzusetzen, aber als Korn ihm jetzt die Tragweite des Falls bewusstmachte, war ihm nicht wohl in seiner Haut. Solange Sidonie hier lebt, ist der Fall nicht aus der Welt geschafft. Sind Sie also dafür, dass sie wegkommt? So wolle er das nicht sagen, die Breirather seien ja anständige Leute. Vielleicht könne er sich andersherum besser verständlich machen; schreiben Sie: Ich finde es ganz in Ordnung, wenn das Kind zu seiner Mutter kommt, und befürworte dies auch jederzeit.

Auch Oberinspektor Siegfried Schiffler, der dem Landkreis Steyr vorstand, plädierte aus streng humanitären Erwägungen für eine Überstellung des Mädchens. Ein Kind gehört zu seiner Mutter, sagte er, das ist immer besser, und außerdem: wer weiß, was die Zukunft bringt. Heiraten darf es nicht, kriegt es Kinder, fallen die nur der Gemeinde oder der Fürsorge zur Last, und eine Zigeunerin bleibt immer eine Zigeunerin, da kann man machen, was man will. Bei ihrer Mutter, da ist sie unter ihren Artgenossen, merkt keine Unterschiede und lebt sich schnell ein. Und was das Angebot des Pflegevaters betrifft, sie umsonst zu behalten: er könnte ja verunglücken, was dann? Und was, wenn sie mit der Schule fertig ist, eine Lehre darf sie als Zigeunerkind ja auch nicht machen.

Bestialität des Anstands. *Obwohl sich bisher,* schrieb Korn in ihrer Antwort an die Kriminalpolizeistelle in Innsbruck, *im Wesen der Sidonie Berger (Adlersburg) nichts Zigeunerhaftes gezeigt hat, halte ich es doch für besser, wenn die Minderjährige schon jetzt zur Mutter kommt [...]. Bei dem Ehrgeiz und der Empfindlichkeit des Mädchens ist es jetzt noch nicht abzusehen, wie sich die früher oder später doch auftretende Erkenntnis, dass sie den bisherigen Mitschülern u. Mitschülerinnen nicht gleichgestellt werden kann, auswirkt. Schon aus diesem Grunde halte ich es für besser, wenn das Kind schon jetzt zur Mutter kommt, denn später wird sie sich noch schwerer in die Verhältnisse, in die sie wegen ihrer Abstammung doch einmal verwiesen wird, finden.*

Schon nach vier Tagen kam die Antwort. *Es werde ersucht veranlassen zu wollen, dass das Kind Sidonie Berger, falsch Adlersburg, ehestens, und zwar bestimmt bis längstens 30. März 1943 an ihre Mutter überstellt werde (S. 90–94).*

A Erfahrungsgemäß haben die Mischlinge den größten Anteil an der Kriminalität der Zigeuner. Andererseits hat es sich gezeigt, dass die Versuche, die Zigeuner sesshaft zu machen, gerade bei den rassereinen Zigeunern infolge ihres starken Wandertriebes misslungen sind.
(„Bekämpfung der Zigeunerplage"; aus dem Runderlass H. Himmlers vom 8. 12. 1938)

B Ratten, Wanzen und Flöhe sind auch Naturerscheinungen, ebenso wie die Zigeuner und Juden. [...] Alles Leben ist Kampf. Wir müssen deshalb alle diese Schädlinge biologisch allmählich ausmerzen.
(Der Arzt Kurt Hannemann 1939 in „Weg und Ziel", der Zeitschrift des nationalsozialistischen Ärztebundes)

C Ziel der staatlichen Maßnahmen zur Wahrung der Einheit der deutschen Volksgemeinschaft [muss] sein einmal die rassische Absonderung des Zigeunertums vom deutschen Volkstum, sodann die Verhinderung der Rassenvermischung.
(Aus einer Anweisung des Reichskriminalpolizeiamtes vom 1. 3. 1939)

1. Wie prägt die NS-Ideologie das Verhalten der an Sidonies Überstellung beteiligten Personen? Nutzt für die Beantwortung der Frage die Quellentexte A bis C.

Projekt „Denk einmal"

Ein Denkmal für Sidonie Adlersburg – sieh an!

Auf dem Gelände des nach Sidonie Adlersburg benannten Kindergartens der Gemeinde Sierning steht ein von Gerald Brandstötter geschaffenes Denkmal für Sidonie. Auf der Inschrift der zugehörigen Gedenktafel heißt es:

„Dieser Kindergarten der Marktgemeinde Sierning entstand im Gedenken an das Roma-Mädchen Sidonie Adlersburg.
Sidonie verbrachte ihre ersten zehn Lebensjahre in Letten bei der Familie Josefa und Hans Breirather, die sich liebevoll ihrer angenommen hatten. 1943 wurde Sidonie im Konzentrationslager Auschwitz ermordet.
Mit ihr ehren wir alle Opfer des nationalistischen Rassenwahns. [...]"

▶ Recherchiere, ob und warum in deinem regionalen Umfeld Gedenktafeln oder Denkmäler aufgestellt sind.

Literatur – Denk nach!

Die Letzten (1973)   Hans Sahl

Wir sind die Letzten.
Fragt uns aus.
Wir sind zuständig.
Wir tragen den Zettelkasten
5 mit den Steckbriefen unserer Freunde
wie einen Bauchladen vor uns her.
Forschungsinstitute bewerben sich
um Wäscherechnungen Verschollener,
Museen bewahren die Stichworte unserer Agonie
10 wie Reliquien unter Glas auf.
Wir, die wir unsre Zeit vertrödelten,
aus begreiflichen Gründen,
sind zu Trödlern des Unbegreiflichen geworden.
Unser Schicksal steht unter Denkmalschutz.
15 Unser bester Kunde ist das
schlechte Gewissen der Nachwelt.
Greift zu, bedient euch.
Wir sind die Letzten.
Fragt uns aus.
20 Wir sind zuständig.

▶ Nimm Stellung zu diesem Gedicht.

„Ab heute heißt du Sara – 33 Bilder aus dem Leben einer Berlinerin" – schau an!

> **EXTRA**
> Informiere dich unter http://www.stolpersteine.eu/ über das Stolpersteine-Projekt.

▶ Findet Näheres über das Theaterstück heraus. Warum lohnt es sich, die Thematik zu inszenieren?
▶ Kennt ihr weitere Theaterstücke zu den Themen Extremismus oder Gewalt? Recherchiert!

Roma Romeo und Sinti Carmen – schreibt selbst!

Carmen und José können sich nicht leiden, aber dann erhalten sie in der Schule ein gemeinsames Projekt. Sie sollen ein Referat über Roma und Sinti in Deutschland erarbeiten. Anfangs finden die beiden das Thema „total langweilig", aber je intensiver sie sich damit beschäftigen, umso mehr gehen sie darin auf. Sie be-
5 schließen von nun an selbst als Zigeuner durch Europa zu ziehen, weil „das ja so romantisch" ist und „eine tolle Art zu leben jenseits des korrupten Systems". Aber bald merken sie, dass es auf der Straße nicht nur romantisch ist, weil Straßen aus Dreck gebaut sind, und dass man nicht überall auf Fans stößt, wenn man nicht so ist wie die anderen.

▶ Entwickelt einen Handlungsplot zu der oben beschriebenen Idee und setzt ihn in Szene.

Im Kreis (2000) Alexander Kanewskij

In meiner Wohnung hatten sich Motten eingenistet. Sie flogen in Schwärmen durch die Zimmer und fraßen alles aus Pelz und Wolle. Ich wusste nicht, was tun. Ich streute Mottenpulver und versprühte Chemikalien – nichts half. Dann empfahl man mir Kröten anzuschaffen, denn diese würden nicht nur die Motten selbst, sondern auch ihre Larven fressen. Ich gehorchte und schaffte Kröten an. Tatsächlich verschwanden die Motten, aber die Kröten vermehrten sich in solchem Ausmaß, dass das Leben in der Wohnung unmöglich wurde.

„Du brauchst Reiher", sagten mir meine Freunde, „und die Kröten sind wie vom Wind weggeblasen."

Ich schaffte Reiher an. Nach einigen Tagen war die letzte Kröte voll Entsetzen aus dem achten Stock gesprungen. Aber jetzt konnte ich mich vor meinen neuen Mitbewohnern nicht mehr retten: Die Reiher erwiesen sich als sehr anhängliche Geschöpfe. Sie füllten die Badewanne und spritzten den ganzen Tag im Wasser herum. Ich warf sie zur Tür hinaus – sie kamen durch die Fenster wieder hereingeflogen. Ich schloss die Fenster – sie drängten sich auf dem Balkon und trommelten mit den Schnäbeln gegen die Scheibe.

„Schaff dir ein Gewehr an", riet mir ein Bekannter, der Jäger war. „Es ist leicht, sie mit Schüssen zu vertreiben."

Ich kaufte mir eine Doppelflinte, streckte alle halbe Stunde die Mündungen aus dem Guckfenster und ließ es aus beiden Läufen krachen.

Tatsächlich stiegen die Reiher nach jedem Schuss gegen den Himmel auf, aber meine Nachbarn begannen sich bei der Hausverwaltung zu beschweren, dass ich sie nicht ruhig leben ließe.

Um die Schalldurchlässigkeit zu verringern, kaufte ich Teppiche und hing sie an allen Wänden auf. Sofort erschienen Motten.

„Schaff dir Kröten an", rieten mir meine Freunde.

[Der Aufbruch] (aus dem Nachlass, undatiert) Franz Kafka

Ich befahl mein Pferd aus dem Stall zu holen. Der Diener verstand mich nicht. Ich ging selbst in den Stall, sattelte mein Pferd und bestieg es. In der Ferne hörte ich eine Trompete blasen, ich fragte ihn, was das bedeute. Er wusste nichts und hatte nichts gehört. Beim Tore hielt er mich auf und fragte: „Wohin reitest Du, Herr?" „Ich weiß es nicht", sagte ich, „nur weg von hier, nur weg von hier. Immerfort weg von hier, nur so kann ich mein Ziel erreichen." „Du kennst also Dein Ziel?", fragte er. „Ja", antwortete ich, „ich sagte es doch, ‚Weg-von-hier', das ist mein Ziel." „Du hast keinen Essvorrat mit", sagte er. „Ich brauche keinen", sagte ich, „die Reise ist so lang, dass ich verhungern muss, wenn ich auf dem Weg nichts bekomme. Kein Essvorrat kann mich retten. Es ist ja zum Glück eine wahrhaft ungeheuere Reise."

[Heimkehr] (aus dem Nachlass, undatiert) Franz Kafka

Ich bin zurückgekehrt, ich habe den Flur durchschritten und blicke mich um. Es ist meines Vaters alter Hof. Die Pfütze in der Mitte. Altes unbrauchbares Gerät ineinander verfahren verstellt den Weg zur Bodentreppe. Die Katze lauert auf dem Geländer. Ein zerrissenes Tuch einmal im Spiel um eine Stange gewunden hebt sich im Wind. Ich bin angekommen. Wer wird mich empfangen? Wer wartet hinter der Tür der Küche? Rauch kommt aus dem Schornstein, der Kaffee zum Abendessen wird gekocht. Ist Dir heimlich, fühlst Du Dich zuhause? Ich weiß es nicht, ich bin sehr unsicher. Meines Vaters Haus ist es, aber kalt steht Stück neben Stück als wäre jedes mit seinen eigenen Angelegenheiten beschäftigt, die ich teils vergessen habe teils niemals kannte. Was kann ich ihnen nützen, was bin ich ihnen und sei ich auch des Vaters, des alten Landwirts Sohn. Und ich wage nicht an der Küchentür zu klopfen, nur von der Ferne horche ich, nur von der Ferne horche ich stehend, nicht so dass ich als Horcher überrascht werden könnte. Und weil ich von der Ferne horche, erhorche ich nichts, nur einen leichten Uhrenschlag höre ich oder glaube ihn vielleicht nur zu hören herüber aus den Kindertagen. Was sonst in der Küche geschieht ist das Geheimnis der dort Sitzenden, das sie vor mir wahren. Je länger man vor der Tür zögert, desto fremder wird man. Wie wäre es wenn jetzt jemand die Tür öffnete und mich etwas fragte. Wäre ich dann nicht selbst wie einer der sein Geheimnis wahren will.

Kafkas (von der heutigen Praxis abweichende, teils auch scheinbar inkonsequent gehandhabte) Zeichensetzung wurde nicht verändert.
Im Umgang mit älteren Texten gilt generell: Die Rechtschreibung kann modernisiert werden, aber Zeichensetzung und Lautstand (Beispiele: „Bauren" statt „Bauern", „fodern" statt „fordern") sollten unangetastet bleiben. Die (früher noch nicht so strikt geregelte) Zeichensetzung ist in älteren Texten häufig mit musikalischen Vortragsbezeichnungen vergleichbar; die Wahrung des Lautstands ist schon deshalb geboten, weil andernfalls (bei Gedichten und Versdramen) Reime aufgehoben werden können.

Wenn die Haifische Menschen wären (um 1940)   Bertolt Brecht

„Wenn die Haifische Menschen wären", fragte Herrn K. die kleine Tochter seiner Wirtin, „wären sie dann netter zu den kleinen Fischen?" „Sicher", sagte er. „Wenn die Haifische Menschen wären, würden sie im Meer für die kleinen Fische gewaltige Kästen bauen lassen, mit allerhand Nahrung drin, sowohl Pflanzen als auch Tierzeug. Sie würden sorgen, daß die Kästen immer frisches Wasser hätten, und sie würden überhaupt allerhand sanitäre Maßnahmen treffen. Wenn zum Beispiel ein Fischlein sich die Flosse verletzen würde, dann würde ihm sogleich ein Verband gemacht, damit es den Haifischen nicht wegstürbe vor der Zeit. Damit die Fischlein nicht trübsinnig würden, gäbe es ab und zu große Wasserfeste; denn lustige Fischlein schmecken besser als trübsinnige. Es gäbe natürlich auch Schulen in den großen Kästen. In diesen Schulen würden die Fischlein lernen, wie man in den Rachen der Haifische schwimmt. Sie würden zum Beispiel Geographie brauchen, damit sie die großen Haifische, die faul irgendwo liegen, finden könnten. Die Hauptsache wäre natürlich die moralische Ausbildung der Fischlein. Sie würden unterrichtet werden, daß es das Größte und Schönste sei, wenn ein Fischlein sich freudig aufopfert, und daß sie alle an die Haifische glauben müßten, vor allem, wenn sie sagten, sie würden für eine schöne Zukunft sorgen. Man würde den Fischlein beibringen, daß diese Zukunft nur gesichert sei, wenn sie Gehorsam lernten. Vor allen niedrigen, materialistischen, egoistischen und marxistischen Neigungen müßten sich die Fischlein hüten und es sofort den Haifischen melden, wenn eines von ihnen solche Neigungen verriete. Wenn die Haifische Menschen wären, würden sie natürlich auch untereinander Kriege führen, um fremde Fischkästen und fremde Fischlein zu erobern. Die Kriege würden sie von ihren eigenen Fischlein führen lassen. Sie würden die Fischlein lehren, daß zwischen ihnen und den Fischlein der anderen Haifische ein riesiger Unterschied bestehe. Die Fischlein, würden sie verkünden, sind bekanntlich stumm, aber sie schweigen in ganz verschiedenen Sprachen und können einander daher unmöglich verstehen. Jedem Fischlein, das im Krieg ein paar andere Fischlein, feindliche, in anderer Sprache schweigende Fischlein tötete, würden sie einen kleinen Orden aus Seetang anheften und den Titel Held verleihen. Wenn die Haifische Menschen wären, gäbe es bei ihnen natürlich auch eine Kunst. Es gäbe schöne Bilder, auf denen die Zähne der Haifische in prächtigen Farben, ihre Rachen als reine Lustgärten, in denen es sich prächtig tummeln läßt, dargestellt wären. Die Theater auf dem Meeresgrund würden zeigen, wie heldenmütige Fischlein begeistert in die Haifischrachen schwimmen, und die Musik wäre so schön, daß die Fischlein unter ihren Klängen, die Kapelle voran, träumerisch, und in allerangenehmste Gedanken eingelullt, in die Haifischrachen strömten. Auch eine Religion gäbe es ja, wenn die Haifische Menschen wären. Sie würde lehren, daß die Fischlein erst im Bauch der Haifische richtig zu leben begännen. Übrigens würde es auch aufhören, wenn die Haifische Menschen wären, daß alle Fischlein, wie es jetzt ist, gleich sind. Einige von ihnen würden Ämter bekommen und über die anderen gesetzt werden. Die ein wenig größeren dürften sogar die kleineren auffressen. Dies wäre für die Haifische nur angenehm, da sie dann selber öfter größere Brocken zu fressen bekämen. Und die größern, Posten habenden Fischlein würden für die Ordnung unter den Fischlein sorgen, Lehrer, Offiziere, Ingenieure im Kastenbau und so weiter werden. Kurz, es gäbe überhaupt erst eine Kultur im Meer, wenn die Haifische Menschen wären."

Texte von Bertolt Brecht sind grundsätzlich in ihrer ursprünglichen Rechtschreibung abzudrucken.

Sintflut (1975)   Günter Kunert

Die Sintflut beginnt unmerklich. Vorerst steigen die Flüsse um wenige Zentimeter. Es regnet nicht einmal häufiger als sonst, aber anhaltender. Und es dauert länger als nach früheren Güssen, bis das Wasser wegsickert. Eines Tages verrinnt es gar nicht mehr, und die kleinen Pfützen bleiben stehen. Die Industrie wird mehr Regenschirme herstellen, mehr Gummistiefel, doch das sind die einzigen Maßnahmen, die man trifft. Ein paar Wetterkundler weisen auf Merkwürdigkeiten im Wetterablauf hin, nur versteht ihre wissenschaftliche Sprache kein Mensch, und ihre Entdeckung wird sofort wieder vergessen.

Wenn die Flüsse über die Ufer steigen, wird man es dem jeweiligen Landesfeind ankreiden, doch weil die Nachrichtenübermittlung nicht zu verhindern ist, erfährt alle Welt von der synchronen Überschwemmung vieler Gebiete der Erde.

Die Pfützen werden Tümpel, Teiche, Seen, die sich zu kleinen Meeren zusammenschließen. Es wird hauptsächlich von einer vorübergehenden Krise der Witterung gesprochen werden, von einer Verlagerung der Erdachse oder Ähnlichem. Jeder Staat wird insgeheim Fachleute aus Venedig anheuern, deren Erfahrung das wässriger werdende Leben erleichtern soll. Die Bevölkerung, die sich bereits in die oberen Stockwerke der Häuser zurückgezogen hat, wird von Booten aus versorgt und gewöhnt sich langsam an den Zustand, denn es gehört zu den vornehmsten Aufgaben einer Bevölkerung, sich an Zustände zu gewöhnen. Eine bekannte Persönlichkeit prägt endlich den Satz vom „Leben mit dem Wasser", der bald in aller Munde ist.

Leider wird die Gewöhnung immer wieder gestört, und zwar durch das Wasser selbst, das, von den vielen beruhigenden Zeitungsartikeln unbeeindruckt, ständig weitersteigt. Weniger Kähne als gedunsene Leichen treiben durch die Straßen, die beiderseits von den Dächern der noch nicht abgesackten Gebäude markiert werden. Hunger greift um sich, Seuchen, bitterste Not und bitterste Angst. Hubschrauber fliegen über die aus den Wellen ragenden Reste und werfen Flugblätter ab, des Inhalts, dass alles getan werde, das Unglück abzuwenden.

Gläubig lesen die Ertrinkenden die druckfeuchten Blätter. Den Sterbenden hält man die Zettel vor die Augen, die der Tod schon trübt. Von den Dächern der Wolkenkratzer spült die Flut die letzten Lebenden, die niemals erfahren, dass eine Sintflut über sie gekommen: Das zu verheimlichen, wird allen Beteiligten wichtiger sein, als in dem zunehmenden Regen, in den schwellenden Bächen, den andauernden Wolken die beginnende Katastrophe zu erkennen. Gewiss: Für eine weitere Sintflut würde man nun viel besser vorbereitet sein, wenn man nicht schon bei der ersten untergegangen wäre.

Basta (1917) Robert Walser

Ich kam dann und dann zur Welt, wurde dort und dort erzogen, ging ordentlich zur Schule, bin das und das und heiße so und so und denke nicht viel. Geschlechteswegen bin ich ein Mann, staateswegen bin ich ein guter Bürger und rangeshalber gehöre ich zur besseren Gesellschaft. Ich bin ein säuberliches, stilles nettes Mitglied der menschlichen Gesellschaft, ein sogenannter guter Bürger, trinke gern mein Glas Bier in aller Vernunft und denke nicht viel. Auf der Hand liegt, dass ich mit Vorliebe gut esse, und ebenso liegt auf der Hand, dass mir Ideen fernliegen. Scharfes Denken liegt mir gänzlich fern; Ideen liegen mir vollständig fern, und deshalb bin ich ein guter Bürger, denn ein guter Bürger denkt nicht viel. Ein guter Bürger isst sein Essen, und damit basta!

Den Kopf strenge ich nicht sonderlich an, ich überlasse das andern Leuten. Wer den Kopf anstrengt, macht sich verhasst; wer viel denkt, gilt als ungemütlicher Mensch. Schon Julius Cäsar deutete mit dem dicken Finger auf den mageren hohläugigen Cassius, vor dem er sich fürchtete, weil er Ideen bei ihm vermutete. Ein guter Bürger darf nicht Furcht und Verdacht einflößen; vieles Denken ist nicht seine Sache. Wer viel denkt, macht sich unbeliebt, und es ist vollständig überflüssig, sich unbeliebt zu machen. Schnarchen und Schlafen ist besser als Dichten und Denken. Ich kam dann und dann zur Welt, ging dort und dort zur Schule, lese gelegentlich die und die Zeitung, treibe den und den Beruf, bin so und so alt, scheine ein guter Bürger zu sein und scheine gern gut zu essen. Den Kopf strenge ich nicht sonderlich an, da ich das andern Leuten überlasse. Vieles Kopfzerbrechen ist nicht meine Sache, denn wer viel denkt, dem tut der Kopf weh, und Kopfweh ist vollständig überflüssig. Schlafen und Schnarchen ist besser als Kopfzerbrechen, und ein Glas Bier in aller Vernunft ist weitaus besser als Dichten und Denken. Ideen liegen mir vollständig fern, und den Kopf will ich mir unter keinen Umständen zerbrechen, ich überlasse das leitenden Staatsmännern. Dafür bin ich ja ein guter Bürger, damit ich Ruhe habe, damit ich den Kopf nicht anzustrengen brauche, damit mir Ideen völlig fernliegen und damit ich mich vor zu vielem Denken ängstlich fürchten darf. Vor scharfem Denken habe ich Angst. Wenn ich scharf denke, wird es mir ganz blau und grün vor den Augen. Ich trinke lieber ein gutes Glas Bier und überlasse jedwedes scharfes

Denken leitenden Staatslenkern. Staatsmänner können meinetwegen so scharf denken wie sie wollen und so lang, bis ihnen die Köpfe brechen. Mir wird immer ganz blau und grün vor den Augen, wenn ich den Kopf anstrenge, und das ist nicht gut, und deshalb strenge ich den Kopf so wenig wie möglich an und bleibe hübsch kopflos und gedankenlos. Wenn nur leitende Staatsmänner denken, bis es ihnen grün und blau vor den Augen wird und bis ihnen der Kopf zerspringt, so ist alles in Ordnung, und unsereins kann ruhig sein Glas Bier in aller Vernunft trinken, mit Vorliebe gut essen und nachts sanft schlafen und schnarchen, in der Annahme, dass Schnarchen und Schlafen besser seien als Kopfzerbrechen und besser als Dichten und Denken. Wer den Kopf anstrengt, macht sich nur verhasst, und wer Absichten und Meinungen bekundet, gilt als ungemütlicher Mensch, aber ein guter Bürger soll kein ungemütlicher, sondern ein gemütlicher Mensch sein. Ich überlasse in aller Seelenruhe scharfes und kopfzerbrechendes Denken leitenden Staatsmännern, denn unsereins ist ja doch nur ein solides und unbedeutendes Mitglied der menschlichen Gesellschaft und ein sogenannter guter Bürger oder Spießbürger, der gern sein Glas Bier in aller Vernunft trinkt und gern sein möglichst gutes fettes nettes Essen isst und damit basta!

Staatsmänner sollen denken, bis sie gestehen, dass es ihnen grün und blau vor den Augen ist und dass sie Kopfweh haben. Ein guter Bürger soll nie Kopfweh haben, vielmehr soll ihm immer sein gutes Glas Bier in aller gesunden Vernunft schmecken, und er soll des Nachts sanft schnarchen und schlafen. Ich heiße so und so, kam dann und dann zur Welt, wurde dort und dort ordentlich und pflichtgemäß in die Schule gejagt, lese gelegentlich die und die Zeitung, bin von Beruf das und das, zähle so und so viele Jahre und verzichte darauf, viel und angestrengt zu denken, weil ich Kopfanstrengung und Kopfzerbrechen mit Vergnügen leitenden und lenkenden Köpfen überlasse, die sich verantwortlich fühlen. Unsereins fühlt weder hinten noch vorn Verantwortung, denn unsereins trinkt sein Glas Bier in aller Vernunft und denkt nicht viel, sondern überlässt dieses sehr eigenartige Vergnügen Köpfen, die die Verantwortung tragen. Ich ging da und da zur Schule, wo ich genötigt wurde, den Kopf anzustrengen, den ich seither nie mehr wieder einigermaßen angestrengt und in Anspruch genommen habe. Geboren bin ich dann und dann, trage den und den Namen, habe keine Verantwortung und bin keineswegs einzig in meiner Art. Glücklicherweise gibt es recht viele, die sich, wie ich, ihr Glas Bier in aller Vernunft schmecken lassen, die ebenso wenig denken und es ebenso wenig lieben, sich den Kopf zu zerbrechen wie ich, die das lieber andern Leuten, z. B. Staatsmännern, freudig überlassen. Scharfes Denken liegt mir stillem Mitglied der menschlichen Gesellschaft gänzlich fern und glücklicherweise nicht nur mir, sondern Legionen von solchen, die, wie ich, mit Vorliebe gut essen und nicht viel denken, so und so viele Jahre alt sind, dort und dort erzogen worden sind, säuberliche Mitglieder der menschlichen Gesellschaft sind wie ich, und gute Bürger sind wie ich, und denen scharfes Denken ebenso fernliegt wie mir und damit basta!

Robert Walsers Zeichensetzung ist originalgetreu beibehalten.

Geh'n wir uns selber vergiften im Park (1978)   Georg Bungter

Früher hieß das ganz einfach „Müllhaufen". Auf dem Müllhaufen landeten Kartoffelschalen, durchgelaufene Schuhe und ausgediente Liebesbriefe.

Dann haben wir unsere Lebensqualität verbessert und konnten auf einmal leichten Herzens Dinge wegwerfen, die wir früher nicht einmal besaßen: Autoreifen, unverrottbare Plastiktüten, nutzlose Chemieabfälle und stabile Zyanid-Fässer. Mit der Lebensqualität verbesserte sich aber auch die Wortqualität: Es hieß jetzt nicht mehr Müllhaufen, sondern viel eleganter „Deponie". Jetzt sind wir dabei, unsere Zukunft zu sichern. Damit auch morgen die Lichter nicht ausgehen, brauchen wir Atomkraftwerke. Die produzieren ganz viel Strom und ein ganz klein wenig radioaktiven Abfall. Dass man solch fortschrittlichen Abfall nicht einfach auf den Müllhaufen werfen kann, versteht sich von selbst. Darum soll er ja auch auf einer speziellen Atommülldeponie gelagert werden – in Gorleben im Landkreis Lüchow-Dannenberg.

Atommülldeponie? So ein hässliches Wort für so einen schönen Müll? Nie und nimmer, dachte die Bundesregierung und fing an, über ein treffenderes Wort nachzudenken. Am 8. Juni hatte sie es gefunden. In der Regierungsantwort auf Große Anfragen aller Fraktionen heißt es: „Die Betriebsgenehmigung für neue Kernkraftwerke wird nur noch erteilt, wenn die erste Teilbaugenehmigung für den bei Gorleben geplanten Entsorgungspark vorliegt."

Es ist schon ein wunderliches Geheimnis um die deutsche Sprache. Dort, wo die krude Realität kläglich versagt, erschafft sie neue Schönheit mit der Kraft des Wortes. Und wie denn wohl kein Mensch leben mag in der öden Betonwüste einer Neubausiedlung, aber gern sich niederlässt in einem hochmodernen Wohnpark – so mag auch kein Mensch leben mitten auf einem Riesenhaufen Atommüll, aber in Gorleben ...! Ja, in Gorleben werden bald Tausende von nah und fern herbeiströmen und Erholung suchen im heiligen Entsorgungspark.

Besonders im Frühsommer, zur Zeit der Radiodendron-Blüte, werden die Parkbesucher in ihren schmucken Naturschutzanzügen begeistert durch den Strahlengrüngürtel schlendern, vorbei an Geranium und Plutonium, mitten durch Begonien und Neutronien und quer über den Teich mit schwerem Wasser, wo im Schilf die schnellen Brüter schnattern.

Im Herbst dagegen, wenn die Tage kühler werden und es schon ratsam ist, einen kleidsamen Bleimantel zu tragen, wird die Freiwillige Feuerwehr von Gorleben im Musikpavillon aufspielen zum Tanz auf dem Uran. Und wenn dann der Geigerzähler feststellt, dass auch die Streicher vollzählig versammelt sind, wird der Dirigent seinen Brennstab heben, und weithin wird's klingen durch den sonnigen Entsorgungspark: „Freut euch des Gorlebens, solang nur das Alarmlämpchen glüht!"

Sollte aber irgendwann einmal irgendwo im Park irgendwas schiefgehen, so seien Sie ganz entsorgt: Noch nie sind Sie von einem bezaubernden Ausflug so strahlend nach Hause gekommen.

Zyanid Blausäuresalz

Große Anfragen Mittel der Kontrolle der Arbeit der Bundesregierung; große Anfragen können durch eine Bundestagsfraktion oder mindestens fünf Prozent aller Abgeordneten auf den Weg gebracht werden und müssen von der Bundesregierung schriftlich beantwortet werden, bevor anschließend im Plenum eine Aussprache erfolgt.

krude roh, grausam (Zeile 21)

Herr K. und das Saxophem (1958) Rolf Schneider

Herr K., dem von einem Straßenhändler ein Saxophem zum Kauf angeboten wurde, prüfte die ihm unbekannte Ware aufmerksam und erstand sie darauf ohne Feilschen zum geforderten Preis. Einem Freund, dem er von seinem Handel erzählte und der ihn auf die Gefahren des Saxophems aufmerksam machte,
5 erklärte er seine Beweggründe folgendermaßen: „Einem Hausierer oder dem Verkäufer eines großen Geschäftes hätte ich das Saxophem zurückgewiesen. Das Angebot des Straßenhändlers war mit dem Vorteil verbunden, dass ich gehen konnte, wenn ich gehen wollte, und dass ich feilschen konnte, wenn ich feilschen wollte. Als ich erkannte, dass ich trotz der frei sich bietenden Möglichkeiten kei-
10 nen Gebrauch davon machte, habe ich das Saxophem gekauft. Ich habe den Kauf bedingungslos abgeschlossen, daher ist nun auch mein Vergnügen an dem Saxophem ohne Missbilligung."

Die Parodie bezieht sich allgemein auf die Keuner-Geschichten Bertolt Brechts; so zum Beispiel auf die in diesem Band auf Seite 99 abgedruckten Geschichten „Das Wiedersehen" und „Erfolg".

Definition des „Reichsgerichts" Ungenannter Verfasser

Ein Reichsgericht ist eine Einrichtung, welche eine dem allgemeinen Verständnis entgegenkommen sollende, aber bisweilen durch sich nicht ganz vermeiden lassende, nicht ganz unbedeutende bzw. verhältnismäßig gewaltige Fehler im Satzbau auf der schiefen Ebene des durch verschnörkelte und ineinanderge-
5 schachtelte Perioden ungenießbar gemachten Kanzleistils herabgerollte Definition, welche eine das menschliche Sprachgefühl verletzende Wirkung zu erzeugen fähig ist, liefert.

Die Parodie bezieht sich auf die folgende Definition des Begriffs „Eisenbahn":

Definition der „Eisenbahn" aus dem Jahre 1879 Deutsches Reichsgericht

Eine Eisenbahn ist ein Unternehmen, gerichtet auf wiederholte Fortbewegung von Personen oder Sachen über nicht ganz unbedeutende Raumstrecken auf metallener Grundlage, welche durch ihre Konsistenz, Konstruktion und Glätte den Transport großer Gewichtsmassen beziehungsweise die Erzielung einer verhält-
5 nismäßig bedeutenden Schnelligkeit der Transportbewegung zu ermöglichen bestimmt ist, und durch diese Eigenart in Verbindung mit den außerdem zur Erzeugung der Transportbewegung benutzten Naturkräften – Dampf, Elektrizität, tierische oder menschliche Muskeltätigkeit, bei geneigter Ebene der Bahn auch schon durch die eigene Schwere der Transportgefäße und deren Ladung usf. –
10 bei dem Betriebe des Unternehmens auf derselben eine verhältnismäßig gewaltige, je nach den Umständen nur bezweckterweise nützliche oder auch Menschenleben vernichtende und menschliche Gesundheit verletzende Wirkung zu erzeugen fähig ist.

Parodie → S. 107–109, 111, 173

Verlassen stieg (1989) Robert Gernhardt

Verlassen stieg die Nacht an Land,
der Tag war ihr davongerannt.
Durchs Dunkel tönte ihr Geschrei,
wo denn der liebe Tag wohl sei.

5 Indessen saß der Tag bei mir,
bei weißem Brot und hellem Bier
hat er die Suchende verlacht:
Die säh doch nichts, es sei ja Nacht.

Um Mitternacht (1827) Eduard Mörike

Gelassen stieg die Nacht ans Land,
Lehnt träumend an der Berge Wand,
Ihr Auge sieht die goldne Waage nun
Der Zeit in gleichen Schalen stille ruhn;
5   Und kecker rauschen die Quellen hervor,
    Sie singen der Mutter, der Nacht, ins Ohr
        Vom Tage,
    Vom heute gewesenen Tage.
[…]

Die Parodie bezieht sich auf Friedrich Schillers Trauerspiel „Maria Stuart" (vgl. die Seiten 176–199).

Maria Stuart oder Elisabeth Tudor? (1967) Dieter Höss

Mariechen sprach leise im Kerker:
Noch trag ich den Kopf auf dem Hals.
Mein Charme ist noch hundertmal stärker,
mein Anhang ebenfalls.
5 Mein Stammbaum ist viel reiner
und meine Religion –
Ganz sicher kommt bald einer
und hilft mir auf den Thron.

Elisabeth aber durchschaute
10 Mariechens stolzen Sinn,
und weil sie dem Mädchen nicht traute,
richtete sie es hin.
Sie tat's zwar nicht persönlich,
sie schrieb das Urteil bloß.
15 Doch klappte – wie gewöhnlich –
die Sache tadellos.

Himmel (1982)   Helga Schubert

Gestalten deiner Träume fressen von deinem Teller.
(Stanislaw Lec)

Noch nie bin ich über dem Wasser geflogen. Und ich weiß nicht, ob ich darüber abstürzen werde. Der Himmel ist über mir weit und strahlend. Ich stehe auf einer Anhöhe. Auch andere Menschen sind da.

Ich sage, dass ich fliegen kann.

Erst glauben sie mir nicht, aber dann doch, als ich es ihnen beweise. Sie wundern sich nicht.

In der Luft sehe ich weit weg auf einer Insel im Meer ein Schloss. Ich möchte dahin fliegen, weiß aber nicht, ob meine Kräfte in den Armen reichen werden. Ich habe große Sehnsucht. Und plötzlich fliege ich über den Dächern des Schlosses. Auf den Balkonen stehen Menschen, die mir missgünstig erscheinen. Ich gelange in einen hohen Festsaal mit vielen Menschen. Sie feiern und tanzen. Und ich will wieder weg.

Ich sehe nach oben: Über mir immer noch strahlend blauer Himmel – nur, ich kann nicht mehr wegfliegen. Ich bin gefangen. Ein grobmaschiges Netz ist über uns alle gespannt, zwei Meter über unseren Köpfen.

Ich zeige es den anderen und bin verzweifelt.

Sie lächeln vergnügt. Ein wenig, nur ein wenig schadenfroh.

Denn sie haben meinen Kummer nicht.

Gut, der Himmel ist verschnürt.

Aber beim Gehen stört das nicht.

Wirklich nicht.

Tibaos (1976)   Hans Joachim Schädlich

Es war ein Mann mit Namen Tibaos, aus einer Stadt in mittlerem Land, der wollte fortziehen.

Das Land war aber begrenzt von Wasser im Norden und Osten, im Süden und Westen von Bergen.

Tibaos zog hin, und sein Hündlein lief mit ihm.

Wie er an den Wassern stand, sah er Boote kreuzen vor der Küste. In den Booten saßen Bewaffnete. Tibaos fragte die Fischer. Die sagten, Sie schützen das Land, dass keiner es ohne Erlaubnis betrete. Wollen welche vorbei an den Booten, nachts, werden sie oft ergriffen. Manchen gelingt es, doch es befällt sie Schwäche. Wenige treffen auf Ufer.

Da reiste Tibaos weiter, bis er nahe zu den Bergen kam.

Er hob den Blick und sah die Berge gesäumt von unübersteiglichen Wällen. Sie warfen Schatten, die in das Dorf reichten. Vor den Wällen gingen Bewaffnete von Süden bis Norden. Hunde begleiteten sie. Die Bauern sagten, Sie schützen das Land.

Tibaos kehrte heim in die Stadt und suchte Rat. Er lag wach und wusste, glücklos wäre er in nächtlicher See und getroffen am Berg.

Von Fremden aus anderem Land, die auf dem Markt Ware feilboten, hörte er, man wisse Händler, welche gegen Lohn, er betrage den Preis eines Hauses, Menschen versteckten auf ihren Wagen in Kästen. Sie gleichen den Kästen für Ware und gelten für Ware, sagten die Fremden. Während der Rast, an einsamer Stelle, nachts, Stunde und Ort würden besprochen, nehme der Händler den Zahlenden auf. Nachts noch gelange er über die Grenze.

Andere sprachen von falschem Papier, das, den Torwächtern vorgewiesen, [den] Reisenden als Fremden erweise.

Tibaos verwunderte sich und schwieg.

Er mochte, weil es ihn fortzog, nicht unter Strafe gestellt sein und nicht in Gefahr stehen.

Alle, die Tibaos traf, sagten, bodenlos gehe er durch die Welt. Es ist wie es ist, sagte einer, ob du es magst oder nicht. Was bleibt dir, als zu bedenken, wie du Gefahr, die dir droht, glücklich umgehst.

Tibaos beharrte.

Ein anderer, ärgerlich, sagte, Lass es dir auslegen von einem Kundigen, wie sollen wir es wissen.

Die Fremden, die es hörten, nahmen Tibaos beiseite. Es wohne einer in der Stadt, der werde genannt jenseits der Wasser und Berge. Ihm vertraue, sagten sie, aber vertrau ihm auch nicht.

Dieser, wohnhaft in stattlichem Haus, empfing Tibaos. Er sagte, Du darfst ziehen von Ort zu Ort in deinem Land. Nirgend steht geschrieben, dass dir ein Recht gegeben, dein Land zu lassen.

Ich weiß, dass von solchen, die heimlich fortgezogen, Briefe in das Land geschickt werden: Verkauft, was ihr habt, und kommt zu uns, wir wollen euch Brot schaffen. Sie machen Vorstellungen, dass man glauben soll, es gebe dort lauter elysäische Felder, welche sich selbst bestellen. Sie nähren den Glauben, die Obrigkeit werde vom Volk gewählt und nach Belieben abgesetzt.

Unter der Hand schlagen Verleitete ihren Besitz los und gehen davon bei Nacht und Nebel.

Es treiben auch ausländische Emissäre, die Seelenverkäufer genannt werden müssen, ihr Handwerk im Land. Sie machen den Fischer und Bauersmann durch Vorspiegelung irre und bereden ihn zum Hinweg-Ziehen. Derartiges Unternehmen zielt auf Entvölkerung und Ausödung des Landes und muss als Verräterei gelten.

Man hat vorgesorgt, dass diese Abgesandten, falls sie überführt sind, ins Gefängnis geworfen werden. Denen, die mit Spedition von Menschen sich befassen, geht es ebenso. Wer aber heimlich das Land verlässt, muss Konfiskation seiner Habe hinnehmen oder des Erlöses und kann die Emissäre und Menschentransporteure, wird er ertappt, wiedersehen, wo jene bereits sich befinden, sagte der Kundige.

Manche aber, die es schlecht treffen in ihrem neuen Wunderland, seufzen, Ach wäre ich wieder zu Hause und läge nur in meinem Schweinestall! Sie winseln nach Heimat und müssen verderben. So dass der König habe sagen müssen, das Glück des Vaterlandes sei allzu tief ins Herz ihm gegraben, als dass er gleichgültig zusehen könne, wie man dessen Kräfte schwäche.

Tibaos wusste, dass er alles, was er gehört hatte, nicht wissen wollte. Er sagte, Meinen Besitz trage ich mit mir, niemand hat mir Brot versprochen, kein Abgesandter mich irregemacht. Es ist nur, dass ich fortwill.

Der Kundige bekannte jetzt, es sei ihm, da er in gutem Einvernehmen mit den Räten stehe, öfter gelungen, besondere Erlaubnis zu erwirken für Unbelehrbare.

Nicht unbelehrbar bin ich, sagte Tibaos, sondern belehrt.

Es winkte der Kundige ab und stritt nicht um Worte. Soll ich aber deine Absicht vorbringen, sagte er, musst du mir Gründe nennen. Und dessen sei dir gewiss: hört erst der Rat deinen Wunsch, wirst du fortan nicht froh sein. So wird der Rat zu erreichen suchen, dass du ablässt. Lässt du nicht ab, ist dennoch ungewiss, wie er beschließt. Wisse auch, dass meine Mühen und Gefahr wie auch die Mühen des Rates und der Verlust, der dem Land entsteht durch deinen Fortgang, entgolten werden müssen. Da deine Habe gering ist, wie du bekennst, suche dir Gläubiger im nächsten Land. Hast du sie gefunden, so melde es mir, die Sache zu befördern.

Soll es als Recht gelten, dass man Gründe nenne, sagte Tibaos, so nenne ich, dass ich fremd geworden bin allem; und wie ein Fremder werde ich gehalten.

Nichts anderes bringe ich zuwege als kümmerliches Spiegelbild eines Waldbruders, der vor Freude sich nicht zu lassen weiß, wenn er ein Kalb auf der Weide springen sieht.

Zuletzt aber sei genannt alle Erfahrung, die ich gewann, seit ich versuchte, fortzugehen aus erklärtem Grund. Gäb ich den ersten auf, der letzte bliebe als erster.

Tibaos, der selten sprach und stets wenig, setzte hinzu seinen Namen, Datum und Ort.

Der Kundige befragte Tibaos noch einmal; Tibaos erwiderte, es solle so sein. Weniges Brot, das er verzehre, werde er finden in jedem Land. Und keinen solle es kümmern, ob er seufze anderswo.

Er ging und sollte auf Nachricht warten, die vom Rat käme.

Tag um Tag wanderte er vor die Stadt, stand auf dem Hügel und hielt die Stadt fest und das Feld.

Der Rat schickte Männer aus, die Tibaos folgten, zu sehen, mit wem er spräche. Sie kamen in seine Kammer, betrachteten Bilder, die er gemacht hatte, und schlugen Bücher auf, in denen er gelesen hatte.

Ein Händler, der selten Blätter kaufte von Tibaos, kaufte sie nicht mehr. Er handle nach strengem Rat, sagte er freundschaftlich.

Wollte Tibaos selber Blätter verkaufen auf offenem Markt, kamen die Männer und schickten ihn fort.

Tibaos wusste niemanden in anderem Land, dem er hätte Schuldner werden können, und niemanden wollte er suchen.

Ein Jahr wartete er. Dann trat er vor den Rat und forderte Antwort.

Wohl wisse man von seinem Ansinnen, sagten sie ihm. Aber auch er wisse, dass es nichts zu fordern gebe. Es ist dem Menschen nur zu eigen, dass er die Vorteile der Gegenwart verkennt, setzte der Amtmann hinzu. Der, welcher im Vaterland ein Auskommen genieße, setze viel aufs Spiel, beharre er darauf, die Bande der Gewohnheit sichtbar für alle zu zerreißen. Ihm wisse man nicht besser zu raten als: Bleib Er!

Tibaos wandte sich um.

Das Hündlein, das mit ihm war, lief voran, sprang in die Höhe und stellte sich fröhlich.

Z. 68: *elysäische Felder:* zum Elysium (dem Land der Seligen in der griechischen Mythologie) gehörende, also himmlische, paradiesische Felder

Z. 74: *Emissäre:* Abgesandte, Überbringer einer wichtigen Botschaft

Das Seil (1973) Irmtraud Morgner

Professor Barus, Direktor eines akademischen Instituts, das der atomaren Struktur der Materie nachforschte, beschäftigte angestellt eine Physikerin. Sie hieß Vera Hill und wohnte in B., das Institut war jenseits der Stadtgrenze verkehrsungünstig gelegen. Auf einer Halbinsel, deren Bewohner sich vorzugsweise mittels Fahrrädern bewegten und Nichteinheimische anstarrten. Als der jetzt unaktuelle und abrissreife Beschleuniger gebaut worden war, hatte das Institut Ortsgespräche erregt. Seitdem Einwohnerinnen als Laborantinnen angestellt waren und berichteten, die Physiker arbeiteten mit Scheren und sähen Filme an, zählten die Physiker zu den Einheimischen.

Vera Hill brachte die Forschungsstelle wieder in Verruf. Reste einer Einwohnerversammlung, die sich eines Frühlingsabends im Ortskrug gefunden hatten, beschlossen zu später Stunde eine schriftlich formulierte Beschwerde an den Institutsdirektor. Der residierte in einem kleinen neugotischen Backsteingebäude, vormals Schokoladenfabrik. Als die Abordnung, die das Papier zu überbringen hatte, den Eingang passieren wollte, riss der Pförtner das Fenster auf, grüßte aber nicht. Zu Vera Hill pflegte er bei solchen Gelegenheiten „guten Morgen, Frau Doktor" zu sagen, den beiden abgeordneten Männern wurden die Personalausweise abverlangt. Der Pförtner las der Sekretärin des Direktors telefonisch die Personalien der Eintritt fordernden Personen vor. Später schrieb er zwei mit Pauspapier gedoubelte Passierscheine aus, übergab die Dokumente misstrauischen Blicks und drückte auf einen Knopf, wodurch ein Summton und die Eröffnung des Gatters erwirkt wurde, das dem Eingang zum backsteinigen Verwaltungsgebäude vorgelagert war. Die Füße der Delegierten schritten auf gemusterten Fliesen, mit denen Korridor und Vorzimmer ausgelegt waren wie ältere Fleischerläden. Das Amtszimmer von Professor Barus war gedielt. Er empfing die Abordnung in Tracht. Modisch orthodoxe Physiker trugen derzeit die weißen Kittel lang, die anderen Extremisten trugen kurze mit Seitenschlitzen, Barus bewandelte in einem gekürzten, ungeschlitzten Kittel den drei Schritt langen Gang zwischen Schreibtisch und Bücherschrank. Diese Möbelstücke und die Sessel, in die die Gäste sogleich wegen Platzmangels gebeten werden mussten, waren tatzenfüßig. Ehern. Als die beiden Männer die skandalösen Begebnisse in Worten andeuteten und das anschuldigende Papier aushändigten, sagte der Professor: „Bei der Untersuchung der Struktur der Materie kommt der Erforschung der hochenergetischen Wechselwirkung von Elementarteilchen besondere Bedeutung zu. Hier hat man es mit reinen Wechselwirkungen zu tun, die durch Nebeneffekte am wenigsten gestört werden und daher den tiefsten Einblick in einen in der Natur wirklich vorkommenden elementaren Prozess erlauben. Obwohl man mit künstlichen Teilchenbeschleunigern noch nicht die hohen Energien der kosmischen Strahlung erreichen kann, sind die künstlich beschleunigten oder erzeugten Teilchen denen der kosmischen Strahlung für solche Untersuchungen vorzuziehen, da bei ihnen Natur- und Anfangsenergie eindeutig bestimmt sind." Barus verstummte, seine Vermutung, das Institut stünde, nachdem die Rieseneichen neben dem Institutsneubau gefällt worden waren, abermals unter Atombombenverdacht, erwies sich als irrig. Bedauerlicherweise – die Albernheit des neuen Gerüchts schien die des alten vielfach zu übertreffen, wodurch die Chancen seiner Widerlegbarkeit von Barus gering veranschlagt wurden. Jedenfalls war die Behauptung, werktags liefe eine Mitarbeiterin seines Instituts zweimal über den Ort, nur mit Aufwand widerlegbar. Zweckentfremdete Vernutzung wissenschaftlicher Arbeitskräfte erzürnte den Professor, er rauchte nicht, trank unter Umständen Wein bis optimal vierundzwanzig Uhr, dann entzog er sich welchen Veranstaltungen auch immer, achtete überhaupt auf Konsequenz, sein Institut forschte in der Zeit von sieben Uhr fünfunddreißig bis sechzehn Uhr fünfundvierzig bei Fünftagewoche.

Die Gesandten baten Barus, dem Abschnitt des Schreibens, darin die sittlichkeitsgefährdende Rolle der Erscheinung beschrieben wäre, besondere Aufmerksamkeit zu widmen. Barus gedachte der Zweizimmerwohnung, die Dr. Hill mit ihrem Sohn bewohnte. Der Sohn war drei Jahre alt, die Wohnung mit zwei Betten, einem Tisch, drei Stühlen, Schrank, Teppich und Bücherregalen möbliert. Wände nicht von Tapeten kartonhaft gemodelt, sondern fassbar Stein. Weiß getüncht. Ursprünglich. Mittlerweile ergraut unterm Staub, den der Wind vom nahen Gaswerk noch durch die Fensterritzen wehte und Ofenwärme an die Decke hob. Vera Hill schien das nicht zu belasten, Barus kannte einen begabten ungarischen Kollegen, der mit einer Papiertüte, drin er Zahnbürste und Pyjama aufbewahrte, internationale Konferenzen besuchte, auch seine Füße selten wusch und begründete, anderes hätte er als Physiker nicht nötig. Luftwandelei hielt Barus allerdings für eine blödsinnige Verleumdung. Die im Laufe seiner Amtstätigkeit erworbene Fähigkeit, beim Lesen zu sprechen, kam ihm wieder zustatten, er hatte große, auffällig weit auseinanderliegende Augen hinter einer Brille mit geteilten Gläsern. Er las durch die unteren Gläser und sprach: „Da die Untersuchung der Teilchenstruktur im Wesentlichen durch Streuexperimente erfolgt, ist es darüber hinaus notwendig, die Natur des gestoßenen Teilchens genau zu kennen. Daher besitzt die Wasserstoffblasenkammer, in der nur Protonen als streuende Teilchen vorhanden sind, die besten Eigenschaften als Teilchen- und Spurendetektor bei Streuexperimenten. Der Nachteil, dass neutrale Teilchen keine Spuren hinterlassen und die Umwandlungslänge der Gamma-Quanten in flüssigem Wasserstoff sehr groß ist, wird mehr als kompensiert durch die Tatsache, dass in der Wasserstoffblasenkammer Messungen mit außerordentlich hoher Genauigkeit möglich sind und auf die Existenz neutraler Teilchen daher durch die Verletzung der Impuls- und Energiebilanz aller geladenen Teilchen geschlossen werden kann. Die günstigsten Anfangsenergien der stoßenden Teilchen liegen im Intervall 3 bis 15 GeV, da hier einmal die Messungen noch hinreichend genau sind, andererseits die Erzeugung aller interessierenden, kürzlich entdeckten Teilchen oder Resonanzen kinetisch möglich ist."

GeV Gigaelektronvolt

Die Fülle des Materials, das schriftlich vor Barus ausgebreitet war und unter anderem Erregung öffentlichen Ärgernisses, Schädigung von Gesundheit und Weltanschauung, Stromausfall durch Kurzschlüsse, Jugendgefährdung und Verkehrsunsicherheit anführte, nahm die Aufmerksamkeit des Professors derart in Anspruch, dass ihm, obgleich er mittels Reden Zeit gewonnen, noch immer kein schlagendes Argument eingefallen war. Das ärgerte ihn und milderte sein Urteil über Amtsbrüder, die keine Wissenschaftlerinnen anstellten. Als er die von Respekt und Misstrauen entstellten Gesichter der Gesandten gewahrte, fuhr er fort: „Die Abteilung von Frau Doktor Hill untersucht Filmaufnahmen der Wechselwirkung von positiven Pi-Mesonen mit 4 GeV Energie in Wasserstoffblasenkammern, augenblicklich beschäftigt sie sich mit den zweiarmigen Ereignissen. Zuerst wird die Geometrie auf der Rechenmaschine gerechnet. Dann werden die Ereignisse mit Hilfe eines Wahrscheinlichkeitstests, dem sogenannten Fit-Programm, auf ihre Vollständigkeit untersucht. Dadurch können die elastischen Wechselwirkungen eindeutig von den unelastischen Wechselwirkungen getrennt werden. In den Fällen, in denen nur ein neutrales Teilchen neben den geladenen Teilchen im Endzustand vorhanden ist, können Natur und Eigenschaften dieser Teilchen bestimmt werden. Auf diese Weise werden die Wirkungsquerschnitte für die Kanäle mit zwei geladenen Teilchen bestimmt. Darüber hinaus werden die einzelnen Reaktionskanäle im Detail untersucht, insbesondere bezüglich der Existenz der angeregten Zustände von Mesonen und Nukleonen in den verschiedenen Kanälen."

Professor Barus konnte sich den Reizen, die von den detailliert geführten Behauptungen ausgingen, nicht länger entziehen und spitzte seinen schönen Mund. Zwar pfiff er dann doch nicht durch ihn, sondern durch die Zähne, bestellte aber Kaffee bei der Sekretärin. Obgleich ihn der absurde Bericht bereits in einen angeregten Zustand versetzt hatte. Weil er in sich schlüssig war und also einer gewissen Eleganz nicht entbehrte, am besten gefiel der überirdische Aspekt des behaupteten Phänomens. Unwillkürlich erinnerte Barus den Mund der Vera Hill, die breit aufgewölbten Lippen, in deren Falten fadenförmig Schminke stand, die Haut sah aus wie geschnürt, ein sektenhöriges Ehepaar hatte in dieser Frau Mutter Maria erkannt und als Zeichen für die Erwähltheit des Ortes im Falle einer atomaren Explosion der Erde gewertet. Aber auch jene Kläger, die sich gegen hausfriedensbrecherische Verletzungen der Intimsphäre verwahrten, indem sie Vera Hill mögliche und wirkliche Blicke in Fenster und Balkone zuschoben, sowie die Vertreter von Sittlichkeit, Verkehrssicherheit und Materialismus, alle Unterzeichneten bezeugten übereinstimmend, dass Vera Hill werktags zweimal, nämlich gegen sieben Uhr fünfzehn und gegen achtzehn Uhr den Ort in südwestlicher beziehungsweise nordöstlicher Richtung überqueren würde, gehend, in der Luft. Die Angaben über Ganghöhe und Tempo differierten, die Eigentümerin einer Obstplantage behauptete in ihrer Schadenersatzforderung, Vera Hill hätte mit ihrer Aktentasche Mirabellen und Zweige von Süßkirschenbäumen abgeschlagen, ein Kurzschluss am dritten Weihnachtsfeiertag gegen siebzehn Uhr fünfzig, der dem Ort länger als zwei Stunden Stromausfall gekostet hatte, wurde Vera Hill ebenfalls zur Last gelegt, der Krugwirt hielt Ansichten von schwarzem spitzenbesetzten Perlon und Strumpfhalter für sittlich empfindende Bürger und Kinder unzumutbar.

    Barus gedachte lang- und dünnschenkliger Beine, legte das Papier in einen Ordner, ließ den Gästen Kaffee reichen, versprach händereibend eine Untersuchung, schlürfte Kaffeeschaum und fragte, ob er das Papier behalten dürfte. Die Delegierten erinnerten an den Verteilerschlüssel, der dem Schreiben angefügt wäre und das Institut unter sieben Institutionen anführte. Da entließ der Professor die Männer händeschüttelnd. Jäh ernüchtert, denn er fürchtete um die Bewilligung von Devisen, die er für den Erwerb einer englischen Rechenmaschine beantragt hatte. Ohne sie war das Institut international nicht konkurrenzfähig. Das Computergebäude war projektiert, seine Finanzierung gesichert, die Institutseichen gefällt, Barus ließ ab vom Kaffee, warf seinen Wintermantel über den weißen Kittel, querte den Hof mit großen Schritten und trat die Tür des Institutsgebäudes auf. Es roch nach verschmorten Kondensatoren. Im Erdgeschoss waren Labor, Werkstatt, Bibliothek und Rechenmaschine untergebracht, im ersten Stock befanden sich die Zellen der experimentellen Physiker. Jede Zelle hatte eine schwarze Tafel mit Bord für Kreide und Schwamm, Schreibtisch, an dessen rechter Schmalseite Schere, Lineal und Winkelmesser hingen, Stuhl, Bücherregal, Kleiderhaken, eine schreibmaschinengeschriebene Aufstellung des Mobiliars in Klarsichtfolie, ein quadratisches Fenster, die untere Hälfte Milchglas, blauen Estrich zwei Meter mal vier Meter sechsundvierzig, und eine Tür, die sich von allen anderen unterschied durch den Farbanstrich, der jeweils einmalig war wie die Fluglochmarkierungen an Bienenhäusern. Frau Hill hatte hinter einer lindgrünen Tür zu sitzen. Die Tür war verschlossen. Barus klopfte mit beiden Handflächen, da er vermutete, Vera Hill hätte Kopfhörer auf den Ohren und ein Tonbandgerät in Gang, welches sie als ein Instrument der Erkenntnis bezeichnete, da wahrer Wissenschaft und wahrer Musik der gleiche Denkprozess zugrunde läge. Barus sprach zwar wissenschaftlichem Denken das poetische Element nicht ab, hielt aber die Hill nicht für begabter als sich, weil beide sinnlicher Hilfskonstruktionen nicht entraten konnten, weshalb er auf Disziplin bestand

Devisen ausländisches Geld

und sein Namensinitial an die verschlossen bleibende Tür kreidete. Diese Form der Rüge wurde von den Laboranten als ehrabschneiderisch empfunden. Im zweiten Stock, wo sich die Stuben der Theoretiker befanden, waren die Korridorwände mit Heiligenbildern verhängt, die Kopernikus, Galilei, Giordano Bruno, Newton, Cavendish, Coulomb, Ampère, Galois, Gauß, Minkowski, Maxwell, Planck und Einstein zeigten. Die Theoretiker Hinrich und Wander teilten Barus auf entsprechende Anfrage mit, Dr. Hill hätte, veranlasst durch eine telefonische Mitteilung vom Kindergarten, das Institut verlassen, vor einer Stunde etwa, der Sohn wäre offenbar erkrankt oder dergleichen. Barus, selbst Vater von Kleinkindern, schwang zwischen Prinzip und Anteilnahme, als er spaßeshalber fragte, auf welchem Wege die Frau das Institut verlassen hätte. „Auf dem Luftwege", entgegneten die Theoretiker. Da bezweifelte Barus eine kleine Weile seinen Verstand. Obgleich er abgehärtet war, der Leiter der maschinenmathematischen Abteilung war fanatischer Segelflieger, ein Elektroniker hatte die Mutter seiner Braut geehelicht, bei den Theoretikern, die im dritten Stockwerk des Institutsgebäudes arbeiteten, gab es zwei Nachtwandler, Luftwandelei war ihm noch nicht zugemutet worden. Er hielt sie auch nach wie vor für eine Erfindung. Für eine böswillige Erfindung neuerdings, die dem Ansehen der Wissenschaft im Allgemeinen und seines Instituts im Besonderen zu Schaden gereichen konnte, womöglich sogar sollte. Offensichtlich waren mystische Lehren in die materialistische Weltanschauung seines Forschungsteams eingedrungen, ohne dass ihm von derartigen skandalösen Vorkommnissen Mitteilung gemacht worden war. Blieb er jetzt amtshalber vom Institutsklatsch ausgeschlossen? Gaben sich wissenschaftliche Mitarbeiter als Anhänger der Sekte aus, um ihn ideologisch zu stürzen? Andernfalls hinterging man ihn. Gewollt oder ungewollt aus dem gleichen Grund. Von düsteren Ahnungen beschwert, zog sich Barus in die ebenfalls auf dem Institutsgelände gelegene Villa zurück, die ihm als Dienstwohnung zur Verfügung stand. Dort verbrachte er den Rest des Tages vor dem Fernsehgerät. In der Nacht empfand er das Gerücht als Rachekomplott der Hill und schwor, sich außerehelicher Zärtlichkeiten hinfort gänzlich zu enthalten. Am Morgen erwachte er mit Kopfweh, jedoch milder gestimmt, denn es war ihm wieder angenehm bewusst geworden, dass die Hill eine von den seltenen Frauen war, die nicht geheiratet werden wollten. Auch schätzte er ihre manische Arbeitsweise und die Angewohnheit, Schlüsse nicht zu erzwingen, sondern sich zuwachsen zu lassen. Erfüllt vom Glauben, die Wirrnis würde sich auf vernünftige, natürliche Weise gleichsam von selbst lösen, begab sich Barus nach gutem Frühstück abermals zum Arbeitszimmer der Vera Hill, darin er sie zu seiner Freude auch tatsächlich antraf. Er grüßte, als er ihre Hand in seiner hielt, erschien ihm sein Anliegen absurd, weshalb er in Verlegenheit fiel und sich nach dem Befinden des Sohnes und dem Fortgang der Habilitation erkundigte. Die Auskünfte waren erfreulich. Auch bündig gegeben, wenn Barus nicht jäh nach dem eigentlichen Grund seines Kommens gefragt worden wäre, hätte er ihn verschwiegen. Er nannte ihn in einem Nebensatz, der Hauptsatz war ein Kompliment. Vera Hill

Habilitation schriftliche wissenschaftliche Arbeit als Voraussetzung für eine Hochschulprofessur

verschob Haarfransen, indem sie mit beiden Zeigefingern von innen nach außen über die Brauen strich. Den Mund schien sie auch sonst nur mit Mühe schließen zu können, wiewohl ihr Gebiss normal gebildet war. Auch konnte Barus vermuten, sie hätte stets was in den Backen, wenigstens einen Witz. Er entschuldigte sich also vorsorglich für die Albernheit der Verdächtigung, der selbstverständlich weder er noch irgendein anderer vernünftiger Mensch auch nur einen Augenblick Glauben geschenkt hätte. „Warum?", fragte Vera Hill. Barus bat, ihm behilflich zu sein, die Angelegenheit auf pragmatische Weise so schnell wie möglich zu erledigen, ein Institut wie das seine wäre finanziell derart störanfällig, dass bereits eine durch Albernheiten hervorgerufene Verzögerung des Deviseneinflusses wissenschaftliche Chancen in unabschätzbarer Weise verkleinern könnte. „Die Albernheiten vergrößern die wissenschaftlichen Chancen", sagte Vera Hill. „Der Rivale", sagte Barus.

„Empfinden Sie mich als Rivalen?", fragte die Hill. Die Frage verärgerte Barus, Vera Hill sah es ihm an, weshalb sie ihm erklärte, ohne den zeitsparenden Weg über das Seil die Habilitation nicht bis zum vereinbarten Termin fertigstellen zu können, da sie im Gegensatz zu ihm über die Arbeitskraft einer Hausfrau oder Dienstmagd nicht verfüge. Wenn sie nach Arbeitsschluss eingekauft, den Sohn aus dem Kindergarten geholt, Abendbrot gerichtet, gegessen, Autos und andere Wunschbilder des Sohnes gemalt, ihn gebadet und mit einem Märchen versehen ins Bett gebracht, auch Geschirr oder Wäsche gewaschen oder ein Loch gestopft oder Holz gehackt und Briketts aus dem Keller geholt hätte, könnte sie mit Seiltrick gegen einundzwanzig Uhr am Schreibtisch über Invarianzen denken, ohne Trick eine Stunde später. Müsste auch eine Stunde früher aus dem Bett, nach weniger als sechs Stunden Schlaf fiele ihr nichts Brauchbares ein. Barus sprach lange inständig zu ihr über die Unrealität der Verkehrsverbindung. Anderntags verlor Vera Hill auf dem Heimweg die Balance. Der Laternenanzünder entdeckte ihren Körper zerschmettert im Vorgarten der Volksbücherei.

Zum Bild:
Umberto Boccioni (1882–1916): Seelische Stimmungen I: Die Abreisenden (1911). Civico Museo d'Arte Contemporaneo, Palazzo Reale, Mailand

Zeiterfahrung
Lyrik

Unendlich (1981)
Rose Ausländer

Vergiss
Deine Grenzen

Wandre aus

Das Niemandsland
Unendlich
nimmt dich auf

Weiß nicht wie (1979)
Rose Ausländer

Wie kann man
heute noch dichten
fragt die Welt

Mein Gedicht
weiß nicht wie
es schreibt sich mir zu

▸ Überlegt vor dem Hintergrund der beiden Gedichte, was Lyrik zum Ausdruck bringen kann.

Nachtgedanken   Heinrich Heine

Denk ich an Deutschland in der Nacht,
Dann bin ich um den Schlaf gebracht,
Ich kann nicht mehr die Augen schließen,
Und meine heißen Tränen fließen.

5 Die Jahre kommen und vergehn!
Seit ich die Mutter nicht gesehn,
Zwölf Jahre sind schon hingegangen;
Es wächst mein Sehnen und Verlangen.

[...]

25 Nach Deutschland lechzt ich nicht so sehr.
Wenn nicht die Mutter dorten wär:
Das Vaterland wird nie verderben,
Jedoch die alte Frau kann sterben.

Seit ich das Land verlassen hab,
30 So viele sanken dort ins Grab,
Die ich geliebt – wenn ich sie zähle,
So will verbluten meine Seele.

Und zählen muss ich – Mit der Zahl
Schwillt immer höher meine Qual,
35 Mir ist, als wälzten sich die Leichen,
Auf meine Brust – Gottlob! sie weichen!

Gottlob! durch meine Fenster bricht
Französisch heitres Tageslicht;
Es kommt mein Weib, schön wie der Morgen,
40 Und lächelt fort die deutschen Sorgen.

Des Krieges Buchstaben
Friedrich von Logau

Kummer, der das Mark verzehret,
Raub, der Hab und Gut verheeret,
Jammer, der den Sinn verkehret,
Elend, das den Leib beschweret,
5 **G**rausamkeit, die Unrecht fähret,
Sind die Frucht, die Krieg gewähret.

Rückkehr   Bertolt Brecht

Die Vaterstadt, wie find ich sie doch?
Folgend den Bomberschwärmen
Komm ich nach Haus.
Wo denn liegt sie? Wo die ungeheuren
5 Gebirge von Rauch stehn.
Das in den Feuern dort
Ist sie.

Die Vaterstadt, wie empfängt sie mich wohl?
Vor mir kommen die Bomber. Tödliche Schwärme
10 Melden euch meine Rückkehr. Feuersbrünste
Gehen dem Sohn voraus.

1. Zeige an Textstellen, dass sich die Gedichte auf ihre Entstehungszeit beziehen. In welchen Zeiten könnten diese Gedichte entstanden sein?

> **TIPP**
> Recherchiert zu den Dichtern und ihren Lebensumständen sowie der Zeit, in der sie lebten.

Extra Lesen: Heinrich Heine: Nachtgedanken → S. 171

Grausame Wahrheiten

Erich Fried (1921–1987), ganz links, zusammen mit Gaston Salvatore und Rudi Dutschke im Februar 1968 in Berlin auf einer Demonstration gegen den Vietnamkrieg. Nähere Informationen zu Erich Fried findest du auf Seite 69 dieses Bands.

Einer singt (1966)   Erich Fried

Einer singt
aus Angst
gegen Angst

Einer singt
5 aus Not
gegen Not

Einer singt
aus der Zeit
gegen die Zeit

10 Einer singt
aus dem Staub
gegen den Staub

Einer singt
von den Namen
15 die Namen namenlos machen

1. Welche möglichen Situationen fallen dir ein, in denen jemand so „singt"?

Michael Krüger (geb. 1943) leitete von 1986 bis 2013 den Carl Hanser Verlag in München. Er ist aber auch ein überaus produktiver Schriftsteller. Zu seinem literarischen Werk zählen Gedichtbände, Erzählungen und Romane.

Tagesschau (2010)   Michael Krüger

Deutschland hat sein Geld verloren,
und wir sollen es, sagt der Sprecher,
wieder herbeischaffen, wenn auch
in drei Generationen. Außerdem
5 geht die Sonne unter um 19 Uhr 7.
Mord und Totschlag auf allen
fünf Erdteilen, die älteste Japanerin
hat sich vom Acker gemacht
und die ganze Welt mitgenommen.
10 Um 19 Uhr 10 ist es stockdunkel.

2. Halte deine Gedanken zu Michael Krügers Gedicht fest.
3. Vergleicht und überprüft, inwieweit eure Gedanken zum Text des Gedichts passen.

Zeitgeschehen im Gedicht

Wendländische Impressionen (1997) Marko Ferst

Bewehrt
rücken Polizisten vor
die eigene Würde zur Seite
vieltausendmal
5 friedlichen Protest
und meterweise
spülen Wasserwerfer
Demokratie
von der
10 Straße

Es zählt nur Vernunft
erbaut auf
blind geglaubter Sicherheit
in atomares Spalten
15 diktiert von den
Abkassierern
und den harten Worten
im Namen
des Rechtsstaats
20 im Namen
rasender Blaulichtkolonnen
und dem Kriegsgeschrei
der Hubschrauber
und an jeder
25 Straßenecke
folgenschwere
Vernunft

IM's verrichten Spitzeldienst
manchmal auch mehr
30 um die Regierung
zu schützen
vor ihrer eigenen Enttarnung
doch wer gräbt
hier die Grube
35 und wer fällt hinein?

Wieviel Courage
werden wir erst brauchen
sollen nicht nur Castorwege
unpassierbar sein
40 sondern auch
unser tödlicher Lebensstil
und wird der Widerstand je reichen
alle Barrikaden
fort zu räumen
45 und wer wird
welche Vernunft
schützen?

1. Wie lassen sich die Fragen des Gedichts beantworten?
2. Stell dir vor, du seist als Journalist für eine Zeitung tätig. Schreibe vor dem Hintergrund von Marko Fersts Gedicht eine Reportage über die Castor-Transporte nach Gorleben und den Anti-Atom-Protest im Wendland.
3. Gehe den umgekehrten Weg: Wähle aus einer Zeitung einen Bericht. Schreibe dazu ein Gedicht.

Weltende

Weltende (1911)   Jakob van Hoddis

Jakob van Hoddis
(eigentlich: Hans Davidsohn,
1887–1942)

Dem Bürger fliegt vom spitzen Kopf der Hut,
In allen Lüften hallt es wie Geschrei.
Dachdecker stürzen ab und gehn entzwei
Und an den Küsten – liest man – steigt die Flut.

5 Der Sturm ist da, die wilden Meere hupfen
An Land, um dicke Dämme zu zerdrücken.
Die meisten Menschen haben einen Schnupfen.
Die Eisenbahnen fallen von den Brücken.

Leitfragen zur Untersuchung des inhaltlichen und formalen Aufbaus
- Womit beginnt das Gedicht?
- Wie wird die Motivik/das Thema entfaltet?
- Wie endet das Gedicht?
- Wie stehen die Strophen zueinander?
- Wie verhält sich der Titel zum Gedichttext?

Gestaltungsmittel lyrischer Sprache
- Semantik (welche Wörter aus welchen Bereichen werden gewählt?)
- Bildlichkeit (Metaphern, Vergleiche, Symbole etc.)
- Klang (Metrum, Reim, Alliterationen etc.)

Semantik Lehre von der Bedeutung sprachlicher Zeichen

---

1. Beschreibt die Stimmung, die das Gedicht in euch hervorruft.
2. Interpretiere das Gedicht immanent (aus sich heraus, ohne seine Kontexte):
   – Untersuche zunächst, wie das Gedicht inhaltlich und formal aufgebaut ist.
   – Untersuche anschließend, welche Gestaltungsmittel lyrischer Sprache in dem Gedicht vorkommen.
   – Untersuche zuletzt das Wechselverhältnis von Form und Inhalt des Gedichts.

O diese acht Zeilen (1957)   Johannes R. Becher

Meine poetische Kraft reicht nicht aus, um die Wirkung jenes Gedichtes wiederherzustellen, von dem ich jetzt sprechen will. Auch die kühnste Phantasie meiner Leser würde ich überanstrengen bei dem Versuch, ihnen die Zauberhaftigkeit zu schildern, wie sie dieses Gedicht „Weltende" von Jakob van Hoddis für uns in sich barg. Diese zwei Strophen, o diese acht Zeilen schienen uns in andere 5 Menschen verwandelt zu haben, uns emporgehoben zu haben aus einer Welt stumpfer Bürgerlichkeit, die wir verachteten und von der wir nicht wussten, wie wir sie verlassen sollten. Diese acht Zeilen entführten uns. Immer neue Schönheiten entdeckten wir in diesen acht Zeilen, wir sangen sie, wir summten sie, wir murmelten sie, wir pfiffen sie vor uns hin, wir gingen mit diesen acht Zeilen 10 auf den Lippen in die Kirchen, und wir saßen, sie vor uns hin flüsternd, mit ihnen beim Radrennen. Wir riefen sie uns gegenseitig über die Straße hinweg zu wie Losungen, wir saßen mit diesen acht Zeilen beieinander, frierend und hungernd, und sprachen sie gegenseitig vor uns hin, und Hunger und Kälte waren nicht mehr. Was war geschehen? Wir kannten das Wort damals nicht: Verwand- 15 lung. Erst viel später war von Wandlungen die Rede, dann vor allem, als wirkliche Wandlungen zur Seltenheit geworden waren. Aber wir waren durch diese acht Zeilen verwandelt, gewandelt, mehr noch, diese Welt der Abgestumpftheit und Widerwärtigkeit schien plötzlich von uns – zu erobern, bezwingbar zu sein.

Alles, wovor wir sonst Angst oder gar Schrecken empfanden, hatte jede Wirkung auf uns verloren. Wir fühlten uns wie neue Menschen, wie Menschen am ersten geschichtlichen Schöpfungstag, eine neue Welt sollte mit uns beginnen, und eine Unruhe schworen wir uns zu stiften, dass den Bürgern Hören und Sehen vergehen sollte und sie es geradezu als eine Gnade betrachten würden, von uns in den Orkus geschickt zu werden. Wir standen anders da, wir atmeten anders, wir gingen anders, wir hatten, so schien es uns, plötzlich einen doppelt so breiten Brustumfang, wir waren auch körperlich gewachsen, spürten wir, um einiges über uns selbst hinaus, wir waren Riesen geworden, und das Gedicht, das wir als Losung alles dessen unserem Sturm vorantrugen, das eine ungeheuerliche Renaissance der Menschheit einleiten sollte, lautete:
Dem Bürger fliegt vom spitzen Kopf der Hut, […].

3. Beziehe nun den Kontext ein: 1957 schildert Johannes R. Becher im Rückblick die Wirkung von Jakob van Hoddis' Gedicht auf die Zeitgenossen im Jahr 1911. Arbeite das Lebensgefühl jener Jahre vor dem Ersten Weltkrieg heraus, das in dem Gedicht Ausdruck findet. Vergleiche Bechers Erinnerungen und Eindrücke mit deinem Verständnis des Gedichts.
4. Recherchiert zum Expressionismus: Was kennzeichnet diese künstlerische Epoche (Zeitgeschichte, Lebensgefühl, künstlerische Mittel)? Wer waren ihre wichtigsten Vertreter? Wie entstand die Vorstellung vom „neuen Menschen"? Berücksichtigt auch die bildende Kunst.

> **TIPP**
> Berücksichtige die sprachliche Gestalt von Bechers Text.

Weltende. (1903)   Else Lasker-Schüler

Es ist ein Weinen in der Welt,
als ob der liebe Gott gestorben wär,
und der bleierne Schatten, der niederfällt,
lastet grabesschwer.

Komm, wir wollen uns näher verbergen…
Das Leben liegt in aller Herzen
wie in Särgen.

Du, wir wollen uns tief küssen…
Es pocht eine Sehnsucht an die Welt,
an der wir sterben müssen.

5. Interpretiere Else Lasker-Schülers Gedicht „Weltende.". Untersuche dazu wiederum sowohl den inhaltlichen und formalen Aufbau im Ganzen als auch die lyrischen Gestaltungsmittel im Detail.
6. Vergleiche Lasker-Schülers 1903 entstandenes Gedicht mit dem Gedicht von Jakob van Hoddis aus dem Jahre 1911.

Else Lasker-Schüler (1869–1945) ist eine der herausragenden Stimmen des literarischen Expressionismus. Sie war mit Karl Kraus, Gottfried Benn und dem Maler Franz Marc befreundet. Mit ihrer exzentrischen Persönlichkeit polarisierte sie stark: Sie wurde, von den Schriftstellerkollegen wie vom Publikum, teils geliebt und teils abgelehnt.

Schmerzliches Erinnern

[Espenbaum] (1953) Paul Celan

ESPENBAUM, dein Laub blickt weiß ins Dunkel.
Meiner Mutter Haar ward nimmer ▒▒▒▒▒ .

Löwenzahn, so grün ist die Ukraine.
Meine ▒▒▒▒▒ Mutter kam nicht heim.

5 Regenwolke, säumst du an den Brunnen?
Meine ▒▒▒▒▒ Mutter weint für alle.

Runder Stern, du schlingst die ▒▒▒▒▒ Schleife.
Meiner Mutter Herz ward ▒▒▒▒▒ .

Eichne Tür, wer hob dich aus den Angeln?
10 Meine ▒▒▒▒▒ Mutter kann nicht kommen.

1. Fülle die im Text gelassenen Lücken mit eigenen Ergänzungen.
2. Stellt einander eure Fassungen vor und erläutert eure Ergänzungen.
3. Vergleicht eure Fassungen mit Paul Celans Original.
4. Berücksichtige anschließend die Zusatzmaterialien zum historischen und zum biografischen Kontext.
5. Versprachlicht den Subtext des Gedichts: Schreibt auf, was im Gedicht ‚zwischen den Zeilen' mitgeteilt wird (was der Mutter passiert ist).

TIPP
Nutzt OHP-Folien

Celan, Paul kam am 23. November 1920 als einziges Kind deutschsprachiger Juden in Czernowitz (Bukowina) zur Welt. Den Familiennamen Antschel änderte er 1947 in Celan (ein Anagramm zu Ancel). Im Juni 1938 absolvierte er die Abiturprüfung und begann anschließend ein Medizinstudium in Tours (Frankreich). Nach einem Jahr kehrte er in seine Heimatstadt zurück, um dort Romanistik zu studieren. 1940 zog die Rote Armee in Czernowitz ein. 1941 folgte die Besetzung der Stadt durch deutsche und rumänische Truppen. Ein jüdisches Ghetto wurde eingerichtet. 1942 wurden die Eltern Celans deportiert. Der Vater wurde im Herbst desselben Jahres ermordet, wenig später auch die Mutter. Celan wurde als Zwangsarbeiter im Straßenbau eingesetzt. Anfang 1944 konnte er aus dem Arbeitslager nach Czernowitz zurückkehren und im Herbst sein Studium fortsetzen. 1945 war er in Bukarest als Übersetzer und Verlagslektor tätig. Erste Gedichte Celans erschienen 1947 in der rumänischen Zeitschrift „Agora". Über Wien ging Celan im Juli 1948 nach Paris, wo er Germanistik und Sprachwissenschaft studierte. 1952 heiratete er die Grafikerin Gisèle Lestrange, 1955 wurde der Sohn Eric geboren. Von 1959 an arbeitete er als Lektor für deutsche Sprache und Literatur an der École Normale Supérieure (Rue d'Ulm). Im Herbst 1969 reiste er nach Israel. Im April 1970 suchte und fand er in der Seine den Freitod.

Nähe der Gräber (1944) Paul Celan

Kennt noch das Wasser des südlichen Bug,
Mutter, die Welle, die Wunden dir schlug?

Weiß noch das Feld mit den Mühlen inmitten,
wie leise dein Herz deine Engel gelitten?

5 Kann keine der Espen mehr, keine der Weiden,
den Kummer dir nehmen, den Trost dir bereiten?

Und steigt nicht der Gott mit dem knospenden Stab
den Hügel hinan und den Hügel hinab?

Und duldest du, Mutter, wie einst, ach, daheim,
10 den leisen, den deutschen, den schmerzlichen Reim?

> **6.** Vergleiche das Gedicht „Espenbaum" mit dem frühen Gedicht „Nähe der Gräber".

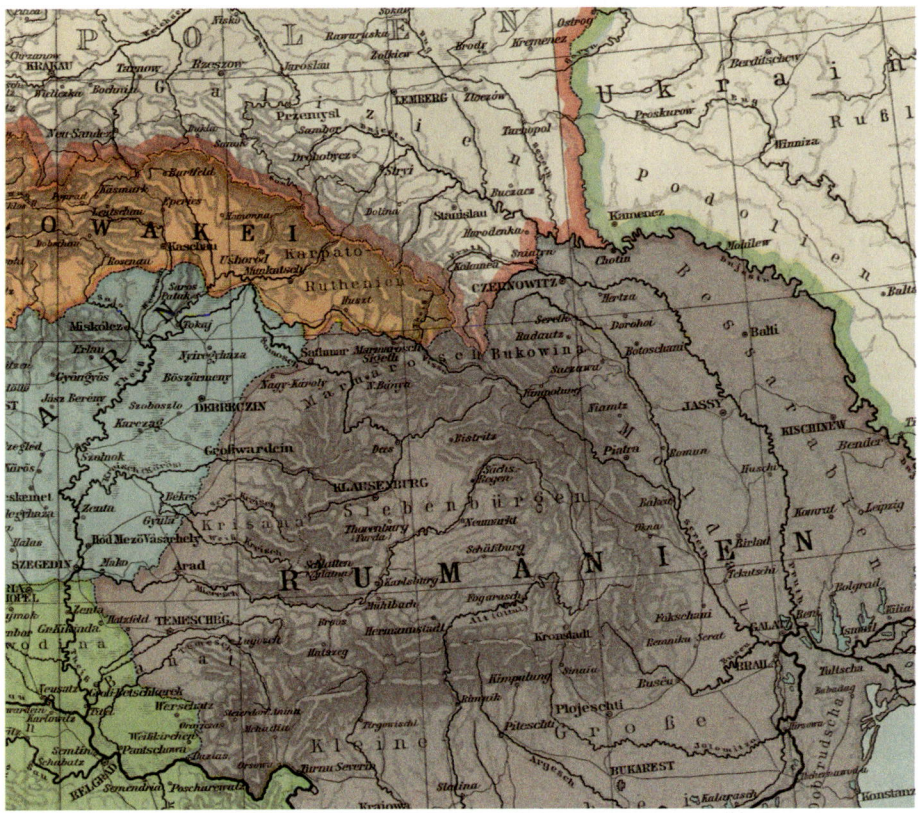

zur Bukowina und zu Czernowitz vgl. auch die Informationen auf der folgenden Doppelseite

Ausschnitt einer Karte mit der Bukowina und den angrenzenden Regionen und Ländern (um 1930)

Hölderlin, Friedrich (1770–1843): Das Leitbild des Dichters (vor allem: Lyrikers) Hölderlin war die antike griechische Idee eines harmonischen Zusammenlebens von Göttern und Menschen. In seinen Gedichten bringt er häufig seinen Schmerz über die Kälte und Zweckrationalität seiner Zeit zum Ausdruck.

Trakl, Georg (1887–1914) war ein österreichischer Lyriker. Nach einer Apothekerlehre (1908 bis 1911) studierte er Pharmazie und leistete in Wien seinen Militärdienst ab. Er wurde gleich zu Beginn des Ersten Weltkriegs an der Ostfront in Galizien (heutiges Polen) als Soldat in einer Sanitätsstaffel eingesetzt. Nach der Schlacht von Grodek musste er fast hundert Schwerverletzte in einer Scheune betreuen, ohne ihnen wirksam helfen zu können. Dieses Erlebnis traumatisierte ihn schwer. Er starb an einer Überdosis Kokain.

Ich vergesse nicht (1979) Rose Ausländer

Ich vergesse nicht

das Elternhaus
die Mutterstimme
den ersten Kuss
5   die Berge der Bukowina
die Flucht im ersten Weltkrieg
das Darben in Wien
die Bomben im zweiten Weltkrieg
den Einmarsch der Nazis
10 das Angstbeben im Keller
den Arzt der unser Leben rettete
das bittersüße Amerika

Hölderlin Trakl Celan

meine Schreibqual
15 den Schreibzwang
noch immer

7. Interpretiere Rose Ausländers Gedicht zunächst immanent.
8. Berücksichtige anschließend die Zusatzmaterialien zum historischen und zum biografischen Kontext.
9. Arbeite Gemeinsamkeiten und Unterschiede der Gedichte von Paul Celan und Rose Ausländer heraus.

Ausländer, Rose (1901–1988): aufgewachsen in Czernowitz (Bukowina), stammte aus einer jüdischen Familie; musste während des Ersten Weltkriegs zum ersten Mal gemeinsam mit ihren Eltern die Heimat verlassen und verbrachte die Jahre 1916 bis 1918 in Wien. Das Studium der Literatur und Philosophie brach sie nach dem frühen Tod des Vaters 1920 ab. Große Armut brachte sie dazu, 1921 in die USA auszuwandern; 1931 kehrte sie nach Czernowitz zurück, um die kranke Mutter zu pflegen. 1939 erschien ihr erster Gedichtband.

Sie überlebte 1943/44 die Ermordung von ca. 55 000 Czernowitzer Juden durch die Nationalsozialisten gemeinsam mit ihrer Mutter in Kellerverstecken. Im jüdischen Ghetto in Czernowitz traf sie erstmals Paul Celan, mit dem sie sich intensiv dichterisch austauschte. 1946 emigrierte sie erneut in die USA, wurde dort aber nie ganz heimisch; sie kehrte nach einer Europareise und Begegnungen mit Celan zur Dichtung in deutscher Sprache und 1965 nach Deutschland zurück. Ab 1970 bis zu ihrem Tod wohnte sie im jüdischen Seniorenheim in Düsseldorf.

Die Synagoge in Czernowitz

Bukowina, früher deutsch auch „Buchenland": historische Landschaft in der Ukraine und in Rumänien, deren Zentrum Czernowitz war; in der ersten Hälfte des 20. Jahrhunderts geprägt durch die ethnische Vielfalt, den kulturellen Reichtum und die Mehrsprachigkeit ihrer Bewohner, zu denen auch viele Juden zählten; seit 1919 Rumänien zugeteilt, 1940 wurde der Norden an die Ukraine abgetreten; Besetzung der Bukowina durch die Nationalsozialisten 1941–1944. Nach dem Zweiten Weltkrieg ging die Nord-Bukowina wieder an die Ukraine.

10. Überlegt gemeinsam, welchen Wert die Kenntnis biografischer und historischer Kontexte für das Verstehen von Gedichten und überhaupt von literarischen Texten hat.

Extra Kompetenzen Lyrik

Das hast du in diesem Kapitel gelernt:

- Eigene Gedanken zu Gedichten zu formulieren
- Gedichte zu vergleichen
- Gedichte mit produktiven Verfahren zu erschließen
- Den inhaltlichen und formalen Aufbau von Gedichten zu untersuchen und Gestaltungsmittel lyrischer Sprache für die Interpretation heranzuziehen
- Den biografisch-historischen Kontext eines Gedichts in die Deutung einfließen zu lassen

M Extra: **Merkwissen** → S. 285

So kannst du dein Wissen anwenden und deine Fähigkeiten trainieren:

Sprache (1963)
Johannes Bobrowski

Der Baum
größer als die Nacht
mit dem Atem der Talseen
mit dem Geflüster über
5 der Stille

Die Steine
unter dem Fuß
die leuchtenden Adern
lange im Staub
10 für ewig

Sprache
abgehetzt
mit dem müden Mund
auf dem endlosen Weg
15 zum Hause des Nachbarn

Der Wanderer (1960)
Johannes Bobrowski

Abends,
der Strom ertönt,
der schwere Atem der Wälder,
Himmel, beflogen
5 von schreienden Vögeln, Küsten
der Finsternis, alt,
darüber die Feuer der Sterne.

Menschlich hab ich gelebt,
zu zählen vergessen die Tore,
10 die offenen. An die verschlossnen
hab ich gepocht.

Jedes Tor ist offen.
Der Rufer steht mit gebreiteten
Armen. So tritt an den Tisch.
15 Rede: Die Wälder tönen,
den eratmenden Strom
durchfliegen die Fische, der Himmel
zittert von Feuern.

V. 2: *der Strom*: bei Bobrowski die Memel
V. 13: *Der Rufer*: biblisches Motiv (vgl. Ps 130,1; Jes 43,1), z. B. der Prophet als „Rufer in der Wüste"

Extra Kompetenzen Lyrik

- Welche Verse der beiden Gedichte lösen bei dir Fragen aus?
- Welche Fragen kannst du mit den folgenden Informationen von und zu Johannes Bobrowski beantworten?
- Nutze diese Informationen zur Analyse und Interpretation der Gedichte.

Johannes Bobrowski in seinem Arbeitszimmer, Berlin-Friedrichshagen, 1963 oder 1964

„Zu schreiben habe ich begonnen am Ilmensee 1941, über russische Landschaft, aber als Fremder, als Deutscher. Daraus ist ein Thema geworden, ungefähr: die Deutschen und der europäische Osten. Weil ich um die Memel herum aufgewachsen bin, wo Polen, Litauer, Russen, Deutsche miteinander lebten, unter ihnen allen die Judenheit. Eine lange Geschichte aus Unglück und Verschuldung, seit den Tagen des deutschen Ordens, die meinem Volk zu Buch steht."
Johannes Bobrowski

Johannes Bobrowski

Geboren wurde Johannes Bobrowski 1917 im ostpreußischen Tilsit. Seine Jugend verlebte er in Königsberg. Von den Bildungserlebnissen, die er dieser Stadt verdankte, und den Landschaftseindrücken, die er während der Sommerferien in der unberührten Welt der deutsch-litauischen Dörfer an der Memel sammelte,
5 zehrte er zeitlebens. Das bildungsbürgerlich-protestantische Milieu seines Elternhauses wirkte prägend. Dem Abitur im Jahr 1937 folgte statt des geplanten Studiums der Kunstgeschichte in Berlin die Einberufung zum Reichsarbeitsdienst und zum Militär.

Nach sechs Kriegsjahren in Polen, in Frankreich und in Nordrussland als Ge-
10 freiter einer Nachrichteneinheit und nach der Gefangenschaft im sowjetischen Donezbecken kehrte Bobrowski 1949 in den Berliner Osten zu seiner Familie zurück. Er arbeitete dort, also in der DDR, als Verlagslektor. Anschluss an die Literaturszene fand er aber zuerst in Westberlin. Sein später Debütband „Sarmatische Zeit" (1961), der wie die folgenden Gedicht- und Erzählbände gleichzeitig
15 in beiden Teilen Deutschlands publiziert wurde, fand schnell Anerkennung. Es folgten zwei weitere Bände mit Lyrik, die beiden Romane „Levins Mühle" (1964) und „Litauische Claviere" (1966) sowie Bände mit kürzeren Erzählungen und experimenteller Prosa.

Als Bobrowski 1965 im Alter von 48 Jahren starb, galt er in beiden deutschen
20 Staaten und im Ausland als einer der profiliertesten und souveränsten deutschsprachigen Lyriker und Erzähler der Gegenwart.

TIPP
Recherchetipp
www.johannes-bobrowski-gesellschaft.de

Gedanken über die Zeit (um 1640) Paul Fleming

Ihr lebet in der Zeit und kennt doch keine Zeit;
So wisst ihr Menschen nicht, von und in was ihr seid.
Dies wisst ihr, dass ihr seid in einer Zeit geboren
Und dass ihr werdet auch in einer Zeit verloren.
5 Was aber war die Zeit, die euch in sich gebracht?
Und was wird diese sein, die euch zu nichts mehr macht?
Die Zeit ist was und nichts, der Mensch in gleichem Falle,
Doch was dasselbe was und nichts sei, zweifeln alle.
Die Zeit, die stirbt in sich und zeugt sich auch aus sich.
10 Dies kömmt aus mir und dir, von dem du bist und ich.
Der Mensch ist in der Zeit; sie ist in ihm ingleichen,
Doch aber muss der Mensch, wenn sie noch bleibet, weichen.
Die Zeit ist, was ihr seid, und ihr seid, was die Zeit,
Nur dass ihr wen'ger noch, als was die Zeit ist, seid.
15 Ach dass doch jene Zeit, die ohne Zeit ist, käme
Und uns aus dieser Zeit in ihre Zeiten nähme
Und aus uns selbsten uns, dass wir gleich könnten sein,
Wie der itzt jener Zeit, die keine Zeit, geht ein!

Tränen in schwerer Krankheit, anno 1640 Andreas Gryphius

Mir ist, ich weiß nicht wie; ich seufze für und für.
Ich weine Tag und Nacht, ich sitz in tausend Schmerzen
Und tausend fürcht ich noch; die Kraft in meinem Herzen
Verschwindet, der Geist verschmacht', die Hände sinken mir.

5 Die Wangen werden bleich, der muntern Augen Zier
Vergeht gleich als der Schein der schon verbrannten Kerzen.
Die Seele wird bestürmt gleichwie die See im Märzen.
Was ist dies Leben doch, was sind wir, ich und ihr?

Was bilden wir uns ein? Was wünschen wir zu haben?
10 Itzt sind wir hoch und groß und morgen schon vergraben;
Itzt Blumen, morgen Kot; wir sind ein Wind, ein Schaum,

Ein Nebel und ein Bach, ein Reif, ein Tau, ein Schatten;
Itzt was und morgen nichts, und was sind unsre Taten
Als ein mit herber Angst durchaus vermischter Traum!

Nachtgedanken (1844)
Heinrich Heine

Denk ich an Deutschland in der Nacht,
Dann bin ich um den Schlaf gebracht,
Ich kann nicht mehr die Augen schließen,
Und meine heißen Tränen fließen.

5 Die Jahre kommen und vergehn!
Seit ich die Mutter nicht gesehn,
Zwölf Jahre sind schon hingegangen;
Es wächst mein Sehnen und Verlangen.

Mein Sehnen und Verlangen wächst.
10 Die alte Frau hat mich behext,
Ich denke immer an die alte,
Die alte Frau, die Gott erhalte!

Die alte Frau hat mich so lieb,
Und in den Briefen, die sie schrieb,
15 Seh ich, wie ihre Hand gezittert,
Wie tief das Mutterherz erschüttert.

Die Mutter liegt mir stets im Sinn.
Zwölf lange Jahre flossen hin,
Zwölf lange Jahre sind verflossen,
20 Seit ich sie nicht ans Herz geschlossen.

Deutschland hat ewigen Bestand,
Es ist ein kerngesundes Land,
Mit seinen Eichen, seinen Linden,
Werd ich es immer wiederfinden.

25 Nach Deutschland lechzt ich nicht so sehr,
Wenn nicht die Mutter dorten wär:
Das Vaterland wird nie verderben,
Jedoch die alte Frau kann sterben.

Seit ich das Land verlassen hab,
30 So viele sanken dort ins Grab,
Die ich geliebt – wenn ich sie zähle,
So will verbluten meine Seele.

Und zählen muss ich – Mit der Zahl
Schwillt immer höher meine Qual,
35 Mir ist, als wälzten sich die Leichen,
Auf meine Brust – Gottlob! sie weichen!

Gottlob! durch meine Fenster bricht
Französisch heitres Tageslicht;
Es kommt mein Weib, schön wie der Morgen,
40 Und lächelt fort die deutschen Sorgen.

V. 7: *Zwölf Jahre:* 1831 war Heine nach Paris übergesiedelt.

Die schlesischen Weber (1844) Heinrich Heine

Im düstern Auge keine Träne,
Sie sitzen am Webstuhl und fletschen die Zähne:
Deutschland, wir weben dein Leichentuch,
Wir weben hinein den dreifachen Fluch –
     Wir weben, wir weben!

Ein Fluch dem Gotte, zu dem wir gebetet
In Winterskälte und Hungersnöten;
Wir haben vergebens gehofft und geharrt,
Er hat uns geäfft und gefoppt und genarrt –
     Wir weben, wir weben!

Ein Fluch dem König, dem König der Reichen,
Den unser Elend nicht konnte erweichen,
Der den letzten Groschen von uns erpresst
Und uns wie Hunde erschießen lässt –
     Wir weben, wir weben!

Ein Fluch dem falschen Vaterlande,
Wo nur gedeihen Schmach und Schande,
Wo jede Blume früh geknickt,
Wo Fäulnis und Moder den Wurm erquickt –
     Wir weben, wir weben!

Das Schiffchen fliegt, der Webstuhl kracht,
Wir weben emsig Tag und Nacht –
Altdeutschland, wir weben dein Leichentuch,
Wir weben hinein den dreifachen Fluch,
     Wir weben, wir weben!

Käthe Kollwitz (1867–1945): Weberauszug (1897)

Wiegenlied (1843) Georg Herwegh

Schlafe, was willst du mehr?
(aus: Goethe, Nachtgesang)

Deutschland – auf weichem Pfühle
Mach dir den Kopf nicht schwer!
Im irdischen Gewühle
Schlafe, was willst du mehr?

Lass jede Freiheit dir rauben,
Setze dich nicht zur Wehr,
Du behältst ja den christlichen Glauben:
Schlafe, was willst du mehr?

Und ob man dir alles verböte,
Doch gräme dich nicht zu sehr,
Du hast ja Schiller und Goethe:
Schlafe, was willst du mehr?

Dein König beschützt die Kamele
Und macht sie pensionär,
Dreihundert Taler die Seele:
Schlafe, was willst du mehr?

Es fechten dreihundert *Blätter*
Im Schatten, ein Sparterheer;
Und täglich erfährst du das Wetter:
Schlafe, was willst du mehr?

Kein Kind läuft ohne Höschen
Am Rhein, dem freien, umher:
Mein Deutschland, mein Dornröschen,
Schlafe, was willst du mehr? –

V. 21: *ohne Höschen*: Anspielung auf die republikanisch gesinnten „Sansculottes" (,ohne Kniebundhosen' – welche die Adligen zu tragen pflegten) in der Zeit der Französischen Revolution

Kennst Du das Land, wo die Kanonen blühn? (1928)
Erich Kästner

Kennst Du das Land, wo die Kanonen blühn?
Du kennst es nicht? Du wirst es kennenlernen!
Dort stehn die Prokuristen stolz und kühn
in den Büros, als wären es Kasernen.

5 Dort wachsen unterm Schlips Gefreitenknöpfe.
Und unsichtbare Helme trägt man dort.
Gesichter hat man dort, doch keine Köpfe.
Und wer zu Bett geht, pflanzt sich auch schon fort!

Wenn dort ein Vorgesetzter etwas will
10 – und es ist sein Beruf etwas zu wollen –
steht der Verstand erst stramm und zweitens still.
Die Augen rechts! Und mit dem Rückgrat rollen!

Die Kinder kommen dort mit kleinen Sporen
und mit gezognem Scheitel auf die Welt.
15 Dort wird man nicht als Zivilist geboren.
Dort wird befördert, wer die Schnauze hält.

Kennst Du das Land? Es könnte glücklich sein.
Es könnte glücklich sein und glücklich machen!
Dort gibt es Äcker, Kohle, Stahl und Stein
20 und Fleiß und Kraft und andre schöne Sachen.

Selbst Geist und Güte gibt's dort dann und wann!
Und wahres Heldentum. Doch nicht bei vielen.
Dort steckt ein Kind in jedem zweiten Mann.
Das will mit Bleisoldaten spielen.

25 Dort reift die Freiheit nicht. Dort bleibt sie grün.
Was man auch baut – es werden stets Kasernen.
Kennst Du das Land, wo die Kanonen blühn?
Du kennst es nicht? Du wirst es kennenlernen!

V. 3: *Prokuristen*: leitende Angestellte größerer Unternehmen mit weitreichenden Handlungsvollmachten

Kennst du das Land ... (1795/96)
Johann Wolfgang von Goethe

Kennst du das Land? wo die Zitronen blühn,
Im dunkeln Laub die Gold-Orangen glühn,
Ein sanfter Wind vom blauen Himmel weht,
Die Myrte still und hoch der Lorbeer steht.
5 Kennst du es wohl?
    Dahin! Dahin!
Möcht ich mit dir, o mein Geliebter, ziehn.

Kennst du das Haus? auf Säulen ruht sein Dach,
Es glänzt der Saal, es schimmert das Gemach,
10 Und Marmorbilder stehn und sehn mich an:
Was hat man dir, du armes Kind, getan?
Kennst du es wohl?
    Dahin! Dahin!
Möcht ich mit dir, o mein Beschützer, ziehn.

15 Kennst du den Berg und seinen Wolkensteg?
Das Maultier sucht im Nebel seinen Weg,
In Höhlen wohnt der Drachen alte Brut,
Es stürzt der Fels und über ihn die Flut.
Kennst du ihn wohl?
20   Dahin! Dahin!
Geht unser Weg! o Vater, lass uns ziehn!

Parodie → S. 283

Poetry Slam

Poetry Slam – Was ist das?

Schon im antiken Griechenland und im Mittelalter taten die Dichter es. Und auch Goethe und Schiller taten es: Sie veranstalteten Dichterwettbewerbe. In der Antike fanden diese zu Ehren der Götter statt. Die Freundschaft zwischen Goethe und Schiller beflügelte die beiden Dichter zu einem wettstreitartigen Schaffen, auf dessen Höhepunkt, im sogenannten „Balladenjahr" 1797, eine ganze Reihe berühmter Gedichte und Balladen entstand.

Poetry Slams sind Live-Wettbewerbe und werden heute überall auf der Welt abgehalten. Jede und jeder kann selbst geschriebene Texte auf der Bühne „performen", d. h. ausdrucksstark vortragen. Danach stimmt das Publikum darüber ab, wer die oder der Beste ist. Für die Durchführung eines Poetry Slams gelten bestimmte Regeln:

a) Alle, die einen eigenen Text performen, können teilnehmen. Reine Gesangsnummern sind nicht zulässig, aber man kann den Text mit Musik oder Klängen unterlegen.
b) Alle Teilnehmer/innen bekommen für ihren Vortrag dasselbe Zeitlimit (z. B. maximal 6 Minuten).
c) Die Teilnehmer/innen dürfen weder Kostüme noch Requisiten benutzen.
d) Wahlweise eine Jury oder das gesamte Publikum bewerten die Beiträge. Bewertet werden Text und Vortrag. Der Vortrag soll nicht gekünstelt sein und besonders soll in ihm auf sinnbetontes Lesen und Betonung von Klängen geachtet werden. Der Vortragende sollte es schaffen, eine Beziehung zum Publikum herzustellen, es in seinen Bann zu ziehen.
e) Bei jeder „Dichterschlacht" gibt es einen Zeremonienmeister, den MC (Master of Ceremony). Er organisiert das Vorprogramm (z. B. eine Live-Band, einen DJ), stellt die Liste der Beiträge zusammen, moderiert die Veranstaltung und organisiert die Bewertung der Beiträge.
f) Der „Dichterkönig" erhält am Ende des Wettstreits einen Preis.

Bas Böttcher, Gewinner internationaler Poetry Slams

TIPP
Eine Internetrecherche zum Stichwort „Poetry Slam" lohnt sich! Informiert euch über Poetry Slams in eurer Region.

- ✓ Raum und Zeit festlegen: Klassenraum, Aula, Freilichtbühne …
- ✓ genaue Regeln formulieren: Anmeldefrist, Bewertung, Programmabfolge …
- ✓ Werbung machen: Handzettel, Plakate, SV, Schul-Homepage …
- ✓ Technik, Aufsichten, Bewirtung, Deko-Material organisieren: Mikrofonanlage, Anlage für Vorprogramm, Lichttechnik, Aufzeichnung …
- ✓ MC bestimmen: Wer eignet sich für diese Aufgabe?
- ✓ Preis besorgen: Finden sich Sponsoren?

Und das Wichtigste: DICHTEN!!!

Ein Poetry Slam steht und fällt mit der Qualität der einzelnen Beiträge. Ein Text eignet sich meist dann für den Bühnenvortrag, wenn die oder der Vortragende ein Anliegen mit den Zeilen verbindet, d. h. wenn sie oder er dem Publikum etwas mitteilen möchte.
Hier findet ihr zwei Vorschläge, wie ihr ans Dichten herangehen könnt:

▶ Nimm eine Tageszeitung zur Hand und suche dir einen Artikel zu einem Thema heraus, das dich interessiert. Unterstreiche die zentralen Begriffe oder Formulierungen sowie Merkwürdigkeiten des Artikels, schreibe sie heraus und versuche sie zu einem Gedicht zusammenzubauen. Welche Gefühle verbindest du mit dem Thema (z. B. Wut, Empörung)? Versuche, diese mit deinem Gedicht auszudrücken. Hier ein Beispiel:

Kino als Sprengstoff-Lager

Moskau (dpa) – Eine Woche nach dem blutigen Geiseldrama in Südrussland hat die Polizei in St. Petersburg Sprengstoff in einem zur Renovierung geschlossenen Kino gefunden. In dem Gebäude seien 900 Gramm Plastiksprengstoff, 200 Gramm TNT, zwei Zünder sowie eine Schrotflinte mit Patronen sichergestellt worden, teilte ein Polizeisprecher in St. Petersburg am Donnerstag mit. Russische Medien hatten in den vergangenen Tagen den Verdacht geäußert, dass Terroristen als Bauarbeiter getarnt in Beslan Tage vor dem Überfall Sprengstoff in das Schulgebäude gebracht hätten.

Aus: Süddeutsche Zeitung, Nr. 210 vom 10. September 2004

KINOTAG

900 g Plastiksprengstoff
200 g TNT
zwei Zünder
eine Schrotflinte mit Patronen

Lass dich entführen
in atemberaubende Welten

8 Euro kostet eine Eintrittskarte
Montag ist Kinotag
Mittwoch beginnt in Beslan die Schule
Das Kino liefert den Sprengstoff

Lass dich fesseln von
explosiven Geschichten

Gute Tarnung:
Terroristen als Bauarbeiter
Sprengstoff unter Filmspulen

Das mit dem Entführen haben die
wohl wörtlich gemeint –
den Atem haben sie geraubt:
335 Menschenleben

▶ Schneide zu einem Thema Schlagzeilen aus mehreren Ausgaben einer Tageszeitung oder verschiedener Tageszeitungen aus. Spiele mit der Reihenfolge deiner Schlagzeilen. Welche Abfolge gefällt dir? Welche klingt gut? Wo passen noch eigene Ergänzungen, z. B. zu deinen Gefühlen, deiner Perspektive auf die gemeldeten Geschehnisse und deiner Meinung hinein?

Zum Bild links:
Corinna Kirchhoff (l.) als Maria Stuart und Elisabeth Orth (r.) als Elisabeth in Andrea Breths Inszenierung von Schillers „Maria Stuart" am Wiener Burgtheater im Jahre 2001

Zum Bild rechts:
Janina Sachau als Shui Ta in Thomas Krupas Inszenierung von Brechts „Der gute Mensch von Sezuan" am Theater Freiburg (2006)

„Maria Stuart" – „Der gute Mensch von Sezuan"
Klassisches und episches Drama

Frauen lesen anders (1994)   Ruth Klüger

[...] Die interessanten Menschen in den Büchern, die als wertvoll gelten, sind männliche Helden. Wir identifizieren uns mit ihnen und klopfen beim Lesen jede Frauengestalt auf ihr Identifikationsangebot ab, um sie meist seufzend links liegen zu lassen. Denn wer will schon ein verführtes Mädchen oder ein verführendes Machtweib oder eine selbstmörderische Ehebrecherin oder ein puppenhaftes Lustobjekt sein? Höhenflüge und Abenteuer wollen wir und widmen uns dementsprechend den Männergestalten, denen wir das allgemein Menschliche abgewinnen. [...]

▸ Könnt ihr dieser Meinung zustimmen? Diskutiert darüber.

Friedrich Schiller: „Maria Stuart"

Elisabeths Räte drängen sie, aus politischem Kalkül eine Heirat einzugehen. Sie wehrt sich gegen diese Zumutung, als Königin einem Manne untertan zu sein.
ELISABETH Doch eine Königin, die ihre Tage
    Nicht ungenützt in müßiger Beschauung
    Verbringt, die unverdrossen, unermüdet,
    Die schwerste aller Pflichten übt, *die* sollte
5   Von dem Naturzweck ausgenommen sein,
    Der *eine* Hälfte des Geschlechts der Menschen
    Der andern unterwürfig macht – *(II, 2, V. 1178–1184)*

Maria war durch die Liebe in politische Machenschaften verstrickt.
MARIA Den König, meinen Gatten, ließ ich morden,
    Und dem Verführer schenkt ich Herz und Hand!
    Streng büßt ichs ab mit allen Kirchenstrafen,
    Doch in der Seele will der Wurm nicht schlafen. *(V, 7, V. 3697–3700)*

Mit seinem fünfaktigen Trauerspiel „Maria Stuart", das 1799/1800 entstand und im Juni 1800 uraufgeführt wurde, griff **Friedrich Schiller** (1759–1805) einen geschichtlichen Stoff auf, den er ganz und gar auf die Katastrophe, nämlich Marias Hinrichtung, konzentrierte. So setzt der 1. Akt schon mit Marias Verurteilung ein, die Hinrichtung erfolgt im 5. Akt.

Bertolt Brecht: „Der gute Mensch von Sezuan"

Shen Te hat ein gutes Herz. Das Geld der Götter will sie mit den Armen teilen.
SHEN TE Ich sage euch, es entgeht euch viel, wenn ihr nicht liebt und eure
    Stadt seht in der Stunde, wo sie sich vom Lager erhebt wie ein nüchterner
    alter Handwerker, der seine Lungen mit frischer Luft vollpumpt und nach
    seinem Handwerkzeug greift, wie die Dichter singen. *Zu den Wartenden:*
5   Guten Morgen! Da ist der Reis! *Sie teilt aus, dann erblickt sie Wang.* Guten
    Morgen, Wang. Ich bin leichtsinnig heute. Auf dem Weg habe ich mich
    in jedem Schaufenster betrachtet und jetzt habe ich Lust, mir einen Shawl
    zu kaufen. *Nach kurzem Zögern.* Ich würde so gern schön aussehen.
    (4. Bild, S. 54)

Shui Ta, in den sich Shen Te verwandelt, lässt die Liebe nicht zu, da sie den Menschen ruiniert. Nur so kann Shen Te ihre Existenz sichern.
SHUI TA Die Zeiten sind furchtbar, diese Stadt ist eine Hölle, aber wir krallen
    uns an der glatten Mauer hoch. Dann ereilt einen von uns das Unglück:
    er liebt. Das genügt, er ist verloren. Eine Schwäche und man ist abserviert.
    Wie soll man sich von allen Schwächen freimachen, vor allem von der töd-
5   lichsten, der Liebe? Sie ist ganz unmöglich! Sie ist zu teuer! *(5. Bild, S. 69)*

Bertolt Brecht (1898–1956) schrieb das Stück „Der gute Mensch von Sezuan" von 1938–1941 in der Emigration. 1941 wurde es in Zürich uraufgeführt. In diesem Stück setzt sich Brecht mit der moralischen Frage auseinander, wie der Mensch in dieser Welt gut sein kann.

Texte von Bertolt Brecht müssen in ihrer ursprünglichen Schreibung abgedruckt werden (zitiert wird hier nach: SBB 25).

    1. Untersuche, worüber Elisabeth und Shen Te bzw. Shui Ta sprechen und wie sie sich selbst sehen.

Friedrich Schiller: „Maria Stuart"

Die geschichtlichen Gestalten Maria und Elisabeth

Bild links: Maria Stuart (Gemälde von François Clouet, ca. 1559)

Bild rechts: Elisabeth I. (Gemälde von Nicholas Hilliard, ca. 1575)

Maria Stuart

1542 Geburt Maria Stuarts; Krönung zur schottischen Königin; katholische Erziehung, seit 1548 in Frankreich, dem Heimatland der Mutter

1558 Heirat mit dem vierzehnjährigen französischen Thronfolger Franz

1559 Krönung zur Königin Frankreichs

1560 Tod Franz II.; Rückkehr Marias nach Schottland (1561)

1565 Heirat des vier Jahre jüngeren Verwandten Lord Darnley, gegen den Widerstand der protestantischen Clanchefs; vermutliche Affäre mit dem Privatsekretär David Rizzio, den Darnley 1566 ermorden lässt; kurz darauf Geburt eines Sohns (Jakob VI.); gewaltsamer Tod Darnleys; Heirat Lord Bothwells, des Hauptverschwörers

1567 Aufstand der Clanchefs und erzwungene Abdankung Marias; Krönung des Kindes Jakob

1568 Flucht nach England; dort Inhaftierung als Staatsgefangene; Briefwechsel mit Elisabeth I., die jedoch eine persönliche Begegnung ablehnt

1587 Verurteilung und Hinrichtung Marias – die erste Hinrichtung einer gesalbten Königin

1603 Marias Sohn Jakob wird als Nachfolger Elisabeths König von England (Jakob I.).

Elisabeth I.

1533 Geburt Elisabeths, als zweites Kind Heinrichs VIII.; nach der Enthauptung ihrer Mutter, Anne Boleyns, als vermeintlicher Ehebrecherin (1536) wird Elisabeth für illegitim erklärt und vom Hof entfernt; viele Jahre ein Leben in dauernder Gefahr.

1558–1603 Nach dem Tod des Vaters (1547) sowie der Halbgeschwister Eduard VI. (1553) und Maria I. ab 1558 Königin von England; Weigerung, aus dynastischen Erwägungen heraus eine Heirat einzugehen; lange und erfolgreiche Regierungszeit: das „Elisabethanische Zeitalter" im Innern als eine Zeit wirtschaftlichen Aufschwungs und kultureller Blüte (z. B. Shakespeare); außenpolitisch Aufstieg zur Weltmacht (Sieg der englischen Flotte über die spanische Armada im Jahr 1588); allerdings jahrelange Beunruhigung durch die Thronansprüche der Staatsgefangenen Maria, in deren Namen es zu inneren Staatsstreichversuchen kommt und Invasionen durch äußere Mächte drohen; 1587 schließlich Verurteilung und Enthauptung Marias.

1. Vergleiche die Biografien der Königinnen: Inwiefern hängen sie zusammen?
2. Überlege, was Schiller als Dramatiker daran interessiert haben könnte.

M Friedrich Schiller: „Maria Stuart" → S. 285 f.

Zwei Briefe

Maria Stuarts letzter Brief an Elisabeth aus Fotheringhay, am 19. Dezember 1586

Gnädige Frau!
Ich habe von jenen, in deren Hände Ihr mich gegeben habt, die Ermächtigung nicht erlangen können, Euch selbst darzulegen, was ich auf dem Herzen habe, sowohl um mich von dem Vorwurf zu entlasten irgend bösen Willens oder des Gelüsts, Grausames oder Feindseligkeit zu planen gegen mir Blutsverwandte, wie auch um Euch liebevoll übermitteln zu können, was mir zu Eurem eigen Schutz und Heil dienlich schien, wie auch zur Bewahrung des Friedens dieser Insel – die Verwirklichung dieser Absicht hätte wohl nicht schädlich sein können, da es ja bei Euch stand, meinen Rat anzunehmen oder zu verwerfen [...].
Zeihet mich nicht der Überheblichkeit, wenn ich beim Verlassen dieser Welt, mich für eine bessere bereitend, Euch daran erinnere, dass ein Tag kommt, da von Euch Rechenschaft gefordert wird über Euch anvertrautes Amt und jene, die Euch vorangehen mussten aus den irdischen Grenzen.

Eure Schwester und Base, die widerrechtlich Gefangene.
Maria, Königin.

Elisabeth an Jakob VI. nach Maria Stuarts Hinrichtung, Brief vom 14. Februar 1587

Mein lieber Bruder, ich wollte nur, Ihr wüsstet (dass Ihr ihn empfindet, will ich nicht), welch tiefer Schmerz meine Seele zernagt um des furchtbaren Unglücks willen, das ganz gegen meine Absicht über Uns gekommen ist. [...] Gott und viele Menschen wissen, wie unschuldig ich in diesem Falle bin. Glaubet mir, hätte ich irgendwelchen Befehl gegeben, so würde ich auch heute noch zu ihm stehn. Ich bin nicht so niedrigen Geistes, dass ich aus Furcht vor einem Menschen oder Fürsten nicht täte, was gerecht ist; oder, falls es getan wurde, es ableugnete. Ich bin weder so niederer Herkunft, noch so gemeinen Charakters. Offenes Eintreten für seine Taten ziemt sich für einen König, und deshalb werde ich auch immer zu dem stehen, was ich tue, dabei aber dafür sorgen, dass es so gesehen wird, wie ich es gemeint habe. [...] Ich habe mir nichts vorzuwerfen, da ich es nie beabsichtigt habe. [...]

Eure Euch treulichst liebende Schwester und Kusine
Elisabeth R.

TIPP
Untersucht die Briefe arbeitsteilig in Gruppen.

3. Schreibe in eigenen Worten auf, was Maria in ihrem Brief zum Ausdruck bringt und wie sich Elisabeth in dem Brief an Marias Sohn rechtfertigt.
4. Untersuche, wie sich die beiden Frauen jeweils sprachlich ausdrücken und welche Haltung auf diese Weise zum Ausdruck kommt.

EXTRA
► Wie kann eine Hinrichtung auf der Bühne dargestellt werden? Vergleiche die Möglichkeiten des Theaters mit denen des Films.
► Lies die Hinrichtungssequenz (V, 5–7). Wie wird Marias Tod auf der Bühne inszeniert? Achte auf die Symbole und Farben.

Die Figurenkonstellation herausarbeiten

Elisabeth und Maria: ihre Beziehungen zu den Männern

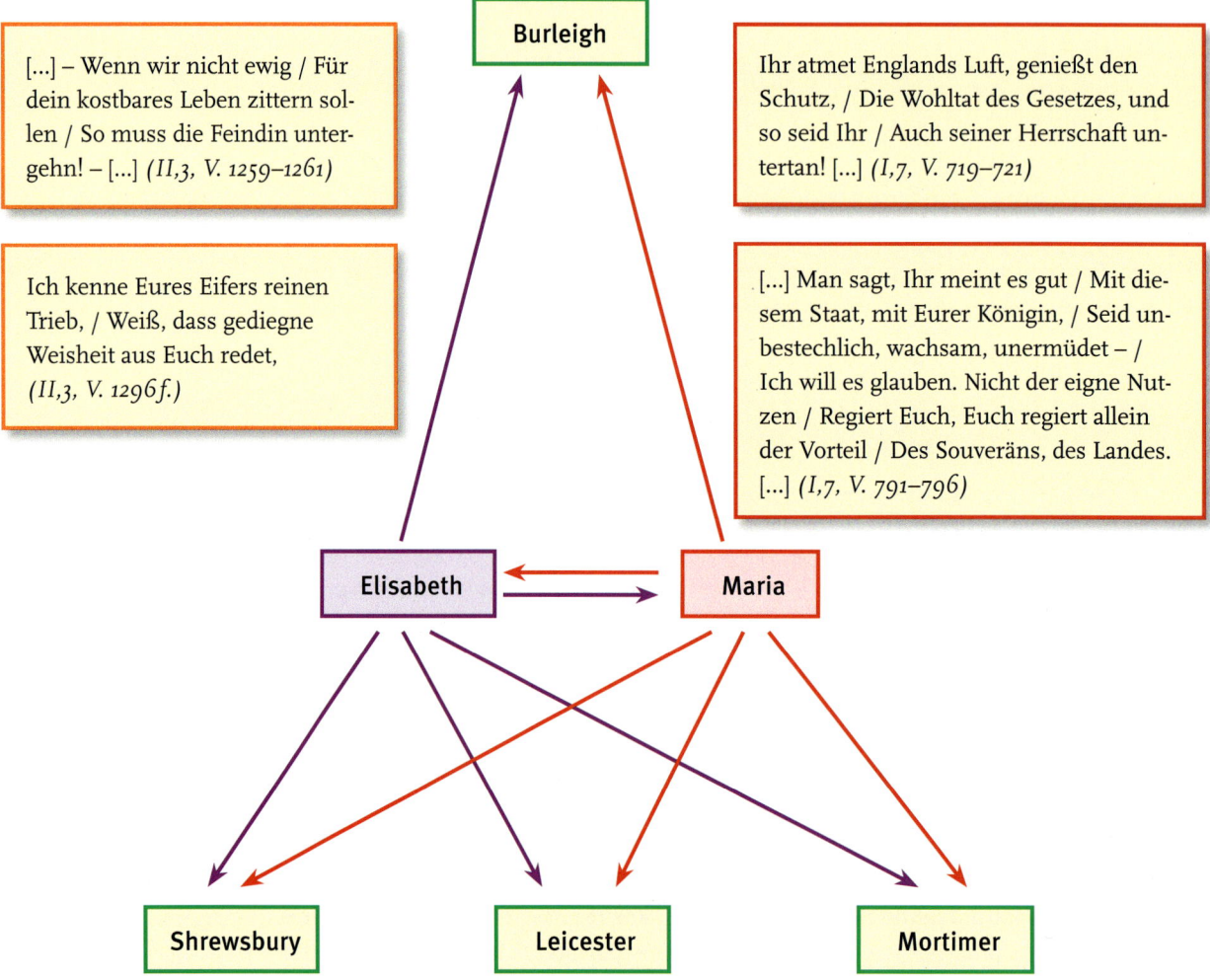

1. Lies die vier Zitate: Wer spricht mit wem? Welcher Konflikt wird deutlich?
2. Suche für jede der dargestellten Beziehungen (analog zu den Beispielen Elisabeth und Burleigh sowie Maria und Burleigh) weitere Textstellen aus dem Drama.

Interessen und Haltungen der Männer:

- Opferbereitschaft
- Gerechtigkeitssinn
- Taktik
- Enthusiasmus
- Skrupellosigkeit
- Opportunismus
- Staatsinteresse
- Loyalität
- Aufrichtigkeit

3. Ordne die Begriffe aus dem Kasten den vier männlichen Figuren zu und begründe deine Zuordnung. Mehrfachnennungen sind möglich.

Leicesters Doppelspiel mit Elisabeth und Maria

A Stehst du nicht blühend da in Jugendkraft, / Welkt jene nicht mit jedem Tag zum Grabe? / Bei Gott! Du wirst, ich hoffs, noch viele Jahre / Auf ihrem Grabe wandeln, ohne dass / Du selber sie hinabzustürzen brauchtest –
(II,3, V. 1432–1436)

B Ich habe dich so reizend nie gesehn, / Geblendet steh ich da vor deiner Schönheit.
(II,9, V. 1948f.)

C Nachdem ich zehen bittre Jahre lang / Dem Götzen ihrer Eitelkeit geopfert, / Mich jedem Wechsel ihrer Sultanslaunen / Mit Sklavendemut unterwarf, das Spielzeug / Des kleinen grillenhaften Eigensinns, / Geliebkost jetzt von ihrer Zärtlichkeit / Und jetzt mit sprödem Stolz zurückgestoßen,
(II,8, V. 1781–1787)

D Ich liebe *dich*. Wärst du die ärmste Hirtin, / Ich als der größte Fürst der Welt geboren, / Zu deinem Stand würd ich heruntersteigen, / Mein Diadem zu deinen Füßen legen
(II,9, V. 1964–1967)

E So stürzen meine Hoffnungen – ich suche / In diesem Schiffbruch meines Glücks ein Brett / Zu fassen – und mein Auge wendet sich / Der ersten schönen Hoffnung wieder zu. / Mariens Bild, in ihrer Reize Glanz, / Stand neu vor mir, Schönheit und Jugend traten / In ihre vollen Rechte wieder ein,
(II,8, V. 1805–1811)

F Ja – wenn ich jetzt die Augen auf dich werde – / Nie warst du, nie zu einem Sieg der Schönheit / Gerüsteter als eben jetzt – [...] *(II,9, V. 2036–2038)*

G Was soll der Dritte zwischen dir und mir! / [...] / Und ich bestehe drauf, dass sich der Lord / Entferne! [...] *(IV,6, V. 2901 und 2905f.)*

H Wer wars nun, der dich rettete? War es / Mylord von Burleigh? Wusst er die Gefahr, / Die dich umgab? War *ers*, der sie von dir / Gewandt? – Dein treuer Leicester war dein Engel!
(IV,6, V. 3011–3014)

I Willst du den Preis der Schandtat nicht verlieren, / Dreist musst du sie behaupten und vollführen! / Verstumme Mitleid, Augen, werdet Stein, / Ich seh sie fallen, ich will Zeuge sein.
(V,10, V. 3857–3860)

4. Ordne jede Karte in den Dramenzusammenhang ein: In welcher Situation wird gesprochen?
5. Welche Karte fällt heraus? Begründe.
6. Untersuche, welche Rollen Leicester Elisabeth und Maria gegenüber spielt.

Subtexte bringen als eine Art „unterdrückter Monolog" unausgesprochene Gedanken und Gefühle der Figuren zum Ausdruck.

Die Begegnung der beiden Königinnen (III, 4: Der Beginn)

Schiller stellt diese Begegnung, die historisch nie stattgefunden hat, ins Zentrum seines Dramas. Graf Leicester, der am Hofe geschickt taktiert, ist es gelungen, Elisabeth zu einem Treffen zu überreden, indem er sie auf Maria neugierig macht. Maria glaubt, die Königin müsse sie nach einer persönlichen Begegnung begnadigen.

> Ich muss unbedingt mein Gesicht wahren und so tun, als sei ich hier zufällig vorbeigekommen. Leicester wird schon mitspielen.

ELISABETH *(zu Leicester)* Wie heißt der Landsitz?
LEICESTER   Fotheringhayschloss.
ELISABETH *(zu Shrewsbury)*
 Schickt unser Jagdgefolg voraus nach London,
 Das Volk drängt allzuheftig in den Straßen, 5
 Wir suchen Schutz in diesem stillen Park.
 (Talbot entfernt das Gefolge. Sie fixiert mit den Augen die Maria, indem sie zu Paulet weiterspricht.)
 Mein gutes Volk liebt mich zu sehr. Unmäßig,
 Abgöttisch sind die Zeichen seiner Freude,
 So ehrt man einen Gott, nicht einen Menschen. 10
MARIA *(welche diese Zeit über halb ohnmächtig auf die Amme gelehnt war, erhebt sich jetzt und ihr Auge begegnet dem gespannten Blick der Elisabeth. Sie schaudert zusammen und wirft sich wieder an der Amme Brust.)*
 O Gott, aus diesen Zügen spricht kein Herz! 15
ELISABETH Wer ist die Lady? *(Ein allgemeines Schweigen)*
LEICESTER – Du bist zu Fotheringhay, Königin.
ELISABETH *(stellt sich überrascht und erstaunt, einen finstern Blick auf Leicester richtend)* Wer hat mir das getan? Lord Leicester!
LEICESTER Es ist geschehen, Königin – Und nun 20
 Der Himmel deinen Schritt hieher gelenkt,
 So lass die Großmut und das Mitleid siegen.
[...]
(Maria rafft sich zusammen und will auf die Elisabeth zugehen, steht aber auf halbem Weg schaudernd still, ihre Gebärden drücken den heftigsten Kampf aus.) 25
ELISABETH   Wie, Mylords?
 Wer war es denn, der eine Tiefgebeugte
 Mir angekündigt? Eine Stolze find ich,
 Vom Unglück keineswegs geschmeidigt.

Die Textauszüge aus „Maria Stuart" (vgl. die Seiten 177, 182 f., 184 f., 191, 193 und 198 f.) sind mit Zeilenzählern versehen, die der einfacheren Orientierung halber immer bei „1" beginnen. Man sollte sich aber bewusst halten, dass in Versdramen wie „Maria Stuart" die Verszeilen von der ersten bis zur letzten Zeile des Stücks durchgezählt werden, sodass jeder Vers eigentlich eine feste Versnummer hat (vgl. die Zitatnachweise auf den Seiten 180 f.) – sofern das Stück nicht in mehreren Fassungen existiert, wie es gerade bei Schiller manchmal der Fall ist, der für verschiedene Inszenierungen seiner Stücke öfters leichte Änderungen vornahm oder auf Wünsche der Theaterleiter einging. Auch sollte man wissen, dass beispielsweise die ersten beiden Zeilen des Textauszugs auf dieser Seite eigentlich zusammen *einen* Vers bilden und nur in zwei Zeilen stehen, weil mitten im Vers der Sprecher wechselt.

1. Klärt die Situation: Wo spielt die Szene? Was geschieht? Worum geht es im Gespräch?
2. Was sprechen Elisabeth und Maria nicht aus? Schreibe dazu Subtexte. Du kannst dich an dem Beispiel am Anfang der Szene orientieren.
3. Überlege, an welchen anderen Stellen in der kompletten Szene III,4 Subtexte Aufschluss über Gefühle und Absichten einer Figur geben könnten.

Die Begegnung der beiden Königinnen (III, 4: Das Ende)

ELISABETH – Ja, es ist aus, Lady Maria. Ihr verführt
   Mir keinen mehr. Die Welt hat andre Sorgen. [...]
MARIA *(auffahrend)*   Schwester! Schwester!
   O Gott! Gott! Gib mir Mäßigung!
5 ELISABETH *(sieht sie lange mit einem Blick stolzer Verachtung an.)*
   Das also sind die Reizungen, Lord Leicester,
   Die ungestraft kein Mann erblickt, daneben
   Kein andres Weib sich wagen darf zu stellen!
   Fürwahr! *Der* Ruhm war wohlfeil zu erlangen,
10   Es kostet nichts, die *allgemeine* Schönheit
   Zu sein, als die *gemeine* sein für *alle*!
MARIA Das ist zuviel!
ELISABETH *(höhnisch lachend)* Jetzt zeigt Ihr Euer wahres
   Gesicht, bis jetzt wars nur die Larve.
15 MARIA *(von Zorn glühend, doch mit einer edeln Würde)*
   Ich habe menschlich, jugendlich gefehlt,
   Die Macht verführte mich [...].
SHREWSBURY *(tritt zwischen beide Königinnen.)*
   O Gott des Himmels! Muss es dahin kommen!
20 Ist das die Mäßigung, die Unterwerfung,
   Lady Maria?
MARIA   Mäßigung! Ich habe
   Ertragen, was ein Mensch ertragen kann.
   Fahr hin, lammherzige Gelassenheit, [...]
25 SHREWSBURY   O sie ist außer sich!
   Verzeih der Rasenden, der schwer Gereizten!
   (Elisabeth, für Zorn sprachlos, schießt wütende Blicke auf Marien.)
LEICESTER *(in der heftigsten Unruhe, sucht die Elisabeth hinwegzuführen).*
                   Höre
30 Die Wütende nicht an! Hinweg, hinweg
   Von diesem unglückselgen Ort!
MARIA Der Thron von England ist durch einen Bastard
   Entweiht, der Briten edelherzig Volk
   Durch eine listge Gauklerin betrogen.
35 – Regierte Recht, so läget *Ihr* vor mir
   Im Staube jetzt, denn *ich* bin Euer König.
   (Elisabeth geht schnell ab, die Lords folgen ihr in der höchsten Bestürzung.)

   4. Leicester beobachtet den Verlauf dieses Gesprächs. Schreibe einen Subtext.
   5. Welche Folgen hat der Ausgang des Gesprächs für Maria sowie für Elisabeth? Schreibe dazu einen kurzen zusammenhängenden Text.

Aus dem Rollenbuch eines Regisseurs: Szene V, 9

Ein Regisseur hat sich für die Probenarbeit vorbereitet, indem er den Dramentext mit Kennzeichnungen und Anmerkungen versehen hat.

Dramaturg/Dramaturgie
Aufgabe: Einrichtung von Dramentexten für die Bühne unter Nutzung literaturwissenschaftlicher Erkenntnisse und theaterpraktischer Erfahrungen

Die Vorigen. Hanna Kennedy und die andern Frauen der Königin dringen herein mit Zeichen des Entsetzens, ihnen folgt der Sheriff, einen weißen Stab in der Hand, hinter demselben sieht man durch die offen bleibende Türe gewaffnete Männer.

MARIA Was ist dir, Hanna? – Ja, nun ist es Zeit!
    Hier kommt der Sheriff, uns zum Tod zu führen.
    Es muss geschieden sein! Lebt wohl! lebt wohl!
    (Ihre Frauen hängen sich an sie mit heftigem Schmerz; zu Melvil)
    Ihr, werter Sir, und meine treue Hanna,
    Sollt mich auf diesem letzten Gang begleiten.
    Mylord versagt mir diese Wohltat nicht!
BURLEIGH Ich habe dazu keine Vollmacht.
MARIA   Wie?
    Die kleine Bitte könntet Ihr mir weigern?
    Habt Achtung gegen mein Geschlecht! Wer soll
    Den letzten Dienst mir leisten! Nimmermehr
    Kann es der Wille meiner Schwester sein,
    Dass mein Geschlecht in mir beleidigt werde,
    Der Männer rohe Hände mich berühren!
BURLEIGH Es darf kein Weib die Stufen des Gerüstes
    Mit Euch besteigen – Ihr Geschrei und Jammern –
MARIA Sie soll nicht jammern! Ich verbürge mich
    Für die gefasste Seele meiner Hanna!
    Seid gütig, Lord. O trennt mich nicht im Sterben
    Von meiner treuen Pflegerin und Amme!
    Sie trug auf ihren Armen mich ins Leben,
    Sie leite mich mit sanfter Hand zum Tod.
PAULET *(ZU BURLEIGH)* Lasst es geschehn.
BURLEIGH   Es sei.
MARIA   Nun hab ich nichts mehr
    Auf dieser Welt – *(Sie nimmt das Kruzifix und küsst es.)*
           Mein Heiland! Mein Erlöser!
    Wie du am Kreuz die Arme ausgespannt,
    So breite sie jetzt aus, mich zu empfangen.
    (Sie wendet sich zu gehen, in diesem Augenblick begegnet ihr Auge dem Grafen Leicester, der bei ihrem Aufbruch unwillkürlich aufgefahren und nach ihr hingesehen. – Bei diesem Anblick zittert Maria, die Knie versagen ihr, sie ist im Begriff hinzusinken, da ergreift sie Graf Leicester und empfängt sie in seinen Armen. Sie sieht ihn eine Zeitlang ernst und schweigend an, er kann ihren Blick nicht aushalten, endlich spricht sie.)

Randnotizen:

auf eine sorgfältige Choreografie achten / Aufteilung des Bühnenraums / Brauche für die Proben unbedingt die Beleuchtung.

Streichen!

Kruzifix als Requisit? Evtl. streichen! Nicht das Katholische/Eher Verzicht betonen/ Muss noch diskutiert werden!

Auf dieses pantomimische Spiel muss alles zulaufen; Leicester hält sie wie eine „Mater dolorosa". Vorsicht: nicht lächerlich! Maria als „Heilige Geläuterte" oder vielleicht doch noch Schöne? Mal sehen!

		Inszenierung technische und künstlerische Realisierung eines Werks auf der Bühne durch das Zusammenwirken von Regisseur, Dramaturg, Schauspielern, Bühnenbildner und Bühnentechnikern.

40 Ihr haltet Wort, Graf Leicester – Ihr verspracht
   Mir Euren *Arm*, aus diesem Kerker mich
   Zu führen, und Ihr leihet mir ihn jetzt!
   (Er steht wie vernichtet. Sie fährt mit sanfter Stimme fort.)
   Ja, Leicester, und nicht bloß
45 Die Freiheit wollt ich Eurer Hand verdanken.
   Ihr solltet mir die Freiheit *teuer* machen,
   An Eurer Hand, beglückt durch Eure Liebe,
   Wollt ich des neuen Lebens mich erfreun.
   Jetzt, da ich auf dem Weg bin, von der Welt
50 Zu scheiden, und ein selger Geist zu werden,
   Den keine irdsche Neigung mehr versucht,
   Jetzt, Leicester, darf ich ohne Schamerröten
   Euch die besiegte Schwachheit eingestehn –
   Lebt wohl, und wenn Ihr könnt, so lebt beglückt!
55 Ihr durftet werben um zwei Königinnen,
   Ein zärtlich liebend Herz habt Ihr verschmäht,
   Verraten, um ein stolzes zu gewinnen,
   Kniet zu den Füßen der Elisabeth!
   Mög Euer Lohn nicht Eure Strafe werden!
60 Lebt wohl! – Jetzt hab ich nichts mehr auf der Erden!
   (Sie geht ab, der Sheriff voraus, Melvil und die Amme ihr zur Seite, Burleigh und Paulet folgen, die übrigen sehen ihr jammernd nach, bis sie verschwunden ist, dann entfernen sie sich durch die zwei andern Türen.)

Annotationen am Rand:

Große Intimität!!! zwischen den beiden, als wäre niemand sonst um sie / Worte wie Liebesgeflüster?!!!

Sprechweisen ausprobieren! Auf jeden Fall Pathos vermeiden!

Ihr Abgang muss durch Körperhaltung, Raum königlich überhöht werden. Lichteffekte!

Wichtig:
Mit Bühnenbildner reden wegen ...

Mit Maskenbildner den Farbton des Gesichts von Elisabeth abstimmen; Frisur?

1. Diskutiert, inwiefern der Regisseur durch seine Textstreichung die Szene verändert. Überlegt zudem, ob ihr seinen deutenden Anmerkungen zustimmt oder ob ihr einzelne Passagen anders auffasst als er.
2. Skizziere den Bühnenraum. Überlege, wo die Figuren stehen und wie sich ihre Positionen auf der Bühne im Laufe des Gesprächs verändern. Trage deine Ergebnisse mithilfe von Bewegungspfeilen in die Skizze ein.
3. Sprecht über eure Ideen.

EXTRA
Wähle eine Szene und fertige dazu eine Streichfassung an. Entwirf eine Skizze zu einer weiteren Szene deiner Wahl.

Bertolt Brecht: „Der gute Mensch von Sezuan"

Szenisches Interpretieren: Shen Te / Shui Ta

1. Versetze dich in eine der Figuren, indem du ihre Haltung einnimmst.
2. Stelle dich als die jeweilige Figur vor, zum Beispiel so:
   – *Ich bin Shen Te. Hier stehe ich in meinem Hochzeitskleid …*
   – *Ich bin Shui Ta. Hier ziehe ich an meiner Zigarre und überlege, …*
3. Diskutiert in der Klasse, warum das Straßenmädchen Shen Te gezwungen ist, seine Identität zu wechseln und in die Rolle des Shui Ta zu schlüpfen.

Zu den Bildern: Jule Boewe als Shen Te und als Shui Ta in Friederike Hellers Inszenierung des Stücks an der Schaubühne am Lehniner Platz in Berlin (Bühne und Kostüme: Sabine Kohlstedt, Premiere: 21. April 2010)

M Bertolt Brecht: „Der gute Mensch von Sezuan" → S. 286 f.

Zwischenspiel: Vor dem Vorhang

Shen Te tritt, in den Händen die Maske und den Anzug des Shui Ta, auf und singt

"Das Lied von der Wehrlosigkeit der Götter und Guten"

In unserem Lande
Braucht der Nützliche Glück. Nur
Wenn er starke Helfer findet
Kann er sich nützlich erweisen.
Die Guten
Können sich nicht helfen und die Götter sind machtlos.
    Warum haben die Götter nicht Tanks und Kanonen
    Schlachtschiffe und Bombenflugzeuge und Minen
    Die Bösen zu fällen, die Guten zu schonen?
    Es stünde wohl besser mit uns und mit ihnen.

Sie legt den Anzug des Shui Ta an und macht einige Schritte in seiner Gangart.

Die Guten
Können in unserem Lande nicht lang gut bleiben.
Wo die Teller leer sind, raufen sich die Esser.
Ach, die Gebote der Götter
Helfen nicht gegen den Mangel.
    Warum erscheinen die Götter nicht auf unsern Märkten
    Und verteilen lächelnd die Fülle der Waren
    Und gestatten den vom Brot und vom Weine Gestärkten
    Miteinander nun freundlich und gut zu verfahren?

Sie setzt die Maske des Shui Ta auf und fährt mit seiner Stimme zu singen fort.

Um zu einem Mittagessen zu kommen
Braucht es der Härte, mit der sonst Reiche gegründet werden.
Ohne zwölf zu zertreten
Hilft keiner einem Elenden.
    Warum sagen die Götter nicht laut in den obern Regionen
    Daß sie den Guten nun einmal die gute Welt schulden?
    Warum stehn sie den Guten nicht bei mit Tanks und Kanonen
    Und befehlen: Gebt Feuer! und dulden kein Dulden? *(S. 61f.)*

> **TIPP**
> Der Einsatz von Requisiten (z. B. Männerhut, Zigarre, Hosenträger, Sonnenbrille …) erleichtert die Gestaltung des Texts vor einem Publikum.

1. Probiert in der Gruppe aus, wie der Rollenwechsel von Shen Te zu Shui Ta auf der Bühne gezeigt werden kann.
2. Welche Antwort würden wohl die Götter Shen Te geben? Diskutiert darüber.

Der Tabakladen (5. Bild): Die Verwandlung einer Figur

Im 5. Bild empfängt Shen Te, die sich wieder in Shui Ta verwandelt hat, ihren Geliebten Sun. Dieser möchte wissen, ob das Geld bereitliegt, mit dem er sich die ersehnte Stelle eines Postfliegers sichern kann. Shen Te hat sich entschlossen, ihren Tabakladen zu veräußern, um Sun den Traum von der Fliegerei zu erfüllen.

SHUI TA [...] Das Geld für die Reise zu zweit und die erste Zeit haben Sie?
SUN Sicher.
SHUI TA Wieviel ist das?
SUN Jedenfalls werde ich es auftreiben, und wenn ich es stehlen müßte!
SHUI TA Ach so, auch diese Summe müßte erst aufgetrieben werden?
SUN Kipp nicht aus den Schuhen, Alter. Ich komme schon nach Peking.
SHUI TA Aber für zwei Leute kann es nicht so billig sein.
SUN Zwei Leute? Das Mädchen lasse ich doch hier. Sie wäre mir in der ersten Zeit nur ein Klotz am Bein.
SHUI TA Ich verstehe.
SUN Warum schauen Sie mich an wie einen undichten Ölbehälter? Man muß sich nach der Decke strecken.
SHUI TA Und wovon soll meine Kusine leben?
SUN Können Sie nicht etwas für sie tun?
SHUI TA Ich werde mich bemühen. *Pause.* Ich wollte, Sie händigten mir die 200 Silberdollar wieder aus, Herr Yang Sun, und ließen sie hier, bis Sie imstande sind, mir zwei Billetts nach Peking zu zeigen.
SUN Lieber Schwager, ich wollte, du mischtest dich nicht hinein.
SHUI TA Fräulein Shen Te ...
SUN Überlassen Sie das Mädchen ruhig mir.
SHUI TA Wird vielleicht ihren Laden nicht mehr verkaufen wollen, wenn sie erfährt ...
SUN Sie wird auch dann.
SHUI TA Und von meinem Einspruch befürchten Sie nichts?
SUN Lieber Herr!
SHUI TA Sie scheinen zu vergessen, daß sie ein Mensch ist und eine Vernunft hat. [...] *(S. 67f.)*

1. Shen Te spricht in diesem Dialog als Shui Ta. Wie zeigt sich, dass Shui Ta zugleich Shen Te ist?
2. Versetze dich in die Lage eines Beobachters und berichte für Außenstehende, was sich auf der Bühne abspielt.

Das „Lied vom achten Elefanten" in Bild 8

1
Sieben Elefanten hatte Herr Dschin
Und da war dann noch der achte.
Sieben waren wild und der achte war zahm
Und der achte war's, der sie bewachte.
    Trabt schneller!
    Herr Dschin hat einen Wald
    Der muß vor Nacht gerodet sein
    Und Nacht ist jetzt schon bald!

2
Sieben Elefanten roden den Wald
Und Herr Dschin ritt hoch auf dem achten.
All den Tag Nummer acht stand faul auf der Wacht
Und sah zu, was sie hinter sich brachten.
    Grabt schneller!
    Herr Dschin hat einen Wald
    Der muß vor Nacht gerodet sein
    Und Nacht ist jetzt schon bald!

3
Sieben Elefanten wollten nicht mehr
Hatten satt das Bäumeabschlachten.
Herr Dschin war nervös, auf die sieben war er bös
Und gab ein Schaff Reis dem achten.
    Was soll das?
    Herr Dschin hat einen Wald
    Der muß vor Nacht gerodet sein
    Und Nacht ist jetzt schon bald!

4
Sieben Elefanten hatten keinen Zahn
Seinen Zahn hatte nur noch der achte.
Und Nummer acht war vorhanden, schlug die sieben zuschanden.
Und Herr Dschin stand dahinten und lachte.
    Grabt weiter!
    Herr Dschin hat einen Wald
    Der muß vor Nacht gerodet sein
    Und Nacht ist jetzt schon bald! *(S. 108 f.)*

Shui Ta ist gemächlich schlendernd und eine Zigarre rauchend nach vorn gekommen. Yang Sun hat den Refrain der dritten Strophe lachend mitgesungen und in der letzten Strophe durch Händeklatschen das Tempo beschleunigt.
FRAU YANG Wir können Herrn Shui Ta wirklich nicht genug danken. Beinahe ohne jedes Zutun, aber mit Strenge und Weisheit hat er alles Gute herausgeholt, was in Sun steckte! Er hat nicht allerhand phantastische Versprechungen gemacht wie seine so sehr gepriesene Kusine, sondern ihn zu ehrlicher Arbeit gezwungen. Heute ist Sun ein ganz anderer Mensch als vor drei Monaten. Das werden Sie wohl zugeben! [...] *(S. 110)*

1. Inszeniert das Lied als chorisches Sprechen: Wie kommt die Absicht Brechts am besten zum Ausdruck? Probiert das aus, indem ihr Lautstärke, Rhythmus und Sprechtempo variiert.
2. Was ist von der Lobrede zu halten, die Suns Mutter auf Shui Ta und zugleich auch auf ihren Sohn anstimmt?
3. Überlegt, auf welche gesellschaftlichen Widersprüche Brecht mit dem ‚Gleichnis' von den acht Elefanten aufmerksam machen will.
4. Zieht weitere Szenen heran, in denen diese Widersprüche deutlich werden.

Verfremdungseffekte
szenische Techniken Brechts, die den Zuschauer von der Bühnenhandlung distanzieren und zum Nachdenken anregen sollen: eingeblendete Zwischentitel, Erzähler, direkte Wendung ans Publikum, Songs

EXTRA
Informiere dich über den Chor in der antiken Tragödie. Inwiefern entspricht seine Funktion Brechts Theaterauffassung?

EXTRA
Gestalte den Elefanten-Song als Rap.

Vergleich der beiden Stücke

Der gute Mensch von Sezuan: Epilog

Vor den Vorhang tritt ein Spieler und wendet sich entschuldigend an das Publikum mit einem Epilog.

DER SPIELER Verehrtes Publikum, jetzt kein Verdruß:
　Wir wissen wohl, das ist kein rechter Schluß.
5　[…]
　Vielleicht fiel uns aus lauter Furcht nichts ein.
　Das kam schon vor. Was könnt die Lösung sein?
　Wir konnten keine finden, nicht einmal für Geld.
　Soll es ein andrer Mensch sein? Oder eine andre Welt?
10　Vielleicht nur andere Götter? Oder keine?
　Wir sind zerschmettert und nicht nur zum Scheine!
　Der einzige Ausweg wär aus diesem Ungemach:
　Sie selber dächten auf der Stelle nach
　Auf welche Weis dem guten Menschen man
15　Zu einem guten Ende helfen kann.
　[…] *(S. 134f.)*

EXTRA
Schreibe eine Schlussszene mit einem guten Ende.

1. Diskutiert darüber, weshalb Brecht das Ende seines Stückes offengelassen hat.

Inga Busch als Shen Te / Shui Ta in Thomas Dannemanns Inszenierung von 2011 am Schauspiel Stuttgart

Maria Stuart: Das Todesurteil (IV,12)

[...]
BURLEIGH Was ist Euch, Sir? Fasst Euch. Wo ist das Urteil?
  Die Königin ließ euch rufen.
DAVISON   Sie verließ mich
5 In heftgem Zorn. O ratet mir! Helft mir!
  Reißt mich aus dieser Höllenangst des Zweifels.
  Hier ist das Urteil – Es ist unterschrieben.
BURLEIGH (*hastig*) Ist es? O gebt! Gebt her!
DAVISON   Ich darf nicht.
10 BURLEIGH   Was?
DAVISON. Sie hat mir ihren Willen noch nicht deutlich –
BURLEIGH Nicht deutlich! Sie hat unterschrieben. Gebt!
[...]
DAVISON Ich bin verloren, wenn ichs übereile.
15 BURLEIGH Ihr seid ein Tor, Ihr seid von Sinnen! Gebt!
  (*Er entreißt ihm die Schrift, und eilt damit ab.*)
DAVISON (*ihm nacheilend*).
  Was macht Ihr? Bleibt! Ihr stürzt mich ins Verderben.

2. Davison bleibt ratlos auf der Bühne zurück. Schreibe einen Monolog, der seine Situation deutlich macht. Beziehe als Textgrundlage die vorausgehende Szene IV, 11 mit ein.

Maria, Elisabeth, Shen Te: ein Gespräch

Maria, Elisabeth und Shen Te treffen sich im Tabakladen, der jetzt völlig heruntergekommen ist. Shen Tes kleiner Sohn kramt währenddessen in einer Mülltonne nach Essbarem. Shen Te empfängt wieder Männer, Yang Sun ist ihr Zuhälter.

5 Elisabeth (*die sich angeekelt umschaut*) So weit kommt es, Shen Te, wenn man meint, erfolgreich und zugleich glücklich zu sein. Auch ich habe Gefühle! Doch ich habe auf die Liebe verzichtet, eine gute Herrscherin muss hart sein. Mein Volk hat das von mir verlangt. So eine Weinerlichkeit
10   kann ich mir nicht leisten.
MARIA (*die sie unterbricht*) Ja, ja, dass Sie diese Kunst beherrschen, das habe ich mit meinem Leben bezahlen müssen. Aber glücklich sind Sie doch auch nicht geworden, wenngleich Sie politisch sehr erfolgreich waren.
15 SHEN TE (*leise*) Ich höre Ihnen voller Staunen zu, aber von Ihren Machtkämpfen verstehe ich wenig. Wissen Sie, ich wurde schwanger, weil ich liebte ...

3. Schreibe dieses Gespräch der drei Frauen weiter.
4. Erläutere, inwiefern diese hinzuerfundene Szene die Hauptfiguren der beiden Stücke charakterisiert.

Die Schlussworte Shen Tes und Elisabeths

Der gute Mensch von Sezuan: 10. Bild

[...]

SHUI TA Dann laßt mich euch die furchtbare Wahrheit gestehen, ich bin euer guter Mensch!

Er nimmt die Maske ab und reißt sich die Kleider weg, Shen Te steht da.

DER ZWEITE GOTT Shen Te!

SHEN TE Ja, ich bin es. Shui Ta und Shen Te, ich bin beides.
   Euer einstiger Befehl
   Gut zu sein und doch zu leben
   Zerriß mich wie ein Blitz in zwei Hälften. Ich
   Weiß nicht, wie es kam: gut sein zu andern
   Und zu mir konnte ich nicht zugleich.
   Andern und mir zu helfen, war mir zu schwer.
   Ach, eure Welt ist schwierig! Zu viel Not, zu viel Verzweiflung!
   Die Hand, die dem Elenden gereicht wird
   Reißt er einem gleich aus! Wer den Verlorenen hilft
   Ist selbst verloren! Denn wer könnte
   Lang sich weigern, böse zu sein, wenn da stirbt, wer kein Fleisch ißt?
   Aus was sollte ich nehmen, was alles gebraucht wurde? Nur
   Aus mir! Aber dann kam ich um! Die Last der guten Vorsätze
   Drückte mich in die Erde. Doch wenn ich Unrecht tat
   Ging ich mächtig herum und aß vom guten Fleisch!
   Etwas muß falsch sein an eurer Welt. Warum
   Ist auf die Bosheit ein Preis gesetzt und warum erwarten den Guten
   So harte Strafen? Ach, in mir war
   Solche Gier, mich zu verwöhnen! [...]
   [...] Und doch
   Wollte ich gern ein Engel sein den Vorstädten. Zu schenken
   War mir eine Wollust. Ein glückliches Gesicht
   Und ich ging wie auf Wolken.
   Verdammt mich: alles, was ich verbrach
   Tat ich, meinen Nachbarn zu helfen
   Meinen Geliebten zu lieben und
   Meinen kleinen Sohn vor dem Mangel zu retten.
   Für eure großen Pläne, ihr Götter,
   War ich armer Mensch zu klein.
   (S. 130f.)

METHODE

Figurendopplung
Mehrere Schüler stellen sich nebeneinander als Shen Te bzw. Elisabeth (vgl. S. 193) in der Reihe auf und nehmen die Haltung ihrer Figur in der Schlussszene als Standbild ein. Die Zuschauer betrachten die unterschiedlichen Haltungen und sprechen darüber.

EXTRA
Die drei Götter werfen sich gegenseitig Versagen vor. Schreibe das Streitgespräch.

M Figurendopplung → S. 291

Maria Stuart: Letzter Auftritt

ELISABETH *(betroffen)*
  Nein, Shrewsbury! Ihr werdet mich jetzt nicht
  Verlassen, jetzt –
SHREWSBURY Verzeih, ich bin zu alt,
5   Und diese grade Hand, sie ist zu starr,
  Um deine neuen Taten zu versiegeln.
ELISABETH Verlassen wollte mich der Mann, der mir
  Das Leben rettete?
SHREWSBURY Ich habe wenig
10 Getan – Ich habe deinen edlern Teil
  Nicht retten können. Lebe, herrsche glücklich!
  Die Gegnerin ist tot. Du hast von nun an
  Nichts mehr zu fürchten, brauchst nichts mehr zu achten.
  (Geht ab)
15 ELISABETH *(zum Grafen Kent, der hereintritt)*
  Graf Leicester komme her!
KENT   Der Lord lässt sich
  Entschuldigen, er ist zu Schiff nach Frankreich.
(Sie bezwingt sich und steht mit ruhiger Fassung da. Der Vorhang fällt.)
(V. 4020–4033)

> **EXTRA**
> Leicester berichtet einem Priester, weshalb er Maria nicht retten konnte. Schreibe seine Beichte auf.

5. Zeigt in einer Figurendopplung, aus welcher Haltung heraus die Schlussworte Shen Tes und Elisabeths gesprochen werden. Achtet dabei auf die Regieanweisungen.
6. Vergleiche, wie sich am Ende für Shen Te bzw. für Elisabeth der Konflikt löst.

Imogen Kogge als Elisabeth I. und Martin Rentzsch als Graf von Shrewsbury in einer Inszenierung von Elmar Goerden am Schauspielhaus Bochum aus dem Jahre 2008

Schiller und Brecht: unterschiedliche Dramenkonzepte

Die klassische Dramenform

Der Schriftsteller und Dramentheoretiker Gustav Freytag (1816–1895) hat in seiner wirkungsmächtigen Schrift „Die Technik des Dramas" (1863) die Struktur des klassischen fünfaktigen Dramas im Bild einer Pyramide veranschaulicht. Schillers „Maria Stuart" gilt ihm als Muster dieses Dramentyps. Er zieht es häufiger als jedes andere Stück als Beleg für sein Strukturschema heran.

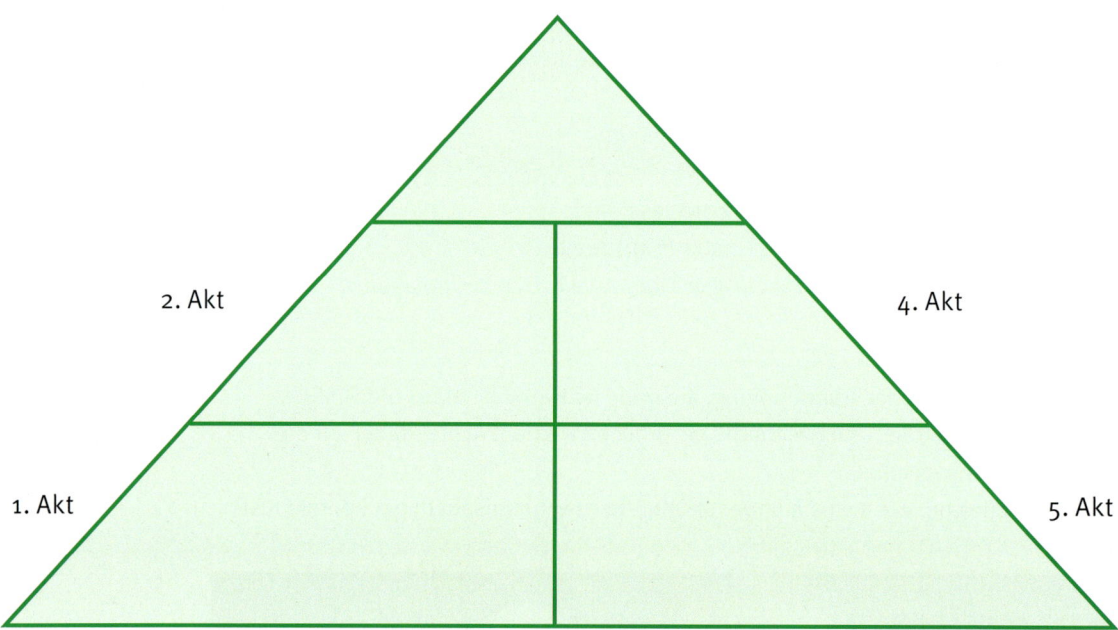

> **EXTRA**
> Informiere dich genauer über das von Volker Klotz 1960 geprägte Begriffspaar des offenen und des geschlossenen Dramas.

1. Übertragt diese Skizze auf ein großes Wandplakat und ergänzt folgende Angaben zu Schillers Trauerspiel „Maria Stuart":
   – die Schauplätze der einzelnen Akte;
   – die jeweils zentrale Figur mit ein bis zwei Stichworten zur Handlung;
   – den Zeitraum, in dem sich die Handlung abspielt.
2. Ordnet den einzelnen Akten folgende dramentheoretische Begriffe zu: Katastrophe / fallende Handlung (Verzögerung, Retardierung) / Peripetie (Höhepunkt, Umschwung) / Exposition (Einleitung) / steigende Handlung.
3. Stellt euch gegenseitig eure Schaubilder vor: Was könnt ihr daraus ablesen?
4. Die klassische Dramenform wird auch als geschlossene Form bezeichnet. Erkläre, warum.

Die epische Dramenform

VORSPIEL – Eine Straße in der Hauptstadt von Sezuan
1. **Ein kleiner Tabakladen**
    Zwischenspiel: Unter einer Brücke
2. **Der Tabakladen**
3. **Abend im Stadtpark**
    Zwischenspiel: Wangs Nachtlager in einem Kanalrohr
4. **Platz vor Shen Tes Tabakladen**
    Zwischenspiel: Vor dem Vorhang
5. **Der Tabakladen**
    Zwischenspiel: Vor dem Vorhang
6. **Nebenzimmer eines billigen Restaurants in der Vorstadt**
    Zwischenspiel: Wangs Nachtlager
7. **Hof hinter Shen Tes Tabakladen**
    Zwischenspiel: Wangs Nachtlager
8. **Shui Tas Tabakfabrik**
9. **Shen Tes Tabakladen**
    Zwischenspiel: Wangs Nachtlager
10. **Gerichtslokal**

EPILOG

> **Epische Dramenform**
> Man spricht von einer „epischen Dramenform", wenn ein Theaterstück deutliche erzählerische (epische) Elemente aufweist. Das ist immer dann der Fall, wenn sich die Handlung nicht scheinbar aus sich selbst heraus entwickelt, sondern eine lenkende, vermittelnde Instanz spürbar ist. Stücke, die als Abfolge von Einzelbildern angelegt sind, verraten eine solche lenkende Instanz: Sie macht sich – selbst wenn sie nicht als eigentlicher Erzähler in Erscheinung tritt – in der Auswahl bemerkbar, welche Handlungsmomente gezeigt und welche übersprungen werden.

1. Nenne zu den einzelnen Bildern die beteiligten Figuren und den Handlungsverlauf. Orientiere dich an dem Beispiel in der Randspalte.
2. Erarbeite anhand dieser Szenenübersicht von „Der gute Mensch von Sezuan" Unterschiede in der Struktur zu „Maria Stuart". – Übertrage die Tabelle in dein Heft und liste darin die Unterschiede auf:

> **Beispiel**
> Ein kleiner Tabakladen.
> Personen: Shen Te, arme Leute.
> Handlungsverlauf: Mit dem Geld der Götter hat Shen Te sich einen kleinen Tabakladen gekauft. Da sie viel Gutes tun will, versorgt sie alle, die in ihrem Laden Obdach suchen. Shen Te droht der Ruin. In ihrer Not erfindet sie einen geschäftstüchtigen Vetter Shui Ta, in den sie sich verwandelt.

	Schiller: „Maria Stuart"	Brecht: „Der gute Mensch von Sezuan"
Orte		
Gliederung		
äußerer Aufbau		
Figurenkonstellation		
Handlungsschritte und Spannungsbogen		
Anfang und Schluss		

3. Die epische Dramenform wird auch als offene Form bezeichnet. Erkläre, warum.

Aus Schillers Briefen zu „Maria Stuart"

Die Idee, aus diesem Stoff ein Drama zu machen, gefällt mir nicht übel. Er hat schon den wesentlichen Vorteil bei sich, dass die Handlung in einen tatvollen Moment konzentriert ist und zwischen Furcht und Hoffnung rasch zum Ende eilen muss. Auch sind vortreffliche dramatische Charaktere darin schon von der Geschichte hergegeben. *(An Goethe, Brief vom 11. Juni 1799)*

Ich fange schon jetzt an, bei der Ausführung, mich von der eigentlich *tragischen* Qualität meines Stoffs immer mehr zu überzeugen, und darunter gehört besonders, dass man die Katastrophe gleich in den ersten Szenen sieht und, indem die Handlung des Stücks sich davon wegzubewegen scheint, ihr immer näher und näher geführt wird. An der Furcht des Aristoteles fehlt es also nicht, und das Mitleiden wird sich auch schon finden.
Meine Maria wird keine weiche Stimmung erregen, es ist meine Absicht nicht, ich will sie immer als ein physisches Wesen halten, und das Pathetische muss mehr eine allgemeine tiefe Rührung als ein persönlich und individuelles Mitgefühl sein. Sie empfindet und erregt keine Zärtlichkeit, ihr Schicksal ist nur heftige Passionen zu erfahren und zu entzünden. *(An Goethe, am 18. Juni 1799)*

Aristoteles
(384–322 v. Chr.): Die wohl um 335 v. Chr. entstandene „Poetik" des Aristoteles befasst sich mit den Formen der Dichtkunst. Bis in Schillers Epoche hinein übte die Tragödientheorie des griechischen Philosophen den denkbar größten Einfluss auf Bühnendichter aus.

METHODE

Begriffsnetz
Zentrale Begriffe eines Textes werden separat notiert und durch Pfeile miteinander vernetzt.

4. Entwirf zu dem Auszug aus Schillers Brief vom 18. Juni 1899 ein Begriffsnetz, das den Gedankengang verdeutlicht. Beginne mit dem zentralen Begriff „*tragische* Qualität". Suche nach weiteren Begriffen, die ihn näher erläutern.

Aus Brechts „Journal"

15. 3. 39
Vor ein paar Tagen habe ich den alten Entwurf von „Der gute Mensch von Sezuan" wieder hervorgezogen (in Berlin begonnen als „Die Ware Liebe"). Es existieren fünf Szenen, vier davon sind zu brauchen. Es ist Scharadenarbeit, schon der Umkleide- und Umschminkakte wegen. Ich kann aber dabei die epische Technik entwickeln und so endlich wieder auf den Standard kommen. [...]

20. 6. 40
Im großen und ganzen fertig mit dem „Guten Mensch von Sezuan". Der Stoff bot große schwierigkeiten, [...]. Das Ineinanderübergehen der beiden Figuren, ihr ständiger Zerfall usw. scheint nun halbwegs gelungen, das große Experiment der Götter, dem Gebot der Nächstenliebe das Gebot der Selbstliebe hinzuzufügen, dem „Du sollst zu andern gut sein" das „Du sollst zu dir selbst gut sein", mußte sich zugleich abheben von der Fabel und sie doch beherrschen. [...]

5. Vergleiche: Welche Absichten haben Schiller und Brecht jeweils verfolgt?

Begriffsnetz → S. 291

Dramatische und epische Form des Theaters

Brechts Gegenüberstellung zweier Dramenkonzepte

Brecht bezeichnete sein eigenes dramatisches Konzept als „episches Theater". Um das Neue daran zu verdeutlichen, grenzte er es wiederholt in schematischen Gegenüberstellungen gegen das „aristotelische Theater" (das er auch als die „dramatische Form des Theaters" bezeichnete) ab. Eine solche Gegenüberstellung ist hier in etwas verknappter und vereinfachter Form wiedergegeben.

Dramatische Form des Theaters	Epische Form des Theaters
Auf der Bühne wird ein Vorgang dargestellt.	Der Vorgang wird erzählt.
Der Zuschauer wird in eine Aktion verwickelt.	Der Zuschauer ist Betrachter.
Vermittelt werden Gefühle.	Verlangt werden Entscheidungen.
Vermittelt werden Erlebnisse.	Gewonnen werden Kenntnisse/Erkenntnisse.
Es wird mit Suggestion gearbeitet.	Es wird mit Argumenten gearbeitet.
Vorausgesetzt wird: Der Mensch ist unveränderlich.	Vorausgesetzt wird: Der Mensch kann verändert werden.
Die Spannung richtet sich auf den Ausgang der Handlung.	Die Spannung richtet sich auf den Gang der Handlung.
Eine Szene stellt die Grundlage für die andere dar.	Jede Szene steht für sich.
Die Geschehnisse verlaufen linear.	Die Geschehnisse verlaufen in Kurven.
Die Welt wird dargestellt, wie sie ist.	Die Welt wird dargestellt, wie sie sein wird (bzw: sein sollte).
Das Denken bestimmt das Sein.	Das gesellschaftliche Sein bestimmt das Denken.

1. Wähle mit einem Partner zwei der Merkmale aus, die Brecht zur Abgrenzung der „epischen" von der „dramatischen" Form des Theaters dienen, und erläutere diese am Beispiel von „Maria Stuart" und „Der gute Mensch von Sezuan".
2. Vergleiche den jeweiligen Schluss der Dramen: Woran erkennst du, dass das Drama der Klassik ‚geschlossen' ist, das epische Drama dagegen ‚offen'?

> ▶ Der **geschlossenen Form** des klassischen Dramas steht die **offene Form** gegenüber, deren wichtigstes Beispiel im 20. Jahrhundert Brechts episches Theater ist.
> ▶ Es gibt verschiedene **Dramentheorien**, die einem Drama zugrunde liegen können: z.B. Brechts Theorie des epischen Theaters. Sie geben Aufschluss über die Absicht des Autors.

EXTRA
Wende die von Brecht formulierten Kriterien auf Schillers „Wilhelm Tell" an: Welche Elemente der ‚epischen' Dramenform weist das Stück auf, welche der ‚dramatischen'? Inwiefern handelt es sich um eine Mischform? Du kannst dazu eine Tabelle anlegen.

 **Kompetenzen** Klassisches und episches Drama

Das hast du in diesem Kapitel gelernt:

- Figurenkonstellationen zu erarbeiten
- Subtexte zu schreiben
- Eine Dramenszene für die Bühne einzurichten
- Regieanweisungen zu interpretieren
- Verfremdungstechniken zu erkennen und zu inszenieren
- Die Formen des klassischen und des epischen Theaters zu unterscheiden

M Extra: **Merkwissen** → S. 285–287

So kannst du dein Wissen anwenden und deine Fähigkeiten trainieren:

Maria Stuart, IV, 8 und 9: Elisabeth und ihre Berater

Achter Auftritt

ELISABETH Was bringt Ihr, Davison?
DAVISON *(nähert sich, ernsthaft).*   Du hast befohlen,
   O Königin –
ELISABETH   Was ists?
   (Indem sie die Schrift ergreifen will, schauert sie zusammen und fährt zurück.) O Gott!
5 BURLEIGH   Gehorche
   Der Stimme des Volks, sie ist die Stimme
                                    Gottes.
   ELISABETH *(unentschlossen mit sich selbst kämpfend).*
   O meine Lords! Wer sagt mir, ob ich wirklich
   Die Stimme meines ganzen Volks, die Stimme
10 Der Welt vernehme! Ach wie sehr befürcht ich,
   Wenn ich dem Wunsch der Menge nun
                                    gehorcht,
   Dass eine ganz verschiedne Stimme sich
   Wird hören lassen – ja dass eben die,
   Die jetzt gewaltsam zu der Tat mich treiben,
15 Mich, wenns vollbracht ist, strenge tadeln
                                    werden!

Neunter Auftritt

Graf Shrewsbury zu den Vorigen

SHREWSBURY *(kommt in großer Bewegung).*
   Man will dich übereilen, Königin!
   O halte fest, sei standhaft –
   (Indem er Davison mit der Schrift gewahr wird)
                                    Oder ist es
5 Geschehen? Ist es wirklich? Ich erblicke
   Ein unglückselig Blatt in dieser Hand,
   Das komme meiner Königin jetzt nicht
   Vor Augen.
ELISABETH Edler Shrewsbury! Man zwingt mich
10 SHREWSBURY Wer kann dich zwingen?
                                    Du bist Herrscheri
   Hier gilt es deine Majestät zu zeigen!
   Gebiete Schweigen jenen rohen Stimmen,
   Die sich erdreisten, deinem Königswillen
   Zwang anzutun, dein Urteil zu regieren. [...]
15 BURLEIGH Gerichtet ist schon längst. Hier ist
                                    kein Urte
   Zu *fällen*, zu *vollziehen* ists.
   [...]

- Skizziere in einer Figurenkonstellation, in welchen Beziehungen die Figuren angesichts der aufs Äußerste gespannten Situation (das Todesurteil gegen Maria liegt vor, Elisabeth soll es unterschreiben, um die Hinrichtung zu genehmigen) zueinander stehen.
- Was geht Elisabeth durch Herz und Sinn, als Davison ihr das Urteil zur Unterschrift vorlegt? Schreibe einen Subtext.
- Entwirf für die (kompletten) Szenen IV, 8 und 9 eine Bühnenfassung:
  - Erarbeite zunächst eine Streichfassung.
  - Entwirf in einer Skizze, wie diese Szenen inszeniert werden könnten. Beachte dabei den Bühnenraum, die Positionen der Figuren und ihre Bewegungen auf der Bühne und besonders auch die Regieanweisungen.

> **TIPP**
> Tausche dich mit einem Partner aus.

Der gute Mensch von Sezuan, Bild 10: Gerichtslokal

DER ERSTE GOTT *heftig*: Verwirrtes, sehr Verwirrtes! Unglaubliches, sehr Unglaubliches! Sollen wir eingestehen, daß unsere Gebote tödlich sind? Sollen wir verzichten auf unsere Gebote? *Verbissen.* Niemals! Soll die Welt geändert werden? Wie? Von wem? Nein, es ist alles in Ordnung. *Er schlägt schnell mit dem Hammer auf den Tisch.*
Und nun – [...]
Auf ein Zeichen von ihm öffnet sich die Decke. Eine rosa Wolke läßt sich hernieder. Auf ihr fahren die Götter sehr langsam nach oben.
SHEN TE Oh, nicht doch, Erleuchtete! Fahrt nicht weg! Verlaßt mich nicht! Wie soll ich den beiden guten Alten in die Augen schauen, die ihren Laden verloren haben, und dem Wasserverkäufer mit der steifen Hand? Und wie soll ich mich des Barbiers erwehren, den ich nicht liebe, und wie Suns, den ich liebe? Und mein Leib ist gesegnet, bald ist mein kleiner Sohn da und will essen? Ich kann nicht hier bleiben! *Sie blickt gehetzt nach der Tür, durch die ihre Peiniger eintreten werden.*
DER ERSTE GOTT Du kannst es. Sei nur gut und alles wird gut werden!
Herein die Zeugen. Sie sehen mit Verwunderung die Richter auf ihrer rosa Wolke schweben.
[...]
SHEN TE Oh, entfernt euch nicht, Erleuchtete! Ich habe noch nicht alles gesagt! Ich brauche euch dringend!
[...]
Während Shen Te verzweifelt die Arme nach ihnen [den Göttern] ausbreitet, verschwinden sie oben, lächelnd und winkend.

- Vergleiche die Götter in dieser Szene mit der christlichen Gottesvorstellung. Worin liegt der von Brecht angewandte Verfremdungseffekt?
- Das Stück endet auf geradezu exemplarische Weise als offenes Drama. Begründe diese These.

Zukunftsforschung
Sachtexte

gentem quidem nullam video neque tam humanam atque doctam neque tam immanem tamque barbaram, quae non significari futura et a quibusdam intellegi praedicique posse censeat. (Cicero, De divinatione)

Ich sehe jedenfalls kein Volk, und sei es noch so kulturell hochstehend und gebildet oder noch so ungeschlacht und barbarisch, das nicht annähme, Zukünftiges werde durch Zeichen angekündigt und könne von bestimmten Menschen erkannt und vorhergesagt werden.

- Nimm Stellung zu der Aussage Ciceros. Was denkst du über die Möglichkeit, die Zukunft vorherzusagen?
- Welche Gründe fallen dir ein, sich wissenschaftlich mit der Zukunft zu beschäftigen?

Informierende Sachtexte

Warum wir das Unmögliche wagen (2012)
Karsten Polke-Majewski

Drei Anrufe: „Wie werden wir in vierzig Jahren leben?"

„Das kann ich Ihnen sagen", antwortet der Stadtplaner. „Was genau wollen Sie wissen?"

„Einige Ideen haben wir da schon", sagt der Bildungsforscher. „Obwohl es ja immer schwierig ist, in die Zukunft zu schauen."

„Wie soll ich das wissen? Ich weiß ja noch nicht einmal, was in drei Monaten sein wird", stöhnt der Politiker.

Die Zukunft ist eine schwierige Angelegenheit. Je weiter wir vorausschauen, desto leichter verlieren wir uns in mehr oder weniger begründbaren Wahrscheinlichkeiten. Sie speisen sich aus den großen Trends unserer Zeit: Klima- und demografischer Wandel, Energiekrise, Globalisierung und Kapitalismuskritik. Was davon wird Wirklichkeit, was wird sich als Trugbild erweisen? [...]

Seit die westliche Zivilisation ihre Fortschrittsidee entwickelte, ist das Morgen zum Ziel alles Heutigen geworden. Zugleich betrachtet, wer auf das Zukünftige blickt, immer das Gestern und Heute, sein Entstehen, seine Chancen, auch seine Gefahren und Missverständnisse. Denn wenn wir eine Welt beschreiben, die es noch nicht gibt, können wir sie uns nicht anders vorstellen als in der Kategorie dessen, was schon ist.

Ein Beispiel: In den gesellschaftsutopischen Entwürfen, die in der ersten Hälfte des 20. Jahrhunderts entstanden, von Aldous Huxleys *Schöne neue Welt* bis zu George Orwells *1984*, schloss sich die Zukunft unmittelbar an die autoritär geprägten politischen Erfahrungen der damaligen Gegenwart an. Technischer und politischer Fortschritt, so schien es, mussten sich totalitär verbinden, Technik würde zwangsläufig zum Mittel der Repression werden.

Unsere heutige Erfahrung lehrt dagegen, dass das so sein kann, wenn beispielsweise im Iran oder in China gewaltige Überwachungsapparate aufgebaut werden. Gleichzeitig wissen wir aber, dass die modernen Kommunikationstechniken demokratische Umbrüche, sogar Revolutionen beflügeln können, wie wir sie im arabischen Frühling erlebten. Huxleys und Orwells Entwürfe bleiben also mögliche Szenarien – unter anderen.

Richtig in Mode kam die Zukunft in den fünfziger und sechziger Jahren. Forscher unterschiedlichster Disziplinen prognostizierten damals mit größter Gewissheit, was die kommenden Jahre bringen würden. Viele ihrer Ideen erscheinen uns heute naiv: fliegende Autos, atomar betriebene Meerwasserentsalzungsanlagen, perfekte Übersetzungsroboter, die menschliche Besiedelung des Mars. Wunderbarer Unsinn, der die Phantasie anregt, aber eben auch belegt, was alle schon wussten: Der Haken an der Zukunft bleibt, dass wir sie nicht kennen.

Unter dieser populären Oberfläche wurden gleichwohl richtige Gedanken entwickelt. Robert Jungk, der erste so benannte Zukunftsforscher, formulierte als Arbeitshypothese: „Ich sehe voraus, dass ich vieles unrichtig oder gar nicht werde vorausgesehen haben." Womit er seine Arbeit nicht ad absurdum führen wollte, sondern ein Bewusstsein dafür schaffen, dass der wissenschaftliche Blick in die Zukunft nicht von vermeintlichen Gewissheiten, sondern von Fragen geprägt sein sollte. Seither suchen Futurologen nicht mehr zu behaupten, was kommt, sondern sie wollen Möglichkeiten entwerfen, was alles sein könnte und mit welcher Wahrscheinlichkeit.

Auf die technikbegeisterten Propheten folgten in den siebziger Jahren die Warner des *Club of Rome*: Die Überbevölkerung bedrohe die Erde, fossile Energieträger gingen zu Ende, die Umwelt werde unwiederbringlich zerstört, das Ende des Wachstums werde innerhalb von hundert Jahren erreicht sein, der Planet steuere auf einen Kollaps zu.

Auch diese Untergangsszenarien haben sich bislang nicht bewahrheitet, wiewohl Demografie und Klimawandel aller Voraussicht nach die wichtigsten Themen unserer Zeit bleiben werden. Ebenso beschäftigt uns angesichts der anhaltenden Finanz- und Schuldenkrise so intensiv wie selten, wie viel und welche Art Wachstum unsere kapitalistische Lebensweise braucht, und wie viel der Planet ertragen kann.

Was also lässt sich aus fast einem Jahrhundert Zukunftsforschung lernen? Dass jede Prognose eine Aufforderung an uns enthält, uns zu entscheiden. Wie wollen wir leben: Im Einklang mit der Natur, in friedlichem demokratischen Miteinander, ohne Angst vor Fremden, in ökonomischer Sicherheit, mit einer guten Balance zwischen Arbeit und Freizeit, Familie und persönlicher Unabhängigkeit? Oder doch ganz anders?

Jede dieser Fragen ist gleichzeitig auf die Gegenwart und auf die Zukunft gerichtet. Rolf Kreibich vom Institut für Zukunftsstudien und Technologiebewertung in Berlin beschreibt das so: „Vor allem die durch die modernen Naturwissenschaften ausgelösten technischen Innovationen bewirken in immer kürzeren Zeitintervallen grundlegende soziale, wirtschaftliche und kulturelle Veränderungen." Der Mensch fühle sich selbst als Gestalter. „Das Morgen wird immer weniger als Schicksal begriffen, sondern erscheint bestimmbar und gestaltbar, somit bestimmt auch die Zukunft immer mehr und immer schneller das Denken und Handeln in der Gegenwart."

Gelernt haben wir auch, dass die Zukunft keine völlig neuen Menschen aus uns macht. Unsere grundsätzlichen Fragen werden sich nicht wesentlich ändern. Was sich wandelt, sind die Rahmenbedingungen, ist die Art und Weise, wie wir auf diese Fragen antworten.

Einige äußere Faktoren, die uns in Zukunft stark beeinflussen werden, scheinen absehbar. Neben den schon genannten großen Trends werden das wohl die Weiterentwicklung der digitalen Technik sowie der Bio- und Umwelttechnologien sein. Alle diese Faktoren lassen aber keine plötzlichen Umstürze erwarten. Der Geograf und Zukunftsforscher Laurence C. Smith schrieb im vergangenen Jahr: „Große Veränderungen lassen die Sache gemächlich angehen und machen keinen großen Lärm dabei." [...]

1. Fasse den Inhalt des Textes in wenigen Sätzen zusammen.
2. Suche die Kernaussagen des Textes.
3. Untergliedere den Text und schreibe wichtige Schlüsselbegriffe der einzelnen Textteile heraus.
4. Fertige eine Strukturskizze an, aus der der Inhalt des Textes ersichtlich wird.

Strukturskizze

METHODE

Eine **Strukturskizze** dient dazu, Inhalte eines Textes zu strukturieren und zu visualisieren.
Dies erfolgt in mehreren Arbeitsschritten:
▶ Zunächst müssen die wichtigsten Informationen aus dem Text erfasst werden.
▶ Dann wird die Kernaussage des Textes bestimmt.
▶ Ausgehend von der Kernaussage werden die Beziehungen zu den weiteren Informationen visualisiert.

Sachtexte → S. 287
Strukturskizze → S. 291

Meinungsbildende Sachtexte

Die Zukunftsforscher (2013) Tito Tettamanti

Vom ewigen Wunsch, zu wissen, was sein wird

Seit jeher fürchtet sich der Mensch vor der Zukunft: vor Naturkatastrophen, Kriegen, unvorhergesehenen Ereignissen. Kurz: Der Mensch hat Angst, dass sich alles zum Schlechten wendet. So groß die Angst des Menschen, so groß war seit jeher seine Leidenschaft für Horoskope, Kartenleger, Kaffeesatzleser, ja sogar für Sekten. In der Antike waren es die römischen Auguren, die Pythia oder die Prophetin des Orakels von Delphi, die weissagten, was die Zukunft bringen werde. Heute versuchen wir mit wissenschaftlichen und technologischen Mitteln, dasselbe zu tun. Und das ist richtig.

Zwei Beispiele: 1970 war das Hudson Institute unter der Leitung von Herman Kahn tonangebend. Mit *The Year 2000* wagte es einen Blick in die Zukunft, der interessant und ausführlich, letztlich aber nicht zutreffend war. Schlicht darum, weil man zwei Entwicklungen, die die Zukunft entscheidend verändern sollten, überhaupt nicht in Erwägung gezogen hatte: die Implosion der UdSSR und die Wiedervereinigung von Deutschland.

Zwei Jahre später veröffentlichte der Club of Rome *The Limits of Growth*, eine Studie zur Zukunft der Weltwirtschaft. Auch dieses Werk machte Furore. Wenn sich die damals skizzierten Szenarien bewahrheitet hätten, würde die Welt heute über fast keine Ölreserven mehr verfügen.

In diesen Wochen streiten wir wieder über die Deutung der Zukunft. Zur Diskussion steht der Bericht des UN-Weltklimarates, ein Werk, an dem Hunderte von Wissenschaftlern mitgewirkt haben. Auch diese Publikation wird von Polemik und Streit begleitet. Hunderte von Wissenschaftler, die anderer Meinung sind als ihre Kollegen, die den Bericht verfasst haben, kritisieren diesen aufs Schärfste. Dabei ist die Kritik nicht neu. Bereits 2001 hat Bjørn Lomborg die Methode und die Resultate des ersten IPCC-Reports infrage gestellt und im Bestseller *The Skeptical Environmentalist – Measuring the Real State of the World* publiziert. Vor zwei Jahren sollen außerdem Mitarbeiter desselben Berichtes der Versuchung erlegen sein, Daten zu frisieren, um ihre Thesen beweisen zu können. Ich gehöre zu den 99,99 Prozent der Weltbevölkerung, die den jüngst publizierten, 2000-seitigen Bericht nicht gelesen haben. Ich versuche aber, mir aus den Kommentaren von Wissenschaftsjournalisten eine Meinung zu bilden. Persönlich habe ich daraus – und mehr noch aus den Fehlern von früheren Zukunftsforschern – einige Lehren gezogen.

Erstens: Die Prognosen fallen nicht in einen luftleeren Raum. Was als Zukunft skizziert wird, kann enorme Konsequenzen haben. So müsste Europas Wirtschaft im nächsten Jahrzehnt 270 Milliarden Euro für den Klimaschutz ausgeben. Zweitens: Wer denkt, dass die Stellungnahmen frei von Interessen seien,

ist naiv. Man denke nur an die milliardenschweren Aufträge, die als Folge des Berichtes zu erwarten sind. Das mahnt zur Vorsicht. Drittens: Ich kann mich des Eindrucks nicht erwehren, dass gewisse Berichte die eine oder andere Weltanschauung untermauern wollen. Forschung aber, die einer Ideologie dient, leistet der Sache einen Bärendienst. Viertens – und das ist mir am wichtigsten –, wir tun gut daran, uns an ein großes Wort zu erinnern: „Ich weiß, dass ich nichts weiß." Gemeint nicht nur im popperianischen Sinne, sondern auch im Sinne des Philosophen Edgar Morin: *l'imprévisible et l'inconcevable*". Wir sollten es wagen, auch das Unvorhersehbare und das Unvorstellbare für möglich zu halten.

1. Kläre dir unbekannte Begriffe. Nutze bei Bedarf Nachschlagewerke.
2. Arbeite die Kernaussagen des Textes heraus.
3. Vergleiche den Text und die Intention seines Verfassers mit dem vorherigen Text.
4. Nimm mit einem eigenen Text über die Zukunftsforschung Stellung zu der Meinung des Verfassers.

„**Ich weiß, dass ich nichts weiß**" Äußerung, die dem griechischen Philosophen Sokrates (469–399 v. Chr.) zugeschrieben wird (vgl. Platon, „Die Apologie des Sokrates")

im popperianischen Sinne Karl Popper (1902–1994), österreichisch-britischer Philosoph, Begründer des Kritischen Rationalismus

Edgar Morin „*l'imprévisible et l'inconcevable*" 1921 geborener französischer Philosoph; „das Unvorhersehbare und Unvorstellbare"

Eigene Sachtexte verfassen

Bald werden wir alle … (2013) Marcus Rohwetter

… oder auch nicht. Die großen Pleiten der Technikpropheten.

Es gibt Visionen aus dem Reich der Technik, die beschäftigen die Fantasten über Generationen, landen aber trotzdem immer wieder auf dem Recyclinghof der Ideengeschichte. Dort werden sie wieder- und wiederaufbereitet – die Zukunft steht ja immer bevor –, finden aber nie in die Realität. Ein paar Klassiker des Scheiterns:

Das papierlose Büro. Es ist unklar, seit wann diese Idee auf dem Globus herumspukt, wahrscheinlich seit den 1970er Jahren. Sie soll aus dem Palo Alto Research Center stammen, einer Tochterfirma des US-amerikanischen Druckerherstellers Xerox. Der aber ist auch nach vier Jahrzehnten papierloser Büroträume bestens im Geschäft. In den Siebzigern stand das Ende der Schreibmaschine bevor – von dem hat man offenbar zu rasch auf das Ende des Papiers geschlossen. Stattdessen kamen Drucker und Kopierer, und noch heute schließen viele elektronische Nachrichten mit dem Hinweis: »Denken Sie an die Umwelt, bevor Sie diese E-Mail ausdrucken!« Ein wertvoller, aber offenbar selten beherzigter Ratschlag. Der Marktforschungsfirma IDC zufolge wurden 2011 weltweit rund drei Billionen Seiten Papier ausgedruckt.

Ein ähnliches Schicksal ereilte die Idee vom **Ende aller Geschäftsreisen.** Dank digitaler Videokonferenzen müssten Dienstreisen eigentlich längst Geschichte sein. Spätestens mit der Erfindung des Videotelefondienstes Skype im Jahr 2003 wurde selbst Privatleuten das Potenzial dieser Technik klar. Eine kleine Umfrage unter deutschen Führungskräften kam vor etwas mehr als zwei Jahren allerdings zu dem Ergebnis, dass 91 Prozent dieser Kohorte doch lieber reisen – persönliche Kontakte erscheinen ihnen zu wichtig. Darauf weisen auch die Zahlen des Luftfahrtverbandes ATAG hin: Zwischen 1990 und 2010 hat sich die Zahl der Passagiere mehr als verdoppelt und ebenso die Zahl der jeweils in der Luft zurückgelegten Kilometer.

Kohorte: (Jahrgangs-)Gruppe, (militärische) Einheit *(Zeile 30)*

Unabsehbar, aber heiß erwartet: der **internetfähige Kühlschrank.** Seit einer gefühlten Ewigkeit steht dessen Durchbruch unmittelbar bevor. Er wird zur Neige gehende Vorräte von sich aus beim nächsten Supermarkt nachbestellen. Das Problem dabei ist – wie bei den meisten Utopien – die Realität: Wer will immer nur dasselbe Zeug im Kühlschrank vorfinden? Und weiter: Ist es sinnvoll, wenn vom Kühlschrank eigenmächtig bestellte Joghurts, Milchtüten und Weichkäse an der Haustür in der prallen Sonne gammeln, weil der Lieferant leider keinen menschlichen Hausbewohner angetroffen hat? Denn noch macht der Kühlschrank die Haustür nicht auf.

1. Handelt es sich bei dem Artikel von Marcus Rohwetter eher um einen informierenden oder um einen meinungsbildenden Sachtext?
   Belege deine Einschätzung mit entsprechenden Textstellen.
2. Verfasse selbst einen kurzen Sachtext über eine Technikvision, die du auf absehbare Zeit nicht für realisierbar hältst – oder die du ungern realisiert sehen würdest –, zum Beispiel
   – das fahrerlose Auto;
   – die Datenbrille mit Gesichtserkennung;
   – die schwimmende, sich selbst versorgende Stadt;
   – Gebrauchsgegenstände aus dem 3D-Drucker;
   – Medizin-Chips in der Kleidung;
   – die Besiedlung des Weltalls;
   – Übersetzungsroboter.

Die Unwirtlichkeit unserer Städte (1965)
Alexander Mitscherlich

Unsere Städte und unsere Wohnungen sind Produkte der Phantasie wie der Phantasielosigkeit, der Großzügigkeit wie des engen Eigensinns. Da sie aber aus harter Materie bestehen, wirken sie auch wie Prägestöcke; wir müssen uns ihnen anpassen. Und das ändert zum Teil unser Verhalten, unser Wesen. Es geht um einen im Wortsinn fatalen, einen schicksalsbildenden Zirkel: Menschen schaffen sich in den Städten einen Lebensraum, aber auch ein Ausdrucksfeld mit Tausenden von Facetten, doch rückläufig schafft diese Stadtgestalt am sozialen Charakter der Bewohner mit. [...] Die Unwirtlichkeit, die sich über diesen neuen Stadtregionen ausbreitet, ist niederdrückend. Die Frage lautet: muss das so sein, ist das unausweichlich? *(S. 9)*

Zum Weiterlesen:
Alexander Mitscherlich: Die Unwirtlichkeit unserer Städte. Frankfurt am Main: Suhrkamp Verlag 1965

Plattenbausiedlung in Magdeburg, aufgenommen im August 2007

Segregation Entmischung unterschiedlicher Bevölkerungsschichten

Problemfelder der europäischen Stadtentwicklung

Umweltverschmutzung	Flächenverbrauch
Verkehrsaufkommen	soziale Spannungen
Segregationsprozesse	Schrumpfung
Verfall der Innenstädte	

1. Gib die Aussage Mitscherlichs in deinen eigenen Worten wieder. Kannst du dem Autor zustimmen? Begründe kurz.
2. Wie beantwortest du die Frage, die der Autor aufwirft?

Die Stadt der Zukunft

Städtische Grundfunktionen

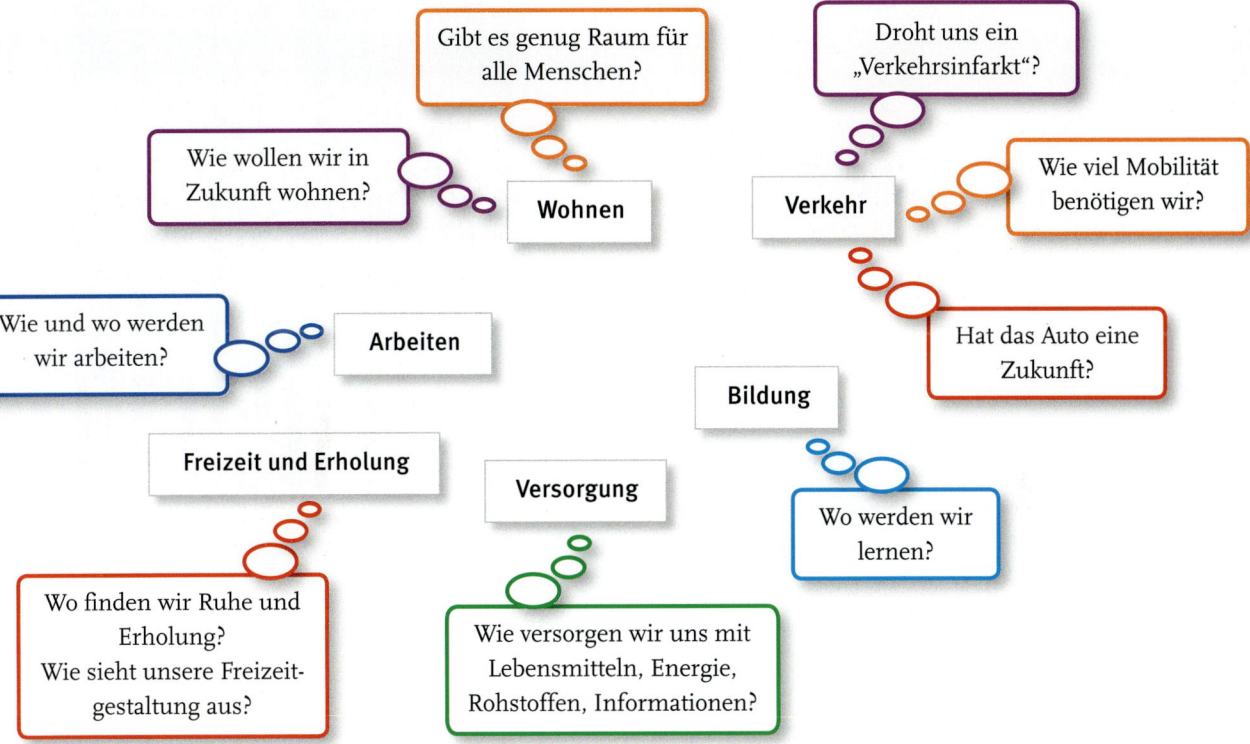

Kriterien zur Beurteilung der Lebensqualität in einer Stadt

Größe	Bebauungsdichte	Architektur
Wohnsituation	Umweltverschmutzung	Energieverbrauch
Verkehrssystem	Individualverkehr, ÖPNV	Erholungsräume
Bildungsangebote	Bürgerbeteiligung	Sicherheit
Gesundheitsversorgung	Schulsystem	Bewahrung des historischen Erbes
Wasser-/Stromversorgung	Internationalität	
Kommunikationsinfrastruktur	Freizeitangebote	
nachhaltige Zukunftsplanung	Unterstützung sozial Schwacher	

3. Stelle in einer strukturierten Mindmap dar, wie für dich eine lebenswerte Stadt in der Zukunft aussehen kann. Du kannst die Mindmap durch Skizzen ergänzen.
4. Recherchiere in der Bibliothek und im Internet weitere Informationen zum Thema „Stadt der Zukunft".
5. Verfasse einen informierenden Sachtext über die lebenswerte Stadt der Zukunft – so, wie du sie dir vorstellst.

Stichwörter für eine Internetrecherche:
▶ Stadtentwicklung
▶ nachhaltige Stadtplanung
▶ Stadt der kurzen Wege
▶ Lokale Agenda 21
▶ Charta von Aalborg

 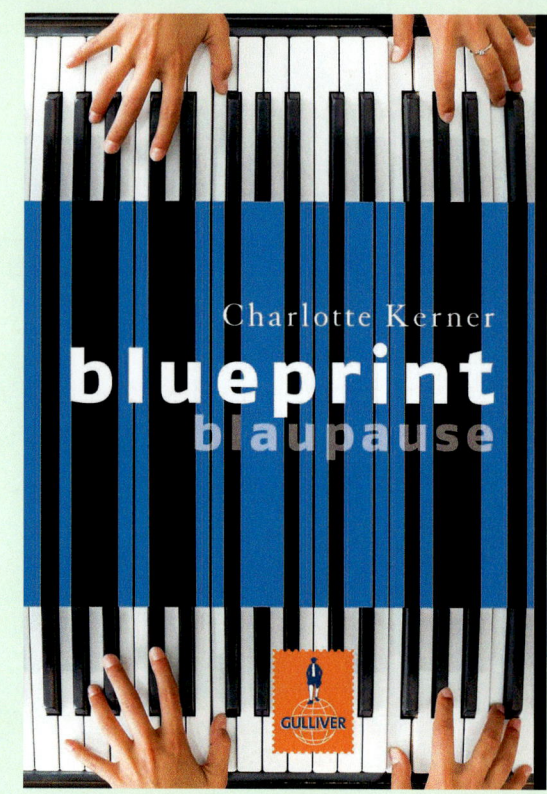

„Blueprint"
Literaturverfilmung

Zum Inhalt des Buches

Das Buch
Charlotte Kerner: Blueprint – Blaupause. Weinheim: Verlag Beltz und Gelberg. Neuausgabe 2012

Der Film
Titel: Blueprint
Drehbuch: Claus Cornelius Fischer
Regie: Rolf Schübel
Musik: Detlef F. Petersen
Produktion: Relevant Film 2003
Darsteller: Franka Potente, Ulrich Thomsen, Hilmir Snaer Gudnason, Katja Studt, Wanja Mues u. a.

Charlotte Kerner beschreibt in ihrem 1999 erschienenen Roman „Blueprint – Blaupause" das Leben von Iris und Siri Sellin.
Iris Sellin, eine hochbegabte Pianistin und Komponistin, erfährt im Alter von 30 Jahren, dass sie unheilbar an multipler Sklerose erkrankt ist. Damit ihr musikalisches Talent nicht mit ihr aus der Welt verschwindet, lässt sie sich klonen. Siri – das Klonkind – soll als Kopie ihrer Mutter Iris' Vision vom Fortbestehen ihres Talents und ihres Erfolgs verwirklichen.
Doch als Teenager zerbricht Siri fast daran, ‚nur' eine Kopie ihrer Mutter zu sein. Ihr Leben besteht in dieser Phase aus Versuchen, sich von Iris abzugrenzen und ihre eigene Persönlichkeit zu finden. Erst nach Iris' Tod gelingt es ihr, ihren eigenen Weg zu gehen.

▶ Was interessiert euch an der Thematik von „Blueprint – Blaupause"?
▶ Lest das Buch und schaut euch den Film an.

Buch und Film

Blueprint – der Film

Charlotte Kerners Roman wurde 2003 von Rolf Schübel verfilmt – mit Franka Potente in der Hauptrolle. Hier ist der Beginn der Filmhandlung wiedergegeben:

Sequenz 1 Kanada, in naher Zukunft. Eine junge Frau (Siri) lebt ganz allein in der Wildnis und fotografiert Wapiti-Hirsche. Sie macht die Bekanntschaft des jungen Kanadiers Greg. Auf dem Bildtelefon in ihrer Blockhütte meldet sich eines Tages Iris, ihre Mutter, die von schwerer Krankheit gezeichnet ist.

Siri beim Fotografieren

Sequenzen 2–5 Rückblende. Iris Sellin, die berühmte Pianistin, ist an multipler Sklerose erkrankt, will aber der Nachwelt ihr Talent und ihr Schaffen erhalten. Sie überredet den Wissenschaftler Martin Fisher, sie zu klonen und damit sich und ihn als Forscher unsterblich zu machen. Iris wird schwanger und bringt Siri zur Welt.

Iris und Professor Fisher

Sequenz 6 Kanada. Greg besucht Siri in ihrer Blockhütte und repariert ihren Stromgenerator. Die beiden beginnen, Freundschaft zu schließen.

Sequenzen 7–9 Rückblende. Siris Kindheit: Da ihre Mutter so oft abwesend ist, verbringt Siri viel Zeit mit Janeck, dem gut vier Jahre älteren Sohn ihres Kindermädchens. Sie will eine ebenso berühmte Pianistin werden wie Iris.

Siri und Greg

Sequenz 10 Kanada. Greg hat heimlich Siris Flügel aufgebaut und erntet damit nur ihren Unmut …

1. Vergleiche den Inhalt und die Chronologie von Buch und Film. Wo sind Unterschiede, wo Gemeinsamkeiten?
2. Warum hat der Drehbuchautor deiner Ansicht nach die Rahmenhandlung (Kanada) erfunden?
3. Kennst du andere Beispiele, bei denen die Literaturverfilmung von der Buchvorlage abweicht?

Siri als Kind

Literaturverfilmung → S. 287 f.

Gelbe Schleife ...

Im Roman wird ein gemeinsames Konzert von Iris und Siri wie folgt dargestellt:

Am Muttertag des zwölften Jahres hatte Thomas Weber ein Konzert organisiert, in dem Iris und Siri Sellin die zweite Hälfte bestreiten sollten.
[...]
Die „Tautropfen" hatte Iris ebenfalls ins Programm mit aufgenommen. Davor würde sie wie bei früheren Aufführungen etwas über deren Entstehungszeit, nämlich ihre Schwangerschaft mit Klon Siri, erzählen.

Siri hatte sich geweigert, dieses langweilige schwarze Kleid anzuziehen, das ihre Mutter für sie ausgesucht hatte. „Wir gehen doch auf keine Beerdigung, es ist Muttertag!" Dass ein schwarzes Kleid üblich sei, ließ sie nicht gelten: „Dann wird es heute eben mal unüblich." Iris drohte schließlich, das ganze Konzert platzen zu lassen, wenn Siri das Kleid nicht anziehe.

Siri hatte keine Wahl. Doch zehn Minuten vor ihrem Auftritt ging sie auf die Toilette, wo sie ein zehn Zentimeter breites, schrill gelbes Taftband hervorzog, das sie als flache Rolle in ihrer Strumpfhose versteckt hatte. Mehrmals schlang sie es um ihre Hüfte und band eine wunderschöne Schleife. Als sie sich dann wieder neben Iris stellte, bemerkte diese die Veränderung überhaupt nicht und Siri war so wütend, dass alles Lampenfieber wie weggeblasen war.

Die Ansage des Moderators lief schon, als Iris die Tochter fest an der Hand nahm und Siri allen Groll vergaß. Strahlend betraten beide die Bühne, wo die Konzertflügel im Scheinwerferlicht standen und die Fernsehkameras auf sie warteten.

Dieser lächerliche Auftritt am Muttertag! Und du hast meine gelbe Schleife nicht einmal gesehen. Dabei wollte ich doch nur, dass du *mich* endlich ansiehst. Schon vor dem Konzert hattest du mich einfach übersehen. Du hast mich als dich herumgezeigt: Mein Klon, sehen Sie! Ist er nicht gelungen? Als Protest blieben mir nur die bunten Kleider und grellen Bänder. Was kann eine Elfjährige schon ausrichten! Wenn du dich darüber geärgert hast, wusste ich: Ich bin wer. Aber nicht einmal diesen kleinen Triumph hast du mir an diesem Tag gegönnt. Mit Absicht hast du die gelbe Schleife übersehen! *(S. 82 f.)*

1. In welcher inneren Verfassung befindet sich Siri in diesem Textausschnitt? Berücksichtige auch die beiden Zeitebenen des Romans, in denen Siri einmal als Erlebende und einmal als Erinnernde und Kommentierende gegenwärtig ist.
2. Mit welchen sprachlichen Mitteln bringt der Text Siris Gemütszustand zum Ausdruck?

... und weißer Stern

Die Verfilmung setzt diese Szene folgendermaßen um:

Filmszene kleinste Einheit des Films, wird von Schnitten, Personen- oder Ortswechseln begrenzt

Vor dem Konzert ist Siri furchtbar aufgeregt. Sie bekommt Nasenbluten. Iris tupft das Blut ab und versucht, ihrer Tochter durch beruhigende Worte das Lampenfieber zu nehmen.

Erfolgreich absolvieren Iris und Siri ihr erstes gemeinsames Konzert. Beim donnernden Schlussapplaus holt Siri schnell einen weißen Stern mit der Aufschrift „Klon" aus der Tasche und heftet ihn sich an die Brust.

Iris packt ihre Tochter am Arm und zerrt sie aus dem Konzertsaal. Hinter dem Vorhang reißt sie ihr den „Klon"-Stern ab und gibt ihr eine schallende Ohrfeige.

Die Sequenz dauert 3 Minuten und 20 Sekunden.

Filmsequenz aus einer unmittelbaren Folge von Einstellungen gestaltete kleine filmische Handlungseinheit

3. Welche Assoziationen entstehen beim Zuschauer, wenn er Siris Stern sieht?
4. Warum wählt der Regisseur statt der gelben Schleife einen Stern mit der Aufschrift „Klon"? Wie verändert sich dadurch die Wirkung des Protests?

Iris – Siri, gespiegelte Namen

Siri findet für die Beziehung zu ihrer Mutter sprachlich neue Formen, eine ‚Klonsprache'. Hier einige Beispiele aus dem Roman:

1 Aber wenn meine Stirn auf den hölzernen Leib von Mister Black trifft, rast diese verdammte Melodie nur umso schneller durch meine Gehirnwindungen. Und dieses Kreisen will einfach nicht aufhören: Iris-Risi-Isir-Siri-Iris-Risi-Isir-Siri.

Unsere Namen haben denselben Klang, einen Klang. Wir waren Iris-Siri und Siri-Iris. Es sollte noch lange dauern bis zum *big bang*. Denn am Anfang unseres Zwillingsdaseins lebten wir tatsächlich im Einklang. *(S. 36f.)*

2 Plötzlich war dieser Name da, einfach so: Muzwi. Er hörte sich lustig an. Wenn ich beide Silben kurz und hoch aussprach, klang das fast wie Vogelgezwitscher, und sagte ich „Muzwi" sanft und gedehnt, war es ein schöner Kosename. Doch ich konnte Muzwi auch scharf und schneidend aussprechen. Dann bellte ich das „Mu" wie einen Befehl, ganz kurz und hart, wobei das „zwi" dafür richtig zischen musste.

Muzwi bedeutet Mutterzwilling, der Name kam mir kurz vor meinem achten Geburtstag in den Sinn. Bis dahin hatte ich nur alles nachgeplappert. Jetzt dachte ich selbstständiger und begann langsam zu verstehen, mehr noch zu fühlen, was es hieß, nicht nur ein Zwilling, sondern ein Klon-Zwilling zu sein. Vielleicht fiel mir deshalb dieser Name für dich ein, Muzwi. *(S. 71)*

3 Das Musikstück, das ich aufführen sollte, hieß „Dein Leben" und ich irrte umher inmitten dieser festgelegten Lebenslinien und Lebensnoten. Ich versuchte es als „Mein Leben" zu spielen, ich wollte den Beifall für mich allein. Aber am Ende war ich nur eine Marionette, die an deinen DNS-Fäden hing, Iris. Und die hatten sich an diesem Abend verheddert. Deshalb bewegte sich die Marionette nicht richtig, deshalb spielte ich nur die Noten vom Blatt.

Nein, Iris, das Lampenfieber war nicht schuld, das ist wirklich zu einfach. Es waren die widersprüchlichen Erwartungen von dir und von mir. Ichdu und Duich flüsterten mir abwechselnd verschiedene Anweisungen ins Ohr. Die verwirrten mich und ich hörte nicht mehr, was ich spielte. Immer mehr Stimmen redeten auf mich ein, aber etwas gewann in diesem Gewirr die Oberhand und wurde lauter und lauter: Und das, Iris, war dein/mein/unser höhnisches Lachen. *(S. 114f.)*

> **1.** Welche Aspekte der Beziehung zu Iris spiegeln sich in Siris sprachlichen Neuschöpfungen? Informiere dich auch in einem Herkunftswörterbuch über den Vornamen Iris.

Spiegel-Bilder des Films

Im Film kommen häufig Szenen mit einem Spiegel vor.

Sequenz 2: Iris im Spiegel

Sequenz 7: Iris und Siri vergleichen sich vor dem Spiegel.

Sequenz 12: Siris Nasenbluten vor dem Muttertagskonzert

Sequenz 17: Siri entfernt sich vor dem Spiegel das Muttermal.

2. Was soll das Spiegelmotiv im Film ausdrücken?
3. Stellt euch zu zweit als Standbild vor einen Spiegel und versucht folgende Beziehungsaspekte auszudrücken: Innigkeit – Dominanz/Unterdrückung – Hass – gegenseitiges Verstehen – Unverständnis – Selbstsicherheit – Unsicherheit – Fürsorge – Stolz – Verzweiflung.
4. Untersucht die Verwendung von weiteren Motiven im Buch und im Film, zum Beispiel die Bedeutung von „Mister Black" (dem Flügel) oder von „Rudolph" (Siris Stoff-Rentier einerseits und dem weißen Wapiti in Kanada andererseits).
5. Findest du die Übertragung der symbolischen Elemente des Buchs in die visuelle Sprache des Films gelungen? Begründe.

„Tautropfen" – Musik im Roman

Während ihrer Schwangerschaft komponiert Iris das Stück „Tautropfen", das leitmotivisch den Roman durchzieht:

1 Von Anfang an vollzog sich mein Werden nur in deiner Iris-Welt, in einem Raum, der immer von deiner Musik erfüllt war. Die ersten Sinneseindrücke, die mein Gehirn speicherte, waren deine Melodien. Sie begleiteten mich, als ich Sehen, Riechen, Schmecken lernte. Und dann kam noch deine berühmte Komposition „Tautropfen" hinzu. In ihren Tönen badete ich, als die Schneckenwindungen in meinen Ohren zu wachsen begannen. Immer deutlicher hörte und unterschied ich die Töne, in deren Rhythmus ich mich hin und her wiegte. Im siebten Monat klopfte ich mit meinen Füßen und Händen bereits den Takt. Du stimmtest mich mit deiner Musik auf die Welt da draußen ein, machtest mich gefügig. *(S. 35)*

2 Am 12. Oktober des Jahres null wurde Siri Sellin ohne Komplikationen geboren. Klon-Kind und Klon-Mutter waren wohlauf. Doch die gerade dem mütterlichen Schoß entschlüpfte Tochter-Schwester schrie nicht wie andere Kinder. Leise, kaum hörbare Töne kamen aus dem kleinen Mund, als die Hebamme das Neugeborene hochhielt und abnabelte.

Iris behauptete ihr Leben lang, in den allerersten Lauten der Tochter die Anfangstöne des Stückes „Tautropfen" erkannt zu haben.

„Sie singt meine Musik, hören Sie?", schrie sie glücklich. „Das sind die Tautropfen." Doch niemand glaubte ihr. *(S. 36)*

3 Siri begann zu malen und entdeckte so ihre Hände ganz neu. Plötzlich liebte sie diese kräftigen Finger. Sie konnten zupacken und waren genau richtig, um Leinwände zu spannen, Farben zu mischen und die großen Pinsel zu führen.

Nach einigen Tagen erst holte Siri das flache Paket aus der Kommode, das dort seit ihrem Geburtstag ungeöffnet gelegen hatte. Iris hatte es ihr geschickt. Es enthielt die Originalnoten der „Tautropfen", sonst nichts, keine einzige Zeile. [...]

Blatt für Blatt nahm Siri sich die „Tautropfen" vor, schnitt und faltete und klebte die Noten und Notenlinien neu zusammen. Diese Collage übermalte sie mit kräftigen, breiten schwarzen und blauen Pinselstrichen, Kreisen und Kringeln. Ihre Bewegungen folgten dabei dem Rhythmus der Musik, die sie kannte, seit sie zu leben begonnen hatte, und die sie in ihrem Innern immer noch hörte. *(S. 133)*

> **EXTRA**
> Untersuche, inwiefern sich die Entwicklung der Protagonisten im Umgang mit den „Tautropfen" widerspiegelt.

1. Versuche, die abgedruckten Textstellen einmal aus der Perspektive von Iris und einmal aus der von Siri zu deuten: Welche Rolle spielt das Stück „Tautropfen" jeweils?

Klavierkonzert „Für Siri" – die Filmmusik

In den Sequenzen 1 (Siri in Kanada) und 11 (Klavierkonzert für Siri) taucht dieselbe Musik auf, über die der Komponist Detlef Friedrich Petersen Folgendes sagt:

Wie sah ihr musikalisches Konzept für Blueprint aus?
Ausgangspunkt meiner Überlegungen war die musikalische Umsetzung des Filmthemas. Im Mittelpunkt stand ein Konflikt zwischen einem Klon und seinem Original. Das Original und den Klon beschrieb ich musikalisch mit einer Oktave: ein Gleichklang – allerdings unterschieden durch die Tonhöhe. Dieses Intervall wurde der Kern meines Grundmotivs, das ich auch in dem Klavierkonzert „Für Siri", das Iris für ihre Tochter Siri komponiert, verwende und variiere. Da Iris Pianistin ist, steht natürlich das Piano im Vordergrund.

Siri in Kanada

Wie haben Sie Siri und Iris musikalisch differenziert?
Musikalisch haben wir das Hauptthema des Filmes in gewisser Weise umgekehrt: Siri, der Klon, bekam ein eigenes musikalisches Thema, das allerdings von Iris komponiert wurde. Iris, das Original, wird in erster Linie durch die Musik, die sie spielt, definiert: Bach, Mozart, Beethoven, Schumann und Debussy. Sie ist die strenge rationale Frau, die sich bemüht, über den Verstand alles zu ordnen und zu lenken, während Siri ausbricht und ihre Selbstfindung in den kanadischen Wäldern sucht. So erinnert ihr musikalisches Motiv auch entfernt an Folk.

Iris am Flügel

2. Hört euch bei den beiden Sequenzen zunächst nur den Ton an. Welche Stimmung erzeugt die Musik jeweils bei euch?
3. Vergleicht eure Eindrücke von der Musik mit den Aussagen des Filmkomponisten Detlef Friedrich Petersen.
4. Schaut euch die Sequenzen jetzt mit Bild und Ton an: In Sequenz 1 ist die Musik asynchron über die Handlung gelegt, in Sequenz 11 läuft sie als synchroner Bildton. Wie unterscheidet sich jeweils ihre Funktion?
5. In den Sequenzen 5 und 6, 11 sowie 19 und 20 werden die „Tautropfen" als Filmmusik verwendet. Wie wird die Musik hier filmisch eingesetzt?

Bildton, synchron akustische Ereignisse, die im Bild vorkommen, z. B. Geräusche, Dialoge

Fremdton, asynchron akustische Ereignisse, die nicht im Bild vorkommen, z. B. Filmmusik

> **EXTRA**
> ▶ Roman und Film bedienen sich unterschiedlicher Mittel, um äußere Handlungen, das Innenleben von Personen und deren Konflikte darzustellen.
> ▶ Eine vergleichende Untersuchung von Ausschnitten aus Buch und Film kann diese Unterschiede deutlich machen.

Filmanalyse

Filmische Darstellungsmittel

Filme verfügen über eine Reihe von Gestaltungsmitteln, um eine Geschichte wirkungsvoll zu erzählen. In diesem Abschnitt werden wichtige filmische Mittel erläutert, mit deren Hilfe du einzelne Filmsequenzen protokollieren und analysieren kannst.

1 Einstellungsgrößen

Die Einstellungsgröße (Shot) beschreibt den Bildausschnitt und gibt an, in welcher Größe Menschen, Gegenstände, Räume usw. auf dem Bildschirm zu sehen sind.

Weit (W): Diese Einstellung gibt einen Überblick über den Schauplatz des Geschehens (zum Beispiel ein Landschaftspanorama) und dient der Orientierung des Zuschauers. Details spielen keine Rolle. Sie wird häufig zu Beginn oder zum Abschluss einer Szene / eines Films gewählt.

Nah (N): Diese Einstellung entspricht etwa dem Brustbild einer Person. Gestik und Mimik gewinnen an Bedeutung, die Umgebung spielt kaum noch eine Rolle. Diese Einstellung dominiert im Fernsehen bei Moderatoren und Sprechern.

Totale (T): Auch die Totale bietet dem Zuschauer einen Überblick, Einzelnes wird erkennbar. Gezeigt wird ein Geschehen im Gesamtüberblick, zum Beispiel eine Straße oder ein Platz.

Groß (G): Diese Einstellung zeigt den Kopf eines Menschen bis zum Hals bzw. Schulteransatz. Die Wahrnehmung des Zuschauers wird ganz auf die Mimik konzentriert.

Halbtotale (HAT): In dieser Einstellung sieht man die Menschen von Kopf bis Fuß, sodass man ihre Handlungen recht gut verfolgen kann. Die Körpersprache der gezeigten Personen ist gut zu erkennen, nicht jedoch ihre Mimik.

Detail (D): In dieser Einstellung ist ein extrem kleiner Ausschnitt einer Person oder eines Gegenstandes zu sehen, der auf dem Bildschirm weit überdimensioniert erscheint.

2 Kameraperspektiven

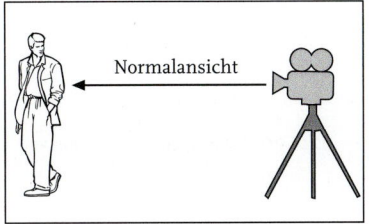 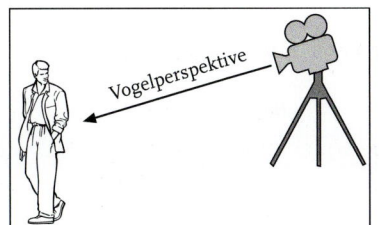 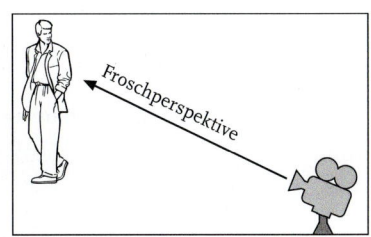

3 Kameraführung

Der Blick der Kamera kann sich theoretisch von überall her auf das Objekt richten. Entscheidend für die Wahl der Perspektive ist jeweils, welches Verhältnis der Zuschauer zu den gezeigten Objekten oder Personen entwickeln soll. Die Kamera kann nach oben und nach unten schauen und den Blick zur Seite schweifen lassen. Jeder Schwenk erweitert den Bildraum, sodass Neues, bisher nicht Gezeigtes, Überraschendes auftaucht. Bewegt sich die Kamera (meist auf Schienen) durch den Raum, spricht man von einer Kamerafahrt.

Das gezeigte Objekt kann sich auf die Kamera zu, von ihr weg oder parallel zu ihr bewegen. Schnelle Bewegung auf die Kamera zu wirkt aggressiv, bedrohlich. Der Zuschauer wird in eine Abwehrhaltung gezwungen. Umgekehrt erzeugt die von der Kamera wegführende Bewegung beim Betrachter ein Gefühl der Erleichterung, der Verstörung oder auch des Schmerzes. Bewegt sich das Objekt dagegen parallel zur Kamera, bleibt der Zuschauer in einem distanzierten Verhältnis zum Geschehen. Springt die Kamera zwischen zwei Personen hin und her, spricht man von Schuss und Gegenschuss.

Weitere filmische Gestaltungsmittel
- Schauplätze
- Make-up
- Lichtführung
- Kostüme
- Verwendung von Farben
- Bewegung, Mimik und Gestik der Figuren
- Typografie bei Vor- und Abspann, Inserts (Schrift im Filmbild)

4 Ton

On-Ton: Der Sprecher / die Geräuschquelle ist im Bild sichtbar.

Off-Ton: Der Sprecher / die Geräuschquelle ist nicht sichtbar und kann dadurch überraschend oder bedrohlich wirken.

Musik / Geräusche: Sie illustrieren und strukturieren den Handlungsverlauf, steuern Gefühle und lösen Assoziationen aus. Filmmusik kann zudem der leitmotivischen Verklammerung von Filmsequenzen dienen.

Ohne Geräusche wirkt ein Film unwirklich. Deshalb werden Filme meist mit Hintergrundgeräuschen, der sogenannten Atmo, hinterlegt.

5 Montage / Schnitt

Bei der Montage werden die einzelnen Einstellungen zum fertigen Film zusammengefügt. Dies meint einerseits den technischen Vorgang am Schneidetisch, aber auch die vorher festgelegte und dramaturgisch begründete Abfolge der einzelnen Einstellungen. Schnitte zwischen zwei Einstellungen können unterschiedlich gestaltet werden, etwa durch harte Schnitte (kein erkennbarer Übergang), Abblende und Aufblende (in einem meist schwarzen, gelegentlich auch weißen Bild endend bzw. von ihm ausgehend), Überblendung (das erste Bild wird stetig verdunkelt, das zweite bekommt allmählich mehr Licht), Trickblende (zum Beispiel langsames Verdunkeln des Bildes von den Seitenrändern) oder Schwarzblende (ein schwarzes Bild zwischen zwei Einstellungen).

Sequenzprotokoll (Sequenz 8)

Inhalt und Zeitdauer	Einstellungsgrößen	Kameraperspektive und -führung	On- und Off-Ton / Geräusche / Musik	Montage / Schnitt	Sonstiges	Wirkung auf den Zuschauer
Iris bricht nach einem Konzert zusammen (2 Minuten, 7 Sekunden).	Wechsel verschiedener Einstellungsgrößen: Totale des Konzertsaals, Nahaufnahmen von Iris und anderen Personen, Großaufnahmen von Iris' Händen beim Klavierspiel	Iris am Klavier wird aus allen Perspektiven gezeigt: Normale, Vogelperspektive auf Iris und Siri, Froschperspektive auf den Dirigenten	Klavierkonzert (Musik von Konzertflügel und Orchester)	häufige Schnitte	Lichtkegel um Iris, sonst Dunkelheit, rotes Kleid/roter Lippenstift, blasses Gesicht	Betonung von Iris' virtuosem Spiel und ihrem souveränen Auftreten im Rampenlicht
	Totale des Konzertsaals	Vogelperspektive auf Iris vom Zuschauerraum aus	Applaus			
	Nahaufnahme von Siri	Normale	Siris Rufe „Bravo, Mama", dann Siris Schrei „Mama", Applaus bricht ab, Aufschreie im Publikum		Siris Mimik: konzentriertes Zuhören, Lächeln, Erschrecken	Konzentration auf Siris Gefühle: zunächst Stolz auf die berühmte Mutter, dann Erschrecken und Sorge
	Nahaufnahme am Krankenbett	Normale, Kameraschwenk zwischen Siri und Iris	Dialog Iris – Siri			zwei unterschiedliche Haltungen: Siris Angst um die Mutter, Iris' nüchterner Umgang mit der Krankheit
	Nahaufnahme von Iris	Vogelperspektive aus Sicht des Arztes	Dialog Iris – Arzt			

1. Erstellt Sequenzprotokolle nach diesem Muster für weitere Szenen des Films „Blueprint".
2. Beschreibe die eingesetzten Darstellungsmittel und die mit ihnen erzielte Wirkung.
3. Inwiefern trägt die Untersuchung der filmischen Darstellungsmittel zum Verstehen eines Films bei?

Das Paradigma: Wendepunkte und Dreiaktstruktur

Der amerikanische Drehbuchautor Syd Field sagt, im Prinzip sei jeder Film nach dem gleichen Schema aufgebaut. Er nennt dieses Modell, an dem sich die Drehbuchschreiber und Filmemacher orientieren, „das Paradigma" (das Grundmuster). Es sieht – bei einem zweistündigen Film – folgendermaßen aus:

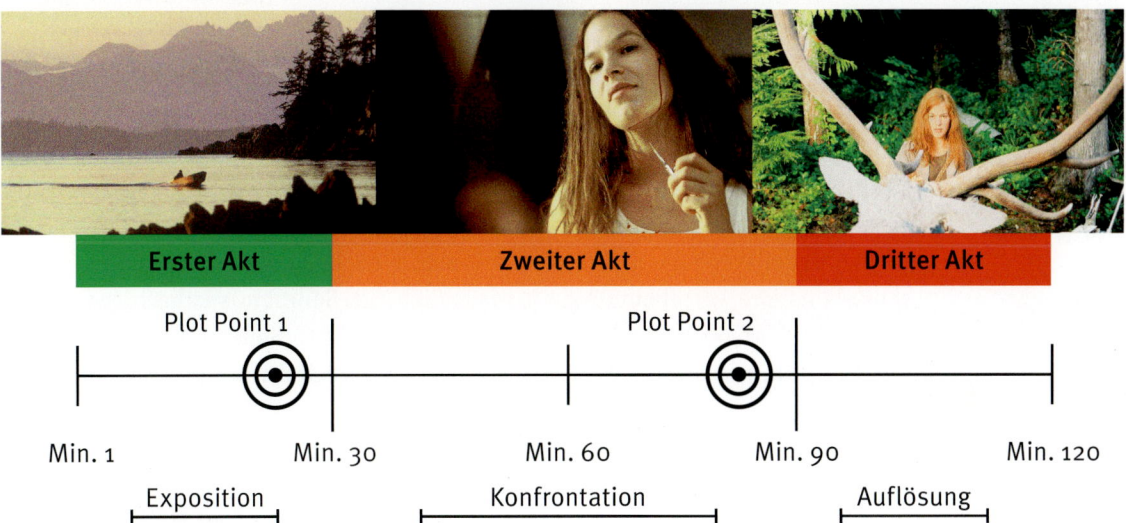

Der erste große Wendepunkt ist ein Ereignis, welches in die Handlung eingreift und sie in eine andere Richtung lenkt. Der Film tritt von der Einführungsphase (Exposition), in der die Hauptpersonen, ihre Ziele und Probleme vorgestellt werden, in die Phase des Konflikts (der Konfrontation) ein. Dies geschieht nach ungefähr 30 Minuten. Der zweite große Wendepunkt, zu dem es etwa nach 90 Minuten kommt, leitet in die Auflösungsphase des Films über. In der Mitte des Films gibt es ebenfalls einen Wendepunkt, der allerdings keine neue Phase ankündigt, sondern an dem die Hauptfigur erkennt, dass der bisher von ihr gewählte Weg der falsche ist und sie einen anderen beschreiten muss, um zum Ziel zu gelangen.

Eine Romanhandlung ist nicht an diese Struktur gebunden, aber wenn ein Buch verfilmt werden soll, müssen die Filmemacher darauf achten, dass die Vorlage in dieses Schema gebracht wird. Daher weisen Literaturverfilmungen oft erfundene Wendepunkte auf; oder Ereignisse, die im Buch nur eine nebensächliche Rolle spielen, werden dramatisiert und so zu Wendepunkten gemacht.

1. Betrachte den Film „Blueprint" vor dem Hintergrund des Modells von Syd Field und beantworte dabei folgende Leitfragen:
   – Welches sind die Wendepunkte im Film?
   – Entsprechen sie den Wendepunkten im Buch oder sind sie erfunden bzw. dramatisiert?
   – Welche Wendung ereignet sich in der Mitte des Films und welche Auswirkungen hat dies für die Hauptfigur?
2. Überprüfe das Modell Fields an anderen Spielfilmen, die du kennst.

Vom Buch zum Drehbuch

Obwohl auch ein Film auf einem Text basiert, unterscheidet sich ein Drehbuch von einem Roman. Das zeigt beispielsweise der hier ausgewählte Handlungsabschnitt, in dem Iris Daniela als Kinderfrau einstellt.

Romanauszug

Als die Tochter drei Monate alt war, fand Iris nach längerer Suche die ideale Kinderfrau. Sie hieß Daniela Hausmann, war Ende dreißig, frisch geschieden und Musikpädagogin. Sie war eine kräftige, zupackende Frau, die Vertrauen ausstrahlte. Um ihren Unterhalt aufzubessern, wollte sie wieder arbeiten, denn ihr viereinhalb Jahre alter Sohn Janeck kam endlich in den Kindergarten.
    Der Arbeitsvertrag, den Frau Hausmann nach einigen Gesprächen unterschrieben hatte, verpflichtete sie ausdrücklich, Siri Sellin musikalisch zu fördern. Und dafür war sie so gut geeignet, dass Iris sogar den Sohn in Kauf nahm, den die Kinderfrau – darauf hatte sie bestanden – jederzeit mitbringen durfte. *(S. 41)*

Daniela Hausmann (Katja Studt) und Iris Sellin (Franka Potente)

Drehbuchauszug

Szene 29 Aussen – Villa Sellin – Auffahrt und Garten – Tag
Eine junge Frau – DANIELA HAUSMANN (39) – rollt auf ihrem Fahrrad die Auffahrt herauf, bis vor das geschlossene Haupttor.
Die junge Frau steigt ab und geht auf das Tor zu. Sie trägt Jeans, eine rote Windjacke und Turnschuhe. Ihr blondes Haar ist kurzgeschnitten, Bubikopf; die Augen sind blau, frisch und neugierig. Wir sehen ihre letzten Schritte –

Szene 30 Innen – Villa Sellin – Eingangshalle – Tag
– auf dem Monitor der Überwachungsanlage, bis es klingelt. IRIS kommt heran und betrachtet sie.
IRIS Ja?
DANIELA Guten Morgen. Daniela Hausmann. Ich komme wegen der Stelle als Kindermädchen.
IRIS Sie sind die Neunte. Aber die Erste, die unpünktlich ist.

Szene 31 Innen – Villa Sellin – Flur – Tag
Mit ihren ausgreifenden, energischen Schritten führt IRIS DANIELA durch das Haus. Immer etwas voraus, in Eile. Durch die offenen Türen sehen wir im POV DANIELA, dass die Zimmer alle ziemlich kahl sind, kaum eingerichtet.
DANIELA Wohnen Sie schon lange hier?
IRIS Acht Jahre. Ich habe mir noch nicht die Zeit genommen, alles einzurichten. Bisher hab ich vor allem aus dem Koffer gelebt. Aber das wird sich jetzt ändern.

Szene 32 Innen – Villa Sellin – Kinderzimmer – Tag
IRIS stößt die Tür zu einem völlig leeren, weißen Raum mit Blick auf den Garten auf.
IRIS Das ist – das wird das Kinderzimmer.
DANIELA Hoffentlich mag es Weiß …
IRIS Sie. Sie heißt Siri.

> **POV** „POINT OF VIEW", subjektive Kameraeinstellung aus der Sicht einer Figur

1. Vergleiche die Sequenz des Drehbuchs mit der Romanpassage. Wie unterscheiden sich die Erzählformen der beiden unterschiedlichen Medien?
2. Notiere, welche Merkmale ein Drehbuchtext in Aufbau und Stil hat.

„Blueprint" im Spiegel der Kritik

Der Film „Blueprint" wurde von der Kritik unterschiedlich aufgenommen.
Hier einige Auszüge aus verschiedenen Filmkritiken:

1 Wirklich toll, was hier auf die Leinwand gezaubert wurde. „Blueprint" bietet nicht nur eine fesselnde Story, sondern auch eine hervorragende Besetzung. Franka Potente wirkt in ihrer Doppelrolle unglaublich echt und meistert sie mit Bravour – nicht eine Sekunde zweifelt man an Iris und Siri. Auch die Jungschauspielerinnen, die Siri in ihren Kindheitsjahren mimen, überzeugen auf ganzer Linie.

Insgesamt wurde die Buchvorlage von Charlotte Kerner auch gut umgesetzt. Allerdings fallen einem doch die kleinen, aber feinen Unterschiede auf, die meiner Meinung nach nicht nötig gewesen wären. Hätte man sich noch einen Hauch mehr an den Text gehalten, hätte man mit Sicherheit auch alle Leser vollends überzeugen können. So bleibt leider auch bei „Blueprint" das Gefühl zurück, dass die Lektüre einfach ein bisschen besser war. Trotzdem sehr sehenswert!

moviesection – Filmkritikdatenbank

2 Solange hierzulande die Filmschaffenden Kino wahlweise für eine Verblödungsmaschine oder eine moralische Besserungsanstalt halten, werden wir wohl weiterhin mit Erziehungs-Werken wie „Blueprint" leben müssen. Rolf Schübel erzählt in seinem Science-Fiction-Drama von einer kranken Pianistin, die sich klonen lässt, damit ihr Talent nicht verloren geht. Leider entwickelt sich die geklonte Tochter anders als vorgesehen. Franka Potente liefert in einer Doppelrolle eine sehenswerte Leistung ab. Aber „Blueprint" ist so hölzern konstruiert, dass man sich einen Klon wünscht, der stellvertretend dieses Betroffenheitsgesäusel über sich ergehen lässt, während man selber seine Zeit sinnvoll verbringt.

Charivari – Filmkritiken-Archiv

3 Noch nie hat sich ein Film aus der Sicht des Klons an das Thema herangewagt. *Rolf Schübel* hat es nun glücklicherweise verstanden, dem schwierigen Stoff auch gerecht zu werden. Ohne dass andere Themen ablenken, hat der Zuschauer zwischen gleitenden Fluganten kanadischer Küstenlandschaften und langsamen Kamerafahrten in die Gesichter der am Piano sitzenden Mutter und Tochter alle Zeit der Welt, die verschiedenen Aspekte auf sich wirken zu lassen. *Franka Potente* schafft es – nicht nur bei der späteren deutlichen „Alterung" der Mutter –, die charakterlichen Unterschiede zwischen Mutter und Tochter, zwischen Original und Kopie, wunderbar zum Ausdruck zu bringen. [...]

Allen Freunden des anspruchsvollen Kinos können wir „Blueprint" aufs Wärmste empfehlen.

cineclub

4 [...] Ich hatte im Nachhinein das Gefühl, dass der Film zu viele Handlungsstränge erzählen will, die in der Romanvorlage von Charlotte Kerner vorkommen. Dem Tempo des Films hätte es nicht geschadet, wenn ein paar davon gerafft oder komplett gestrichen worden wären. Denn das eigentliche Thema des Films – wie geht die Kopie mit dem Wissen um, eben nur eine Kopie zu sein – kommt fast ein wenig zu kurz.

Was den Film davor rettet, ein gefühlloses Kammerspiel zu werden, ist Franka Potente. [...] Aber nur die eindrucksvolle Darbietung von Potente reicht eben nicht, um aus einem guten Stoff auch einen guten Film zu machen. Zu zäh kommt er daher, dauert zu lange und kommt zu spät auf den Punkt. Leider. Denn die Grundidee hinter dem Film ist sehr spannend; kein Wunder, dass man auch einen spannenden Film erwartet und dementsprechend enttäuscht ist, ihn nicht zu bekommen.

Anke Gröner, Phlow – Magazin für Musik & Netzkultur

5 [...] Aber weder die gelungene Regie noch die Star-Power einer superb aufspielenden Franke Potente helfen „Blueprint" gegen seine inhärenten Schwächen, die denn auch an einem beachtlichen Publikumserfolg zweifeln lassen. Diese betreffen nicht nur die schwer greifbare Thematik des Films, sondern auch sein Scheitern in den meisten Aspekten einer konventionellen Erzählung. So bleiben nahezu alle zwischenmenschlichen Beziehungen – abgesehen von der zwischen Mutter und Tochter – seltsam steril, als würden die nötigen Gefühle zwar im Drehbuch stehen, aber es nicht auf die Leinwand schaffen. Wesentlich kritischer jedoch: das Fehlen einer klaren dramaturgischen Linie. So interessant und gut umgesetzt die Geschichte von Siris Heranwachsen und ihrer schließlichen Rebellion auch ist, sie braucht etwas lange, um in Schwung zu kommen, dazu will sich ein sinnvoller Abschluss nicht so recht anbieten, und so kommt man nicht umhin, das Ende des Films dann als ein wenig beliebig und kaum überzeugend zu betrachten.

Was schlussendlich wieder die Frage nach der sinnvollen oder gelungenen Buchadaption aufwirft, denn in der erzählerisch weitaus freieren Romanform – ohne die dramaturgischen Zwänge einer Filmhandlung – ist „Blueprint" sicherlich ein beeindruckendes Erlebnis. Als Film ist „Blueprint" ein wenig übermannt von der Tiefe seiner Geschichte und tut sich schwer damit, dem Selbstfindungskampf Siris und der zentralen Frage nach der Identität eines Klons gerecht zu werden. [...]

F.-M. Helmke, Filmszene

1. Untersuche die Filmkritiken auf ihren Gehalt hin.
   Welchen Argumenten der Filmkritiker stimmst du zu, welchen nicht?
2. Welche Rezensionen hältst du für gelungen, welche nicht? Begründe.
3. Was erwartest du von einer guten Rezension?
4. Schreibe deine eigene Filmkritik zu „Blueprint".

Zum Bild:
Dirck Hals (1591–1656): Fröhliche Gesellschaft (um 1620). Öl auf Holz, 49 mal 73 cm. Städel Museum, Frankfurt am Main

Die Epoche des Barock

Festspiele und Konzerte mit Barockmusik, barocke Schlösser und Gartenanlagen als Ausflugsziele, Ausstellungen über barocke Malerei und Architektur – dies alles zeugt davon, dass die Epoche des Barock auch heute noch auf großes Publikumsinteresse stößt. Doch was ist eigentlich Barock?
Der Name Barock leitet sich vom portugiesischen „barocco" ab, das eine unregelmäßige, schiefrunde Form bei Perlen bezeichnet. Im Französischen bedeutet der Begriff „baroque" etwas Bizarres, Exzentrisches. In diesem negativen Sinne bezeichnete das Wort „Barock" zunächst übertriebene, verzerrte Erscheinungen im Leben und in der Kunst. Es wurde erst Ende des 18. Jahrhunderts wertneutral gebraucht und als Epochenbezeichnung für die europäische Kunst und Literatur von circa 1600 bis 1720 verwendet.

▶ Stellt weitere Recherchen an, um über diese erste Überblicksinformation hinaus eine genauere Vorstellung vom Begriff „Barock" zu erhalten.

Das Barock – „Gesichter" einer Epoche

Carpe diem (1624)
Martin Opitz (Ausschnitt)

Bitte meine guten Brüder
auf die Musik und ein Glas!
Kein Ding schickt sich, dünkt mir, bass
als gut Trank und gute Lieder.
5 Lass ich gleich nicht viel zu erben,
ei, so hab ich edlen Wein!
Will mit andern lustig sein,
muss ich gleich alleine sterben.

Vanitas! Vanitatum Vanitas! (1663)
Andreas Gryphius (1. Stophe)

Die Herrlichkeit der Erden
Muss Rauch und Asche werden,
Kein Fels, kein Erz kann stehn.
Dies, was uns kann ergetzen,
5 Was wir für ewig schätzen,
Wird als ein leichter Traum
                    vergehn.

Carpe diem: Nutze, genieße den Tag

Vanitas: Eitelkeit im Sinne von: Nichtigkeit des Irdischen

Vanitatum Vanitas: Eitelkeit der Eitelkeiten

Pieter Claesz (1597–1661): Vanitas-Stillleben (1630). Ölgemälde, 40 mal 56 cm, Königliche Gemäldesammlung Mauritshuis, Den Haag

Der abenteuerliche Simplicissimus (1668)
Hans Jakob Christoph von Grimmelshausen (Auszug)

[…] Den Knecht legten sie gebunden auf die Erd, steckten ihm ein Sperrholz ins Maul und schütteten ihm einen Melkkübel voll garstig Mistlachenwasser in Leib: das nenneten sie ein Schwedischen Trunk […].
   Da fieng man erst an, die Stein von den Pistolen, und hingegen an deren Statt
5 der Bauren Daumen aufzuschrauben, und die arme Schelmen so zu foltern, als wann man hätt Hexen brennen wollen […].

1. Beschreibe die Bilder und Texte auf dieser Doppelseite. Welche Eindrücke gewinnst du von der Epoche des Barock?
2. Sammle weitere Bilder und Gegenstände barocker Architektur und Kunst. Vielleicht findest du auch bei dir zu Hause Gegenstände im „Barockstil".

Die Epoche des Barock → S. 288

Das Jahrhundert des Krieges

Chronologie der Ereignisse des Dreißigjährigen Krieges

- **1616** Prager Fenstersturz. Das protestantische Böhmen erklärt sich vom katholischen Kaiser unabhängig.
- **1620** Schlacht am Weißen Berg; Niederlage der Böhmen
- **1625** Dänemark tritt an der Seite der Protestanten in den Krieg ein.
- **1626** Wallenstein übernimmt den Oberbefehl der kaiserlichen Armee.
- **1630** König Gustav II. Adolf von Schweden tritt auf protestantischer Seite in den Krieg ein.
- **1631** Die Schweden siegen in der Schlacht bei Breitenfeld über die kaiserliche Liga.
- **1632** Gustav II. Adolf verliert in der Schlacht bei Lützen sein Leben.
- **1634** Wallenstein wird ermordet.
- **1635** Frankreich tritt als Gegner des Habsburger Kaisers in den Krieg ein.
- **1644–48** Friedensverhandlungen in Münster und Osnabrück
- **1648** Westfälischer Friede

Excidium Germaniae (Das Ende Germaniens)   Joachim Betke

Wie jämmerlich stehen nun die großen Städte! Wo zuvor tausend Gassen waren, sind nun nicht mehr hundert. Wie elend stehen die kleinen Städte. [...] Da liegen sie verbrannt, zerfallen, zerstört, dass weder Dach, Gesparr, Türen oder Fenster zu sehen sind. Wie sind sie mit den Kirchen umgegangen? Sie haben sie verbrannt, zu Pferdeställen und Marketenderhäusern gemacht, die Altäre entweiht und die Glocken hinweggeführt. Ach Gott, wie jämmerlich steht es auf den Dörfern! Man wandert bei zehn Meilen und sieht nicht einen Menschen, nicht ein Vieh, [...] wofern sich nicht an etlichen Orten ein alter Mann oder ein paar alte Frauen finden. In allen Dörfern sind die Häuser voller Leichname und Äser, Mann, Weib, Kinder und Gesinde, Pferde, Schweine, Kühe und Ochsen neben- und untereinander, vom Hunger und von der Pest erwürgt und voll Würmer [...].
(Joachim Betke war lutherischer Geistlicher; er lebte von 1601 bis 1663.)

Gesparr Gebälk

Joost Cornelisz Droochsloot (1586–1666): Plünderung eines Dorfes (1640). Öl auf Leinwand, 74 mal 107 cm

Der abenteuerliche Simplicissimus (1668)
Hans Jakob Christoph von Grimmelshausen

[...] im Treffen selbst aber suchte ein jeder seinem Tod mit Niedermachung des Nächsten, der ihm aufstieß, vorzukommen; das greuliche Schießen, das Gekläpper der Harnisch, das Krachen der Piken und das Geschrei beides der Verwundten und Angreifenden, machten neben den Trompeten, Trommeln und Pfeifen
5 ein erschröckliche Musik! da sahe man nichts als einen dicken Rauch und Staub, welcher schiene, als wollte er die Abscheulichkeit der Verwundten und Toten bedecken, in demselbigen hörete man ein jämmerliches Weheklagen der Sterbenden, und ein lustiges Geschrei derjenigen, die noch voller Mut staken; die Pferd selbst hatten das Ansehen, als wenn sie zu Verteidigung ihrer Herrn je länger
10 je frischer würden, so hitzig erzeigten sie sich in dieser Schuldigkeit, welche sie zu leisten genötiget waren, deren sahe man etliche unter ihren Herrn tot darniederfallen, voller Wunden, welche sie unverschuldterweis zu Vergeltung ihrer getreuen Dienste empfangen hatten; andere fielen um gleicher Ursach willen auf ihre Reuter, und hatten also in ihrem Tod die Ehr, daß sie von denjenigen getra-
15 gen wurden, welche sie in währendem Leben tragen müssen, wiederum andere, nachdem sie ihrer herzhaften Last, die sie kommandiert hatte, entladen worden, verließen die Menschen in ihrer Wut und Raserei, rissen aus und suchten im weiten Feld ihr erste Freiheit: Die Erde, deren Gewohnheit ist, die Toten zu bedecken, war damals an selbigem Ort selbst mit Toten überstreut, welche auf un-
20 terschiedliche Manier gezeichnet waren, Köpf lagen dorten, welche ihre natürliche Herren verloren hatten, und hingegen Leiber, die ihrer Köpf mangleten; etliche hatten grausam- und jämmerlicherweis das Ingeweid heraus, und andern war der Kopf zerschmettert, und das Hirn zerspritzt; da sahe man, wie die entseelte Leiber ihres eigenen Gebluts beraubet, und hingegen die lebendige mit
25 fremdem Blut beflossen waren; da lagen abgeschossene Ärm, an welchen sich die Finger noch regten, gleichsam als ob sie wieder mit in das Gedräng wollten, hingegen rissen Kerles aus, die noch keinen Tropfen Blut vergossen hatten; dort lagen abgelöste Schenkel, welche ob sie wohl der Bürde ihres Körpers entladen, dennoch viel schwerer worden waren, als sie zuvor gewesen; da sahe man zer-
30 stümmelte Soldaten um Beförderung ihres Tods, hingegen andere um Quartier und Verschonung ihres Lebens bitten. Summa Summarum, da war nichts anders als ein elender jämmerlicher Anblick! [...]   *(II. Buch, 27. Kapitel, Auszug)*

Text des Romanauszugs in originaler Schreibweise nach dem Erstdruck von 1669

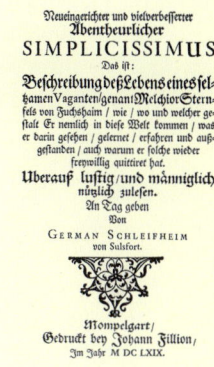

Titelseite (oben) und Frontispiz (unten) der ersten Auflage des „Simplicissimus Teutsch" aus dem Jahre 1669.
Das Frontispiz (vom französischen „frontispice": Stirnseite) ist eine Illustration auf der linken Seite vor dem Innentitel eines Buchs.

Quartier geben Aufnahme, Pardon gewähren, statt zu töten

1. Fasse zusammen, wie der Krieg in den hier abgedruckten Quellen dargestellt wird. Du kannst auch weitere Quellentexte recherchieren und heranziehen.
2. Wer sich näher mit dem „Simplicissimus" beschäftigen möchte, kann weitere Textstellen zu Kriegsszenen suchen und sie in einem Kurzreferat präsentieren. Der Volltext des Romans findet sich im Internet etwa unter: www.zeno.org.

Die Ordnung der Welt

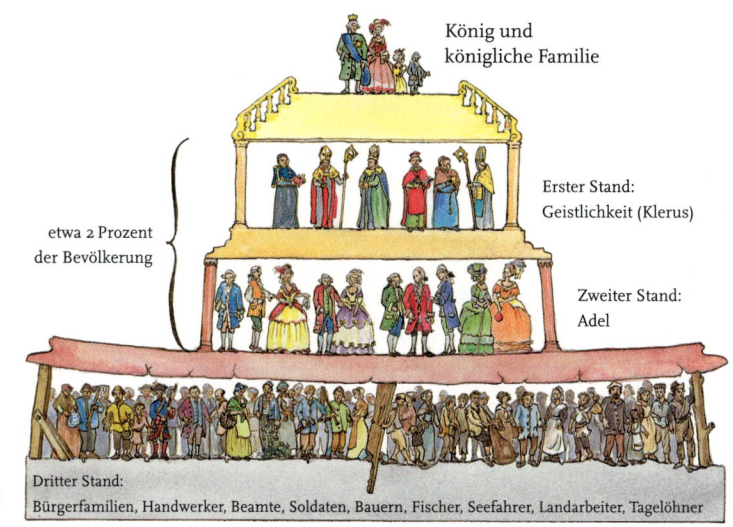

1 Gesellschaftsaufbau im Absolutismus

Barocke Gartenanlage: der „Große Garten"
in Dresden, der ab 1676 entstand

Das Sonett
Die Grundform des Gedichts besteht aus 14 Zeilen, zwei Vierzeilern (Quartetten) und zwei Dreizeilern (Terzetten).
Der gängige Vers des Sonetts ist der **Alexandriner**, ein 12- bzw. 13-silbiger jambischer Vers mit einer Zäsur (einem Einschnitt) nach der dritten Hebung.
Die Quartette enthalten meist in These und Antithese Aussagen über Liebe, Tod, Politik, Schicksal und so fort. In den Terzetten wird aus diesen Thesen eine Bilanz, eine Synthese gezogen.

3 **An die Welt (1650)** Andreas Gryphius

Mein oft bestürmtes Schiff, der grimmen Winde Spiel,
Der frechen Wellen Ball, das schier die Flut getrennet,
Das über Klipp' auf Klipp' und Schaum und Sand gerennet,
Kommt vor der Zeit an' Port, den meine Seele will.

5 Oft, wenn uns schwarze Nacht im Mittag überfiel,
Hat der geschwinde Blitz die Segel schier verbrennet!
Wie oft hab' ich den Wind und Nord und Süd verkennet!
Wie schadhaft ist der Mast, Steu'rruder, Schwert und Kiel.

Steig aus, du müder Geist! Steig aus! Wir sind am Lande!
10 Was graut dir für dem Port? Jetzt wirst du aller Bande
Und Angst und herber Pein und schwerer Schmerzen los.

Ade, verfluchte Welt: Du See voll rauher Stürme:
Glück zu, mein Vaterland, das stete Ruh' im Schirme
Und Schutz und Frieden hält, du ewiglichtes Schloss!

4 Figurengedichte

Palmbaum (1665) Philipp von Zesen

```
        Palm-baum
       der höchst-löblichen
      Frucht-bringenden Gesellschaft
          zu ehren aufge-
             richtet.
      übliche / liebliche
     früchte mus allezeit bringen
    des Palmen-baums ewige Zier /
   darunter auch Fürsten selbst singen /
   lehren unnd mehren mit heisser begier
  die rechte der deutschen hoch-prächtigen zungen /
   die sich mit ewigem preise geschwungen
    hoch über die anderen sprachen entpor:
              wie föhr
              bis land /
              mit hand /
              durch krieg /
              durch sieg /
              durch fleis /
              mit schweis /
              den preis /
              das pfand /
              ent-wändt
              der Welt ;
            wie aus der taht erhält.
```

Herzgedicht Nikolaus von Bostel

Abschied an eine Geliebte.
Bilder-Reim.

```
       Kan          Man
    Auch woll auff der Erden
   Schmertzlicher betrübet werden /
   Als wenn des Glückes Spiel
    Zwey Verliebte trennen will ?
    Nun ich weiß auch was es ist /
    Wenn man schöne Lippen küst /
    Und die Lust verlassen soll /
    Drum mein Engel lebe wohl.
        Such    die    Freude
         Nicht   im   Leide /
           Liebe  mich /
              wie  ich
                dich.
```

Waage (1650) Sigmund von Birken

```
                 D
                 ie
               Rech-
                tens
               Waage
                soll
   Verdiensten und Verbrechen recht Lohn und Straff zu sprechen:
                 D
        ie    er               em   ie   ie
     Kunst Tug   Un-         Recht Last Schul-
     ...   end  schul-       recht  er   den
     ron   lohn schön         schaff stra raff-
     en     en    en           en   ffen;  en.
     Doch nach Gewinst        Doch nit zu scharf
     nit / noch üm Gunste;    noch zu geschwinde;
       besondern einig         nach Billigkeit /
        nach Verdienst.        jedoch gelinde.
```

Kreuzgedicht (1680) Heinrich Vogel

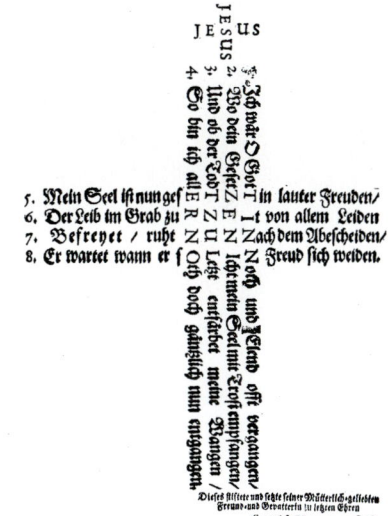

1. Untersucht die Materialien 1 bis 4 in Gruppen:
   – Beschreibt die Formen, die ihr auf den Bildern und in den Gedichten findet. (Gruppe 2: Findet Näheres zur Idee und Ausführung barocker Gartenanlagen heraus.)
   – Diskutiert, in welcher Weise sich die „Ordnung der Welt" in diesen Formen widerspiegelt.
   – Stellt eure Ergebnisse im Plenum vor und vergleicht sie.
2. Entwirf selbst ein Figurengedicht.
3. Führe eine Recherche zu Bildender Kunst, Architektur, Musik und Mode im Barock durch und suche dabei weitere Beispiele für die Formen des Barock.

Absolutismus – „Der Staat bin ich"

Der Satz „L'État c'est moi" („Der Staat bin ich") bringt das Herrschaftsverständnis des französischen Königs Ludwig XIV. (1638–1715), des konsequentesten und wohl auch erfolgreichsten Vertreters des Absolutismus, bündig auf den Punkt.

Aus einer Schrift über den absolutistischen Herrscher

Die monarchistische Regierung ist die beste. Die königliche Autorität ist geheiligt. Gott setzt die Könige als Diener ein und regiert durch sie die Völker. Die Person der Könige ist geheiligt. Man muss dem Fürsten aus Glaubens- und Gewissensgrundsatz gehorchen. Die Untertanen schulden dem Fürsten vollständigen Gehorsam. Es gibt für den Gehorsam, den man dem Fürsten schuldet, nur eine Ausnahme, das ist, wenn er gegen Gott befiehlt.

Über das Hofleben (1663)   Johann Rist

[...] Nicht nur sage ich, dass das Hofleben das alleredelste Leben der ganzen Welt sei, sondern ich schätze es noch viel höher, ja, ich darf mich wohl erkühnen, es ein recht göttliches Leben zu nennen. Denn einmal ist unleugbar, dass die großen Potentaten vom heiligen Geiste selber Götter genennet werden, denn, gleich wie Gott im Himmel, also regieren große Herren auf Erden: Sind nun dieselben Götter, ey, so muss ja auch ihr Leben ein göttliches und demnach das alleredelste der ganzen Welt sein, welches ferner also kann erwiesen werden. Große Potentaten haben ihre fürnehmen Bediente, Räte, Amtleute und viele andere, die bei Hof aufwarten: Lasset uns nun betrachten die göttliche Hofhaltung droben im Himmel, so wird man befinden, dass das irdische Hofeleben mit dem himmlischen etlichermaßen wohl kann verglichen werden: Der allergrößte Monarch des Himmels und der Erden hat in seinem himmlischen Palast unzählich viel Diener, welchen wir der irdischen Potentaten Aufwarter und Hofleute auf gewisse Maße entgegensetzen wollen. [...]

Hyacinthe Rigaud (1659–1743):
Louis XIV (1701). Öl auf Leinwand,
277 mal 194 cm, Musée du Louvre, Paris

Über das Leben der Landbevölkerung Pierre Goubert

Ein Dorf mit hundert Haushalten zählte zu seinen Bewohnern ein oder zwei durch ihre Pflüge, ihre Gespanne, ihr Vieh und ihre Schuldforderungen mächtige Großbauern; etwa zehn Bauern waren mehr oder weniger selbstständig, ebenso viele oder etwas mehr arme Teufel, das heißt nur im Besitz einer Hütte, eines Gartens, eines Schafes oder, schlicht gesagt, Bettler; die übrigen – arme Schlucker, Tagelöhner, Lastträger, Winzer, Holzfäller, Weber – waren kleine Leute, die von winzigen Äckerchen und Zwergpachten kümmerlich lebten, sich aber auf alle möglichen kleinen handwerklichen Fertigkeiten verstanden. Die zehn dicken Bauern – in manchen Gegenden ein einziger Großbauer im Dorf – waren im Besitz aller Werkzeuge, Gespanne, Viehbestände und der Arbeitsmöglichkeiten, die den anderen wenigstens in guten Jahren zu existieren erlaubten.

1. Versetze dich in einen Menschen hinein, der im Zeitalter des Absolutismus lebte (Bauer, Adliger, Staatsbediensteter, Soldat, König), und verfasse einen Lebensbericht.

Mindmap – die Hintergründe der Epoche

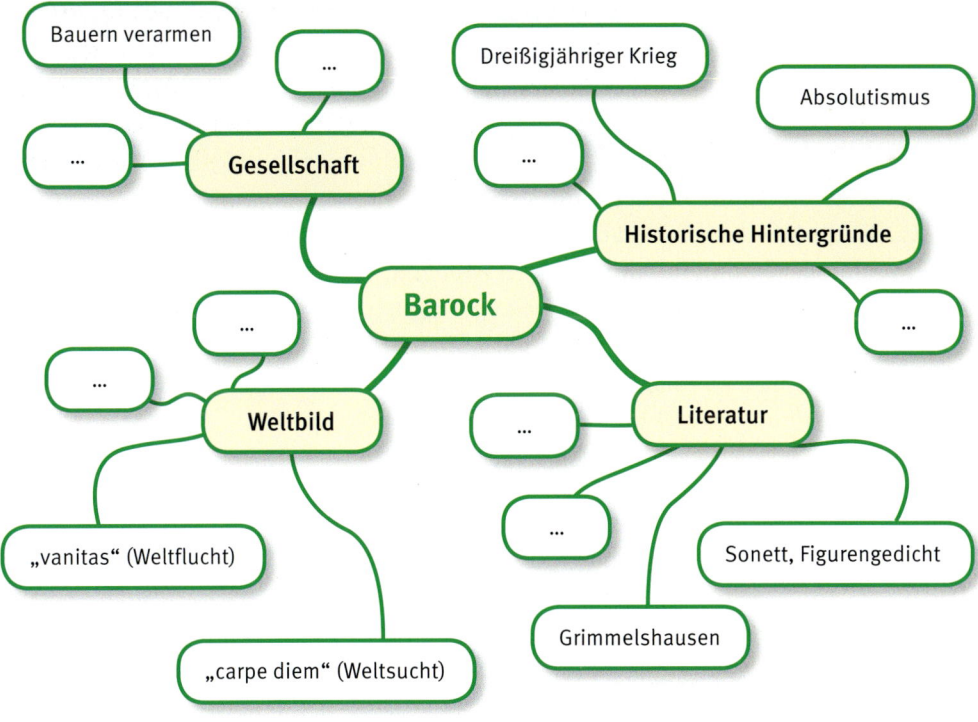

2. Ergänze die Mindmap.

Lyrik des Barock

Abgedankte Soldaten (1654)
Friedrich von Logau

Würmer im Gewissen,
Kleider wohl zerrissen,
Wohlbenarbte Leiber,
Wohlgebrauchte Weiber,
5 Ungewisse Kinder,
Weder Pferd noch Rinder,
Nimmer Brot im Sacke,
Nimmer Geld im Packe,
Haben mitgenommen,
10 Die vom Kriege kommen:
Wer dann hat die Beute?
Eitel fremde Leute.

Johann Michael Eder:
Memento mori (1637)

Die Welt (1679)
Christian Hofmann von Hofmannswaldau

Was ist die Welt und ihr berühmtes Glänzen?
Was ist die Welt und ihre ganze Pracht?
Ein schnöder Schein in kurzgefassten Grenzen,
Ein schneller Blitz bei schwarzgewölkter Nacht,
5 Ein buntes Feld, da Kummerdisteln grünen,
Ein schön Spital, so voller Krankheit steckt,
Ein Sklavenhaus, da alle Menschen dienen,
Ein faules Grab, so Alabaster deckt.
Das ist der Grund, darauf wir Menschen bauen
10 Und was das Fleisch für einen Abgott hält.
Komm, Seele, komm und lerne weiter schauen,
Als sich erstreckt der Zirkel dieser Welt!
Streich ab von dir derselben kurzes Prangen,
Halt ihre Lust für eine schwere Last:
15 So wirst du leicht in diesen Port gelangen,
Da Ewigkeit und Schönheit sich umfasst.

Port Hafen

Beschreibung vollkommener Schönheit (1695)
Christian Hofmann von Hofmannswaldau

Ein Haar, so kühnlich Trotz der Berenike spricht,
Ein Mund, der Rosen führt und Perlen in sich heget,
Ein Zünglein, so ein Gift vor tausend Herzen träget,
Zwo Brüste, wo Rubin durch Alabaster bricht,

5 Ein Hals, der Schwanenschnee weit, weit zurücke sticht,
Zwei Wangen, wo die Pracht der Flora sich beweget,
Ein Blick, der Blitze führt und Männer niederleget,
Zwei Armen, deren Kraft oft Leuen hingericht,

Ein Herz, aus welchem nichts als mein Verderben quillet,
10 Ein Wort, so himmlisch ist und mich verdammen kann,
Zwei Hände, deren Grimm mich in den Bann getan

Und durch ein süßes Gift die Seele selbst umhüllet,
Ein Zierrat, wie es scheint, im Paradies gemacht,
Hat mich um meinen Witz und meine Freiheit bracht.

Berenike im antiken Griechenland beliebter Mädchenname, der „Siegbringerin" bedeutet

vor für

Leuen Löwen

Weitere Gedichte aus der Zeit des Barock findest du auf den Seiten 159 und 170.

1. Wähle eines der Barockgedichte aus und schreibe dazu eine Interpretation.
   Folge dabei den methodischen Schritten einer analytischen Gedichtinterpretation, wie sie auf den Seiten 88 bis 95 vorgeführt werden.
2. Stellt eure Interpretationen vor.
   Diskutiert dabei auch den Zusammenhang mit den auf dieser Doppelseite abgedruckten Bildern. Welche Weltsicht des Barock wird hier dargestellt?

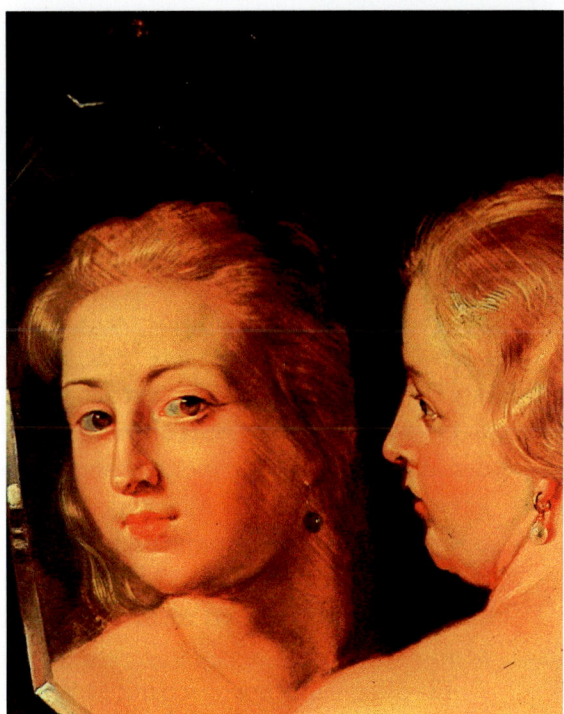

Peter Paul Rubens (1577–1640): Venus vor dem Spiegel (1614/15; Ausschnitt). Ölgemälde, 123 mal 98 cm

Kurzporträts

Hans Jakob Christoffel von Grimmelshausen

Grimmelshausen wurde um 1622 in Gelnhausen geboren. Nach der Verwüstung der Stadt im Jahre 1634 geriet er in die Wirren des Dreißigjährigen Krieges und führte ein abenteuerliches Soldaten- und Wanderleben; er diente als Regimentsschreiber und Kanzleisekretär und blieb bis 1649 Soldat. Nach dem Krieg erwarb er Grundbesitz, heiratete und zeugte zehn Kinder. Grimmelshausen wurde Burgvogt auf der Ullenburg (1662–1665) und später Schultheiß von Renchen bei Straßburg. Er trat vom protestantischen zum katholischen Glauben über. Erst als er schon über vierzig Jahre alt war, begann er zu schreiben. Er veröffentlichte unter mehreren Pseudonymen und gilt als wichtigster deutscher Erzähler des 17. Jahrhunderts. Der von seinen eigenen Erlebnissen inspirierte Schelmenroman „Der abenteuerliche Simplicissimus" ist der erste deutsche Prosaroman von Weltgeltung: ein in derber Sprache und mit hintergründigem Humor verfasster Zeitroman. Grimmelshausen starb 1676 in Renchen.

Hans Jakob Christoffel von Grimmelshausen

Der abenteuerliche Simplicissimus   Nach dem Erstdruck 1668
Hans Jakob Christoph von Grimmelshausen

Das XXIV. Kapitel [des fünften Buchs] ist das allerletzte, und zeiget an, warum und welchergestalt Simplicius die Welt wieder verlassen.

„Adjeu Welt, dann auf dich ist nicht zu trauen, noch von dir nichts zu hoffen, in deinem Haus ist das Vergangene schon verschwunden, das Gegenwärtige verschwindet uns unter den Händen, das Zukünftige hat nie angefangen, das Allerbeständigste fällt, das Allerstärkste zerbricht, und das Allerewigste nimmt ein End; also, dass du ein Toter bist unter den Toten, und in hundert Jahren lässt du uns nicht eine Stund lebene. [...]"

Alle diese Worte erwog ich mit Fleiß und stetigem Nachdenken, und bewogen mich dermaßen, daß ich die Welt verließe, und wieder ein Einsiedel ward: Ich hätte gern bei meinem Saurbrunnen im Muckenloch gewohnt, aber die Baurn in der Nachbarschaft wollten es nicht leiden, wiewohl es vor [für] mich ein angenehme Wildnus war; sie besorgten, ich würde den Brunnen verraten, und ihre Obrigkeit dahin vermögen, dass sie wegen nunmehr erlangten Friedens Weg und Steg darzu machen müssten. Begab mich derhalben in eine andere Wildnus, und fienge mein Spesserter Leben wieder an; ob ich aber wie mein Vatter sel. bis an mein End darin verharren werde, stehet dahin. Gott verleihe uns allen seine Gnade, dass wir allesamt dasjenige von ihm erlangen, woran uns am meisten gelegen, nämlich ein seliges
ENDE.

Martin Opitz

Opitz wurde 1597 in Breslau geboren. Er stammte aus einer wohlhabenden Familie. In Frankfurt an der Oder und Heidelberg studierte er Philosophie und Jura. Durch eigene Leistung und einflussreiche Gönner brachte es Opitz zum Gelehrten und gekrönten Poeten („poeta laureatus" 1625) und wurde in den Adels-
5 stand erhoben. Ab 1626 war er für verschiedene Herren in diplomatischen Missionen tätig.

Als Dichter begann Opitz wie alle großen Poeten des 17. Jahrhunderts in neulateinischer Sprache, er dichtete sein Leben lang zweisprachig. Sein Lebensprogramm aber war die Etablierung der deutschen Sprache als Kunstsprache, die
10 aus dem Schatten des Lateinischen heraustreten sollte. Zum „Vater der deutschen Dichtkunst" wurde Opitz durch die von ihm verfasste Poetik, das „Buch von der Deutschen Poeterey" (1624), die als Richtschnur für die Dichtung des nächsten Jahrhunderts gilt. Darin fordert er unter anderem Klarheit und Eleganz der Sprache (Vermeidung von Dialekt, Vulgärausdrücken und Fremdwör-
15 tern) und definiert die einzelnen Dichtungsgattungen. Seine Empfehlung macht den Alexandriner (sechshebiger Jambus, Zäsur nach der 6. Silbe) zum gebräuchlichsten Vers bis weit in die zweite Hälfte des 18. Jahrhunderts.

Opitz starb 1639 in Danzig an der Pest. Er war von einem Bettler angesteckt worden, dem er ein Almosen gegeben hatte.

Poetik Lehrbuch der Dichtung

Ach Liebste, lass uns eilen (1624) Martin Opitz

Ach Liebste, lass uns eilen,
    Wir haben Zeit:
Es schadet das Verweilen
    Uns beiderseit.
5 Der edlen Schönheit Gaben
    Fliehn Fuß für Fuß,
Dass alles, was wir haben,
    Verschwinden muss.
Der Wangen Zier verbleichet,
10   Das Haar wird greis,
Der Augen Feuer weichet,
    Die Brunst wird Eis.

Das Mündlein von Korallen
    Wird ungestalt,
15 Die Händ' als Schnee verfallen,
    Und du wirst alt.
Drumb lass uns jetzt genießen
    Der Jugend Frucht,
Eh' als wir folgen müssen
20   Der Jahre Flucht.
Wo du dich selber liebest,
    So liebe mich,
Gib mir, dass, wann du gibest,
    Verlier auch ich.

Bartholomäus Strobel (1591–1644): Martin Opitz

1. Recherchiert selbst zu weiteren Dichtern des Barock und fertigt Kurzporträts an. Stellt jeweils auch Ausschnitte aus ihrem Werk vor und erläutert sie vor dem Hintergrund der erarbeiteten Epochenaspekte.

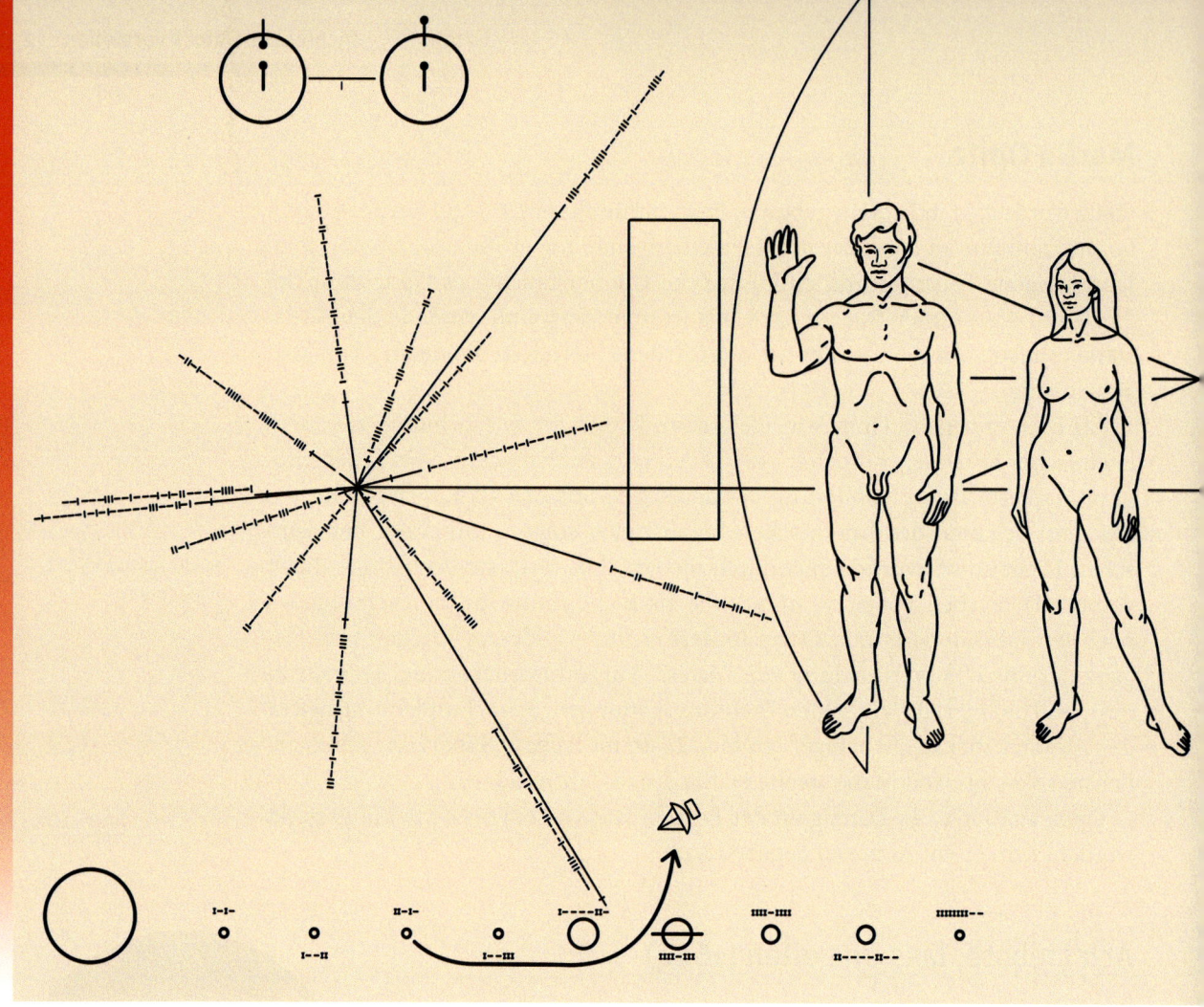

Sprachbewusstsein entwickeln

Das Tier, das Wörter hat –
altgriech.: zoon logon echon

Zum Bild:
Gruß von der Erde (1972). Die Weltraumsonden „Pioneer 10" und „Pioneer 11" haben eine vergoldete Plakette mit diesen Abbildungen an Bord – für den Fall, dass intelligente Außerirdische die Sonde einst finden sollten. Zu sehen sind unter anderem ein Diagramm des Sonnensystems (unten) und ein Hyperfeinstruktur-Übergang des Wasserstoffatoms (oben). Dass Mann und Frau auf der Plakette nackt sind, führte in den USA zu Diskussionen.

Das Tier, das Wörter hat
Kommunikation

Von morgens bis abends, Tag für Tag reden wir und hören zu, schreiben und lesen, schauen fern oder twittern, vernehmen eine Durchsage am Bahnhof oder beachten Verkehrsschilder, telefonieren mit Freunden – nichts durchzieht unseren Alltag so dauerhaft und unabdingbar wie Kommunikation. Kommunikation, von lateinisch „communicare" *mitteilen*, ist der Austausch von Informationen, der unser Leben in der menschlichen Gemeinschaft seit jeher und im Zeitalter der Informationstechnologien noch stärker bestimmt.

▶ Überlegt gemeinsam, ob und – wenn ja – wie Menschen mit intelligenten Außerirdischen kommunizieren könnten.
▶ Betrachtet das obige Bild „Gruß von der Erde" aufmerksam. Welche Botschaft könnten intelligente Außerirdische ihm entnehmen?

M Definition des Begriffs ‚Kommunikation' → S. 288

Semiotik: die Lehre von den Zeichen

Index

Ikon

Symbol

Die Semiotik ist die Lehre von den Zeichen. Sie definiert, was ein Zeichen ist, zeigt, wie Zeichen gebraucht werden, und unterscheidet verschiedene Arten von Zeichen. Ein prominenter Theoretiker der Zeichenlehre ist der 1932 geborene italienische Wissenschaftler und Schriftsteller Umberto Eco.

5 Die bekannteste Einteilung von Zeichen geht auf den amerikanischen Philosophen Charles S. Peirce (1839–1914) zurück. Peirce unterscheidet die Zeichentypen *Index, Ikon* und *Symbol*. Der *Index* ist ein Hinweis. Das indexikalische Zeichen weist auf das Bezeichnete hin und stellt es vermittelt dar. Klopft es an der Tür, erhält man einen Hinweis, dass jemand vor der Tür steht. Der *Index* und das
10 von ihm Bezeichnete stehen in der Regel in einer kausalen Beziehung. Das *Ikon* stellt das Bezeichnete dar, indem es dieses abbildet. Zwischen dem *Ikon* und dem von ihm Bezeichneten besteht eine Ähnlichkeit, die es dem *Ikon* ermöglicht, für das Bezeichnete zu stehen. Das Passbild einer Person ist ein ikonisches Zeichen für diese Person. Das *Symbol* verweist auf das Bezeichnete nur aufgrund einer
15 Konvention. Eine Ähnlichkeitsbeziehung zwischen Symbol und Bezeichnetem besteht nicht.

Alle menschlichen Sprachen sind im Kern symbolisch. Das Laut- bzw. Schriftzeichen bezeichnet das Gemeinte ausschließlich aufgrund der zwischen Sprechern einer Sprache überlieferten Übereinkunft.

Näheres zu **Umberto Eco** erfährst du auf Seite 106 dieses Bands.

1. Bestimme den Zeichentyp der abgebildeten Zeichen.

2. Welcher Zeichentyp wird bevorzugt auf Flughäfen verwendet? Warum?

Semiotik → S. 288 f.

Kommunikationsmodelle

Das Organon-Modell von Karl Bühler

Der deutsche Sprachpsychologe Karl Bühler (1879–1963) legte in seiner 1934 publizierten Schrift „Sprachtheorie" ein Modell für die verbale menschliche Kommunikation vor. Er verstand das Sprachzeichen, das Wort, als ein Werkzeug, altgriechisch *Organon*. Das sprachliche Werkzeug gewinnt seine Bedeutung im zwischenmenschlichen Verkehr. Das Wort ist aus Bühlers Sicht ein „Orientierungsgerät des Gemeinschaftslebens" *(Sprachtheorie, S. 48).*

„Die Linienscharen symbolisieren die semantischen Funktionen des (komplexen) Sprachzeichens. Es ist *Symbol*
5 kraft seiner Zuordnung zu Gegenständen und Sachverhalten, *Symptom* (Anzeichen, Indicium) kraft seiner Abhängigkeit vom Sender, dessen
10 Innerlichkeit es ausdrückt, und *Signal* kraft seines Appells an den Hörer, dessen äußeres oder inneres Verhalten es steuert wie andere Ver-
15 kehrszeichen." *(S. 28)*

Die Aussage „es regnet" bezeichnet symbolisch einen Sachverhalt. Zugleich bringt der Sprecher durch den Tonfall der Aussage seine innere Einstellung zum Ausdruck. Die Feststellung, dass es regne, kann freudig, traurig, nüchtern geäußert werden. In einem gegebenen Kontext kann die Aussage auch einen Appell an den Empfänger beinhalten. Dieses Signal könnte lauten: „Nimm deinen Schirm mit!" oder: „Was wird aus dem geplanten Ausflug?"

Nach Karl Bühler übt jedes sprachliche Zeichen die drei Funktionen *Symbol, Symptom* und *Signal* gleichzeitig aus.

1. Stellt euch in Gruppen eine beliebige Situation vor, in der ein Sprecher den Satz sagt: „Die Musik ist laut." Übt die der Situation angemessene Sprechweise. Lasst andere Gruppen den von euch beabsichtigten Ausdruck und Appell erkennen.
2. Welche semantische Funktion steht bei dem Vortrag eines Wissenschaftlers im Vordergrund? Denkt euch weitere Situationen aus und überlegt, wie es sich dort verhält.

Worte verletzen

[Wenn nicht mehr Zahlen und Figuren...] (1800) Novalis

Wenn nicht mehr Zahlen und Figuren
Sind Schlüssel aller Kreaturen,
Wenn die, so singen oder küssen,
Mehr als die Tiefgelehrten wissen,
5 Wenn sich die Welt ins freie Leben
Und in die Welt wird zurückbegeben,

Wenn dann sich wieder Licht und Schatten
Zu echter Klarheit werden gatten
Und man in Märchen und Gedichten
Erkennt die wahren Weltgeschichten, 10
Dann fliegt vor *einem* geheimen Wort
Das ganze verkehrte Wesen fort.

Lexikon der Sprachwissenschaft (1983) Hadumod Bußmann

Wort, Intuitiv vorgegebener und umgangssprachlich verwendeter Begriff für sprachliche Grundeinheiten, dessen zahlreiche sprachwissenschaftliche Definitionsversuche [...] kontrovers sind [...] vgl. die folgenden Definitionsvorschläge, aufgelistet nach Beschreibungsebenen: (a) Phonetisch-phonologische Ebene: W. sind kleinste, durch Wortakzent und → Grenzsignale wie → Pause, Knacklaut u. a. theoretisch isolierbare Lautsegmente, die auf (b) orthographisch-graphemischer Ebene durch Leerstellen im Schriftbild isoliert werden; (c) auf morphologischer Ebene sind W. als Grundeinheiten von gramm. Paradigmen wie → Flexion gekennzeichnet [...]; (d) auf lexikalisch-semantischer Ebene sind W. kleinste, relativ selbstständige Träger von Bedeutung, die im Lexikon kodifiziert sind, und (e) unter syntaktischem Aspekt lassen sie sich als kleinste verschiebbare und ersetzbare Einheiten des Satzes beschreiben. [...]

3. Analysiere, welche Funktion bei den Textsorten Plakat, Gedicht, Lexikoneintrag im Vordergrund steht. Was wird jeweils unter einem „Wort" verstanden?
4. Gestaltet eigene Plakate, Gedichte oder Lexikoneinträge zum Thema „Wort".

Das Kommunikationsmodell von Schulz von Thun

Der Kommunikationswissenschaftler Friedemann Schulz von Thun (geb. 1944) erweiterte das Organon-Modell Bühlers um eine vierte Dimension: die Beziehungsebene. Neben der Sachebene (bei Bühler Symbol), der Selbstoffenbarungsebene (bei Bühler Symptom bzw. Ausdruck) und der Appellebene enthält jede Äußerung eine Botschaft über die Beziehung der Gesprächspartner. Sie wird vom Sprecher vermittelt und beeinflusst, wie dieser sich ausdrückt. Zugleich wird die Beziehungsbotschaft vom Angesprochenen aufgenommen und gedeutet.

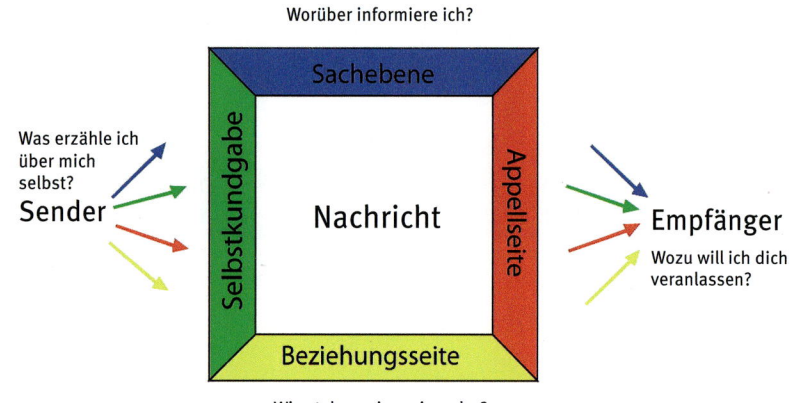

Schulz von Thuns Kommunikationsmodell wird auch als Vier-Seiten-Modell, Kommunikationsquadrat oder Vier-Ohren-Modell bezeichnet.

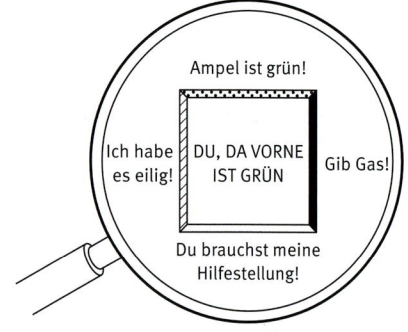

„Aus der Nachricht geht ferner hervor, wie der Sender zum Empfänger steht, was er von ihm hält. Oft zeigt sich dies in der gewählten Formulierung, im Tonfall und anderen nichtsprachlichen Begleitsignalen. Für diese Seite der Nachricht hat der Empfänger ein besonders empfindliches Ohr; denn hier fühlt er sich als Person in bestimmter Weise behandelt (oder misshandelt). In unserem Beispiel gibt der Mann durch seinen Hinweis zu erkennen, dass er seiner Frau nicht recht zutraut, ohne seine Hilfe den Wagen optimal zu fahren." *(Miteinander reden, S. 30)*

    5. Neben den persönlichen Beziehungsbotschaften spielt die Art und Weise der Beziehung eine entscheidende Rolle. Sie kann symmetrisch (Freund – Freund) oder asymmetrisch (Chef – Angestellter) sein. Untersucht das Symmetrieverhältnis bei folgenden Beziehungen: Käufer – Verkäufer, Vater – Kind, Angeklagter – Rechtsanwalt, Offizier – Soldat, Abgeordneter – Wähler.

Kommunikationsanalyse

London 1988 (2012) Wolf Haas

„Verrate mir bitte nicht deinen Namen", sagte Benjamin Lee Baumgartner zu der freundlich aus ihrem kleinen Imbisscontainer auf ihn herabblickenden Burgerverkäuferin. „Ich finde, wenn man den Namen von einem Menschen weiß, ist der Zauber schon zerstört."

Eine halbe Stunde hatte er ihren Stand umkreist, war am Greenwich Market kreuz und quer gegangen und hatte darüber nachgedacht, wie er diese Erscheinung im Wunschhineinsprech- und Beefburgerherausreichfenster durch entwaffnendes Ansprechen auf ihre Realität überprüfen könnte.

„Ich hatte nicht vor, dir meinen Namen zu sagen", antwortete sie.

„Oder vielleicht ist der Zauber nicht sofort vollkommen zerstört, aber doch angekratzt, es ist die erste Schramme, welche dem Erosionsprozess bis zur [...] völligen Zerstörung Tür und Tor öffnet, denn wenn man den Namen erst einmal weiß, sind bald alle Geheimnisse verraten", hätte er fast gesagt, sagte aber nichts mehr, denn der im Lauf einer halben Stunde gesammelte Mut war schon aufgebraucht.

„Zwiebel?", wurde er durch das Geldhineinreich- und Zwiebelherausfragfenster gefragt.

„Obwohl ich nach deiner herben Antwort auf meine Bitte, deinen Namen für dich zu behalten, nicht mehr damit rechne, dass du mich heute noch küssen wirst, weil durch deine knallharte Replik auf meinen sorgfältig zurechtgelegten Spruch mein Mut kartenhausgleich in sich zusammengefallen ist, weil meine autosuggestiv auf allerhöchstes Niveau gebrachte Anbaggerzuversicht, die ich mit einem perfekt aufgeblasenen und freundlich überreichten Luftballon vergleichen möchte, an deiner spitzen Bemerkung zu einem gummifetzenumkränzten Nichts zerplatzt ist, [...] möchte ich dich doch trotz der daraus resultierenden allerhöchsten Kussunwahrscheinlichkeit bitten, meinen Burger ohne Zwiebel zuzubereiten", hätte er fast gesagt, sagte aber nur:

„Ohne Zwiebel bitte, wenn es geht."

Denn Benjamin Lee Baumgartner war von seiner Mutter sehr gut erzogen worden und sagte bei jeder sich bietenden Gelegenheit *bitte* und *wenn es geht* oder *wenn es keine Umstände macht* und *danke*.

„Aber um fair zu sein, darfst du mir deinen Namen auch nicht sagen", lächelte die nach sekundenlangem Überlegen, nach minutenlangem Hantieren, nach stundenlangem Zappelnlassen sich doch noch zu einer schlagfertigen Antwort durchringende Beefburgerverkäuferin aus dem Herauslächelfenster heraus.

„Gut", sagte der nun seinerseits wieder zu Mut und Übermut gekommene Benjamin Lee Baumgartner. „Jetzt, wo wir schon unsere Namen nicht kennen, ist es vielleicht nicht unangebracht, wenn ich dich frage, ob du nachher mit mir was trinken gehst."

„Bist du Deutscher?", fragte sie auf Deutsch.

(S. 5–7)

1. Analysiere die vier Dimensionen der Kommunikation im Gespräch zwischen Benjamin Lee Baumgartner und der Beefburgerverkäuferin. Welche sprachlichen Mittel geben Auskunft über die Beziehungsebene?
2. Inszeniert die Szene in einem Stegreifspiel. Verändert dabei die Parameter der Beziehungsebene: Kunde – Bankkauffrau / Verkehrspolizist – Temposünderin / Patient – Zahnärztin.

Ohne Worte – nonverbale Kommunikation

Man kann nicht nicht kommunizieren

„Verhalten hat vor allem eine Eigenschaft, die so grundlegend ist, dass sie oft übersehen wird: Verhalten hat kein Gegenteil, oder um dieselbe Tatsache noch simpler auszudrücken: Man kann sich nicht *nicht* verhalten. Wenn man also akzeptiert, dass alles Verhalten in einer zwischenpersönlichen Situation Mitteilungscharakter hat, d.h. Kommunikation ist, so folgt daraus, dass man, wie immer man es auch versuchen mag, nicht *nicht* kommunizieren kann. Handeln oder Nichthandeln, Worte oder Schweigen haben alle Mitteilungscharakter: Sie beeinflussen andere, und diese anderen können ihrerseits nicht *nicht* auf diese Kommunikation reagieren und kommunizieren damit selbst. Es muss betont werden, dass Nichtbeachtung oder Schweigen seitens des anderen dem eben Gesagten nicht widerspricht. Der Mann im überfüllten Wartesaal, der vor sich auf den Boden starrt oder mit geschlossenen Augen dasitzt, teilt den anderen mit, dass er weder sprechen noch angesprochen werden will, und gewöhnlich reagieren seine Nachbarn richtig darauf, indem sie ihn in Ruhe lassen. Dies ist nicht weniger ein Kommunikationsaustausch als ein angeregtes Gespräch." (*P. Watzlawick u. a.: Menschliche Kommunikation. Formen, Störungen, Paradoxien, S. 58f.*)

1. Fasst den Text von Paul Watzlawick, Janet H. Beavin und Don D. Jackson mit eigenen Worten zusammen. Erläutert und diskutiert die Hauptthese.
2. Überlegt euch, wie es sich verhält, wenn der beschriebene Mann in einem menschenleeren Wartesaal sitzt.

Beat Streuli Guangzhou Central Station 08 (2008). Inkjet print on aluminium, 598 x 762 cm.
Image © Beat Streuli

M Nonverbale Kommunikation → S. 289

Körpersprache

Prof. Samy Molcho, geboren 1936 in Tel Aviv, österreichischer Staatsbürger, ist die internationale Kapazität auf dem Gebiet der Körpersprache und war einer der bedeutendsten Pantomimen des 20. Jahrhunderts. Er befasst sich sowohl praktisch als auch theoretisch mit der Sprache unseres Körpers. Jeder Mensch sendet
5 durch paraverbale, die Sprache begleitende Hinweise (Tonhöhe, Klangfarbe, Lautstärke, Stimmvolumen) und durch nonverbale Signale (ganzer Körper, Kleidung) Botschaften an seine Umwelt. Diese nicht-sprachlichen Botschaften können das Gesagte verändern oder negieren, da sie die innere Gefühlseinstellung zum Gesagten darstellen. Dabei zählen die vom Körper bewusst oder unbewusst
10 ausgesandten Zeichen Molcho zufolge mehr als Worte. „Unsere Körpersprache ist deutlicher als die der Wörter. [...] Unser Körper reagiert immer auch spontan und kann sich nicht so verstellen, wie das unsere Wörter tun. [...] Was wir sind, sind wir durch unseren Körper. Der Körper ist der Handschuh der Seele, seine Sprache das Wort des Herzens. Jede innere Bewegung, Gefühle, Emotionen,
15 Wünsche drücken sich durch unseren Körper aus." *(Körpersprache, S. 11 und 26)*

Samy Molcho in einer Aufnahme aus dem Jahr 1980

Tableau nonverbaler Kommunikationskanäle

> Mimik – Gestik – Kleidung – Accessoires (Uhren, Schmuck, Handy) – Frisur – Geruch (Parfüm, Schweiß, Alkohol) – Gang – Körperhaltung – Proxemik – Augenkontakt

3. Schlagt den Begriff „Proxemik" nach.
4. Diskutiert, ob auch das Fahrzeug oder die Einrichtung einer Wohnung bzw. eines Zimmers etwas über eine Person aussagt.
5. Kategorisiert die genannten Kanäle anhand zweckmäßiger Kriterien.

Mimik

6. Beschreibt die Emotionen, die Cate Blanchett in dieser Szene zum Ausdruck bringt.
7. Spielt in Gruppen ein pantomimisches „Gefühle-Raten". Notiert euch Gefühle wie Zorn, Wut, Freude, Trauer, Stolz, Scham auf Zettel. Jemand zieht den Zettel. Seine Mitspieler müssen das dargestellte Gefühl erkennen. Detailliertere Spielregeln könnt ihr dem Spiel „Tabu" entlehnen.

Cate Blanchett als High-Society-Lady Jasmine Francis in Woody Allens Film „Blue Jasmine" (2013)

Gestik

Cindy Sherman (geb. 1954), heute eine der prominentesten Künstlerinnen weltweit, erregte in den 1970er-Jahren durch eine Fotoserie Aufsehen, die sie „Film Stills" betitelte. Sherman, die sich in Verkleidungen und Maskeraden ausschließlich selbst fotografiert, posiert in den Fotos der „Film-Still"-Serie so, als handelte es sich um einen Filmausschnitt.

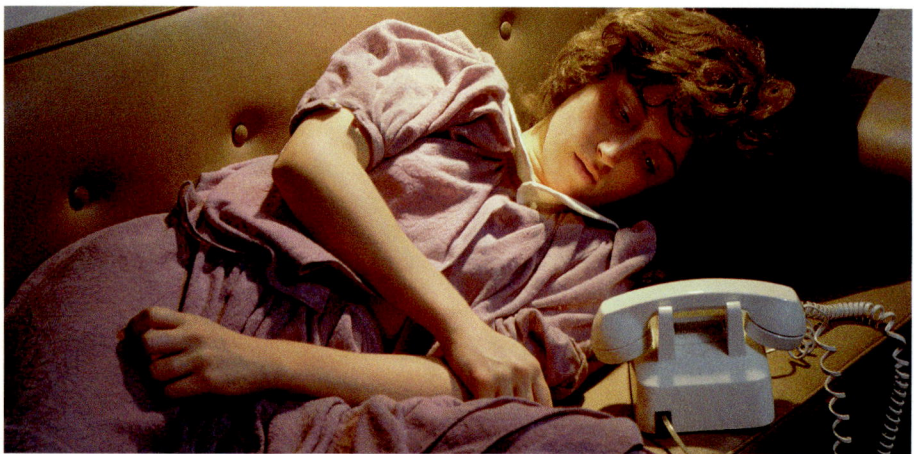

Cindy Shermann
Untitled #90 (1981).
Chromogenic color print,
61 x 121.9 cm.
Des Moines Art Center
Permanent Collections.
Gift of Joan Simon

8. Interpretiert Gestik und Körperhaltung der dargestellten Frau.

Proxemik

Jeff Wall Outburst (1989).
Unique + 1 AP, transparency
in light box, 229 x 312 cm

9. Interpretiere das Verhalten im Raum der dargestellten Personen.

Das Medium ist die Botschaft (Message) – Kommunikation und Medien

Marshall McLuhan (1911–1980) gilt als Begründer der Medientheorie. Er war ein früher Prophet des Internets, das er noch gar nicht kennen konnte. Der „Magier […] verklärte Fernseher und Computer zur Erlösungsreligion" (DIE ZEIT) und rief das Ende der Gutenberggalaxie, des gedruckten Buchs als Leitmedium, aus. Der Begriff des „globalen Dorfs" geht auf den exzentrischen Amerikaner zurück, denn die von McLuhan gepriesenen neuen Medien, die praktisch in Echtzeit Menschen rund um die Welt miteinander verbinden, lassen Entfernungen schrumpfen.

„Alle Medien krempeln uns völlig um. Sie sind so weitreichend in ihren persönlichen, politischen, wirtschaftlichen, ästhetischen, psychologischen, moralischen, ethischen und sozialen Konsequenzen, dass sie keinen Teil von uns unangetastet, unberührt und unverändert lassen. Das Medium ist die Massage. Jedes Verständnis sozialer und kultureller Veränderungen ist unmöglich, wenn man nicht weiß, wie Medien als Umwelten funktionieren." *(Das Medium ist die Massage, S. 26)*

„The Medium is the Massage. An Inventory of Effects" wurde 1967 erstmals veröffentlicht. Dabei hatte sich ein Druckfehler eingeschlichen: Statt „The Medium is the Message" hieß es „The Medium is the Massage". Der Autor ließ den Druckfehler unverbessert, sogar im Buchtitel. Seitdem wird auch in den Übersetzungen aus dem Englischen der Druckfehler übernommen.

1. Erarbeitet in Projekten, wie heutige Medien die Art und Weise der Kommunikation in der Gesellschaft verändern. Ermittelt dabei die zentrale Botschaft der jeweiligen Medien.
2. Beachtet bei der Analyse, dass jedes Medium Nachrichten über einen Kanal übermittelt, der das gesamte Kommunikationsspektrum spezifisch filtert. Ein Telefonat übermittelt selbstredend keine Informationen zur Mimik oder Gestik.

A.L.I.C.E – künstliche Intelligenz

1966 entwickelte der deutsch-amerikanische Informatiker Joseph Weizenbaum (1923–2008) ein Computerprogramm, das menschliche Schriftsprache simulierte. Nach einer Figur aus dem Theaterstück „Pygmalion" (1913) von George Bernard Shaw taufte er das Programm „Eliza". In seinem Buch „Die Macht der Computer und die Ohnmacht der Vernunft" (1978) berichtet er, dass viele Versuchspersonen ein fast vertrautes Verhältnis zu Eliza entwickelten, was ihn erschreckte. Eliza gilt als Meilenstein der Entwicklung künstlicher Intelligenz.

3. Eliza hat viele Nachkommen gefunden. Eines der erfolgreichsten Chatbots heißt A.L.I.C.E. Probiert es unter http://alice.pandorabots.com/ aus.
4. Diskutiert, ob wohl eines Tages die menschliche Sprache täuschend echt simuliert werden kann, sodass ein Mensch nicht bemerkt, dass er mit einem Computer kommuniziert.

Sprachbewusstsein entwickeln

Zum Bild:
Paul Klee (1879–1940):
Villa R (1919; Detail).
Öl auf Leinwand,
42 mal 48 cm.
Kunstmuseum Basel

„Doch hängt mein ganzes Herz …"
Grammatik und Stil – ein Interpretationsansatz

Der blinde Spiegel (1925)   Joseph Roth

Wie flatterte das Herz, wenn er diktierte, die großen, fremden, nie gehörten Worte sprudelten, Sturzbäche erstaunlicher Satzgefüge, prachtvoll exotische Klänge, lateinische Namen, Sätze, labyrinthisch gebaute, mit kunstvoll verborgenen Prädikaten, die manchmal unerklärlich verlorengingen.

- ▸ Beschreibt den Sprachstil Joseph Roths.
- ▸ Diskutiert darüber, ob ihr die Begeisterung des Verfassers für Satzgefüge teilen könnt.

Wortarten

Die Stadt (1851)   Theodor Storm

Am grauen Strand, am grauen Meer
Und seitab liegt die Stadt;
Der Nebel drückt die Dächer schwer,
Und durch die Stille braust das Meer
5 Eintönig um die Stadt.

Es rauscht kein Wald, es schlägt im Mai
Kein Vogel ohn Unterlass;
Die Wandergans mit hartem Schrei
Nur fliegt in Herbstesnacht vorbei,
10 Am Strande weht das Gras.

Doch hängt mein ganzes Herz an dir,
Du graue Stadt am Meer;
Der Jugend Zauber für und für
Ruht lächelnd doch auf dir, auf dir,
15 Du graue Stadt am Meer.

Theodor Storm (1817–1888) gehört als Lyriker und Novellendichter (vgl. etwa „Pole Poppenspäler", 1875, und „Der Schimmelreiter", 1888) zu den wichtigsten deutschen Autoren der zweiten Hälfte des 19. Jahrhunderts. Im Hauptberuf war er zunächst Rechtsanwalt, später Landvogt und Amtsrichter. Den größten Teil seines Lebens verbrachte er in seiner Heimatstadt Husum an der Nordsee (Nordfriesland).

1. Bestimme zunächst die folgenden Wörter des Gedichts nach ihrer Wortart: „grauen" (V. 1, 12, 15), „Nebel" (V. 3), „[e]intönig" (V. 5), „[d]och" (V. 11), „hängt" (V. 11), „Du" (V. 12, 15).
2. Arbeitet nun in Kleingruppen:
    – Diskutiert über die jeweilige Bedeutung dieser sechs Wörter für das Verständnis des Textes. Begründet eure Auffassungen genau am Text.
    – Beschäftigt euch eingehender mit dem Wort „doch":
    Welche stilistische Funktion kommt der Konjunktion zu?
    Was leistet sie für das Verständnis des Gedichts?
    (Beachtet, dass Storm hier über seine Heimatstadt schreibt.)
3. Verfasse selbst einen kleinen Text (lyrisch, episch, Sachtext), in dem die Konjunktion „doch" eine ähnliche stilistische Funktion hat.

> **Nebenordnende Konjunktionen** sind beispielsweise die ‚Bindewörter' „und", „oder", „doch"; „doch" ist eine entgegensetzende – adversative – Konjunktion.

Das Werk des schwäbischen Dichters **Eduard Mörike** (1804–1875) umfasst eine große Zahl von Gedichten, den Roman „Maler Nolten" (1832) sowie Novellen (etwa „Mozart auf der Reise nach Prag", 1855) und Kunstmärchen.

Personalpronomen
(persönliches Fürwort):
ich, du, er, sie, es,
wir, ihr, sie

Er ist's (1829)   Eduard Mörike

Frühling lässt sein blaues Band
Wieder flattern durch die Lüfte;
Süße, wohlbekannte Düfte
Streifen ahnungsvoll das Land.
5 Veilchen träumen schon,
Wollen balde kommen.
– Horch, von fern ein leiser Harfenton!
   Frühling, ja du [er] bist's! [ist's!]
Dich [Ihn] hab' ich vernommen!

4. Arbeitet in Partnerarbeit:
   – Überlegt, welche Version der beiden Schlussverse vermutlich von Mörike stammt.
   – Welche Aussageabsicht könnte er mit der Wahl der Personalpronomen verknüpft haben?

Joseph von Eichendorff (1788–1857) entstammte einem schlesischen Adelsgeschlecht. Der studierte Jurist war als Verwaltungsbeamter im preußischen Staatsdienst tätig. Zu seinen bekanntesten literarischen Werken zählen der Roman „Ahnung und Gegenwart" (1815) sowie die Novellen „Das Marmorbild" (1819) und „Aus dem Leben eines Taugenichts" (1826). Seine Gedichte vermitteln exemplarisch die schweifende Sehnsucht der romantischen Epoche.

Possessivpronomen
(besitzanzeigendes Fürwort):
mein, dein, sein, ihr,
unser, euer, ihr

Frühlingsnacht (1837)   Joseph von Eichendorff

Übern Garten durch die Lüfte
Hört ich Wandervögel ziehn,
Das bedeutet Frühlingsdüfte,
Unten fängt's schon an zu blühn.

5 Jauchzen möcht ich, möchte weinen,
Ist mir's doch, als könnt's nicht sein!
Alte Wunder wieder scheinen
Mit dem Mondesglanz herein.

Und der Mond, die Sterne sagen's,
10 Und in Träumen rauscht's der Hain,
Und die Nachtigallen schlagen's:
Sie ist Deine, sie ist dein!

5. Versucht zunächst, auf folgende Fragen Antworten zu geben:
   – Wieso möchte das lyrische Ich zugleich „[j]auchzen" und „weinen" (V. 5)?
   – Was könnte mit „[a]lte[n] Wunder[n]" (V. 7) gemeint sein?
     Diskutiert eure Antworten.
6. Das Verständnis des Gedichts erschließt sich von der letzten Verszeile her: Welche Bedeutung könnte dabei die Wahl des Possessivpronomens „Deine" bzw. „dein" haben?

Sätze

So (1970)   Günter Guben

Da sitzt man so. Und da redet man. Und da betrachtet man sich. Und da lächelt man. Und da denkt man sich was. Und da redet man wieder was. Und das glaubt man vielleicht gar nicht. Und da sitzt man halt.

Da sitzt man also. Betrachtet sich gegenseitig. Lächelt. Nickt sich zu. Sagt etwas. Etwas, das stimmt. Etwas, das man vielleicht glaubt. Etwas, das man vielleicht nicht glaubt. So sitzt man da.

So sitzt man. Sitzt herum und redet. Betrachtet das Gegenüber. Man lächelt. Man nickt, ist freundlich, zeigt die Zähnchen. So sie geputzt sind oder sonst irgendwie anschaulich. Dann redet man. Was man so annimmt. Oder glaubt. Vielleicht nicht glaubt. Davon, worauf man steht. Worauf man sitzt. Worauf man eben so sitzt. Und eben so sitzt man da. Sitzt so oder so. Na halt so. Da. Einfach so da.

1. Formuliere den Text „So" um. Orientiere dich dabei an dem folgenden Anfang: „Da sitzt man und redet, wobei man sich betrachtet und lächelt. Und nachdem man sich etwas gedacht hat, redet man wieder etwas, das man vielleicht […]".
2. Lest einige der neuen Fassungen in der Klasse vor und diskutiert darüber. Der Inhalt hat sich nicht verändert, aber der besondere Pfiff des Originaltextes ist verloren gegangen. Warum ist das so?
3. Bildet Kleingruppen und untersucht genauer: Welche stilistische Funktion haben die kurzen Hauptsätze, die Satzfragmente und die Einwortsätze? Erörtert in diesem Zusammenhang die Aussage des Textes.

Die Vermessung der Welt (2005)   Daniel Kehlmann

Daniel Kehlmann erzählt die Geschichte zweier Forscher des 18. Jahrhunderts, des Naturforschers Alexander von Humboldt und des Mathematikers Carl Friedrich Gauß, die sich beide auf unterschiedliche Weise an die Vermessung der Welt machen.

[…] Darum legten sie in Teneriffa an. Das Licht war gleißend hell, ein Papagei beobachtete sie neugierig vom Balkon eines gerade erst errichteten Zollhauses. Eugen ging an Land. Männer schrien Befehle, Kisten wurden verladen, spärlich bekleidete Frauen tippelten mit zierlichen Schritten auf und ab. Ein Bettler bat um Almosen, aber Eugen hatte nichts mehr. Ein Käfig öffnete sich, und eine Horde schreiender kleiner Affen stob wie eine Explosion in alle Richtungen davon. […]

4. Vergleicht den parataktischen Stil von „So" mit dem parataktischen Stil des Ausschnitts aus Kehlmanns Roman. Beachtet die unterschiedlichen Inhalte.

Syntax (Satzbau):
- Hauptsätze/Satzreihen (Parataxe): z. B. „Da sitzt man so." „Man nickt, ist freundlich, zeigt die Zähnchen."
- Haupt- und Nebensätze/Satzgefüge (Hypotaxe): z. B. „Dann redet man. Was man so annimmt." (Eigentlich ein Satzgefüge aus Haupt- und Nebensatz, wobei letzterer hier als Satzfragment dargestellt ist.)
- Satzfragmente/unvollständige Sätze: z. B. Hauptsätze, in denen ein oder mehrere Satzglieder fehlen können: „[Man sitzt] Einfach so da." Auch Nebensätze können als Satzfragmente fungieren: „Worauf man sitzt."
- Einwortsätze, z. B. als Gruß („Hallo!"); hier bestehen sie aus verschiedenen Wortarten: „Lächelt." „Da."

EXTRA
Entwerft selbst einen Erzähltext: Ihr könnt zwischen den unterschiedlichen parataktischen Stilarten wählen. Bedenkt den Inhalt, den ihr erzählt.

Anekdote aus dem letzten preußischen Kriege (1810)
Heinrich von Kleist

In einem bei Jena liegenden Dorf, erzählte mir, auf einer Reise nach Frankfurt, der Gastwirt, dass sich mehrere Stunden nach der Schlacht, um die Zeit, da das Dorf schon ganz von der Armee des Prinzen von Hohenlohe verlassen und von Franzosen, die es für besetzt gehalten, umringt gewesen wäre, ein einzelner preußischer Reiter darin gezeigt hätte; und versicherte mir, dass wenn alle Soldaten, die an diesem Tage mitgefochten, so tapfer gewesen wären, wie dieser, die Franzosen hätten geschlagen werden müssen, wären sie auch noch dreimal stärker gewesen, als sie in der Tat waren. Dieser Kerl, sprach der Wirt, sprengte, ganz von Staub bedeckt, vor meinen Gasthof, und rief: „Herr Wirt!" und da ich frage: was gibt's? „ein Glas Branntewein!" antwortet er, indem er sein Schwert in die Scheide wirft: „mich dürstet." Gott im Himmel! sag' ich: will er machen, Freund, dass er wegkömmt? Die Franzosen sind ja dicht vor dem Dorf! „Ei, was!" spricht er, indem er dem Pferde den Zügel über den Hals legt. „Ich habe den ganzen Tag nichts genossen!" Nun er ist, glaub' ich, vom Satan besessen –! He! Liese! rief ich, und schaff' ihm eine Flasche Danziger herbei, und sage: da! und will ihm die ganze Flasche in die Hand drücken, damit er nur reite. „Ach, was!" spricht er, indem er die Flasche wegstößt, und sich den Hut abnimmt: „wo soll ich mit dem Quark hin?" Und: „schenk' er ein!" spricht er, indem er sich den Schweiß von der Stirn abtrocknet: „denn ich habe keine Zeit!" Nun ist er ein Kind des Todes, sag' ich. Da! sag' ich, und schenk' ihm ein; da! trink' er und reit' er! Wohl mag's ihm bekommen: „Noch Eins!" spricht der Kerl; während die Schüsse schon von allen Seiten ins Dorf prasseln. Ich sage: noch Eins? Plagt ihn –! „Noch Eins!" spricht er, und streckt mir das Glas hin – „Und gut gemessen," spricht er, indem er sich den Bart wischt, und sich vom Pferde herab schneuzt: „denn es wird bar bezahlt!" Ei, mein Seel, so wollt ich doch, dass ihn –! Da! sag' ich, und schenk' ihm noch, wie er verlangt, ein Zweites, und schenk' ihm, da er getrunken, noch ein Drittes ein, und frage: ist er nun zufrieden? „Ach!" – schüttelt sich der Kerl. „Der Schnaps ist gut! – Na!" spricht er, und setzt sich den Hut auf: „was bin ich schuldig?" Nichts! nichts! versetz' ich. Pack' er sich, ins Teufelsnamen; die Franzosen ziehen augenblicklich ins Dorf! „Na!" sagt er, indem er in seinen Stiefel greift: „so solls ihm Gott lohnen," und holt, aus dem Stiefel, einen Pfeifenstummel hervor, und spricht, nachdem er den Kopf ausgeblasen: „schaff' er mir Feuer!" Feuer? sag ich: plagt ihn –? „Feuer, ja!" spricht er: „denn ich will mir eine Pfeife Tabak anmachen." Ei, den Kerl reiten Legionen –! He, Liese, ruf ich das Mädchen! und während der Kerl sich die Pfeife stopft, schafft das Mensch ihm Feuer. „Na!" sagt der Kerl, die Pfeife, die er sich angeschmaucht, im Maul: „nun sollen doch die Franzosen die Schwerenot kriegen!" Und damit, indem er sich den Hut in die Augen drückt, und zum Zügel greift, wendet er das Pferd und zieht von Leder. Ein Mordkerl! sag' ich; ein verfluchter, verwetterter Galgenstrick! Will er sich ins Henkers Namen scheren, wo er hingehört? Drei Chasseurs – sieht er nicht? hal-

Heinrich von Kleist
(1777–1811) entstammte einer Familie, die zahlreiche hohe Offiziere der preußischen Armee hervorgebracht hatte. Auch Kleist war in seiner Jugend Soldat und nahm während des Ersten Koalitionskriegs gegen das revolutionäre Frankreich an Kampfhandlungen teil. Mit 21 Jahren jedoch quittierte er den Dienst und begann wenig später zu schreiben. Seine Dramen und Erzählungen faszinieren bis heute; die Mehrheit der zeitgenössischen Leser und Theatergänger reagierte auf sie jedoch mit Befremden. Seiner Misserfolge und seiner ungewissen gesellschaftlichen Stellung müde, erschoss sich Kleist mit 34 Jahren am Kleinen Wannsee in Berlin.

Die „Anekdote" erschien im Oktober 1810 in den von Kleist herausgegebenen „Berliner Abendblättern". Sie ist hier in der ursprünglichen Zeichensetzung wiedergegeben, weil Kleist die Zeichensetzung bewusst eigenwillig handhabte, um seine langen Satzperioden zu gliedern und seine inhaltlichen Absichten zu unterstreichen.

von [vom] Leder ziehen
den Säbel aus der Lederscheide ziehen

ten ja schon vor dem Tor? „Ei was!" spricht er, indem er ausspuckt; und fasst die drei Kerls blitzend ins Auge. „Wenn ihrer zehen wären, ich fürcht mich nicht." Und in dem Augenblick reiten auch die drei Franzosen schon ins Dorf. „Bassa Manelka!" ruft der Kerl, und gibt seinem Pferde die Sporen und sprengt auf sie
45 ein; sprengt, so wahr Gott lebt, auf sie ein, und greift sie, als ob er das ganze Hohenlohische Korps hinter sich hätte, an; dergestalt, dass, da die Chasseurs, ungewiss, ob nicht noch mehr Deutsche im Dorf sein mögen, einen Augenblick, wider ihre Gewohnheit, stutzen, er, mein Seel, ehe man noch eine Hand umkehrt, alle drei vom Sattel haut, die Pferde, die auf dem Platz herumlaufen, aufgreift, damit
50 bei mir vorbeisprengt, und: „Bassa Teremtetem!" ruft, und: „Sieht er wohl, Herr Wirt?" und „Adies!" und „auf Wiedersehn!" und „hoho! hoho! hoho!" – – So einen Kerl, sprach der Wirt, habe ich Zeit meines Lebens nicht gesehen.

chasseur franz. Jäger

Bassa Manelka, Bassa Teremtetem ungarische Flüche

5. Lies den Text aufmerksam und mache dir klar, was hier geschieht.
6. Lies anschließend mehrmals das Satzgefüge der Zeilen 43 bis 51 („Bassa Manelka!" [...] hoho!" – –). Kläre die syntaktischen Zusammenhänge:
   – Schreibe das Satzgefüge dazu ab und markiere den Hauptsatz sowie die Nebensätze mit unterschiedlichen Farben.
   – Achte vor allem ab „dergestalt, dass" (Z. 46) auf die extrem verschachtelte Struktur der Nebensätze, das heißt auf ihre Abhängigkeiten voneinander, ihre jeweiligen Abbruchstellen sowie ihre Fortführungen.
7. Führt einen Vorlesewettbewerb durch:
   – Jeder, der sich beteiligen will, probt den Satz erst für sich. (Tipp: Achte darauf, Sprechgeschwindigkeit und Lautstärke zu variieren und wirkungsvoll einzusetzen; überlege, welche Stellen du wie hervorheben möchtest.) Anschließend tragen die Teilnehmer den Satz vor der Klasse vor.
   – Die anderen bilden die Jury. Sie entscheiden, wer am besten vorgelesen hat, und begründen ihr Urteil. Hauptkriterium sollte sein, inwiefern der Vortragende die Situation, das heißt die Handlungen des „Kerl[s]", besonders überzeugend zum Ausdruck gebracht hat.
8. Diskutiert abschließend darüber, welche stilistische Funktion die eigentümliche Syntax Kleists in diesem Erzählzusammenhang hat.
9. Denkt euch eine vergleichbare Situation aus, wie Kleist sie in seiner Anekdote schildert, und versucht sie sprachlich in ähnlicher Syntax wiederzugeben. – Ihr könnt folgendes Beispiel fortsetzen oder euch daran orientieren:

> Plötzlich war aus einem anderen Raum, undefinierbar, wo er genau lag, auf unserem oder einem höheren Stockwerk, eine Explosion zu hören, und die Menschen sprangen von ihren Sitzen auf, in panischer Angst und blinder Hast, stürzten aus ihrer Sitzreihe, ohne auf den Nachbarn zu achten, sodass ...

> **Satzgefüge** (Hypotaxe): Ein Satzgefüge besteht aus einer Folge von Haupt- und Nebensätzen, die auch mehrgliedrig sein können.

 **Kompetenzen** Grammatik und Stil

Das hast du in diesem Kapitel gelernt:

> ▸ Die stilistische Funktion von Wortarten zu bestimmen
> ▸ Die stilistische Funktion von Sätzen zu erfassen

M Extra: Merkwissen → S. 289 f.

So kannst du dein Wissen anwenden und deine Fähigkeiten trainieren:

Astern (1935)   Gottfried Benn

Astern –, schwälende Tage,
alte Beschwörung, Bann,
die Götter halten die Waage
eine zögernde Stunde an.

5 Noch einmal die goldenen Herden
der Himmel, das Licht, der Flor,
was brütet das alte Werden
unter den sterbenden Flügeln vor?

Noch einmal das Ersehnte,
10 den Rausch, der Rosen Du –,
der Sommer stand und lehnte
und sah den Schwalben zu,

noch einmal ein Vermuten,
wo längst Gewissheit wacht:
15 die Schwalben streifen die Fluten
und trinken Fahrt und Nacht.

> ▸ Auffällig sind in diesem Gedicht die vielen Substantive: Welche stilistische Funktion und zugleich Bedeutung haben sie im Zusammenhang mit der Thematik des Gedichts? Beachte den Titel „Astern".

In anderen Texten können auch gehäuft Substantive auftreten, etwa in Gesetzestexten bzw. rechtlichen Verordnungen:

Jugendarbeitsschutz

Der Schutz der arbeitenden Jugend ist durch das *Jugendarbeitsschutzgesetz* (JArbSchG) vom 12. 4. 1976 (BGBl. I 965) geregelt. Es enthält Vorschriften insbesondere über Kinderarbeit, Arbeitszeit und Freizeit der Jugendlichen, Beschäftigungsverbote und -beschränkungen, besondere Pflichten des Arbeitgebers so-
5 wie die gesundheitliche Betreuung der arbeitenden Jugendlichen.

> ▸ Beschreibe die stilistische Funktion, die die Substantive in dem Gesetzestext haben.
> ▸ Verfasse einen Text deiner Wahl, in dem du gehäuft Substantive verwendest. Bedenke die Absicht, die du mit dem Text verbindest.

Herbsttag (1902)   Rainer Maria Rilke

Herr: es ist Zeit. Der Sommer war sehr groß.
Leg deinen Schatten auf die Sonnenuhren,
und auf den Fluren lass die Winde los.

Befiehl den letzten Früchten voll zu sein;
5 gieb ihnen noch zwei südlichere Tage,
dränge sie zur Vollendung hin und jage
die letzte Süße in den schweren Wein.

Wer jetzt kein Haus hat, baut sich keines mehr.
Wer jetzt allein ist, wird es lange bleiben,
10 wird wachen, lesen, lange Briefe schreiben
und wird in den Alleen hin und her
unruhig wandern, wenn die Blätter treiben.

- Bestimme die unterschiedlichen Satzformen in den Strophen.
- Vergleiche die ersten beiden Strophen mit der dritten: Welche stilistische Funktion haben jeweils die Satzformen?
- Kläre vor diesem Hintergrund die Aussageabsicht des Autors: Welches Bild vom Herbst entwirft er?

Unterm Rad (1906)   Hermann Hesse

Erster Ausschnitt
Zu Beginn des Romans wird Joseph Giebenrath beschrieben. Er ist der Vater von Hans Giebenrath, der Hauptfigur der Geschichte.

[...] Er schimpfte ärmere Leute Hungerleider, reichere Leute Protzen. Er war Mitglied des Bürgervereins und beteiligte sich jeden Freitag am Kegelschieben im „Adler", ferner an jedem Backtag sowie an den Voressen und Metzelsuppen. Er rauchte zur Arbeit billige Zigarren, nach Tisch und an Feiertagen eine feinere
5 Sorte. [...]

Zweiter Ausschnitt
Die Lehrer in der Internatsschule Kloster Maulbronn schätzen den Schüler Hans Giebenrath zunächst sehr, ebenso der Rektor. In der folgenden Passage wird die Erziehungsauffassung des Rektors geschildert.

[...] Oh nein, wenn ein Lehrer sieht, wie eines Kindes lange erfolglos gereiztes Talent hervorbricht, wie ein Knabe Holzsäbel und Schleuder und Bogen und die anderen kindischen Spielereien ablegt, wie er vorwärts zu streben beginnt, wie der Ernst der Arbeit aus einem rauen Pausback einen feinen, ernsten und fast
5 asketischen Knaben macht, wie sein Gesicht älter und geistiger, sein Blick tiefer und zielbewusster, seine Hand weißer und stiller wird, dann lacht ihm die Seele vor Freude und Stolz. [...]

- Vergleiche beide Textausschnitte: Welche Satzformen hat der Autor in den Passagen jeweils gewählt? Begründe.

Sprachbewusstsein entwickeln

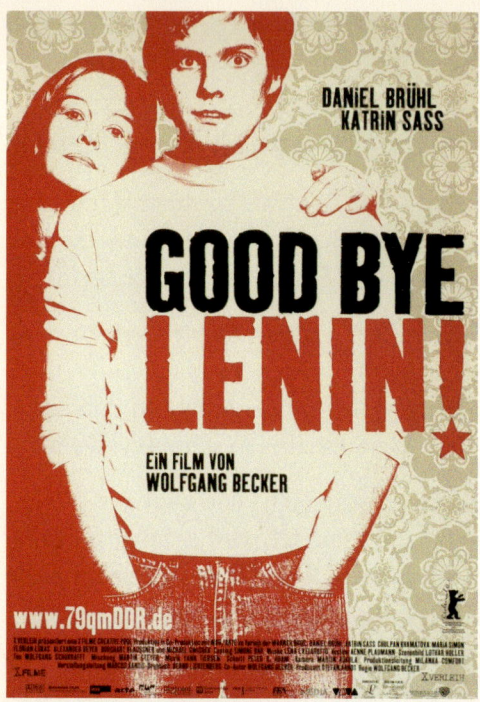

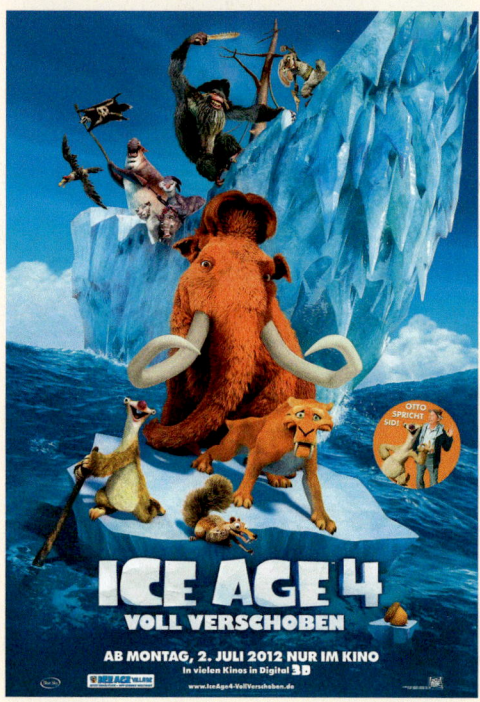

Sprach- und Wortkunde

- ▸ Beschreibt die Filmplakate.
- ▸ Sprecht über eure Assoziationen beim Betrachten von Text und Bild.

Denotat und Konnotat

Denotation und Konnotation

Jedes Wort hat eine sprachlich neutrale Bedeutung, die man als Grundbedeutung bezeichnet – die Denotation (*lat. denotatum: das Genannte*). Die Denotation ist weitestgehend objektiv und frei von Assoziationen. So bedeutet das Wort ‚Haus' auf der denotativen Ebene schlicht: ein beliebiges Gebäude, das der Mensch für einen bestimmten Zweck geschaffen hat.

Bei fast allen Wörtern allerdings schwingen noch Assoziationen mit. Diese unterschwelligen Bedeutungen bezeichnet man mit dem Begriff Konnotation (*lat. connotare: mitbezeichnen*). Das Wort ‚Haus' kann z. B. die Assoziationen ‚Schutz vor Regen und Kälte' oder ‚Geborgenheit' hervorrufen. Diese konnotative Ebene ist subjektiv; in sie fließen die Erfahrungen, Gedanken und Gefühle der jeweiligen Person ein, die das Wort liest, hört oder ausspricht.

1. Erklärt euch gegenseitig die Begriffe Denotat und Konnotat.

Woran ich denke bei …

Zwei Personen mit unterschiedlichen Lebenserfahrungen wurden gefragt, woran sie bei den Wörtern ‚Auto', ‚Schnee' und ‚Medien' denken:

Bei *Auto* denke ich vor allem an die Umweltverschmutzung, aber auch an mangelnde Bewegung. Wir gehen viel zu wenig zu Fuß.	Bei *Auto* denke ich an das bequemste Fortbewegungsmittel, das es gibt. Es macht unabhängig und lässt mich in kürzester Zeit dorthin gelangen, wo ich gerade sein will.
Ein **Auto** ist ein mehrspuriges Kraftfahrzeug, das von einem Motor angetrieben wird und zur Beförderung von Personen dient.	
Bei *Schnee* denke ich an Skifahren, an schneebedeckte Pisten. Wenn nur nicht das Schneeschippen wäre …	Bei *Schnee* denke ich an Gefahr, etwa an eine Lawine, aber auch an lange Abende und an kurze Tage.
Schnee besteht aus feinen Eiskristallen und ist die häufigste Form des festen Niederschlags.	
Bei *Medien* fällt mir ein, dass zum Beispiel das Fernsehen keine schlechte Erfindung ist. Es kann die Langeweile vertreiben.	*Medien* sind aus unserem Leben nicht mehr wegzudenken. Vor allem das Internet war eine revolutionäre Neuerung. Man kann sich heute unglaublich schnell und umfassend über alle möglichen Themen informieren.
Das Wort **Medien** dient als Sammelbegriff für alle Formen von Kommunikationsmitteln.	

2. Worin unterscheiden sich die Äußerungen der Personen zu den Wörtern ‚Auto', ‚Schnee' und ‚Medien' von den Erläuterungen? Nutzt zur Erklärung eigene Beispiele.
3. Schreibt eigene Äußerungen zu Begriffen. Stellt euch dabei zwei Menschen mit unterschiedlichem Alter und unterschiedlicher Biografie vor.

Denotat und Konnotat im Film

Auch ein spezielles Fachgebiet wie die Filmwissenschaft bedient sich der Begriffe Denotat und Konnotat.

Denotate und Konnotate werden normalerweise auf eine uns umgebende Wirklichkeit bezogen. Sie lassen sich aber in abgewandelter Form auch auf künstlerische Objekte wie den Film übertragen – denn der Film ist nichts anderes als eine inszenierte Wirklichkeit. Dabei spielen Bild und Ton eine wichtige Rolle. Das Haus im Film wird für uns das Haus in der Wirklichkeit sein. Das Gleiche gilt für den Ton. Wenn wir als Filmzuschauer etwa hören, dass in dem Haus eine Tür geöffnet oder zugeschlagen wird, dann sind diese Geräusche denen ähnlich, die wir im wirklichen Leben hören. Der Kinobesucher glaubt, dass das Bild das ist, was es abbildet.

Filmbild und Filmton lassen sich nicht auf die Summe ihrer Denotationen reduzieren. Sie transportieren zusätzliche Bedeutungen, die je nach Betrachter unterschiedlich ausfallen können. Wirkt das Haus, in dem die Familie wohnt, schäbig, kann der Gedanke an Armut und soziale Not aufkommen. Diese konnotative Bedeutungsebene wird aus ganz verschiedenen Quellen gespeist. Zum einen hängt es von der psychischen Verfassung des Betrachters ab, welche Konnotationen beim Betrachten eines Films entstehen. Wenn er traurig ist, wird er den Film ganz anders sehen als in gehobener Stimmung. Zudem spielt unser kultureller Hintergrund, den wir nicht an der Kinokasse ablegen können, eine wichtige Rolle. Wird etwa in dem Haus ein Fensterkreuz in einer Nahaufnahme gezeigt, dann ist das unter Umständen im christlichen Abendland mehr als nur ein Denotat. Es kann zusätzlich – insofern der Betrachter, wenn auch vielleicht nur unterbewusst, den Anblick mit dem Opfertod Jesu Christi am Kreuz in Verbindung bringt – ‚Leid' oder ‚Opfer' bedeuten, also beim Anblick des schäbigen Hauses das Gefühl sozialer Verarmung verstärken oder aber Hoffnung auf Erlösung aufkeimen lassen oder auch die armen und machtlosen Hausbewohner in den Augen des Zuschauers aufwerten.

Filmbilder können auch Konnotationen hervorrufen, die so im realen Leben nicht entstehen können. Ein Film lebt von der Kameraperspektive und der genau kalkulierten Verknüpfung von Einstellungen, also von einer durch den Regisseur und seine künstlerischen Absichten gesteuerten Wirklichkeitswahrnehmung; ein Film kann uns Bilder, Töne und Ereignisse zeigen, die wir in gleicher Weise in der Wirklichkeit nicht wahrnehmen könnten: Man denke nur an das Quidditch-Spiel in den Harry-Potter-Filmen.

1. Fasse zusammen, welche Bedeutung Denotate und Konnotate im Film haben.
2. Beziehet eure Ergebnisse auf die Filmplakate auf Seite 256.

Bedeutungsveränderungen

Was heißt eigentlich ‚Freiheit'?

Freiheitsstatue

über den Wolken ...

Schild „Umweltzone"

freie Fahrt für freie Bürger?

Sachbuch

deutsche Nationalhymne

1. Wie wird der Begriff ‚Freiheit' in diesen Beispielen gebraucht?
2. Recherchiert, wie der Begriff ‚Freiheit' zum Beispiel in Gesetzestexten, Liedern, Redewendungen und in der Werbung verwendet und wie er in Lexika und Wörterbüchern definiert wird. Wo gibt es Gemeinsamkeiten, wo gibt es Unterschiede in der Bedeutung?

Bedeutungslehre → S. 290

Bedeutungsänderungen

Viele Wörter haben im Laufe der Zeit ihre Bedeutung geändert, aber nicht immer in gleicher Weise. Auf den Karten 1 bis 5 wird beschrieben, welche Formen von Bedeutungsänderungen unterschieden werden können.

A Der **Marschall** war ursprünglich ein Pferdeknecht. Später veränderte sich die Bedeutung des Wortes in die Bezeichnung für einen sehr hohen militärischen Rang.

B Eine **Mähre** ist heute ein Klappergaul, ein schlechtes Pferd. Früher war es die Bezeichnung für eine Stute.

C Eine **Hochzeit** bedeutete früher jedes kirchliche und weltliche Fest. Heute versteht man darunter nur noch die Feier bei der Eheschließung.

D Eine **Nadel** war früher nur ein Gerät zum Nähen. Heute gibt es eine Stecknadel, eine Kompassnadel oder eine Tachonadel.

E Ein **Kamel** ist ein Wüstentier. Mit dem Wort lässt sich aber auch ein Mensch bezeichnen, dem man Dummheit zusprechen will.

1 Bei der **Bedeutungsverengung** werden der Bedeutungsumfang und damit auch die Verwendungsmöglichkeiten eines Wortes eingeschränkt. Es können also mit einem Wort nicht mehr so viele Sachverhalte bezeichnet werden wie zuvor.

2 Bei der **Bedeutungserweiterung** ist der Vorgang umgekehrt: Der Bedeutungsumfang und die Verwendungsmöglichkeiten werden erweitert.

3 Die **Bedeutungsübertragung** ist eine Bedeutungserweiterung, allerdings als Resultat einer metaphorischen Verwendung. Dabei wird die Bedeutung eines Wortes auf andere Sachverhalte in übertragenem Sinne erweitert.

4 Bei der **Bedeutungsverschlechterung** wird eine ursprünglich neutrale oder positive Bedeutung ins Negative verkehrt.

5 Bei der **Bedeutungsverbesserung** ist der Vorgang umgekehrt: Eine ursprünglich neutrale oder negative Bedeutung erhält eine positive Aufwertung.

1. Ordne die Beispiele A bis E den Definitionen 1 bis 5 zu.
2. Welchen Definitionen kann man die folgenden Wörter zuordnen?
   Götze – Kanzler – Gift – Messe – spinnen.
   Nimm ein etymologisches Wörterbuch zu Hilfe.

Fachsprachen

Fachsprachen-Mix

1 Mit dem Begriff „Common Rail" wird eine bestimmte Bauart der Kraftstoffdirekteinspritzung bei Dieselmotoren bezeichnet. Dabei sind die Druckerzeugung und die Kraftstoffeinspritzung voneinander getrennt. Eine separate, an beliebiger Stelle am Motor einbaubare Pumpe erzeugt kontinuierlich Druck. Dieser wird in einer Verteilerleiste gespeichert. Über Leitungen sind die Einspritzdüsen aller Zylinder parallel mit der Verteilerleiste, der so genannten Common Rail (engl.: „gemeinsame Leitung"), verbunden. Ein konstanter Druck steht ununterbrochen an den Einspritzdüsen aller Zylinder zur Verfügung. Einspritzmenge und -zeitpunkt werden über Magnetventile an den einzelnen Einspritzdüsen gesteuert.

2 Nach dem Entropiegesetz der Thermodynamik streben biologische Prozesse danach, von einem hohen auf ein niedriges Energieniveau überzugehen. Dieser Energieverlust muss durch einen Energiezufluss ausgeglichen werden. Lebewesen befinden sich in einem thermodynamisch instabilen Zustand.

3 § 823 Schadensersatzpflicht
(1) Wer vorsätzlich oder fahrlässig das Leben, den Körper, die Gesundheit, die Freiheit, das Eigentum oder ein sonstiges Recht eines anderen widerrechtlich verletzt, ist dem anderen zum Ersatz des daraus entstehenden Schadens verpflichtet.
(2) Die gleiche Verpflichtung trifft denjenigen, welcher gegen ein den Schutz eines anderen bezweckendes Gesetz verstößt. Ist nach dem Inhalt des Gesetzes ein Verstoß gegen dieses auch ohne Verschulden möglich, so tritt die Ersatzpflicht nur im Falle des Verschuldens ein.

4 Der EU-Gesetzgeber bestimmt mit der SEPA-Verordnung die Ablösung der inländischen Zahlverfahren für Überweisungen und Lastschriften durch die SEPA-Zahlverfahren. Daher ändert sich in den mit Ihnen vereinbarten Bedingungen zum 1. 2. 2014 folgendes: Das Abbuchungsauftragslastschriftverfahren darf ab 1. 2. 2014 nicht mehr genutzt werden. Deshalb entfallen zum 1. 2. 2014 die entsprechenden Regelungen im Abschnitt B der Sonderbedingungen für den Lastschriftverkehr.

1. Zu welchen Wissensgebieten gehören diese Textausschnitte? Diskutiert, inwiefern es sich um Fachsprachen handelt.
2. Kennst du weitere Fachsprachen? Recherchiere nach entsprechenden Texten.

Diagnose: Links-Herz-Dekompensation

Den folgenden Arztbrief hat ein Stationsarzt einer Patientin bei ihrer Entlassung aus dem Krankenhaus für ihren Hausarzt mitgegeben. In einem Gespräch mit dem Hausarzt klärt die Patientin ihre Fragen.

Text 1: Arztbrief

Sehr geehrter Herr Kollege Dr. Müller,
Frau Peter wurde mit V. a. auf eine akute Links-Herz-Dekompensation im Rahmen einer hypertensiven Krise in unserem Klinikum stationär aufgenommen. Klinisch und radiologisch lag ein Lungenödem vor. Unter der antihypertensiven und diuretischen Therapie besserte sich der klinische Zustand der Patientin rasch. Es wurde eine weiterführende Diagnostik bezüglich der Herzinsuffizienz durchgeführt. Bei echokardiographisch nachgewiesener mittelgradig eingeschränkter LV-Funktion wurde die medikamentöse Therapie mit einem Digitalispräparat, einem ACE-Hemmer und einem Diuretikum eingeleitet. Damit konnte die Patientin beschwerdefrei in die weitere hausärztliche Betreuung entlassen werden.
Mit kollegialen Grüßen

Text 2: Patienten-Arzt-Gespräch

FRAU PETER Das war ja ein ganz schöner Schreck, dass ich ins Krankenhaus musste. Was haben denn die Ärzte bei der Untersuchung nun festgestellt?
DR. MÜLLER Als Sie ins Krankenhaus eingeliefert wurden, war Ihr Blutdruck sehr hoch, das geschwächte Herz war nicht in der Lage, das Blut dagegenzupumpen. Die Folge davon war, dass sich Wasser in der Lunge angestaut hat.
FRAU PETER Verstehe. Und was kann man da tun?
DR. MÜLLER Ihr Blutdruck wurde mit Medikamenten gesenkt und sie bekamen zusätzlich Wassertabletten, um das Wasser aus dem Körper auszuschwemmen.
FRAU PETER Ist mein Herz nun dauerhaft geschädigt?
DR. MÜLLER Ja, im Herz-Ultraschall hat man gesehen, dass die linke Herzkammer dauerhaft geschwächt ist. Sie müssen nun deshalb Medikamente einnehmen, um das Herz zu stärken.
FRAU PETER Ich danke Ihnen für diese Erläuterungen und hoffe natürlich, dass mein Herz sich wieder erholt.

3. Wodurch ist der erste Text sprachlich charakterisiert?
4. Schreibe aus dem Text die Begriffe heraus, die dir unbekannt sind. Kläre ihre Bedeutung mithilfe des Gesprächs von Frau Peter mit Herrn Dr. Müller.
5. Welche Funktion hat die medizinische Fachsprache im ersten Text?

Was ist der Mensch? Auf den Blickwinkel kommt es an!

Biologie

In der biologischen Systematik gehört der Mensch (Homo sapiens) zum Stamm der Chordatiere und zur Klasse der Mammalia. Innerhalb der Mammalia wird der Mensch in die Klasse der Primaten eingeordnet. Hier zählt er zur Unterordnung der Haplorrhini und dort zur Familie der Hominidae. Aus der Gattung Homo ist der Mensch die einzig überlebende Art. Sie weist heute eine Population von über sieben Milliarden auf.

Anthropologie

Aristoteles betrachtet den Menschen als ein Lebewesen, welches von seiner Natur her ein soziales und politisches Wesen ist. Als Lebewesen ist der Mensch ein Teil der Natur. Ein Neugeborenes ist auf die Fürsorge seiner Sozialpartner angewiesen. In menschlicher Gemeinschaft erhält es durch eine Wechselwirkung aus genetischen, sozialen, kulturellen und ökologischen Faktoren Lernanreize, die es in seiner Entwicklung prägen. Mit der Fähigkeit zum Spracherwerb grenzt sich der Mensch von anderen Lebewesen ab. Das Bewusstsein des Menschen befähigt ihn, die zeitliche Dimension seines Seins wahrzunehmen und zu reflektieren. So können Menschen auch Fragen nach der Zukunft, ihrer Stellung innerhalb der Natur, nach ihrer persönlichen Freiheit und nach ethischen Grundsätzen des Zusammenlebens stellen.

Etymologie

Das Wort *Mensch* kommt bereits im Althochdeutschen im 8. Jahrhundert in der Schreibweise *mennisco* (Maskulinum) vor. Im Mittelhochdeutschen verändert sich die Schreibung zu *mensch(e)* (Maskulinum oder Neutrum). Hier weitet sich die Bedeutung aus zu ‚Mensch', ‚Mädchen', ‚Buhlerin', ‚Magd', ‚Knecht'. Das heutige Wort *Mensch* ist eine Substantivierung von althochdeutsch *mennisc*, mittelhochdeutsch *mennisch*, was ‚mannhaft' bedeutete. Es wird auf einen indogermanischen Wortstamm zurückgeführt, in dem die Bedeutung *Mann* und *Mensch* zusammenfiel. Diese Bedeutungsverschmelzung ist heute noch im Indefinitpronomen *man* erhalten.

6. Vergleiche die verschiedenen Definitionen des Menschen. Worin unterscheiden sie sich?
7. Welche Funktionen erfüllen diese drei unterschiedlichen Definitionen des Begriffs ‚Mensch' in den jeweiligen Fachsprachen?

Etappen der Sprachgeschichte – Deutsch gestern und heute

Ich saz ûf eime steine (um 1200)   Walther von der Vogelweide

Ausspracheregeln
- Sprich z nach Vokalen wie stimmloses s;
- sprich s vor t und p nicht als sch, sondern als s;
- sprich die durch Längenzeichen markierten Vokale (â, ô, û) lang, die übrigen kurz;
- betone immer nur die Stammsilbe (gesmogen);
- sprich den Umlaut iu als ü;
- sprich die vokalischen Diphthonge (Doppelvokale) getrennt aus, mit der Hauptbetonung auf dem ersten Vokal (tuot).

Ich saz ûf eime steine,
und dahte bein mit beine:
dar ûf satzt ich den ellenbogen:
ich hete in mîne hant gesmogen
5 daz kinne und ein mîn wange.
dô dâhte ich mir vil ange,
wie man zer welte solte leben:
deheinen rât kond ich gegeben,
wie man driu dinc erwurbe,
10 der keines niht verdurbe.
diu zwei sint êre und varnde guot,
daz dicke ein ander schaden tuot:
daz dritte ist gotes hulde,
der zweier übergulde.
15 die wolte ich gerne in einen schrîn.
jâ leider desn mac niht gesîn,
daz guot und weltlich êre
und gotes hulde mêre
zesamene in ein herze komen.
20 stîg unde wege sint in benomen:
untriuwe ist in der sâze,
gewalt vert ûf der strâze:
fride unde reht sint sêre wunt.
diu driu enhabent geleites niht, diu
zwei enwerden ê gesunt.

Walther von der Vogelweide
Miniatur aus der Weingartner Liederhandschrift (um 1300)

Ich saß auf einem Stein / und schlug ein Bein über das andere; / darauf setzte ich den Ellenbogen; / in meine Hand hatte ich das / Kinn und eine Wange geschmiegt. / So dachte ich eindringlich nach, / auf welche Weise man auf der Welt leben müsse: / Keinen Rat konnte ich aber geben, / wie man drei Dinge so erwerben könne, / ohne dass eines von ihnen zugrunde ginge. / Zwei von ihnen sind Ehre und Besitz, / die einander oft schaden, / das dritte ist Gottes Gnade, / die viel mehr wert ist als die beiden andern. / Diese wollte ich gerne zusammen in einem Kästchen. / Aber leider ist es nicht möglich, / dass Besitz und weltliche Ehre / und Gottes Gnade / zusammen in ein Herz kommen. / Weg und Steg sind ihnen genommen: / Verrat liegt auf der Lauer, / Gewalt beherrscht die Straße; / Friede und Recht sind schwer verwundet. / Die drei haben keine Sicherheit, bevor die zwei nicht gesund werden.

1. Markiert im Gedicht alle Wörter, die sich in den Ausspracheregeln von der heutigen Aussprache unterscheiden.
2. Tragt das Gedicht vor.
3. Vergleicht den mittelhochdeutschen Text mit der Übertragung ins Neuhochdeutsche. Was fällt euch auf?
4. Tragt Informationen zum Begriff ‚mittelhochdeutsch' zusammen.

Wie Martin Luthers Bibel unsere Sprache prägt

Im Herbst 1521 übersetzte Martin Luther auf der Wartburg bei Eisenach (Thüringen) das Neue Testament ins Deutsche. Sein Ziel war, der breiten Masse der Gläubigen unmittelbaren Zugang zum Wort Gottes zu verschaffen.

Eigentlich war die Übertragung der Bibel in die deutsche Sprache nichts
5 Neues. Es kursierten im Land bereits etwa fünfzehn deutsche Übersetzungen, die aber nur für Geistliche gedacht und in einer umständlichen und gestelzten Sprache verfasst waren. Alle Übersetzungen beruhten auf der „Vulgata", einer 1000 Jahre alten, oft ungenauen lateinischen Bibelübersetzung aus den teils hebräischen, teils griechischen Urfassungen der Bibeltexte. Luther stützte sich eben-
10 falls auf die „Vulgata", zog aber auch die Urfassungen heran. Zudem setzte er die ihm eigene Sprachgewalt ein, um sich so lebensnah, volkstümlich und bildhaft wie möglich auszudrücken. Er verfügte über einen kernig-klaren, aber auch poetischen Ton und kleidete seine Gedanken in neuartige Ausdrücke. So übersetzte er im Matthäus-Evangelium ‚proskairos' (unstet, vergänglich) mit ‚wetterwen-
15 disch'. Sein Deutsch wirkte stil- und sprachbildend für Jahrhunderte. Martin Luther prägte Ausdrücke wie ‚Feuertaufe', ‚Bluthund', ‚Selbstverleugnung', ‚Machtwort', ‚Schandfleck', ‚Lückenbüßer', ‚Gewissensbisse', ‚Lästermaul' und ‚Lockvogel'. Metaphern wie ‚Perlen vor die Säue werfen', ‚ein Buch mit sieben Siegeln', ‚die Zähne zusammenbeißen' und etwas ‚ausposaunen'
20 gehen ebenso auf ihn zurück wie ‚im Dunkeln tappen', ‚ein Herz und eine Seele', ‚auf Sand bauen' oder ein ‚Wolf im Schafspelz' und ‚der große Unbekannte'.

Luthers bemerkte über seine Arbeitsweise und seine mit der Bibelübersetzung verbundenen Absichten: „Man
25 muss die Mutter im Haus, die Kinder auf den Gassen, den gemeinen Mann auf dem Markt drum fragen und denselbigen auf das Maul sehen, wie sie reden und danach dolmetschen; so verstehen sie es denn und merken, dass man deutsch mit ihnen redet."

Martin Luther wurde 1483 in Eisleben geboren und ist 1546 ebendort gestorben. Als Mitglied des Augustiner-Ordens (ab 1505) und Theologe an der Universität Wittenberg (ab 1512) wandte er sich gegen den Sündenablasshandel der römischen Kirche. Aus diesem Protest entwuchs ein grundsätzlicher Konflikt, der schließlich zur Spaltung der Kirche durch die protestantische Reformationsbewegung führte.

1. Beschreibe die besondere Leistung Luthers für die deutsche Sprache.
2. Finde Alltagssituationen, in denen du die im Text genannten von Luther geprägten Metaphern anwenden könntest, und formuliere Beispielsätze.

Luthers Handexemplar der Vulgata
(Lyon/Simon Vincent, 1519)
mit seinen während der Arbeit
an der Bibelübersetzung entstandenen
handschriftlichen Randglossen
(Brief an die Epheser 3–5)

Ein schön new Lied / genannt Der / Teutsche Michel / etc.

Wider alle Sprachverderber / Cortisanen / Concipisten vnd Concellisten / welche die alte teutsche Muttersprach mit allerley frembden / Lateinischen / Welschen / Spannischen vnd Frantzösischen Wörtern so vielfältig vermischen / verkehren vnd zerstehren / daß Sie jhr selber nicht mehr gleich sihet / vnd kaum halber kan erkant werden.

Im Barock bildeten sich sogenannte Sprachgesellschaften, deren erklärtes Ziel die Pflege der deutschen Sprache war. Das gegen den Gebrauch von Fremdwörtern gerichtete Gedicht „Der Teutsche Michel", das 1642 als Flugblatt verbreitet wurde (die Abbildung zeigt einen Ausschnitt), gehört in diesen Zusammenhang.

1. ICH teutscher Michel / versteh schier nichel /
   In meinem Vatterland / es ist ein schand.
   Man thut ietzt reden / als wie die Schweden /
   In meinem Vatterland / pfuy dich der schand.
2. Fast jeder Schneider / will jetzund leyder /
   Der Sprach erfahren sein / vnd red Latein:
   Welsch vnd Frantzösisch / halb Iponesisch /
   Wann er ist voll vnd toll / der grobe Knoll.
3. Der Knecht Matthies / spricht bona dies /
   Wann er gut morgen sagt / vnd grüst die Magd:
   Sie wend den Kragen thut ihm dancksagen /
   Spricht Deo gratias / Herr Hippocras.
4. Ihr fromme Teutschen / man solt euch beutschen /
   Daß ihr die Muttersprach / so wenig acht.
   Ihr liebe Herren / das heißt nicht mehren /
   Die sprach verkehren / vnd zerstöhren /
5. Ihr thut alles mischen / mit fäulen Fischen /
   Vnd macht ein misch gemäsch / ein wüste wösch:
   Ein faulen Haffenkäß / ein wunderseltzambs gfräß /
   Ein gantzes A. B. C. Ich nicht versteh.
6. Was ist armiren / was auisiren /
   was avancieren / was attaquiren /
   Was approchiren / archibusieren /
   was arriuiren / accordiren?
7. Was ist blocquiren / was bastoniren?
   Benediciren / blateriren?
   was blasphemiren / was bucciniren /
   was balsamieren / blandiren?

[...]

Getruckt im Jahr da die teusch Sprach verderbt war / 1642

1. Wogegen richten sich die Vertreter der Sprachgesellschaft in dem Flugblatt?
2. Übertrage aus dem Text so viele Fremdwörter wie möglich ins Hochdeutsche.
3. Vergleiche die Sprache des 17. Jahrhunderts mit der heutigen Hochsprache. Welche Gemeinsamkeiten und welche Unterschiede kannst du beschreiben?

Sprachgesellschaften der Gegenwart

Die Gesellschaft für deutsche Sprache (GfdS) ist ein Verein, der es sich zur Aufgabe gemacht hat, die deutsche Sprache zu pflegen. Zu diesem Zweck beobachtet die GfdS den Sprachwandel und gibt Empfehlungen für den Sprachgebrauch ab. Alle zwei Jahre verleiht die GfdS den ‚Medienpreis für Sprachkultur', mit dem hervorragende Verdienste um die Sprach- und Sprechkultur in den Medien ausgezeichnet werden.

Aus den Verleihungsurkunden

In ihrer Tätigkeit als Moderatorin des heute-journals, als Redakteurin und Reporterin ist Marietta Slomka eine alltagsnahe verständliche Sprache besonders wichtig.

Bei hoher fachlicher Kompetenz in wirtschaftlichen wie innen- und außenpolitischen Fragen versteht sie es in ihren Moderationen immer wieder, komplexe Themen einem breiten Publikum zugänglich zu machen. Mit ihrem klaren und unprätentiösen Sprachstil weckt die Journalistin gerade auch bei jungen Zuschauerinnen und Zuschauern eine „Lust auf Nachrichten". In herausragender Weise gelingt Marietta Slomka die sprachliche Nähe zum Zuschauer gepaart mit der gebotenen journalistischen Distanz besonders in Interviews mit Politikerinnen und Politikern, denen sie keine Politfloskeln durchgehen lässt und die sie durch beharrliches Nachfragen dazu bringt, erkennbar Position zu beziehen.

Marietta Slomka steht für einen modernen Moderationsstil, der Sprachbewusstsein mit fachlicher Kompetenz vereint. Der journalistische Transfer von Inhalten gelingt ihr geradezu perfekt. [Laudatio: Nikolaus Brender]

Marietta Slomka, die Preisträgerin von 2012

EXTRA
Zeichnet verschiedene von Marietta Slomka moderierte Ausgaben des ‚heute-journals' auf und überprüft, ob ihr Moderationsstil dem hohen Lob der Jury gerecht wird. Arbeitet in Gruppen.

Günter Netzer und Gerhard Delling sind aus der Vor-, Nach- und Halbzeit-Kommentierung bei Fußball-Live-Übertragungen nicht mehr wegzudenken. Durch sie wurde eine dialogische Form des Kommentars in die Sportberichterstattung eingeführt. [...]

Im Rahmen ihrer gekonnten diskursiven Sequenzen zeichnen sich beide nicht nur durch ihre fußballerische Sach- und Fachkunde, sondern auch durch geschliffenes Deutsch, responsives Gesprächsverhalten, unaufdringlichen Humor, gelungenen Sprachwitz, feine Polemik, kritisches Fragen und vor allem durch Beherrschung der deutschen Fußballsprache in ihrer gesamten Breite aus. [Laudatio: Prof. Dr. Dr. h. c. Armin Burkhardt]

Günter Netzer und Gerhard Delling, die Preisträger von 2008

1. Welche Ziele verfolgt die 1947 gegründete Gesellschaft für deutsche Sprache? Recherchiert hierzu im Internet.
2. Drückt mit eigenen Worten aus, warum die oben genannten Personen als Preisträger ausgewählt wurden.
3. Wem würdet ihr gerne einen Preis für besondere Verdienste um die Sprach- und Sprechkultur verleihen? Verfasst eine Begründung.

Das hast du in diesem Kapitel gelernt:

- Denotat und Konnotat zu definieren
- Bedeutungsveränderungen zu erkennen, zu kategorisieren und zu erklären
- Funktionen von Fachsprachen zu verstehen
- Die Entwicklung der deutschen Sprache anhand ausgewählter Stationen nachzuvollziehen

M Extra: **Merkwissen** → S. 290

So kannst du dein Wissen anwenden und deine Fähigkeiten trainieren:

Bedeutungsänderung

> Magd – Dirne – Weib – Frau – Gattin – Gemahlin

▸ Wie haben sich die oben aufgeführten Begriffe im Laufe der Zeit verändert? Schlagt in einem etymologischen Wörterbuch nach.

Denotat und Konnotat in der Literatur

Menschen bei Nacht (1899) Rainer Maria Rilke

Die Nächte sind nicht für die Menge gemacht.
Von deinem Nachbar trennt dich die Nacht,
und du sollst ihn nicht suchen trotzdem.
Und machst du nachts deine Stube licht,
5 um Menschen zu schauen ins Angesicht,
so musst du bedenken: wem.

Die Menschen sind furchtbar vom Licht entstellt,
das von ihren Gesichtern träuft,
und haben sie nachts sich zusammengesellt,
10 so schaust du eine wankende Welt
durcheinandergehäuft.
Auf ihren Stirnen hat gelber Schein
alle Gedanken verdrängt,

in ihren Blicken flackert der Wein,
15 an ihren Händen hängt
die schwere Gebärde, mit der sie sich
bei ihren Gesprächen verstehn;
und dabei sagen sie: *Ich* und *Ich*
und meinen: Irgendwen.

▸ Beschreibe, wie sich in Rilkes Gedicht Denotat und Konnotat von „Nacht" und „Mensch" unterscheiden.

Sprachgeschichte

Beginn des Nibelungenliedes (erste Hälfte des 13. Jahrhunderts)

1 Uns ist in alten mæren   wunders vil geseit
  von helden lobebæren,   von grôzer arebeit,
  von freuden, hôchgezîten,   von weinen und von klagen,
  von küener recken strîten   muget ir nu wunder hœren sagen.

2 Es wuohs in Búrgónden   ein vil édel magedîn,
  daz in allen landen   niht schœners mohte sîn,
  Kriémhílt geheizen: si wart ein schœne wîp.
  dar umbe muosen degene   vil verlíesén den lîp.

1 In alten Geschichten wird uns vieles Wunderbare berichtet: von
  ruhmreichen Helden, von hartem Streit, von glücklichen Tagen
  und Festen, von Schmerz und Klage, vom Kampf tapferer Recken:
  Davon könnt auch Ihr jetzt Wunderbares berichten hören.

2 Im Land der Burgunden wuchs ein edles Mädchen heran, das war
  so schön, dass in keinem Land der Welt ein schöneres hätte sein können.
  Ihr Name war Kriemhild. Später wurde sie eine schöne Frau.
  Um ihretwillen mussten viele Helden ihr Leben verlieren.

▶ Vergleicht den mittelhochdeutschen Text mit der Übertragung von Helmut Brackert ins Neuhochdeutsche. Was fällt euch auf?

▶ Im 19. Jahrhundert wurde das Nibelungenlied zum „Nationalepos der Deutschen" stilisiert. Diese Sichtweise wurde unter anderem durch betont heroische Darstellungen in den Bildenden Künsten unterstrichen. Die beiden alten Postkarten unten sind gute Beispiele hierfür. Informiert euch über das Nibelungenlied und die Versuche, sich seiner als Leitbild für einen ‚deutschen Nationalcharakter' zu bedienen.

DASS FRAU BRUNHILDE WEINTE SOLL SIEGFRIED WERDEN LEID.

DES TRONJERS KRAFT VERSIEGTE ES ZWANG IHN DIETRICHS ARM.

M Extra Merkwissen

Rechtschreibung im Überblick

Regeln der Getrennt- und Zusammenschreibung

1 Die Verbindung von **Adjektiv** und **Verb** kann getrennt und zusammengeschrieben werden, wenn das Adjektiv das Resultat eines Vorgangs bezeichnet. (*Früher mussten die Kinder ihren Teller immer leer essen/ leeressen.*)

2 Die Verbindung von **Adjektiv** und **Verb** wird zusammengeschrieben, wenn die Zusammensetzung eine neue Bedeutung bildet. (*Der Richter hat den Angeklagten freigesprochen. Ein guter Redner sollte frei sprechen.*)

3 Die Verbindung aus zwei **Verben** wird getrennt geschrieben. Bei Verbindungen mit *bleiben* und *lassen* sowie bei *kennen lernen* ist bei übertragener Bedeutung auch eine Zusammenschreibung möglich. (*Es ist kein Hindernis für den späteren Schulerfolg, wenn man in der Schule einmal sitzengeblieben ist. Wenn ältere Menschen einen Platz in der Straßenbahn suchen, sollten jüngere nicht sitzen bleiben.*)

4 Die Verbindung aus **Substantiv** und **Adjektiv** wird zusammengeschrieben, wenn der erste Bestandteil mit einer Wortgruppe paraphrasierbar ist. (*Valentin betrat angsterfüllt die Geisterbahn. Valentin betrat von Angst erfüllt die Geisterbahn.*)

5 Verbindungen mit **adjektivisch gebrauchten Partizipien** können getrennt oder zusammengeschrieben werden. (*Die Rat suchenden/ ratsuchenden Schüler wenden sich an den Vertrauenslehrer.*)

6 Verbindungen mit einem **unflektierten Adjektiv** als graduierender Bestimmung können getrennt oder zusammengeschrieben werden. (*Nicht alle Regeln sind allgemein gültig /allgemeingültig.*)

Regeln der Groß- und Kleinschreibung

1 Die Wörter *angst, bang, feind, gram, klasse, leid, pleite, recht, schuld, spitze, unrecht, weh* werden in Verbindung mit den Verben *sein, bleiben* oder *werden* kleingeschrieben.
Beispielwörter: *angst werden, feind bleiben, recht sein*

2 Die **Wörter** *recht* und *unrecht* können in Verbindung mit Verben wie *behalten, geben, haben* und *tun* groß- oder kleingeschrieben werden.
Beispielwörter: *recht/Recht geben, unrecht/Unrecht tun, recht/Unrecht haben*

3 **Ordnungszahlen** und **sinnverwandte Adjektive** werden großgeschrieben.
Beispielwörter: *am Ersten, jeder Zweite, als Dritter, fürs Erste, der Nächste, als Letztes*

4 **Unbestimmte Zahladjektive** werden großgeschrieben.
Beispielwörter: *Unzählige, Verschiedenes, das Ganze, als Ganzes, alles Übrige, alles Mögliche*

5 **Feste adverbiale Wendungen** mit *aufs* oder *auf das*, die mit „Wie?" erfragt werden können, kann man groß- oder kleinschreiben.
Beispielwörter: *aufs herzlichste – auf das Herzlichste, auf das einfachste – aufs Einfachste*

6 **Superlative**, nach denen mit „Woran?" („An was?") oder „Worauf?" („auf was?") gefragt werden kann, schreibt man groß.
Beispielwörter: *an das Gute, auf das Beste*

7 **Verbindungen aus Präposition** und **dekliniertem Adjektiv** ohne vorangehenden Artikel können groß- oder kleingeschrieben werden.
Beispielwörter: *von neuem/Neuem, von weitem/Weitem, auf weiteres/Weiteres, seit längerem/Längerem, binnen kurzem/Kurzem*

8 **Bestimmte Verbindungen** werden großgeschrieben, auch wenn sie mit einer Präposition verbunden sind.
Beispielwörter: *Jung und Alt, für Jung und Alt, Arm und Reich, für Arm und Reich, Gut und Böse, jenseits von Gut und Böse*

9 **Pronomen** werden kleingeschrieben, auch wenn sie substantivisch gebraucht sind.
Beispielwörter: *mancher, dieser, jener, einer, jeder, alles, die beiden*

10 Die **Zahladjektive** *viel, wenig, eine, andere* werden mit allen ihren Flexionsformen kleingeschrieben.
Beispielwörter: *die vielen, weniges, der eine und der andere, die anderen*

11 Will ein Schreiber zum Ausdruck bringen, dass das **Zahladjektiv substantivisch gebraucht** ist, kann er es auch großschreiben.
Beispielwörter: *die Anderen, die Vielen*

12 In **substantivischen Wortgruppen,** die zu festen Verbindungen geworden, aber keine Eigennamen sind, schreibt man Adjektive klein.
Beispielwörter: *das neue Jahr, die höhere Mathematik, die graue Maus, der bunte Hund*

13 In bestimmten substantivischen Wortgruppen werden **Adjektive** großgeschrieben, obwohl keine Eigennamen vorliegen.
Beispielwörter: *der Heilige Vater, der Regierende Bürgermeister, der Heilige Abend, der Erste Mai, die Gelbe Karte, die Erste Hilfe*

14 **Das erste Wort** in einer substantivischen Zusammensetzung oder Aneinanderreihung schreibt man auch dann groß, wenn es kein Substantiv ist.
Beispielwörter: *der Pro-Kopf-Verbrauch, das Auf-der-faulen-Haut-Liegen*

15 Die **Bezeichnungen von Tageszeiten** nach Adverbien wie *heute, gestern* und *morgen* werden großgeschrieben.
Beispielwörter: *vorgestern Morgen, heute Abend, morgen Mittag*

16 Von **geografischen Namen abgeleitete Wörter** auf *-er* schreibt man immer groß; die von geografischen Namen abgeleiteten Wörter auf *-isch* schreibt man klein, wenn sie nicht Teil eines Namens sind.
Beispielwörter: *der Kölner Dom, böhmische Dörfer, der Atlantische Ozean*

17 Die **Wörter** *hundert, tausend* oder *Dutzend* können klein- oder großgeschrieben werden, wenn mit ihnen unbestimmte Mengen angegeben werden.
Beispielwörter: *Hunderte/ hunderte von Menschen, einige Tausend/ tausend schreiende Fans*

18 Alle **zu einem mehrteiligen Namen gehörenden Adjektive, Partizipien, Pronomen** und **Zahlwörter** schreibt man groß. Nicht am Anfang des Namens stehende Adjektive werden gelegentlich auch kleingeschrieben.
Beispielwörter: *der Alte Fritz, der Börsenverein des Deutschen Buchhandels, Institut für angewandte Umweltforschung*

19 **Als Substantive gebrauchte Grundzahlen** werden großgeschrieben, wenn sie Ziffern bezeichnen.
Beispielwörter: *eine Zwei im Zeugnis, eine Vier beim Würfeln*

20 **Grundzahlen** unter einer Million werden kleingeschrieben.
Beispielwörter: *alle vier, gegen zwölf*

Regeln der Zeichensetzung

1 Bei **entgegenstellenden Konjunktionen** wie *aber, doch, jedoch* oder *sondern* steht ein Komma, wenn sie zwischen gleichrangigen Wörtern oder Wortgruppen stehen. *(Ein Lehrer sollte nicht nur die guten, sondern auch die schlechten Schüler fördern.)*

2 **Zwischen selbstständigen Sätzen**, die durch *und, oder, beziehungsweise, entweder–oder, nicht–noch* oder durch *weder–noch* verbunden sind, kann man ein Komma setzen, um die Gliederung des Ganzsatzes deutlich zu machen. *(Entweder du lernst mehr für Mathematik, oder du bekommst eine schlechte Note.)*

3 Wenn der **Nebensatz** aus einem **Einleitungwort und weiteren Wörtern** besteht, setzt man das Komma vor die ganze Wortgruppe. *(Ich gehe selten ins Kino, aber wenn ich einmal gehe, muss es ein besonderer Film sein.)*

4 Eine **Infinitivgruppe** wird mit Komma abgegrenzt, wenn sie mit *um, ohne, statt, anstatt, außer* oder *als* eingeleitet wird. *(Ein Fußgänger überquerte die Straße, ohne auf den Verkehr zu achten.)*

5 Eine **Infinitivgruppe** wird mit Komma abgegrenzt, wenn sie von einem Substantiv abhängt. *(Der Schüler wurde bei dem Versuch, in der Klassenarbeit zu täuschen, vom Lehrer überrascht.)*

6 Eine **Infinitivgruppe** grenzt man mit Komma ab, wenn sie von einem Verweiswort abhängt. *(Viele Jugendliche lieben es, ihre Freizeit beim Sport zu verbringen.)*

7 **Nachgestellte Erläuterungen**, die häufig mit *also, besonders, das heißt, genauer, insbesondere, nämlich, und das, und zwar, zum Beispiel* oder dergleichen eingeleitet werden, grenzt man mit Komma ab. *(Sie isst gern Obst, besonders Apfelsinen und Bananen.)*

8 Wörter oder Wortgruppen, die durch ein **hinweisendes Wort** oder eine **hinweisende Wortgruppe** angekündigt werden, grenzt man mit Komma ab. *(So bepackt, den Rucksack auf dem Rücken, hielten sich die Schüler zum Ausflug bereit.)*

9 **Nachgetragene Partizip- oder Adjektivgruppen** grenzt man mit Komma ab. *(Unser Lehrer, aus vollem Hals lachend, begrüßte uns bereits auf dem Parkplatz der Schule.)*

10 Oft liegt es im Ermessen des Schreibenden, ob er etwas mit Komma als **Zusatz oder Nachtrag** kennzeichnen will oder nicht. *(Der Kranke hatte, entgegen ärztlichem Verbot, das Bett verlassen.)*

11 Ist eine **Präposition mit dem Artikel verschmolzen**, setzt man in der Regel keinen **Apostroph**. *(Man sollte nicht erhitzt ins Wasser springen.)*

12 Ein **Doppelpunkt** steht vor angekündigten Aufzählungen, Angaben, Erläuterungen, Titeln usw. Folgt nach dem Doppelpunkt ein Ganzsatz, wird das erste Wort großgeschrieben. *(Tipps zu den Hausaufgaben: Man nehme sich dafür Zeit und beginne nicht erst am Abend.)*

13 Ein **Semikolon** kann zwischen gleichrangigen Sätzen oder Wortgruppen stehen, wo der Punkt zu stark, das Komma zu schwach trennen würde. *(Das Leben ist zwar schwer; doch man muss es ertragen.)*

14 Ein Semikolon kann verwendet werden, um zusammengehörige Gruppen in Aufzählungen zu markieren. *(Was sich so nicht alles auf den Straßen tummelt: Kinder- und Erwachsene; Pkw und Lkw; Katzen und Hunde.)*

15 Ein **Bindestrich** kann gesetzt werden, um einzelne Bestandteile von Zusammensetzungen hervorzuheben. *(Egoismus ist nur ein anderes Wort für große Ich-Sucht.)*

16 Ein Bindestrich kann in unübersichtlichen Zusammensetzungen verwendet werden. *(Wer mit dem Auto zur Lotto-Annahmestelle fährt, wird eher einen Unfall als sechs Richtige haben.)*

Grammatik im Überblick

Adjektiv Das Adjektiv ist eine **Wortart** und dient dazu, eine Person, einen Gegenstand oder ein Geschehen zu charakterisieren. Es kann **attributiv** (*das schnelle Auto*), **prädikativ** (*Das Auto ist schnell.*) oder **adverbial** (*Das Auto fährt schnell.*) verwendet werden. Ferner kann das Adjektiv gesteigert werden. Die Vergleichsstufen sind der **Positiv** (*schnell*), der **Komparativ** (*schneller*) und der **Superlativ** (*am schnellsten, das schnellste Auto*).

Adjektivattribut Das Adjektivattribut ist ein **vorangestelltes Adjektiv**. (*Das kleine Mädchen mit der roten Mütze heißt Rotkäppchen.*) ➔ Attribut

Adverb Das Adverb ist eine **Wortart** und zeigt in einem Satz an, unter welchen Umständen etwas geschieht. Adverbien sind unveränderlich, nur wenige können gesteigert werden (*oft, öfter*). Sie können sich auf ein Verb beziehen (*Er rennt blindlings über die Straße.*), auf ein Adjektiv (*ein sehr schönes Haus*), auf ein Substantiv (*das Auto dort*) und auf einen ganzen Satz (*Hoffentlich regnet es nicht.*). Eingeteilt werden sie in **Lokaladverbien** (*abseits, dort, oben, abwärts*), **Temporaladverbien** (*nachts, gestern, plötzlich, immer*), **Modaladverbien** (*blindlings, flugs, kurzerhand*) und **Kausaladverbien** (*daher, nämlich, folglich, deswegen*).

Adverbattribut Das Adverbattribut ist ein **hinweisendes Adverb**. (*Das Mädchen dort ist Rotkäppchen.*)
➔ Attribut

Adverbial Das Adverbial oder die **adverbiale Bestimmung** ist ein **Satzglied** und ergänzt wie das Objekt die Satzaussage; es kann wie folgt unterschieden werden: Das Adverbial **der Zeit** (temporal) wird mit *wann, seit wann, wie lange* usw. erfragt (*Am letzten Tag des Jahres feiern wir.*), das Adverbial **des Ortes** (lokal) wird mit *wo, wohin, woher* (*Das Buch liegt auf dem Tisch.*), das

Adverbial **des Grundes** (kausal) mit *warum, weshalb* (*Er fehlt wegen einer Grippe in der Schule.*), das Adverbial **der Art und Weise** (modal) mit *wie, womit, wodurch* (*Das Auto fährt mit rasender Geschwindigkeit durch die Stadt.*) erfragt.

Adverbialsatz Der Adverbialsatz ist ein **Nebensatz** bzw. Gliedsatz, der **anstelle eines Adverbials** steht.

Akkusativobjekt Das Akkusativobjekt ist ein **Satzglied**, das die Satzaussage ergänzt und mit *wen oder was* (*Der Lehrer korrigiert den Aufsatz.*) erfragt wird.

Aktiv und Passiv Aktiv und Passiv sind **Verbformen**. Sie drücken verschiedene Blickrichtungen auf einen Sachverhalt aus (*Der Arzt untersucht den Patienten. – Der Patient wird vom Arzt untersucht.*); beim Passiv rückt der 'Täter' in den Hintergrund.

Apposition Die Apposition gehört zu den Attributen und ist eine **nachgestellte Beifügung**. Sie wird vom Bezugswort durch Kommas abgetrennt. (*Rotkäppchen, ein kleines Mädchen, trägt eine rote Mütze.*) → **Attribut**

Artikel Der Artikel ist eine **Wortart** und fungiert als vorangestellter Begleiter eines Substantivs. Er **zeigt Genus, Numerus und Kasus an**. Der unbestimmte Artikel kennzeichnet unbekannte Sachverhalte (*ein Mann*), der bestimmte Artikel bekannte Sachverhalte (*der Mann*).

Attribut Das Attribut **bestimmt ein Bezugswort näher**. Es ist kein eigenständiges Satzglied, sondern Teil von Satzgliedern. Es lässt sich in **Genitivattribut, Adverbattribut, Präpositionalattribut** und **Apposition** unterscheiden.

Attributsatz Der Attributsatz ist ein **Nebensatz, der** mit einer Konjunktion, einem Fragewort oder einem Relativpronomen eingeleitet wird und **für ein Attribut steht**. (*Hunde, die bellen, beißen nicht.*)

Dativobjekt Das Dativobjekt ist ein **Satzglied**, das die Satzaussage ergänzt und mit *wem* erfragt wird. (*Das Auto gehört meiner Mutter.*)

Demonstrativpronomen Das Demonstrativpronomen (*der, dieser, jener, derjenige, derselbe*) hat die Funktion des ausdrücklichen Hinweisens (*dieses Buch*). In Texten verweist es auf vorher Genanntes. (*Birken, Erlen und Buchen stehen am Straßenrand. Diese Bäume bilden eine schöne Allee.*) → **Pronomen**

Finalsatz Der Finalsatz ist ein **Nebensatz**, der mit den Konjunktionen *damit* oder *dass* eingeleitet wird und einen Zweck oder eine Absicht ausdrückt. (*Er macht regelmäßig Hausaufgaben, damit er Erfolg hat.*)

Fragewort Das Fragewort ist eine vor allem in Schulbüchern gebräuchliche Sammelbezeichnung für das Interrogativpronomen und das Interrogativadverb.
→ **Interrogativpronomen** und → **Interrogativadverb**

Genitivattribut Das Genitivattribut ist ein **Substantiv im Genitiv**. (*Die Mütze des Mädchens ist rot.*) → **Attribut**

Genitivobjekt Das Genitivobjekt ist ein **Satzglied**, das die Satzaussage ergänzt und mit *wessen* erfragt wird. (*Er wird des Diebstahls bezichtigt.*) Es steht nur nach wenigen Verben (z. B. *gedenken, bezichtigen, bedürfen, sich entledigen*).

Gliedsatz Der Gliedsatz ist ein **Nebensatz**, der für ein Satzglied steht. Oft wird die Bezeichnung gleichbedeutend mit *Nebensatz* gebraucht. → **Nebensatz**

Hauptsatz Der Hauptsatz ist ein **selbstständiger Satz**, der für sich selbst bestehen kann und grammatisch nicht von anderen Sätzen abhängig ist. (*Morgen wird das Wetter schön.*)

Indefinitpronomen Das Indefinitpronomen (*alle, einer, einige, etwas, jeder, jemand, keiner, man, niemand, nichts*) bezeichnet **eine nicht näher bestimmte Menge** von Personen oder Gegenständen. (*Niemand will es getan haben.*) → **Pronomen**

Infinitiv, satzwertiger Der satzwertige Infinitiv ist eine Wortgruppe mit einem Infinitiv, die einen **Nebensatz ersetzen** kann und in gleicher Funktion gebraucht wird. (*Die beiden Freundinnen trafen sich, um gemeinsam zu lernen.*)

Interrogativadverb Das Interrogativadverb ist eine **Unterklasse der Interrogativpronomen**. Es wird nicht dekliniert und hat Eigenschaften eines Adverbs. Wie das Interrogativpronomen leitet es einen Fragesatz ein. (*Wann kommst du?*) → **Interrogativpronomen**

Interrogativpronomen Das Interrogativpronomen wird gebraucht, um einen **Fragesatz einzuleiten**. Man unterscheidet **deklinable Interrogativpronomen** (*wer, wessen, wem, wen, welcher, welche, welches*) und **indeklinable Interrogativpronomen** (*wann, wie, wo, woran, womit, wozu, weshalb, wohin, warum*). Die indeklinablen Interrogativpronomen werden auch Interrogativadverbien genannt. → **Interrogativadverb**

Kausalsatz Der Kausalsatz ist ein **Nebensatz**, der mit den Konjunktionen *weil* und *da* eingeleitet wird und für die Aussage im Hauptsatz einen Grund oder eine Begründung angibt. (*Ich ziehe mich warm an, weil es kalt ist.*)

Konditionalsatz Der Konditionalsatz ist ein **Nebensatz**, der mit den Konjunktionen *wenn* und *falls* eingeleitet wird und die **Bedingung** eines Geschehens ausdrückt. (*Wenn es regnet, wird die Straße nass.*)

Konjunktion Die Konjunktion ist eine **Wortart** und wird in nebenordnend sowie unterordnend unterschieden. **Nebenordnende Konjunktionen** (*und, oder, aber, denn, entweder ... oder*) verbinden Wörter (*Geld oder Leben*), Wortgruppen (*Viele Menschen träumen von einem großen Haus und einer weiten Reise.*) und Sätze (*Er ist zwar kein berühmter Star, aber seine Fans mögen ihn.*). **Unterordnende Konjunktionen** (*dass, weil, als, während, nachdem, wenn, obwohl, damit* usw.) verbinden Haupt- und Nebensätze. (*Er fehlt in der Schule, weil er krank ist.*)

Konjunktiv Der Konjunktiv ist ein **Modus des Verbs**. Der **Konjunktiv I** wird in der Redewiedergabe gebraucht (*Der Verteidiger meint, der Angeklagte könne nicht der Täter sein.*), bei Anweisungen (*Man nehme 100 g Mehl.*) und bei Wünschen (*Er lebe hoch.*). Der **Konjunktiv II** ist der Modus des Nichtwirklichen (Irrealis) und Möglichen (Potentialis). Mit ihm drückt man irreale Vorstellungen (*Man stelle sich vor, ich wäre nicht geboren.*), unerfüllbare Wünsche (*Wäre ich doch nie geboren!*), Vermutungen (*Der Angeklagte könnte der Täter sein.*), höfliche Bitten (*Könnten Sie mir helfen?*) sowie Vorbehalte und Zweifel (*Glaubst du wirklich, der Angeklagte könnte der Täter sein?*) aus.

Konsekutivsatz Der Konsekutivsatz ist ein **Nebensatz**, der mit den Konjunktionen *sodass, so ... dass* eingeleitet wird und die Folgen eines Geschehens beschreibt. (*Es regnete so sehr, dass die Keller unter Wasser standen.*)

Konzessivsatz Der Konzessivsatz ist ein **Nebensatz**, der mit den Konjunktionen *obwohl, obgleich, obschon, wenn auch* und *wenngleich* eingeleitet wird. Er wird gebraucht, um widrige Umstände zu bezeichnen, ungeachtet derer etwas geschieht. (*Obwohl es die ganze Nacht geschneit hatte, fuhr er mit dem Fahrrad.*)

Lokalsatz Der Lokalsatz ist ein **Nebensatz**, der mit den Fragewörtern *wo, wohin* und *woher* eingeleitet wird und zur Angabe eines Ortes oder einer Richtung dient. (*Ich gehe dorthin, wo der Pfeffer wächst.*)

Modalsatz Der Modalsatz ist ein **Nebensatz**, der mit den Konjunktionen *indem* und *(dadurch) dass* eingeleitet wird und Angaben über die Art und Weise des Geschehens macht. (*Einen Nagel schlägt man in die Wand, indem man einen Hammer benutzt.*)

Nebensatz Der Nebensatz ist ein **Teilsatz**, der einem anderen Satz (Haupt- oder Nebensatz) untergeordnet ist und für ein Satzglied steht. Erkennbar ist er an einem Einleitungswort (Konjunktion, Pronomen, Fragewort) und an der Endstellung des Prädikats. (*Die Tochter lernt am Computer, während der Sohn Fußball spielt.*)

Objekt Das Objekt ist ein **Satzglied**, das die Satzaussage ergänzt und in **Genitivobjekt, Dativobjekt, Akkusativobjekt** und **Präpositionalobjekt** unterschieden wird.

Objektsatz Der Objektsatz ist ein **Nebensatz** oder ein Gliedsatz, der für ein Objekt stehen kann, etwa **für das Akkusativobjekt** (*Peter weiß die Speisenfolge des Restaurants. – Peter weiß, welches Gericht im Restaurant zuerst kommt.*), für **das Dativobjekt** (*Grete hilft ihrer Freundin. – Grete hilft, wem sie helfen will.*), für **das Genitivobjekt** (*Sven rühmt sich seiner Klugheit. – Sven rühmt sich, dass er klug ist.*) oder für **das Präpositionalobjekt** (*Er erinnert sich an ihre schwarzen Haare. – Er erinnert sich, dass sie schwarze Haare hatte.*).

Partizip Das Partizip wird aus dem Verb gebildet und in Partizip I und II unterschieden. **Partizip I** wird gebildet, indem man *-d* an den Infinitiv anfügt (*kommen-d, weinen-d*). **Partizip II** enthält in der Regel die Vorsilbe *ge-* (*stellen – gestellt, schwimmen – geschwommen*).

Partizip, satzwertiges Das satzwertige Partizip ist eine Wortgruppe mit einem Partizip, die einen **Nebensatz ersetzen** kann und in gleicher Funktion gebraucht wird. (*Vom Gewitter überrascht, wurde er nass.*)

Personalpronomen Das Personalpronomen fungiert als **Stellvertreter von Substantiven**. (*Miriam ist meine beste Freundin. Sie hat mich noch nie belogen.*) Darüber hinaus bezeichnet es Rollen im Gespräch. Dabei verweist es auf den oder die Sprecher (*ich, wir*), auf den oder die Angesprochenen (*du, ihr*) und auf den oder die Besprochenen bzw. das Besprochene (*er/sie/es, sie*).
→ **Pronomen**

Possessivpronomen Das Possessivpronomen zeigt ein **Besitzverhältnis** (*mein Auto*) oder eine **allgemeine Zugehörigkeit** (*mein Verein*) an. Die Possessivpronomen entsprechen den Personalpronomen (*mein – ich, dein – du, sein – er/es, ihr – sie, unser – wir, euer – ihr, ihr – sie*). → **Pronomen**

Prädikat Das Prädikat ist ein **Satzglied** und zeigt an, was in einem Satz geschieht oder was jemand tut. Es kann **einteilig** (*Der Lehrer korrigiert den Aufsatz.*) oder **mehrteilig** (*Der Lehrer hat den Aufsatz korrigiert.*) sein.

Prädikatsnomen Das Prädikatsnomen ist in der Regel ein **Satzglied im Nominativ**. Es ergänzt das Subjekt und steht nach den Verben *sein*, *werden* und *bleiben*. Das Prädikatsnomen kann aus einem **Substantiv** (*Er bleibt Klassensprecher.*) oder einem **Adjektiv** (*Wasser ist nass.*) bestehen.

Präposition Die Präposition ist eine **Wortart** und bezeichnet Beziehungen oder Verhältnisse zwischen Gegenständen, Lebewesen oder Sachverhalten (*auf dem Tisch, mit meinem Hund, ohne Gefahr*).

Präpositionalattribut Das Präpositionalattribut ist mit einer Präposition an das Bezugswort angehängt. (*Das Mädchen mit der roten Mütze heißt Rotkäppchen.*) → **Attribut**

Präpositionalobjekt Das Präpositionalobjekt ist ein **Satzglied**, das die Satzaussage ergänzt und mit einem Fragewort sowie einer Präposition (*auf wen? mit wem?*) erfragt wird (*Ich warte auf den Bus.*).

Pronomen Das Pronomen ist eine **Wortart** und fungiert als **Stellvertreter von Substantiven**. Es wird unterschieden in Personalpronomen, Indefinitpronomen, Interrogativpronomen, Possessivpronomen, Reflexivpronomen und Relativpronomen.

Reflexivpronomen Das Reflexivpronomen bezieht sich in der Regel auf das Subjekt des Satzes zurück. (*Ich sehe mich im Spiegel.*) → **Pronomen**

Relativadverb Mit einem Relativadverb (*wo, wann, wohin, woher, wie, weshalb, weswegen*) kann ein **Relativsatz eingeleitet** werden. Vom Relativpronomen unterscheidet es sich dadurch, dass es die Eigenschaft eines Adverbs hat (*Der Zeitpunkt, wann er kommt, ist ungewiss.*). Im Grunde handelt es sich um die gleiche Unterscheidung wie bei Interrogativpronomen und Interrogativadverb.

Relativpronomen Das Relativpronomen (*der, die, das, welcher, welche, welches, wer, was*) **leitet einen Nebensatz ein** und bezieht sich auf ein Substantiv (*Der Arzt, der mich behandelt hat, ist nett.*) oder ein Pronomen (*Ich tue alles, was du willst.*). → **Pronomen**

Satzgefüge Das Satzgefüge ist eine **Verbindung von Haupt- und Nebensatz** (*Die Tochter lernt am Computer, während der Sohn Fußball spielt.*).

Satzglied Das Satzglied kann aus einem oder mehreren Wörtern bestehen und ist der **Baustein eines Satzes**. Welche Wörter zu einem Satzglied gehören, lässt sich durch die Umstellprobe ermitteln (*Meiner besten Freundin / schreibe / ich / heute / einen langen Brief.*).

Satzreihe Die Satzreihe ist eine **Verbindung von Hauptsätzen** (*Die Tochter lernt am Computer, und der Sohn spielt Fußball.*).

Subjekt Das Subjekt ist ein **Satzglied** und gibt Auskunft, *wer* oder *was* in einem Satz etwas tut (*Der Lehrer korrigiert den Aufsatz.*).

Subjektsatz Der Subjektsatz ist ein **Nebensatz** bzw. Gliedsatz, der anstelle eines Subjekts steht (*Dass du kommst, freut mich.*).

Substantiv Das Substantiv (auch: Nomen) ist eine **Wortart** und bezeichnet abstrakte sowie konkrete Sachverhalte. Es lässt sich deklinieren und ist durch die **Kategorien Genus** (Geschlecht), **Numerus** (Singular und Plural) und **Kasus** (Fall) gekennzeichnet.

Temporalsatz Der Temporalsatz ist ein **Nebensatz**, der mit den Konjunktionen *als, solange, bis, während, seit, bevor* und *nachdem* eingeleitet wird und Auskunft über Zeit und Dauer eines Geschehens gibt (*Als er aus dem Haus ging, regnete es.*).

Verb Das Verb ist ein **Wortart** und bezeichnet Tätigkeiten (*arbeiten*), Vorgänge (*schwitzen*) und Zustände (*liegen*). Es gibt **infinite** (*schlafen*) und **finite Formen** (*er schläft*).

Verben lassen sich unterscheiden in **starke** (*gehen – ging – gegangen*) und **schwache Verben** (*lachen – lachte – gelacht*), **Hilfsverben** (*haben, sein, werden*) und **Modalverben** (*dürfen, können, mögen, müssen, sollen, wollen*).

Das Verb kann die **Zeitstufen** Gegenwart (Präsens), Vergangenheit (Präteritum, Perfekt, Plusquamperfekt) und Zukunft (Futur I und II) ausdrücken.

Methoden lernen

Kapitel „Wenn einer spricht, müssen die anderen zuhören ..."
Präsentieren   Seiten 10–19

Was beim Vortragen zu beachten ist

In einer **Vortragssituation** spricht der Vortragende zu seinem Publikum über eine Sache. Dabei nehmen die Zuhörer die Sachinformationen durch die Person des Redners auf. Ob ein Referent mit seiner Präsentation überzeugen kann, hängt von verschiedenen Faktoren ab. Neben dem **Fachwissen** des Vortragenden, der **Ausarbeitung** und **Durchführung** seiner Präsentation üben auch seine Körpersprache, sein Auftreten und seine Kleidung Einfluss auf die Wahrnehmung der Zuhörer aus. Deshalb ist es wichtig, sich eine **sichere Vortragshaltung** anzueignen. Zu achten ist auf einen stabilen, ruhigen, dem Publikum zugewandten Stand an zentraler Stelle. Die Beziehung zwischen Redner und Zuhörern wird durch **Blickkontakt** verstärkt.

Geübte Referenten versuchen mit dem Publikum zu interagieren und sorgen dafür, dass der Vortrag einen **Spannungsbogen** aufweist. Auch die **Dauer** entscheidet darüber, ob ein Vortrag ankommt oder nicht. Auf manche Dinge kann der Referent trotz aller Vorbereitung wenig oder keinen Einfluss nehmen – zum Beispiel die Tageszeit, das Wetter, die Motivation der Zuhörerinnen und Zuhörer sowie deren Stimmung.

Hilfsmittel geben Sicherheit in der Vortragssituation. Ein frei gesprochener Vortrag überzeugt weit mehr als ein abgelesener. Deshalb sollte sich der Redner beim Vortrag nicht auf den ausformulierten Text stützen, sondern auf die Gliederung oder Stichwortkärtchen. Karteikarten im DIN-A-5- oder DIN-A-6-Format sind dafür gut geeignet.

Die Wirkung eines Vortrags lässt sich durch den Einsatz verschiedener **Präsentationsmedien** steigern, wenn souverän mit ihnen umgegangen wird. Es ist wichtig, eine klare Vorstellung von den Vor- und Nachteilen der verschiedenen Medien (beispielsweise Folien, Flipchart, Tageslichtprojektor, computergesteuerte Präsentation) zu haben. Bei einem überzeugenden Vortrag steht der Inhalt, nicht die Technik im Mittelpunkt.

Die Rückmeldung sollte für den Vortragenden hilfreich sein. Sie kann sowohl schriftlich als auch mündlich erfolgen. Kritik sollte der Sache gelten und nicht der Person. Ein **Beobachtungsbogen** kann sowohl für die Zuhörer als auch für den Referenten nützlich sein.

- Geh immer von der eigenen Wahrnehmung aus.
- Ich- statt Du-Botschaften erleichtern es dem Adressaten, die Kritik anzunehmen. *(Mir ist aufgefallen, dass ...; Das wirkt auf mich ...; Ich würde empfehlen, dass ...)*
- Verallgemeinerungen und Bewertungen sollten vermieden werden.
- Beginne und schließe möglichst mit Positivem.
- Der Vortragende verteidigt sich nicht, sondern bedankt sich für das Feedback.

Sprechen, Zuhören, Schreiben

Kapitel „Ihr Völker der Welt"
Rhetorik   Seiten 20–33

Die Rede

Bei Reden wird zwischen **Informations-, Meinungs- und Gelegenheitsreden** unterschieden. Diese Bezeichnungen kennzeichnen verschiedene Redeabsichten und verweisen auf den Situationsbezug von Reden. Während bei der Informationsrede die Vermittlung eines Sachverhalts im Vordergrund steht, hat die Meinungsrede die Hörer im Visier: Sie sollen von einer bestimmten Ansicht überzeugt werden. Die Gelegenheitsrede wird aus einem speziellen Anlass gehalten, etwa einem Geburtstag oder einer Preisverleihung.

Die **Gliederung** einer Rede ist wichtig, um den Gedankengang überzeugend zu gestalten und sicherzustellen, dass der Zuhörer nicht ‚den Faden verliert'. Neben dem klassischen Dreischritt von *Einleitung – Hauptteil – Schluss* kann man den Hauptteil nochmals in mehrere Punkte untergliedern.

Die **Redeeröffnung** sollte Interesse wecken. Anknüpfungen an aktuelle Ereignisse und persönliche Erlebnisse bieten dabei gute ‚Aufhänger'.

Anschaulichkeit, Eindringlichkeit und Überzeugungskraft einer Rede können durch die gezielte Verwendung von **rhetorischen Mitteln** gesteigert werden.

Diese sprachlichen Kunstgriffe, die auf der Ebene des Wortes (Beispiele: Emphase, Euphemismus, Litotes, Metapher) und des Satzes (Beispiele: Anapher, Chiasmus, Inversion, Klimax) angesiedelt sein können, wirken nur dann im gewünschten Sinne, wenn sie zielgerichtet und behutsam eingesetzt werden. Ein allzu gehäufter Gebrauch wirkt eher komisch.

Rhetorische Mittel

Rhetorisches Mittel	Beispiel	Beschreibung	Wirkung
Akkumulation, Zweierfigur, Dreierfigur	„Nenn's Glück! Herz! Liebe! Gott!" Sonne, Meer und Strand warten auf Sie.	Anhäufung von zwei, drei oder mehreren Begriffen	eindringlich, spannend
Alliteration (Stabreim)	Mit Kind und Kegel Bei Wind und Wetter Fischers Fritz fischt frische Fische.	Mehrere Wörter beginnen mit dem gleichen Laut.	eindringlich
Anapher	Ich kann es nicht mehr ... Ich kann höchstens noch ...	Aufeinanderfolgende Sätze beginnen mit den gleichen Wörtern.	eindringlich
Antithese	Reich und Arm Jung und Alt	Gegensätzliche (unvereinbare) Begriffe werden gegenübergestellt.	eindringlich
Ausruf	Zum Teufel damit! Alles aussteigen!	Ausdruck einer Gemütsbewegung (Kennzeichen: Ausrufezeichen)	eindringlich, auffordernd
Chiasmus	Sie wissen nicht, was sie wollen, und wollen nicht, was sie wissen.	Spiegelbildliche Anordnung von Satzgliedern	anschaulich, unterhaltend
Ellipse	Ohne Wenn und Aber, mitmachen! Je schneller, desto besser.	Auslassung von Wörtern (Telegrammstil)	eindringlich
Emphase	Er ist auch nur ein Mensch! Sei ein Mann!	Betonung eines allgemeinen Wortes	betonend, hervorhebend
Euphemismus	Seniorenresidenz (statt Altersheim); die Dritten (statt Gebiss); Entsorgungspark (statt Müllhalde)	Umschreibung eines (negativen) Sachverhaltes mit beschönigenden Worten	anschaulich, aber auch verfälschend
Hyperbel	Italien hat haushoch verloren. Du redest wie ein Wasserfall!	Übertreibung (vergrößernd oder verkleinernd)	anschaulich, unterhaltend
Inversion	Endlich ist der Sommer da (statt: Der Sommer ist endlich da). Jeder hat von dem Vorfall gewusst (statt: Von dem Vorfall hat jeder gewusst).	Umkehrung des normalen Satzbaus, hebt wichtige Satzglieder hervor	eindringlich
Ironie	Das ist aber eine schöne Bescherung!	Gegenteil dessen, was gemeint ist	kommunikativ, überraschend
Kette	Du solltest nicht alles verschlafen! Schlafen kannst du auch zu Hause noch.	Der folgende Satz beginnt mit dem letzten Wort des vorherigen Satzes.	eindringlich
Klimax	„Ich kam, sah und siegte!"	Wort- oder Satzreihe mit Steigerung	spannend, eindringlich
Litotes	Das ist nicht schlecht. Kein uninteressantes Angebot.	Verneinung, Verneinung des Gegenteils	eindringlich, auflockernd

Rhetorisches Mittel	Beispiel	Beschreibung	Wirkung
Metapher	Sei kein Frosch! Es regnet Bindfäden. Rabeneltern	Übertragung der Bedeutung eines Wortes auf einen anderen Zusammenhang, verkürzter Vergleich (ohne „wie")	anschaulich
Neologismus	Technologiepark; Handy	Wortneuschöpfung	anschaulich
Oxymoron	weiser Narr die armen Reichen	Zusammenstellung zweier sich widersprechender Begriffe	anschaulich, unterhaltend
Paradoxon	Geiz ist geil. Das Leben ist der Tod, und der Tod ist das Leben.	widersinnig anmutende Behauptung, die gleichwohl eine ‚tiefere Wahrheit' birgt	spannend, überraschend
Parallelismus	Frauen werden alt, Männer werden interessant	gleicher Aufbau der Satzglieder in aufeinanderfolgenden Sätzen	anschaulich, eindringlich
Parataxe	„Ich kam, sah und siegte."	Nebenordnung von Sätzen oder Satzteilen; kurzer, pointierter Satz	eindringlich, übersichtlich, klar, auch volkstümlich
Periphrase	Staatsdiener = Beamter Zweitfrisur = Perücke	Umschreibung	anschaulich, unterhaltend
Pleonasmus	kleiner Zwerg runder Kreis	doppelte Wiedergabe eines Sachverhaltes	anschaulich (aber: der Einsatz ist sprachlich eigentlich falsch)
Reihung 1: Asyndeton	Ich mag gern Schokolade, Kekse, Eis.	Aneinanderreihung von Wörtern ohne Bindewort	anschaulich, spannend
Reihung 2: Polysyndeton	Ich mag Schokolade, und ich mag Kekse, und ich mag Eis.	Aneinanderreihung mit bewusster Wiederholung des Bindewortes	anschaulich, spannend, verstärkend, eindringlich
Rhetorische Frage	Bist du verrückt? Habe ich dir das nicht schon tausendmal gesagt?	keine echte Frage, sondern eine Scheinfrage; eine Antwort wird nicht erwartet.	kommunikativ
Stilbruch	Die junge Generation hat keinen Bock auf Arbeit. In der Kasse der Schulverwaltung herrscht gähnende Leere.	Ausdrucksweisen aus verschiedenen Sprachebenen werden gemischt.	unterhaltend
Synonym	Samstag = Sonnabend	sinnverwandtes Wort	anschaulich
Synonymie	Das ist mein Grund und Boden. Ich bin entrüstet, empört, erschüttert.	Aneinanderreihung sinnverwandter Wörter	eindringlich
Vergleich	weiß wie Schnee rot wie Blut größer als ein Haus weißer als weiß	Verknüpfung zweier Bereiche, die in einem Punkt übereinstimmen („wie", „als")	anschaulich
Wortspiel	So fürchten sie keine Verhandlungen, aber handeln auch nie aus Furcht. 2 fast 4 you	Einsatz von doppeldeutigen Wörtern; Spiel mit ähnlich klingenden Wörtern	unterhaltend

© DIE ZEIT Medienkunde 2011/12, S. 40–42. Mit freundlicher Genehmigung des ZEIT-Verlags

Mit dem Projekt »ZEIT für die Schule« fördert DIE ZEIT Medienkompetenz von Schülern und unterstützt Lehrer in der Unterrichtsgestaltung. Neben jährlichen Unterrichtsmaterialien für den Medienkundeunterricht (»Medienkunde«) und zur Studien- und Berufswahl (»Abitur, und was dann?«) bietet „ZEIT für die Schule" die ZEIT im Klassensatz, kostenlose Schüler- und Lehrernewsletter und Online-Portale. – Alle Angebote finden Sie unter www.zeit.de/schulangebote

Redeanalyse

Zunächst wird man bei Redeanalysen prüfen, wie die Rednerin/der Redner ihre/seine Rede eröffnet und wie sie/er sie gegliedert hat. Bei der Untersuchung der sprachlichen Gestaltung kommen die **rhetorischen Mittel** in den Blick. Zu zeigen ist, welche Funktion sie erfüllen und welche Wirkung entsprechend mit ihnen erzielt wird; zu prüfen ist auch, ob sie überhaupt sinnvoll eingesetzt sind. Redeanalysen können helfen, eigene rhetorische Fähigkeiten zu verbessern und fremde Reden kritisch zu hinterfragen bzw. in ihrer Kunstfertigkeit angemessen zu würdigen.

Kapitel Zeit
Essayistisches Schreiben Seiten 34–45

Essay

Der **Essay** vereint sachliche und kreative Darstellungsformen – berichtende, erörternde, beschreibende sowie schildernde und erzählende Elemente fügen sich zu einem Ganzen. Der Essay ist nicht mit der Erörterung zu verwechseln, auch wenn er sich argumentativer Verfahren bedient. Er ist offener angelegt, aspektorientiert, eher gedanklich verzweigt als linear oder dialektisch ausgeprägt. Sprachlich erfordert der Essay differenzierte Mittel wie etwa Pointen, Metaphern, Klimax, Wortspiele und Ironie.

Geeignete Vorübungen für das essayistische Schreiben sind zum Beispiel **assoziative Schreibformen**. Am Anfang steht hier ein Schreibimpuls, der Gedanken, Vorstellungen, Bilder, Erinnerungen auslöst, welche rasch notiert werden. Die Gedanken entwickeln sich ohne Planung im Prozess des Schreibens. Auch kürzere Schreibaufgaben, welche für **unterschiedliche Darstellungsformen** – beispielsweise subjektiv-assoziativ, narrativ, ironisch-pointiert, sachlich-argumentativ oder reflektierend – sensibilisieren, fördern die Kompetenz im essayistischen Schreiben.

Der **gedankliche Aufbau** eines Essays ist weniger festgelegt als bei anderen schulischen Schreibformen, doch sollte der sogenannte **rote Faden** nicht aus dem Blick geraten, um Beliebigkeit der Gedankenführung zu vermeiden. Besondere Aufmerksamkeit gilt der Wahl einer **aussagekräftigen Überschrift** für den Essay – die sinnvollerweise erst am Schluss formuliert werden sollte – und dem **pointierten Schluss**.

Kapitel Erörtern
Seiten 46–69

Seiten 46–57 Einfache und dialektische Erörterung

Der einfache (lineare) und der dialektische (auch: antithetische) Erörterungsaufsatz haben einige Elemente gemeinsam. In beiden Aufsatztypen muss der Verfasser in der **Einleitung** zum Thema hinführen. Dafür stehen ihm vier Möglichkeiten zur Verfügung: Er kann das Thema erläutern, es also mit eigenen Worten umschreiben, oder er kann einen geschichtlichen Überblick geben. Auch aktuelle Ereignisse und persönliche Erlebnisse sind geeignete Anknüpfungspunkte, um vom Thema zum Hauptteil hinzuführen.

Der **Schlussteil** des linearen und des dialektischen Erörterungsaufsatzes unterscheiden sich nur geringfügig. Der Verfasser einer linearen Erörterung kann die im Hauptteil genannten und ihm persönlich wichtigen Argumente noch einmal **zusammenfassen**, ohne indes alle nennen zu müssen, oder er kann das Thema ausweiten, d. h. aufzeigen, dass das Aufsatzthema Teil einer weiter reichenden Fragestellung ist (so kann zum Beispiel das Thema „Warum soll man einem Verein beitreten?" vor dem Hintergrund der Frage betrachtet werden, welche Möglichkeiten es gibt, die Freizeit sinnvoll zu gestalten). Auch mit einem persönlich gehaltenen Appell, beispielsweise der Aufforderung zu einem bestimmten Verhalten, kann ein linearer Erörterungsaufsatz abgeschlossen werden.

Ähnliche Varianten des Schlussteils finden sich beim dialektischen Erörterungsaufsatz. Der Schreiber kann das Thema ausweiten, die im Hauptteil enthaltenen Argumente zusammenfassen oder zu dem im Thema genannten Problem persönlich Stellung beziehen, indem er zum Beispiel seine persönliche Betroffenheit zum Ausdruck bringt. Wurde der Schreiber im Laufe seiner Erörterung in seiner Entscheidungsfindung beeinflusst, so kann er sich im Schlussteil noch einmal kritisch mit dem Thema auseinandersetzen oder sich begründet für eine These entscheiden.

Die für beide Aufsatztypen geeignete Gliederungsform ist die **Dezimalklassifikation** (1.1., 1.2, 1.2.1 ...). Bei Variante 1 der dialektischen Erörterung werden im Hauptteil in einem zusammenhängenden Block zunächst die Argumente für eine These genannt und in einem zweiten Block die Argumente dagegen (oder umgekehrt). Bei Variante 2 der dialektischen Erörterung werden sowohl in der Gliederung als auch in der Ausformulierung des Hauptteils in beide Argumentationsblöcke Gegenargumente oder Einwände eingefügt. In Aufsätzen der Variante 2 wird das dialektische Element also nicht in Gestalt von zwei sich gegenüberstehenden Argumentationsblöcken (pro und kontra) dargestellt, sondern es wird in beide Argumentationsblöcke mit eingearbeitet. Man spricht daher in diesem Fall von einer **binnendifferenzierten** Argumentation.

Die argumentativen Einheiten in allen Formen der Erörterung setzen sich aus fünf Bestandteilen zusammen:
- dem Argument („*weil, denn, da …*")
- der Entfaltung („*d. h., darunter versteht man, mit anderen Worten …*")
- dem Beleg („*so zeigt sich …*")
- dem Beispiel („*z. B., dies lässt sich im Einzelnen dadurch verdeutlichen, dass …*")
- der Folgerung („*dadurch, somit, also …*")

Seiten 58–63   Die textgebundene Erörterung

Gründliche Textlektüre
Eine textgebundene Erörterung setzt die gründliche Lektüre des zu erörternden Textes voraus. Dabei werden Schlüsselbegriffe und Kernsätze markiert, sodass das Argumentationsgerüst des Verfassers rekonstruiert werden kann.

Inhaltswiedergabe
Die schriftliche Erörterung beginnt mit einer Inhaltsangabe, die einleitend Autor und Titel des Textes sowie dessen Thema benennt und Kernaussagen des zu erörternden Textes sachlich und wertfrei zusammenfasst. Idealerweise wird für die indirekte Redewiedergabe der Konjunktiv I verwendet. Alternativ kann durch eingeschobene Redewendungen wie „dem Autor zufolge" auf die Urheberschaft der zusammengefassten Aussagen verwiesen werden.

Argumentative Auseinandersetzung
An die Inhaltswiedergabe schließt sich die eigenständige Erörterung der Sachfrage an. Diese Argumentation sollte klar in Einleitung, Hauptteil und Schluss gegliedert sein. In der Einleitung wird die zu erörternde Fragestellung aufgegriffen und zum Ausgangspunkt für die eigene Argumentation gemacht. Die Einleitung bietet ebenfalls Raum, um die Bedeutung von Begriffen zu klären.

Die eigene Argumentation wird im Hauptteil entwickelt. Ist ausreichend Zeit für das Verfassen der Erörterung vorhanden, sollte im Vorfeld eine Stoffsammlung angelegt werden. Wichtig ist, dass zusammenhängend und schlüssig argumentiert wird.

Am Ende wird ein Fazit gezogen, indem die eigene Argumentation zusammengefasst wird. Das Fazit enthält eine Stellungnahme bezüglich der zu erörternden These des Textes.

Seiten 64–69   Die literarische Erörterung

Die literarische Erörterung bezieht sich auf fiktionale bzw. poetische Texte. Wie bei der textgebundenen Erörterung muss auch bei dieser besonderen Schreibform zunächst der der Erörterung zugrunde liegende Text erschlossen werden. Das geschieht mithilfe der bekannten Verfahren zur Analyse und Interpretation literarischer Texte. Als Zwischenschritt kann dabei eine Analyse- und Interpretationsskizze zweckdienlich sein. Was den Gehalt oder die Aussage der Kurzgeschichte „San Salvador" von Peter Bichsel betrifft, so ist zunächst die bedrückende Macht der Gewohnheit zu erkennen, unter der Paul, die Hauptfigur, ganz offensichtlich leidet (denn er möchte aus der ‚Kälte' seiner ehelichen Beziehung in die Wärme San Salvadors flüchten).

Erst auf dieser Verständnisbasis lässt sich der Problemgehalt des literarischen Textes angemessen erörtern. Gegebenenfalls können auch Zusatztexte (in diesem Fall der Zeitungsartikel „Rituale – die verkannten Baumeister des Alltags") weitere Impulse darstellen, sich mit dem Problem der Gewohnheit, durchaus auch vor dem Hintergrund eigener Erfahrungen, auseinanderzusetzen.

Hinsichtlich der schriftlichen Form der literarischen Erörterung sollte wiederum der argumentative Charakter der Darstellung gewahrt sein: Argumente müssen begründet und entfaltet werden. Zudem ist das übliche Aufbauschema zu erfüllen (Einleitung, Hauptteil, Schluss).

Kapitel **Zerstörte Illusionen**
Kurzgeschichten interpretieren
Seiten **70–85**

Interpretieren bedeutet hermeneutisches, d. h. auf Erkennen und Verstehen gerichtetes Arbeiten am Text. In einem Interpretationsaufsatz wird der Zusammenhang von Inhalt, Aufbau und formalen Elementen eines Textes erschlossen und auf dieser Basis eine Deutung formuliert. So wie sich das Verstehen eines Textes erst nach und nach vollzieht, ist auch die schriftliche Interpretation das Ergebnis mehrerer vorbereitender analytischer Schritte, mit denen inhaltliche und formale Elemente des Textes und ihre Wechselbeziehung erfasst werden.

Es gibt zwei Interpretationsverfahren, das analytische und das gestaltende bzw. produktionsorientierte.

Der **analytische Interpretationsaufsatz** verlangt eine gründliche Analyse der inhaltlichen und sprachlich-stilistischen Formelemente. Dabei sollen Inhalt und Form des Textes in ihrer Wechselbeziehung betrachtet und analysiert werden.

Zur Vorbereitung ist das **Vorlesen** eines Textes, der aus der Ich-Perspektive geschrieben ist, besonders geeignet, da so die Figur und ihre Denkweise zum Ausdruck kommen. In einem **Rundgespräch** wird im Austausch mit anderen der Inhalt des Textes erfasst und das erste subjektive Verstehen formuliert.

Die **Analyse- und Interpretationsskizze** ist eine systematische Form der Textwahrnehmung in tabellarischer Darstellung. Die Trennung von Analyse und Interpretation ist als Vorarbeit für den eigentlichen Interpretationsaufsatz zu verstehen. Wichtig ist, dass die Deutungen direkt auf die Analyse bezogen, d. h. parallel notiert werden.

Der Aufsatz folgt einer **klaren Gliederungsstruktur** von Einleitung, Hauptteil und Schluss. Es ist sinnvoll, in der Einleitung eine **Interpretationshypothese** zu formulieren, die einen ersten Deutungsansatz eröffnet und der Analyse eine Richtung gibt. Diese Hypothese kann aufgrund der Untersuchungsergebnisse später erweitert und vertieft (oder auch modifiziert) werden.

Alle Deutungen müssen am Text belegt werden. Bei den Nachweisen ist auf ein einheitliches Verfahren zu achten.

Die Sprache des Interpretationsaufsatzes ist sachlich und argumentativ.

Auch der **gestaltende Interpretationsaufsatz** verlangt eine sorgfältige Interpretationsarbeit. Allerdings wird gemäß der Arbeitsanweisung ein eigener Text produziert, der ein überprüfbares Textverständnis der Vorlage vermittelt. Insofern fließen hier eine kontrollierte Subjektivität und individuelle Gestaltung mit ein. Der Zusammenhang mit dem Ausgangstext muss dabei stets gewahrt bleiben.

Je nach Arbeitsanweisung muss die Perspektive einer Figur der Textvorlage übernommen werden. Das setzt die Fähigkeit zur Einfühlung in die Figur voraus, welche zudem nicht bloß das Fantasieprodukt des einzelnen Lesers sein darf, sondern möglichst für alle denkbaren Leser genau als die Figur der Textvorlage erkennbar sein soll. Das kann nur auf der Grundlage genauer Textkenntnis gelingen.

Widersprüche zwischen der Textvorlage und dem gestaltenden Interpretationsaufsatz in Bezug auf die äußere und innere Handlung und das Wesen der Figuren sind Anzeichen, dass die Aufgabe nicht gut gelöst ist. Zum Beispiel darf der Papierhändler in Heiner Müllers kurzer Erzählung „Das Eiserne Kreuz" nicht plötzlich reumütig alles zugeben, die Frau nicht offen gegen ihren Mann rebellieren.

Die Sprache darf auf keinen Fall lässig und umgangssprachlich, sie braucht aber auch nicht ‚betont poetisch' sein (die Texte der großen Autorinnen und Autoren sind das zumeist auch nicht, jedenfalls nicht an der Oberfläche).

Zusammenfassend ist festzuhalten, dass die gestaltende Interpretation eine klare Figurenzeichnung verlangt, die gerade bei den Textsorten „Innerer Monolog" und „Dialog" von zentraler Bedeutung ist. Bei der gestaltenden Interpretation sind die Merkmale der gewählten Textsorte (beispielsweise Brief, Tagebuch, Innerer Monolog, Dialog, Anklage- und Verteidigungsrede) zu beachten.

Kapitel **Die Stadt**
Gedichte interpretieren   Seiten **86–97**

Die schriftliche Gedichtinterpretation hat die Aufgabe, Aussage und Wirkung eines Gedichts zu erschließen und somit zu deuten. Dazu wird zunächst der Zusammenhang von Inhalt, Aufbau und formalen Elementen in Bezug auf die Deutung des Gedichts analytisch erfasst. Gezielte **Vorarbeiten** erleichtern die **Textanalyse**. Dazu gehören: genaues, möglichst lautes

Lesen, Textmarkierung, Notizen und deren Systematisierung in einer **Analyse- und Interpretationsskizze**. Diese stellt in übersichtlicher Weise die Wechselbeziehung inhaltlicher und formaler Elemente im Gedicht dar und bildet zugleich das Gerüst für die Verfertigung des Interpretationsaufsatzes.

Die Kenntnis der wichtigsten lyrischen Gestaltungsmittel und Fachausdrücke (etwa Metrum, Rhythmus, Reim, Metapher, Vergleich oder Enjambement/Zeilensprung) ist notwendig, um Textbeobachtungen präzise und fachgerecht zu benennen. Die sprachliche Analyse darf allerdings kein Selbstzweck sein (etwa durch eine bloße Auflistung formaler Elemente am Anfang der Interpretation); vielmehr gilt es zu zeigen, wie formale Kunstgriffe die Aussage bzw. Wirkung des Gedichts unterstützen oder womöglich gar erst hervorbringen.

Die Auswahl von Untersuchungsaspekten ergibt sich aus der Interpretationshypothese, die die Leitlinie für den Schwerpunkt der Interpretation vorgibt. Die **Einleitung** soll in das Thema (den Untersuchungsgegenstand) einführen, sie kann kurz sein. Wichtig sind Angaben zu Titel, Gattung, Erscheinungsjahr und Autor, ferner die Formulierung eines ersten Gesamteindrucks und einer Interpretationshypothese. Bezüge zu literarischen Epochen und ihren jeweils charakteristischen Themen und Darstellungsformen und/oder zur Biografie des Autors bzw. der Autorin können ergänzt werden, sofern man über die dazu notwendigen Kenntnisse verfügt.

Wichtig ist, dass die Interpretation dem Leser eine nachvollziehbare Deutung des Textes vermittelt und zu einem vertieften Verständnis des Gedichts führt.

Beim **Gedichtvergleich** ist es für das Verständnis beider Gedichte hilfreich, wenn zunächst ein gemeinsamer Nenner gefunden wird, der dem Vergleich eine Richtung gibt. Es bietet sich an, eines der beiden Gedichte in bewährter Weise nach Form und Inhalt genau zu analysieren, wobei der vergleichende Aspekt stets im Blick sein sollte. Das zweite Gedicht wird ergänzend im Hinblick auf ausgewählte Vergleichsaspekte untersucht. Sinnvoll kann es sein, bei der Vorbereitung Vergleichsaspekte zusammenzutragen – etwa in einer Mindmap – und daraus eine Gliederung des Aufsatzes zu entwickeln.

Lesen – Umgang mit Texten und Medien

Kapitel **Verschlüsselte Botschaften, heitere Kritik**
Erzählende Texte   Seiten **98–111**

Parabel

Die Bezeichnung ‚Parabel' geht auf das griechische Wort ‚parabole' zurück, das sich mit ‚Vergleichung' oder ‚Gleichnis' übersetzen lässt. Die Parabel ist eine **lehrhaft angelegte, meist kurze Erzählung**, die eine allgemeine Erkenntnis oder sittliche Forderung zur Anschauung bringt, indem sie eine Begebenheit erzählt, die sich durch einen Analogieschluss auf die intendierte Lehre beziehen lässt. Die Rhetorik spricht mit Bezug auf die Parabel von einer ‚erdichteten Beispielerzählung'. Ein berühmtes frühes Beispiel für die Gattung der Parabel ist die biblische Erzählung vom Verlorenen Sohn (Neues Testament, Lukas 15, 11–32).

In der deutschen Literatur trat Georg Philipp Harsdörffer in der Epoche des **Barock** als erster bedeutender und auch überaus produktiver Parabeldichter in Erscheinung. Er selbst nannte seine Erzählungen ‚Lehrgedichte' und verfolgte mit ihnen die Absicht, religiöse Glaubensinhalte und sittliche Werte zu illustrieren. Manchmal lieferte er am Ende der Texte die ‚Moral' gleich mit, manchmal überließ er es auch dem Leser, sie selbst zu finden. Immer aber zielte er auf eine konkrete Lehre ab. Die literaturwissenschaftliche Forschung spricht heute in Bezug auf diese konkret lehrhaften Texte von der ‚traditionellen Erbauungsparabel'.

Auch in der Zeit der **Aufklärung**, also in der zweiten Hälfte des 18. Jahrhunderts, war die Parabel eine gern genutzte Dichtungsform, um zu humanem Verhalten (etwa zu religiöser Toleranz) aufzurufen. Lessings Ringparabel im Drama „Nathan der Weise" (1779) ist das berühmteste Beispiel dieser Tendenz.

Im 19. Jahrhundert, das im Zeichen des Realismus steht, verlor die Parabel vorübergehend an Bedeutung; doch im **20. Jahrhundert** kam sie unter neuen Vorzeichen wieder zu Ehren. Jetzt diente sie dazu, die Orientierungsschwierigkeiten des Menschen in der komplizierten Welt der Moderne zu veranschaulichen. Der Leser macht nun die Erfahrung, dass Sinn sich nicht aufdrängt, sondern entzieht. Man spricht in diesem Zusammenhang von der ‚offenen Parabel' oder der ‚modernen Entdeckungsparabel'. Franz Kafka ist der weltweit wichtigste Vertreter der ‚offenen Parabel'.

Satire

Die begriffsgeschichtliche Herleitung der Bezeichnung ‚Satire' ist unsicher. Am plausibelsten erscheint der Bezug zum lateinischen ‚satura', der ‚mit verschiedenen Früchten gefüllten Opferschale'. Dieser Bezug verweist auf die **Vielgestaltigkeit satirischer Rede**, die nicht an eine bestimmte Textform gebunden ist, auch wenn in der römischen Literatur die satirische Verserzählung eine herausgehobene Rolle spielte.

Satirische Darstellungstechniken können sehr kurzen Texten (beispielsweise Epigrammen: scharfsinnigen, pointierten Sprüchen) ebenso ihren charakteristischen Stempel aufdrücken wie sehr langen Texten, etwa dem satirischen Roman, für den Jonathan Swifts „Gulliver's Travels" (1726) ein berühmtes Beispiel ist.

Die Satire zielt durch oft aggressiven Spott auf die **Behebung allgemeiner Missstände und Unsitten** ab; sie kann sich aber auch gegen Einzelpersonen richten; sie entlarvt alles Kleinliche und Schlechte und gibt es der Verachtung, Entrüstung und Lächerlichkeit preis. Dabei bezieht sie sich auf sittliche und moralische Wertmaßstäbe, deren allgemeine Geltung sie voraussetzt.

Es gibt aber **auch harmlosere Formen** der Satire, die nicht so sehr das Große und Grundsätzliche im Blick haben, sondern menschliche Schwächen und Eitelkeiten humorvoll und sogar mit Verständnis aufs Korn nehmen (wie das in Umberto Ecos „Wie man mit Taxifahrern umgeht" der Fall ist) oder mit leiser Ironie zum Nachdenken anregen – Robert Walsers „Das Stellengesuch" ist hierfür ein gutes Beispiel.

Parodie

Parodien sind Texte, die **Gestaltungselemente eines anderen Textes übernehmen**, sie aber zugleich mit stark kontrastierenden neuen Elementen verknüpfen, um auf diese Weise **komische Wirkungen** zu erzielen. Dabei kann es darum gehen, sich über die Textvorlage lustig zu machen; die Textvorlage kann aber auch einfach genutzt werden, um Aussageabsichten, die nichts mit ihr zu tun haben, wirkungsvoll zu präsentieren. In beiden Fällen kommt es darauf an, dass die verwendete Textvorlage möglichst allgemein bekannt ist, weil andernfalls die Parodie (zumindest von vielen Lesern) nicht als solche erkannt wird und damit um ihren Effekt gebracht ist.

Meist übernehmen Verfasser von Parodien die Form der Textvorlage (weshalb Gedichte auch ein bevorzugtes Ziel von Parodien sind) und kombinieren diese mit einem neuen Inhalt. Das ist etwa bei den parodistischen Balladen „Der Ballabend" und „Der Kohlkönig" der Fall. Eine Parodie kann aber auch so funktionieren, dass der Inhalt beibehalten und die Form verändert wird. Das zeigt das Beispiel „Vadda und kind".

Parodien eignen sich gut zum **respektlosen Umgang mit Autoritäten**. Es ist kein Zufall, dass Goethe und Schiller, lange Zeit die berühmtesten deutschen Dichter, besonders oft zum Ziel von Parodien geworden sind. Parodien haftet dabei meist etwas Gutmütiges, Gutartiges an, insofern sich der Parodierte auch geschmeichelt fühlen kann, das Ziel einer Parodie geworden (und somit in seiner öffentlichen Bedeutung bestätigt worden) zu sein. Parodien können aber auch die Form aggressiver und verletzender Angriffe annehmen, wie am Beispiel von „Der Kohlkönig" deutlich wird.

Kapitel Literatur in der Diktatur
Prosa der DDR   Seiten 112–123

Der Sozialismus in der DDR wies den Künstlern, vor allem aber den Schriftstellern, eine besondere Rolle zu. Sie galten als Stützen der Gesellschaft. Die Überzeugung, durch oder mithilfe von Kunst würden sich gesellschaftliche Veränderungen herbeiführen lassen, führte in den Anfangsjahren der DDR dazu, dass die Schriftsteller besondere Wertschätzung seitens der Staatsführung und des Lesepublikums genossen. Im Laufe der Zeit veränderte sich jedoch das Bild. Die Schriftsteller sahen sich immer stärker durch ideologische Vorgaben von Staat und Partei gegängelt, die durch Zensur und Verbot über wirksame Druckmittel verfügten. Diese repressive Kulturpolitik sorgte dafür, dass die Autoren die Kritikwürdigkeit der Verhältnisse direkt vor Augen geführt bekamen. Viele Schriftsteller – auch wenn sie grundsätzlich Loyalität gegenüber dem Staat und seinem Gesellschaftsmodell empfanden – suchten in diesem Dilemma nach literarischen

Möglichkeiten, in verdeckter Form auf Missstände hinzuweisen. Sie wollten von ihren Lesern verstanden werden, aber zugleich die Parteifunktionäre, von denen sie abhingen, nicht zu sehr herausfordern.

Vereinzelt wagten Autoren auch offene Kritik, hatten dann aber die Folgen zu tragen. Reiner Kunzes „Schießbefehl" bezieht sich deutlich auf politische Vorkommnisse, nämlich die für viele Menschen tödlich endenden Fluchtversuche über die Grenzanlagen der DDR. Folglich durften Kunzes Texte in der DDR auch nicht erscheinen. „Das Duell" von Irmtraud Morgner dagegen kritisiert die Zustände in der DDR versteckt, indem die Wirklichkeit verfremdet wird. Lutz Rathenow schließlich setzte sich nach dem Zusammenbruch der DDR in Form einer Satire mit dem System von Bespitzelung und Überwachung auseinander („Böse Geschichte mit gutem Ende"). Die Bestürzung von Schriftstellern über politisch motivierte Unterdrückungsmaßnahmen zeigte sich auch an der durch die Ausbürgerung Wolf Biermanns verursachten anhaltenden Welle von Künstlerprotesten und -abwanderungen („Franz Fühmann an Willi Stoph"). Der genaue und kritische Blick auf die Wirklichkeit ermöglichte es einigen Schriftstellern zudem, den sich abzeichnenden Zerfall des Systems frühzeitig zu erkennen und zu analysieren („Wie es gekommen ist").

Kapitel Erich Hackl: Abschied von Sidonie
Zeitroman Seiten 124–139

Für „Abschied von Sidonie" hat der Autor Erich Hackl die Gattungsbezeichnung „Erzählung" gewählt. Das Werk erfüllt jedoch alle Kriterien eines (vom Umfang her knapp gehaltenen) Zeitromans. Daher wird es hier als Beispiel für diese Romanform betrachtet.

Im Zeitroman werden die Gesellschaft und die Schicksale einzelner Menschen in einer bestimmten geschichtlichen Phase so wahrheitsgetreu und vollständig wie möglich dargestellt. Dabei verbinden sich die Informationen zu einem möglichst objektiven Bild der dargestellten Zeit und ihrer Auswirkungen auf den Menschen. Zumeist dient der Zeitroman auch der Kritik an der Gesellschaft der beschriebenen Zeit und/oder dem Ziel, durch die Schilderung vergangener Missstände auf vergleichbare Übel in der Gegenwart aufmerksam zu machen.

Um einen Zeitroman in seiner Vielschichtigkeit zu begreifen, bietet sich folgendes Vorgehen an: Bevor man den historischen Hintergrund untersucht, sollte zunächst die Inhaltsebene geklärt werden. Deswegen ist es ratsam, sich mit den Personen der Erzählung zu beschäftigen, etwa in Form eines Soziogramms, das die Personenkonstellation widerspiegelt. Mithilfe von Metaplankärtchen, auf denen die Namen der Personen stehen, kann man Gruppen zusammenstellen – Sidonie und ihre Familienangehörigen bilden beispielsweise eine Gruppe – und diese durch Pfeile, beschriftete Linien oder weitere Darstellungsformen von anderen Gruppen absetzen.

Nachdem die Personenkonstellation ermittelt worden ist, können weitere Aspekte eines Zeitromans untersucht werden, etwa der geschichtliche Hintergrund. Der Autor – in unserem Fall der 1954 geborene Erich Hackl, der somit für seine Geschichte nicht auf eigene Eindrücke zurückgreifen konnte – hat historisch verbürgte Ereignisse verarbeitet. Die verwendeten geschichtlichen Quellen können zum Beispiel Briefe und private Aufzeichnungen von Menschen aus jener Zeit, Zeitzeugenberichte, Propagandaplakate, Erlasse oder Zeitungstexte sein. Sie alle haben Spuren im Text hinterlassen. Der Leser eines Zeitromans wird diesen besser verstehen, wenn er diesen Spuren folgt und zusätzliche historische Quellen heranzieht oder ihm unbekannte Begriffe in einem Geschichtslexikon oder im Internet sorgfältig unter Wahrung von glaubwürdigen Quellen recherchiert. So gewinnen die dargestellten individuellen Schicksale an Plastizität und lassen sich besser in einen historischen Zusammenhang einordnen.

Ein interessanter Aspekt kann auch die Untersuchung sein, inwiefern der jeweilige Zeitroman in der Gegenwart noch eine Bedeutung hat bzw. bis in die heutige Gesellschaft hineinwirkt.

Hilfreich ist es zudem, wenn man Einblick in das verwendete Quellenmaterial nehmen und Äußerungen des Autors über die der Stoffwahl zugrunde liegenden Motive und zur Entstehungsgeschichte des Werkes kennenlernen kann. Im vorliegenden Fall bietet der von Ursula Baumhauer herausgegebene Band „Materialien zu ‚Abschied von Sidonie' von Erich Hackl" (Zürich: Diogenes Verlag 2000) hierzu Gelegenheit. Durch die darin enthaltenen Hintergrundinformationen erhält der Leser weitere Impulse für das Verständnis des Werkes.

Kapitel **Zeiterfahrung**
Lyrik Seiten **158–175**

Gedichte mit produktiven Verfahren erschließen

Manche Gedichte sind auf den ersten Blick schwer zu verstehen, weil sie Inhalte stark verknappen oder aus der subjektiven Perspektive einer bestimmten Person darstellen. Der Leser hat in solchen Fällen Spielraum, wenn es darum geht, eigene Gefühle, Gedanken und Assoziationen mit dem Text des Gedichts zu verbinden. So kann man zum Beispiel ein besseres Textverständnis dadurch gewinnen, dass man zu Personen, die im Gedicht nur angedeutet werden (wie es etwa in Erich Frieds „Einer singt" der Fall ist), eine Gedankensammlung anlegt, in der die Personen mit Leben erfüllt werden. Eine weitere Möglichkeit, sich solchen Gedichten zu nähern, besteht darin, sie in eine andere Textsorte umzuwandeln. Bei der Umgestaltung werden dann die offenen Stellen (die Leerstellen) des Ausgangstextes ausgefüllt. Dabei ist beim Schreiben darauf zu achten und abschließend zu überprüfen, dass bzw. inwieweit die Ergänzungen zum (Ausgangs-)Text passen.

Immanent und biografisch-historisch analysieren

Die immanente Analyse berücksichtigt ausschließlich inhaltliche und formale Aspekte, die der poetische Text aus sich heraus (also ohne seine Kontexte) bietet. Die Erschließung, die Form und Inhalt zueinander in Beziehung setzt, erfolgt idealerweise in bestimmten Schritten (siehe hierzu die Leitfragen zur Untersuchung des inhaltlichen und formalen Aufbaus und die Übersicht zu den Gestaltungsmitteln lyrischer Sprache auf Seite 162).

Manche Gedichte lassen sich erst genauer verstehen, wenn man über den historischen Kontext informiert ist, in dem sie entstanden sind. Oft zeigt sich auch, dass Kenntnisse zur Biografie der Autorin/des Autors wichtige Aufschlüsse bieten. Sind in Gedichten historische Personen oder Orte genannt, sollte man sich mit ihnen beschäftigen, um den Gedankenverbindungen der Dichterin/des Dichters auf die Spur zu kommen; Sachaufklärung ist immer die Voraussetzung wirklichen Verstehens.

So wird man den Gehalt von Heinrich Heines Gedichten „Nachtgedanken" und „Die schlesischen Weber" nur oberflächlich erfassen, wenn man nichts über Heines Laufbahn als Schriftsteller, sein Exil in Paris sowie sein gebrochenes Verhältnis zu seiner deutschen Heimat weiß und auch über die Lebensbedingungen der schlesischen Weber und ihren Aufstand im Jahre 1844 keine Kenntnisse besitzt. Ebenso erschließt sich etwa Rose Ausländers „Ich vergesse nicht" erst dann als komprimierte Fassung ihrer Biografie (neben anderen Deutungsmöglichkeiten, die natürlich gleichfalls ihre Berechtigung haben), wenn man sich ihren persönlichen Lebensweg und die Lebensumstände in Czernowitz während der Zeit des Nationalsozialismus vergegenwärtigt hat.

Kapitel **„Maria Stuart" – „Der gute Mensch von Sezuan"**
Klassisches und episches Drama
Seiten **176–199**

Seiten **178–185** Friedrich Schiller: „Maria Stuart"

Maria und Elisabeth

Historische Hintergrundinformationen sind für das Verständnis von Schillers Drama „Maria Stuart" von großer Bedeutung, da das Stück viele Hinweise auf den zeitgeschichtlichen Hintergrund enthält. Schiller – der ja in 1780er-Jahren selbst zwei große Geschichtswerke über das 16. und 17. Jahrhundert verfasst und 1789 in Jena eine Professur für Geschichte angetreten hatte, die er allerdings wegen seiner chronischen Krankheit schon bald wieder hatte ruhen lassen müssen – hatte sich intensiv mit dem historischen Stoff befasst, bevor er die dramatische Handlung auf die Verurteilung Marias konzentrierte. Die Umstände, die zur Verurteilung und Hinrichtung Marias gehören, kommen in dem Stück zur Sprache. Die Kernszene, die Begegnung der beiden Königinnen, ist dagegen nicht historisch, sondern eine dichterische Freiheit, die sich aus Schillers dramaturgischem Konzept ergab.

Briefe als historisches Quellenmaterial

Der überlieferte Briefwechsel zwischen Maria Stuart und Elisabeth ist ein ausgezeichnetes Quellenmaterial, um die Beziehung zwischen den beiden Königinnen zu erforschen, deren Haltungen, Gedanken und Gefühle. Zentrale Themen wie Recht und Gerechtigkeit sowie Fragen der Schuld und Unschuld werden in den Briefen verhandelt.

Figurenkonstellation

Durch die Figurenkonstellation lassen sich verschiedene Aspekte grafisch darstellen: die beiden Antagonistinnen Maria und Elisabeth im dramatischen Beziehungsgeflecht der Männer am Hofe sowie die Intrigen, in die beide Königinnen verflochten sind. Durch die Betrachtung ausgewählter Äußerungen **Leicesters** (sprich: Lester) lässt sich sein **Doppelspiel**, das für die dramatische Zuspitzung ganz zentral ist, nachvollziehen. Dabei ist zu klären und zu berücksichtigen, zu wem er jeweils über wen spricht.

Subtexte

Subtexte kommentieren und interpretieren **die Leerstellen**, d.h. **das Unausgesprochene** in einem Dramentext. Sie bringen die geheimen Gedanken und Gefühle, die unterschwellige Motivation einer Figur zum Ausdruck. Will man einen Subtext verschriftlichen, so bietet sich die Form des Inneren Monologs an.

Inszenierung

Bei der Inszenierung eines Dramentextes auf der Bühne arbeiten **Regisseur** und **Dramaturg** mit den Schauspielern, den Bühnenbildnern und den Bühnentechnikern eng zusammen. Während der Dramaturg unter Nutzung literaturwissenschaftlicher Erkenntnisse und theaterpraktischer Erfahrungen dem Team beratend zur Seite steht, entwickelt der Regisseur mit den Schauspielern ein Regiekonzept, das sich im Regiebuch durch Streichungen, Anmerkungen, evtl. auch Textänderungen manifestiert. Auch Inszenierungsideen zum äußeren Rahmen der Szenen sowie zur Umsetzung der Regieanweisungen werden im Regiebuch festgehalten.

Seiten **186–193**
Bertolt Brecht: „Der gute Mensch von Sezuan"

Shen Te / Shui Ta

Der **Rollenwechsel** in Brechts Drama „Der gute Mensch von Sezuan" macht den inneren Widerspruch der Hauptfigur durch die Aufspaltung in zwei gegensätzliche Verhaltensmuster deutlich. So kann Shen Te nicht gut sein und gleichzeitig finanziell überleben; und sie kann nicht lieben, ohne dass ihre Liebe ausgebeutet wird. Dies zeigt Brecht, indem die gute selbstlose Shen Te sich nicht anders zu helfen weiß, als immer wieder in die Rolle des bösen, auf den eigenen Vorteil bedachten Shui Ta zu schlüpfen. **Szenische Interpretationsverfahren** tragen dazu bei, diesen Widerspruch aufzudecken.

Verfremdungseffekte

Verfremdungseffekte – Brecht nennt sie V-Effekte – sind zentrale Mittel des epischen Theaters. Sie haben die Aufgabe, dem Zuschauer eine kritische Haltung gegenüber der Bühnenhandlung zu vermitteln. Zum Beispiel wird durch die Verwandlung von Shen Te in Shui Ta eine Identifikation mit der Bühnenfigur verhindert. Gleichzeitig zeigt dieser V-Effekt, wie die gesellschaftlichen Verhältnisse beschaffen sind, in denen Güte sich nicht auszahlt. Auch die Songs in Brechts Drama sind V-Effekte, da sie nicht den Text untermalen, sondern die Bühnenhandlung unterbrechen und dazu anregen, die Geschehnisse aus der Distanz und in neuem Licht zu betrachten. Der Zuschauer wird auf diese Weise aufgefordert, sich kritisch mit der gezeigten Situation und den Figuren auseinanderzusetzen.

Szenische Improvisation

Mithilfe der szenischen Improvisation können Handlungszusammenhänge oder Verhaltensweisen einzelner Figuren erforscht werden. So kann die Szenenimprovisation, in der sich die Frauengestalten aus verschiedenen Dramen begegnen, zur Klärung von unterschiedlichen Liebeskonzepten und gesellschaftlichen Hintergründen beitragen.

Seiten **194–199**
Schiller und Brecht: unterschiedliche Dramenkonzepte

Dem klassischen Drama als geschlossener Form kann man das epische Drama Brechts als offene Form gegenüberstellen. Vor allem die Gestaltung des Handlungsaufbaus und der Zeitstruktur sowie die Auswahl und Darstellung der Personen unterscheiden sich in diesen beiden grundlegenden Dramentypen. Während im klassischen Drama die Handlung auf einen engen Raum sowie eine knappe Zeitspanne und Ereignisfolge beschränkt ist und der Schluss zu einem eindeutigen Ende führt, wird im offenen Drama Brechts eine längere Zeitspanne mit wechselnden Orten und Handlungsentwicklungen dargestellt. Der Schluss bleibt offen und verlangt vom Zuschauer ein Weiterdenken.

Diese Gegensätzlichkeit spiegelt sich auch in anderer Hinsicht wider: Schillers Drama zeigt einen symmetrischen Aufbau, mit dem dritten Akt als Achse des Stücks, während in Brechts Drama viele Szenen aneinandergefügt sind, ohne dass eine Szene wirklich zum Drehpunkt wird.

Brecht hat Gegensätze formuliert, die sein Konzept der ‚epischen Form' des Theaters deutlich von der ‚dramatischen Form' abgrenzen. Ein zentraler Gegensatz ist zum Beispiel, dass bei der epischen Form der Zuschauer als distanzierter Betrachter fungiert, während er bei der dramatischen Form in die Handlung hineingezogen wird. Ziel der dramatischen Form ist es, den Zuschauer durch Identifikation und Mitleiden zu einem tiefer empfindenden und womöglich besseren Menschen zu machen; Ziel des epischen Theaters ist es, die Welt als veränderungsbedürftig und veränderbar zu zeigen.

Kapitel Zukunftsforschung
Sachtexte   Seiten 200–209

Sachtexte erschließen und selbst verfassen
Mithilfe einer **Strukturskizze** lassen sich Inhalte eines Sachtextes strukturieren und visualisieren. Dafür müssen zunächst die Informationen des Textes erfasst und die Kernaussage bestimmt werden. Ausgehend von dieser können dann die Beziehungen zu den weiteren Informationen visualisiert werden.

Zum Verfassen eines eigenen Sachtextes gehört zunächst eine umfassende **Recherche**. Nachschlagewerke, Fachbücher, Zeitungsartikel, Internetquellen und Experteninterviews können dafür notwendige Informationen liefern. Ideen und Gedanken können in Stichworten, einem Ideennetz oder einer strukturierten Mindmap festgehalten werden. Ein **informierender Sachtext** zeichnet sich durch eine klare, präzise Sprache aus. **Meinungsbildende Sachtexte** können auch ausschmückende Passagen und erlebnishafte Elemente enthalten.

Kapitel „Blueprint"
Literaturverfilmung   Seiten 210–225

Der Roman „Blueprint – Blaupause" von Charlotte Kerner und die Verfilmung „Blueprint" von Rolf Schübel erzählen beide die Geschichte von Iris und Siri, die zugleich Mutter und Tochter wie auch eineiige Zwillinge sind. Roman und Film werfen **Fragen nach den Möglichkeiten bzw. ethischen Grenzen des Klonens** auf und thematisieren die **Suche** der Hauptfigur(en) **nach einer persönlichen Identität**.

Jedoch funktionieren Film und Buch nach unterschiedlichen Kriterien. Während der Roman ausführlich den Seelenzustand von Siri und den Konflikt mit Iris beschreibt, stellt der Film dazu nur wenige Bilder bereit. Diese Bilder müssen so wirken, dass der Zuschauer auch ohne Worte und Erklärungen den inneren Zustand der Hauptfigur Siri versteht. Dies geschieht im Film zum Beispiel durch die Mimik und Gestik der Schauspieler, aber auch durch die Verwendung von Symbolen und Leitmotiven (der weiße Stern, das Spiegelmotiv). Wenn Siri sich nach dem Konzert einen Davidsstern mit der Aufschrift „Klon" anheftet, assoziiert der Zuschauer dies mit der Judenverfolgung und überträgt die Unterdrückung sowie Missachtung, die die Juden erleiden mussten, auf Siris Situation.

Durch die Musik im Film können beim Zuschauer die verschiedensten Gefühle hervorgerufen werden: etwa Angst, aber auch Glücksempfindungen.

Zu den wesentlichen **filmischen Gestaltungsmitteln** zählen Kameraeinstellungen, -perspektiven und -bewegung, Special Effects, Ton, Montage und Filmschnitt, Einsatz von Farben und Licht, Schauplätze sowie Kostüme, Make-up und das Agieren der Schauspielerinnen und Schauspieler. Ein Film dauert in der Regel 90 bis 120 Minuten und ist meist nach einer **Dreiaktstruktur** (Exposition, Konfrontation, Auflösung) mit zwei Wendepunkten (Plot Points) gebaut. Der erste Wendepunkt in „Blueprint" ist Siris Rückkehr nach Deutschland, der zweite der Moment, als Professor Fisher seine Arbeiten veröffentlicht und Siri erfährt, dass sie geklont ist. Beide Ereignisse kommen so im Roman nicht vor und sind von den Filmemachern erfunden, um die Filmstory in den erforderlichen Rahmen zu bringen.

Grundlage jedes Films bildet das **Drehbuch**, wobei man zwischen zwei Formen unterscheidet: Das literarische Drehbuch gibt die exakte Szenenfolge wieder, enthält alle Dialoge und liefert genaue Beschreibungen der Schauplätze; im technischen Drehbuch ist die Geschichte in einzelne Einstellungen zerlegt, Einstellungsgrößen, Kameraführung und die Bewegungen der Figuren werden darin festgehalten.

Ergänzt werden kann die Filmanalyse durch die Betrachtung verschiedener Filmkritiken, deren Argumente und Urteile natürlich auch kritisch hinterfragt und mit den eigenen Eindrücken und Analysen abgeglichen werden können und sollten.

Kapitel Die Epoche des Barock
Seiten 226–237

Als Epoche des Barock bezeichnet man die Kunst und Literatur des 17. und beginnenden 18. Jahrhunderts. Das Barock ist eine **europäische Kunstbewegung**, auf deren Spuren man in Deutschland, Italien, Holland, Spanien, Frankreich und weiteren Ländern stoßen kann.

In Deutschland bildet der **Dreißigjährige Krieg** (1618–1648) den prägenden Hintergrund der Epoche. In ihm verbindet sich ein Glaubenskrieg zwischen Katholiken und Protestanten mit einer machtpolitischen Auseinandersetzung zwischen den europäischen Großmächten (dem kaiserlichen Habsburg, Dänemark, Schweden und Frankreich), die auf deutschem Boden ausgetragen wird. Der Krieg, der sich über drei Jahrzehnte hinzieht (zu damaliger Zeit fast ein Lebensalter), führt zu einer furchtbaren Verwüstung großer Teile Deutschlands.

Gleichzeitig erfolgt der rasche Aufstieg Frankreichs unter Ludwig XIV. (1638–1715), dessen **absolutistischer Herrschaftsstil** Vorbild für die anderen Fürstenhäuser in Europa wird. Die kulturelle Führungsfunktion geht auch in Deutschland vom städtischen Bürgertum auf die Höfe über, an denen sich nach dem Vorbild Ludwigs XIV. die Spitzen der Gesellschaft um den Herrscher versammeln. Während das Volk im Zuge des endlosen Krieges verelendet, entfaltet sich an den Höfen ein prunkvoller Lebensstil.

Neben einer starr festgelegten Gesellschaftsordnung wirken auch die religiösen Mächte und Institutionen mit einem dogmatisch verfestigten Weltbild auf die Menschen ein, indem sie in der durch Kriegskatastrophen erschütterten Zeit an die **Vergänglichkeit der Welt und des Menschen** erinnern: Das Diesseits ist nichtig, sein Elend unabwendbar, erst im Jenseits findet der Mensch Erlösung.

Gleichzeitig streben die Wissenschaften neuen Erkenntnissen zu. Galileo Galilei (1564–1642), Johannes Kepler (1571–1630), Isaac Newton (1643–1727) erschüttern mit ihren Forschungen das Welt- und Gottesbild der Menschen.

Der Widerstreit extremer Gegensätze von leidenschaftlicher Lebensgier einerseits (*carpe diem*) und Verzweiflung über die Nichtigkeit des irdischen Lebens andererseits (*vanitas*), das Bewusstsein von der Allgegenwart des Todes (*memento mori*) wie auch wissenschaftlicher Erkenntnisdrang und die daraus resultierende Erschütterung des christlichen Weltbilds prägen das Leben der Menschen.

Dieses Weltbild spiegelt sich auch in der Literatur und Kunst des Barock. Herausragende deutsche Vertreter sind etwa Grimmelshausen, Opitz, Gryphius und Hofmannswaldau. In der **Romandichtung** ist das wichtigste Beispiel Grimmelshausens „Der abenteuerliche Simplicissimus". In der barocken Lyrik herrscht die strenge Form des Sonetts vor.

Sprachbewusstsein entwickeln

Kapitel Das Tier, das Wörter hat
Kommunikation   Seiten 238–247

Definition des Begriffs ‚Kommunikation'
Kommunikation (lat. communicare: mitteilen) ist der **Austausch von Informationen** zwischen einem Sender und einem Empfänger. Im Informationszeitalter sind infolge der technischen Entwicklungen die Arten der Kommunikation ausgesprochen vielfältig. Vom Kommunikationsmedium hängt ab, unter welchen Rahmenbedingungen die Kommunikation stattfindet.

Semiotik
Wenn direkt oder indirekt, absichtlich oder unabsichtlich kommuniziert wird, sind **Zeichen** im Spiel. Die geläufigste Einteilung unterscheidet die Zeichenarten **Index**, **Ikon** und **Symbol**. Der **Index** ist ein hinweisendes Zeichen. Fußstapfen im Schnee sind ein indexikalisches Zeichen für den Urheber der Spuren. Das **Ikon** beruht auf der Ähnlichkeit zwischen Zeichen und Bezeichnetem. Das **Symbol** verweist nur auf der Grundlage einer Konvention auf das Bezeichnete. Laut- und Schriftsprache sind im Kern symbolische Zeichensys-

teme. Eine Ausnahme stellen die lautmalerischen Ausdrücke dar, die als ikonische Zeichen verstanden werden können.

Kommunikationsmodelle
Bei der zwischenmenschlichen Kommunikation lassen sich **vier Ebenen** unterscheiden. Die sprachliche Äußerung verweist auf der **Sachebene** auf einen gegebenen Sachverhalt. Auf der **Selbstoffenbarungsebene** drückt der Sprecher etwas über sich aus. Dass der Sprecher bei dem Hörer etwas bewirken will, kennzeichnet die **Appellebene**. Die vierte, vom Kommunikationswissenschaftler Schulz von Thun eingeführte Ebene beschreibt den **Beziehungsaspekt**, der jeder Kommunikation zugrunde liegt.

Nonverbale Kommunikation
Bei einer Face-to-Face-Kommunikation spielen die Sprache begleitende Signale wie Stimme, Tonhöhe, Lautstärke und nicht-sprachliche Hinweise wie Mimik und Gestik eine wichtige Rolle. Die paraverbalen (die Stimmeigenschaften und das Sprechverhalten betreffenden) und nonverbalen Botschaften können die verbale Aussage unterstützen und verstärken oder abschwächen und modifizieren. Im Extremfall vermitteln verbale und nonverbale Signale einander widersprechende Botschaften.

Da nonverbales Verhalten jederzeit interpretiert werden kann, gilt, dass man in zwischenmenschlichen Situationen nicht *nicht* kommunizieren kann.

Kapitel „Doch hängt mein ganzes Herz ..."
Grammatik und Stil – ein Interpretationsansatz   Seiten **248–255**

Die Kenntnis des grammatischen Regelwerks – wie in Klasse 9 bereits wiederholt: Wortarten, Satzglieder, Sätze – ist die Voraussetzung für die Bestimmung der stilistischen Funktion der grammatischen Kategorien.

Im vorliegenden Rahmen wird die Bestimmung der stilistischen Funktion grammatischer Kategorien – vor allem bestimmter Wortarten und Satzformen – dazu genutzt, Ansätze für die Analyse und Interpretation poetischer Texte zu finden.

Wortarten
Bestimmte Wortarten und ihre spezifische stilistische Funktion können in poetischen Texten wichtige Fingerzeige geben, wie der Text zu verstehen ist. So hat etwa die bei- oder nebenordnende Konjunktion „doch" in Theodor Storms Gedicht „Die Stadt" die Funktion, die letzte Strophe von den beiden vorherigen abzusetzen („doch" als adversative [entgegensetzende] Konjunktion). Gleichzeitig macht sie dadurch eine Aussage über die Gefühlslage des lyrischen Ich: Es liebt nämlich seine Stadt (Storms Geburtsort ist das an der Nordsee gelegene Husum) trotz des ‚grauen Nebels'.

Ähnliches gilt für die Wahl der Personal- und Possessivpronomina in Eduard Mörikes Gedicht „Er ist's" und in Joseph von Eichendorffs „Frühlingsnacht". Auch hier verweisen diese Wortarten jeweils auf den Gemütszustand des lyrischen Ich: bei Mörike die Personalpronomina „du" und „dich" auf ein persönliches oder subjektives Frühlingserlebnis; bei Eichendorff die Possessivpronomina „Deine" und „dein" auf einen immer noch bestehenden Besitzanspruch an die ehemalige Geliebte.

Sätze
Wie bei den Wortarten können ebenfalls Sätze wie etwa Parataxen (Hauptsätze) und Hypotaxen (Satzgefüge) – aber auch Satzfragmente und Einwortsätze – in poetischen Texten eine bestimmte stilistische Funktion haben und somit als Einstieg in die Analyse und Interpretation dienen.

Im Falle der Kurzgeschichte „So" von Günter Guben spiegeln der knappe parataktische Stil und die Satzfragmente sowie Einwortsätze in ihren ständigen Wiederholungen (z. B. „Und da ...") die besondere Situation und das Erleben eines Besuchers des Cafés oder Restaurants wider: nämlich die Gleichförmigkeit der Abläufe.

In dem kurzen Ausschnitt aus Daniels Kehlmanns Roman „Die Vermessung der Welt" dagegen fungiert der parataktische Stil als Mittel genauer Beschreibung, wie ein Schiff anlegt.

Der ungewöhnliche syntaktische Stil, eine sich überschlagende Satzfolge vor allem von Hypotaxen, in Heinrich von Kleists „Anekdote aus dem letzten preußischen Kriege" gibt auf eindrucksvolle anschauliche Weise die ganze Dynamik des Handlungsablaufs wieder, d. h. vor allem auch die Forschheit, mit der der Kerl die Kampfsituation meistert.

Kapitel Sprach- und Wortkunde
Seiten 256–269

Denotat und Konnotat
Das Denotat ist die Grundbedeutung eines Wortes, wie sie in jedem Bedeutungswörterbuch festgehalten ist. Das Konnotat drückt eine variable assoziative Zusatzbedeutung aus. Je nach kulturellem oder sozialem Hintergrund kann das gleiche Wort von mehreren Menschen unterschiedlich gebraucht und verstanden werden.

Im Film ‚spielt' der Regisseur mit Konnotaten, um die inszenierte Wirklichkeit nach seinen künstlerischen Absichten zu gestalten. Zwar bietet ein Film vordergründig Abbilder von Wirklichkeit und damit Denotate. Häufig sind diese aber so inszeniert – etwa durch den Einsatz der Kamera, durch Musik- oder Beleuchtungseffekte –, dass zusätzliche konnotative Bedeutungen entstehen.

Bedeutungslehre
Mit Ober- und Unterbegriffen ordnet und gliedert man Begriffe, um die Welt bzw. die Wirklichkeit überschaubar zu machen.

Bedeutungen verändern sich im Laufe der Zeit. Dabei können sich einst positiv besetzte Begriffe zu negativen wandeln (wip – Weib).

Bedeutungsänderungen treten entweder als Bedeutungsverengung oder als Bedeutungserweiterung auf. Das Phänomen der Bedeutungserweiterung kommt häufiger vor und wird in die Untergruppen Bedeutungsübertragung, Bedeutungsverschlechterung sowie Bedeutungsverbesserung eingeteilt.

Fachsprachen
Fachsprachen haben sich in allen Wissensgebieten (z. B. Medizin, Recht, Technik) und den dazugehörigen Berufen mit einer bestimmten Terminologie herausgebildet.

Fachsprachen werden von Fachleuten zur schnellen und exakten Verständigung benutzt. Für den Laien müssen spezifische Wörter einer Fachsprache umschrieben werden.

Etappen der Sprachgeschichte
Die deutsche Sprache unterliegt – wie alle anderen Sprachen auch – einem ständigen Wandel. Hierzu gehören Veränderungen in der Aussprache (Beispiel: Übergang vom Mittelhochdeutschen zum Neuhochdeutschen) oder im Wortschatz, etwa durch neuartige Begriffe aus der Technik (Beispiele: ‚Computer', ‚Handy', ‚Twitter'). Manchmal führt der gesellschaftliche Wandel auch dazu, dass Wörter aus dem Gebrauch kommen (etwa Bezeichnungen für nicht mehr verwendete landwirtschaftliche Geräte).

Sprachgesellschaften widmen sich der Pflege der Sprache. In ihnen wurde und wird immer wieder über den Sprachgebrauch reflektiert.

Zu Seite 164 der vollständige Text des Gedichts:

[Espenbaum] (1953) Paul Celan

Espenbaum, dein Laub blickt weiß ins Dunkel.
Meiner Mutter Haar ward nimmer weiß.

Löwenzahn, so grün ist die Ukraine.
Meine blonde Mutter kam nicht heim.

Regenwolke, säumst du an den Brunnen?
Meine leise Mutter weint für alle.

Runder Stern, du schlingst die goldene Schleife.
Meiner Mutter Herz ward wund von Blei.

Eichne Tür, wer hob dich aus den Angeln?
Meine sanfte Mutter kann nicht kommen.

Methodenlexikon

Begriffsnetz Seite 196
Ein Begriffsnetz ist eine Art Gedächtnis-Landkarte, die ein Beziehungsgeflecht von Begriffen darstellt. Mithilfe eines Begriffsnetzes lassen sich Informationen über einen Sachverhalt erkennen, zusammenfassen und verknüpfen. Bei anspruchsvollen Texten müssen zunächst die zentralen Begriffe ermittelt und herausgeschrieben werden. Mithilfe eines **Pfeildiagramms** werden die Beziehungen der Begriffe untereinander geklärt und sichtbar gemacht. Wichtig ist, dass alle Begriffe verstanden sind, bevor ein Begriffsnetz erstellt wird.

Cluster Seite 39
In einem Cluster (engl. Traube, Büschel) werden assoziativ Ideengruppen und Vorstellungen notiert, die als komplexes Bündel auftreten. Für das Schreiben bietet ein solcher Einstieg den Vorteil einer breit angelegten, nicht durch zu frühzeitige Systematisierung in enge Bahnen gelenkten Ideensammlung: Zunächst zieht alles, was einem spontan zu einem Begriff (beispielsweise „Zeit") einfällt, neue Assoziationen nach sich. Diese sehen bei jedem Schreiber anders aus, da hier die Subjektivität des Einzelnen, seine Vorkenntnisse und Vorerfahrungen zum Tragen kommen.

Dezimalgliederung Seite 52
Folgende Regeln gelten für die Dezimalgliederung:
- Es werden arabische Ziffern verwendet.
- Jeder Hauptabschnitt wird, bei 1 beginnend, fortlaufend nummeriert.
- Jeder Hauptabschnitt kann beliebig viele – mindestens jedoch zwei – Unterabschnitte haben.
- Jeder Unterabschnitt kann wiederum in weitere Unterabschnitte unterteilt werden.
- Die Nummern der einzelnen Ebenen werden durch einen Punkt getrennt.
- Am Ende der Gliederungsziffern steht kein Punkt.

Figurendopplung Seite 192
Bei der Figurendopplung, auch Figurensplitting genannt, wird eine Rolle auf mehrere Schüler/Spieler aufgeteilt. Sie stellen sich nebeneinander (etwa als Shen Te oder als Elisabeth) in einer Reihe auf und nehmen die Haltung ihrer Figur in einer bestimmten Szene als **Standbild** ein. Die Zuschauer entdecken so verschiedene, auch widersprüchliche **Facetten einer Figur**. Wichtig ist das anschließende Auswertungsgespräch, in dem unter durchgehender Berufung auf den Text (des Stücks, der Erzählung) Gründe diskutiert werden, die für oder gegen eine bestimmte Haltung sprechen.

Kontextualisieren Seite 41
Die **Kontextmethode** – auch Methode der konzentrischen Kreise – dient der systematischen Stoffsammlung. Sie hilft auf anschauliche Weise, ein Thema in einen größeren Zusammenhang einzuordnen. Im Gegensatz zur Clustermethode steht hier eine klare Begrifflichkeit und logische Struktur im Vordergrund. Das Thema wird in ganz bestimmte Kontexte, das heißt Zusammenhänge, gestellt. Diese werden grafisch veranschaulicht, indem man um das Thema „konzentrische Kreise" (oder Halbkreise) zeichnet. Die Kontexte sind je nach Thema frei wählbar, wobei es sich anbietet, vom einzelnen „Ich" aus- und von dort zu immer umfassenderen Einheiten wie „Gesellschaft" oder „Politik" überzugehen.

Parallelgeschichte Seite 117
In einer Parallelgeschichte werden die Struktur, die Grundidee und die Perspektive eines Textes aufgenommen und auf eine neue Situation übertragen.

Soziogramm Seite 135
In einem Soziogramm kann man die **Beziehungen** zwischen verschiedenen Mitgliedern einer Gruppe **grafisch darstellen**. Man verbindet dazu die Gruppenmitglieder durch Pfeile, die man mit Informationen zu ihrer Beziehung beschriftet. Ein Pfeil kann entweder nur von Gruppenmitglied A zu Gruppenmitglied B weisen oder aber A und B können mit einem Doppelpfeil verbunden werden. Die Art der Pfeile ermöglicht eine Aussage über die Beziehung zwischen den Gruppenmitgliedern.

Struktursizze Seite 203
Mithilfe einer Struktursizze lassen sich zentrale Inhalte eines Textes ermitteln, ordnen und visualisieren. Nachdem die wichtigsten Informationen des Textes erfasst sind, wird dessen Kernaussage bestimmt. Ausgehend von dieser werden die Beziehungen zu den weiteren Informationen veranschaulicht.

Sachregister

Absolutismus 230, 232 f., 288
Abstract 43
Adjektiv 270–272
Adverb 272
Adverbial 272 f.
Akkumulation 277
Alexandriner 230
A.L.I.C.E. 247
Alliteration 277
Analyse- und Interpretationsskizze 65, 80, 89, 105, 281 f.
Analytische Gedichtinterpretation 86–97, 162 f., 281 f., 285
Anapher 277
Anekdote 252 f.
Antithese 277
Apposition 273
Argument/Argumentieren 49, 56, 280
Artikel 273
Assoziatives Schreiben 38, 279
Asyndeton 278
Attribut 273
Ausruf 277

Barock 101, 159, 170, 226–237, 266, 288
Beamer 13
Bedeutungsänderung 259 f., 268, 290
Bedeutungserweiterung 260, 290
Bedeutungsübertragung 260, 290
Bedeutungsverbesserung 260, 290
Bedeutungsverengung 260, 290
Bedeutungsverschlechterung 260, 290
Begriffsnetz 196, 291
Beobachtungsbogen 19, 276
Bildton, synchron 217
Biografie 164–169, 178, 236 f.
Brief 179, 196, 285

Charakterisieren/Charakterisierung 80 f., 83, 85
Chiasmus 277
Cluster 39, 291

DDR (Literatur in der) 112–123, 283 f.
Denotat 257 f., 268, 290
Dezimalgliederung 52, 279 f.
Dialog 75
Diskussion 18
Drama 176–199, 285–287
  episch 176 f., 186–192, 195–197, 199, 286 f.
  geschlossene Form 194, 197
  klassisch 176 f., 178–185, 191–199, 286 f.
  offene Form 194 f., 197, 199
Dramaturg/Dramaturgie 184 f., 199, 286
Drehbuch 222 f., 287
Dreierfigur 277
Dreißigjähriger Krieg 228 f., 288

Einleitung 54, 90, 94
Einstellungsgrößen (Film) 218
Eliza 247
Ellipse 277
Emphase 277
Epilog 190
Erörtern 46–69, 279 f.
Erörterung 46–69, 279 f.
  dialektisch/antithetisch 48–57, 279 f.
  einfach/linear 279
  Einleitungsvarianten 54
  Gliederungsvarianten 49–53, 56, 62, 279 f.
  Kernsätze 60
  literarisch 64–69, 280
  Schlüsselbegriffe 59
  Schlussvarianten 57
  textgebunden 58–63, 280
  Textwiedergabe 61
Essay 34–37, 42–45, 279
Essayistisches Schreiben 34–45, 279
Euphemismus 277
Expressionismus 86, 88–96

Fachsprachen 261–263, 290
Figurendopplung 192 f., 291
Figurengedicht 231
Figurengestaltung 188
Figurenkonstellation 135, 180 f., 199, 286
Filmanalyse 128, 210–225, 258, 287 f.
  Dreiaktstruktur 221
  Paradigma 221
  Plot Point 221
  POV (Point of View) 223
  Sequenzprotokoll 220
  Wendepunkt 221
Filmkritik 224 f., 288
Filmmusik 217
Flipchart 13
Fremdton, asynchron 217
Frontispiz 229

Gedicht 69, 86–97, 108 f., 111, 158–175, 227, 230 f., 234 f., 237, 249 f., 254 f., 281 f., 285
Gedichtvergleich 92–97, 162 f., 282
Gelegenheitsrede 25, 276
Gestik 245 f.
Getrennt- und Zusammenschreibung 270
Gliederung (einer Rede) 25–29
Gliedsatz 273
Grafik 14 f.
Grammatik 272–275
Groß- und Kleinschreibung 270 f.
Gruppe 47 125

Hauptsatz 273
Hyperbel 277
Hypotaxe 251–253, 289

Ikon 239, 288 f.
Index 239, 288
Informationsrede 25, 276
Innerer Monolog 74
Inszenierung 184 f., 189, 199, 286
Interaktion 12, 17 f., 276
Interpretation 70–97, 281 f.
  analytisch 78–85, 281
  gestaltend/produktionsorientiert 72–77, 281, 102, 113, 117, 119, 190–193
  szenisch 186 f.
Interpretationsgespräch 281
Interpretationshypothese 281
Inversion 277
Ironie 277

Jugendroman 210–225

Kameraführung 219
Kameraperspektiven 219
Kette 277
Klimax 277
Körpersprache 245 f., 289
Kommasetzung 271 f.
Kommunikation 238–247, 288 f.
  Appellebene 242, 289
  Beziehungsaspekt 242, 289
  Sachebene 242, 289
  Selbstoffenbarungsebene 242, 289
Kommunikationsquadrat 242
Konjunktion 249, 274, 289
Konjunktiv 274
Konnotat 257 f., 268, 290
Kontextmethode 41, 291
Künstliche Intelligenz 247
Kurzgeschichte 64 f., 72 f. 78 f., 82, 84 f., 113–119, 121, 149–157

Lautstand 141
Literaturverfilmung 210–225, 287 f.

Litotes 277
Lyrik 86–97, 158–175, 281 f., 285

Medientheorie 247
Meinungsrede 25, 276
Metapher 278
Mindmap 209
Mittelhochdeutsch 264
Monolog 191
Montage (Film) 219
Motiv 215
    Carpe diem 227, 237, 288
    Vanitas/Memento mori 170, 227, 234, 237, 288

Nationalsozialismus (als Gegenstand der Literatur) 124–139, 164–167
Nebensatz 274
Neologismus 278
Nonverbale Kommunikation 244–246, 289

Objekt 274
Objektsatz 274
Organon-Modell 240
Oxymoron 278

Parabel 99–103, 140–143, 282 f.
    offene Parabel/moderne Entdeckungsparabel 99 f., 102 f., 140–143
    traditionelle Erbauungsparabel 101

Paradoxon 278
Parallelgeschichte 117
Parallelismus 278
Parataxe 251, 278, 289
Parodie 107–109, 111, 147 f., 173, 283
Partizip 274
Periphrase 278
Personenkonstellation 135, 180 f., 199, 286
Plakat 13
Pleonasmus 278
Poetik 237
Poetry Slam 174 f.
Polysyndeton 278
Power Point 10 f.
Prädikat 275
Präposition 275
Präsentieren 10–19
Problemlösungsformel 29
Produktive/produktionsorientierte Verfahren 74–77, 103, 113, 117, 119, 161, 190–193, 281
Projekt 122 f., 138 f., 174 f.
Pronomen 250, 273–275, 289
Pro- und Kontra-Aspekte 49–53
Proxemik 245 f.

Rechtschreibung 270–272
Rede 20–33, 276–279
Redeeröffnung 29, 276
Regieanweisung 199
Regisseur 184 f.

Requisite 187
Rhetorik 20–33, 276–279
Rhetorische Frage 278
Rhetorische Mittel 277 f.
Rollenwechsel 187, 286
Roman 227, 229, 236, 251, 255
Rundgespräch 281

Sachtext 200–209, 287
    informierend 201–203, 208 f., 287
    meinungsbildend 204–207, 287
Satire 104–106, 110, 144–146, 283
    journalistisch 106, 110, 146
    literarisch 104 f., 144 f.
Satz 251–253, 255, 289
Satzgefüge 253, 275
Satzglied 275
Satzreihe 275
Schaubild 14 f.
Schnitt (Film) 219
Semiotik 239, 288 f.
Sonett 230
Soziogramm 135
Sprachgeschichte 264–267, 269, 290
Stabreim 277
Stadtentwicklung 208 f.
Standbild 186, 192
Standpunktformel 29
Stilbruch 278
Strukturskizze 203, 287, 291

Subjekt 275
Substantiv 254, 275
Subtext 182 f., 199, 286
Symbol 239, 288 f.
Synonym 278
Synonymie 278
Syntax 251–253, 255, 289

Tagebuch 196
Tageslichtprojektor 13
Ton (Film) 219

Verb 275
Verfremdungseffekt 189, 199, 286
Vergleich 278
Vier-Ohren-Modell 242
Vier-Seiten-Modell 242

Wandtafel 13
Whiteboard 13
Wortkunde 257–260, 290
Wortart 249 f., 254
Wortspiel 278

Zeichensetzung 271 f.
Zeichentheorie 239, 288 f.
Zeit 36–45
Zeitroman 124–137, 284
Zeitzeugen 131 f.
Zeitzeugeninterview 122 f.
Zukunftsforschung 200–209
Zweierfigur 277

Verzeichnis der Textsorten

Anekdote
Heinrich von Kleist: Anekdote aus dem letzten preußischen Kriege 252 f.

Artikel/argumentierende Texte/ Kommentare/ Zeitungsberichte
Ung. Verf.: Rituale – die verkannten Baumeister des Alltags 66
Bert Rebhandl: Trügerisches Glück. Karin Brandauers Verfilmung von Erich Hackls „Sidonie" 128
Ung. Verf.: Kino als Sprengstoff-Lager 175
Ung. Verf.: [Drei Filmrezensionen zu „Blueprint"] 224
Anke Gröner: [Filmrezension zu „Blueprint"] 225
Frank-Michael Helmke: [Filmrezension zu „Blueprint"] 225

Briefe
Franz Fühmann: Brief an Willi Stoph vom „16. 11. 76" 120
Maria Stuart: Brief an Elisabeth I. vom 19. Dezember 1586 179
Elisabeth I. von England: Brief an Jakob VI. vom 14. Februar 1587 179
Friedrich Schiller: Auszüge aus zwei Briefen an Goethe zu „Maria Stuart" 196

Dialogischer Text
Ung. Verf.: „Philosophy for Kids" 47

Dramenauszüge
Friedrich Schiller: Maria Stuart 177, 180–185, 191, 193, 198 f.
Bertolt Brecht: Der gute Mensch von Sezuan 177, 187–190, 192, 199

Drehbuch
Claus Cornelius Fischer: „Blueprint", Auszug aus dem Drehbuch 223

Essays
Michael Hamburger: Essay über den Essay 35
Ung. Verf.: [Essays zum Thema „Zeit", Text 1] 36
Ung. Verf.: [Schüleressays zum Thema „Zeit", Texte 2, 3 und 5] 36 f.
Urs Willmann: Gedopte Schüler 37
Heinrich Kürzeder: Multitasking ist eine Illusion 39
Anna Sauerbrey: Zeit, die blutige Tyrannin 41
Ulrich Schnabel: Unsere wichtigste Zeit 42 f.
Baumgartner, Sarah: Moment mal! 44 f.

Gedichte
Erich Fried: Herrschaftsfreiheit 69
Rainer Malkowski: Schöne seltene Weide 69
Paul Boldt: Auf der Terrasse des Café Josty 87
Günter Eich: Untergrundbahn (Spiegelbild) 87
Alfred Wolfenstein: Städter 88
Reiner Kunze: Düsseldorfer Impromptu 91
Oskar Loerke: Blauer Abend in Berlin 92
Rolf Dieter Brinkmann: Einer jener klassischen 92
Georg Heym: Die Stadt 96
Wolfgang Hilbig: Berlin. Sublunar 97
Hans Sahl: Die Letzten 138
Robert Gernhardt: Verlassen stieg 148
Eduard Mörike: Um Mitternacht 148
Rose Ausländer: Unendlich 158
Rose Ausländer: Weiß nicht wie 158
Heinrich Heine: Nachtgedanken 159, 171
Friedrich von Logau: Des Krieges Buchstaben 159
Bertolt Brecht: Rückkehr 159
Erich Fried: Einer singt 160
Michael Krüger: Tagesschau 160
Marko Ferst: Wendländische Impressionen 161
Jakob van Hoddis: Weltende 162
Else Lasker-Schüler: Weltende. 163
Paul Celan: [Espenbaum] 164
Paul Celan: Nähe der Gräber 165
Rose Ausländer: Ich vergesse nicht 166
Johannes Bobrowski: Sprache 168
Johannes Bobrowski: Der Wanderer 168
Paul Fleming: Gedanken über die Zeit 170
Andreas Gryphius: Tränen in schwerer Krankheit 170
Heinrich Heine: Die schlesischen Weber 172
Georg Herwegh: Wiegenlied 172
Erich Kästner: Kennst du das Land, wo die Kanonen blühn? 173
Johann Wolfgang Goethe: Kennst du das Land … 173
Martin Opitz: Carpe diem 227
Andreas Gryphius: Vanitas! Vanitatum Vanitas! 227
Andreas Gryphius: An die Welt 230
Sigmund von Birken: Waage 231
Nicolaus von Bostel: Abschied an eine Geliebte. Bilder-Reim (Herzgedicht) 231
Heinrich Vogel: Kreuzgedicht 231
Philipp von Zesen: Palm-baum 231
Friedrich von Logau: Abgedankte Soldaten 234
Christian Hoffmann von Hoffmannswaldau: Die Welt 234
Christian Hoffmann von Hoffmannswaldau: Beschreibung vollkommener Schönheit 235
Martin Opitz: Ach Liebste / lass uns eilen / 237
Novalis: [Wenn nicht mehr Zahlen und Figuren] 241
Theodor Storm: Die Stadt 249
Eduard Mörike: Er ist's 250

Joseph von Eichendorff: Frühlingsnacht 250
Gottfried Benn: Astern 254
Rainer Maria Rilke: Herbsttag 255
Walther von der Vogelweide: Ich saz ûf eime steine 264
Ung. Verf.: Ein schön new Lied / genannt Der / Teutsche Michel / etc. 266
Rainer Maria Rilke: Menschen bei Nacht 268

Interpretation
Paul Melia: We Two Boys Together Clinging 70

Interview
Detlef Friedrich Petersen: [Über die Filmmusik zu „Blueprint"] 217

Kurzgeschichten, Erzählungen
Peter Bichsel: San Salvador 64 f.
Heiner Müller: Das Eiserne Kreuz 72 f.
Nadja Einzmann: Etwas zu erzählen? 78 f.
Nadja Einzmann: Da kann ich nicht nein sagen 82
Gabriele Wohmann: Kompakt 84 f.
Reiner Kunze: Mitschüler 113
Reiner Kunze: Schießbefehl 113
Irmtraut Morgner: Das Duell 114–117
Lutz Rathenow: Böse Geschichte mit gutem Ende 118 f.
Volker Braun: Wie es gekommen ist 121
Helga Schubert: Himmel 149
Hans Joachim Schädlich: Tibaos 149–151
Irmtraut Morgner: Das Seil 152–157
Joseph Roth: Der blinde Spiegel 248
Günter Guben: So 251

Lebenszeugnisse, persönliche Stellungnahmen
Franz Fühmann: Brief an Willi Stoph vom „16. 11. 76" 120
Erich Hackl: Sehend gemacht. Eine Bilanz 126
Elisabeth Guttenberger: [Ich versuchte irgendeinen Beruf zu erlernen ...] 131
Herbert Adler: [Im Jahr 1938 ...] 131
Rosa Winter: [Wenn ich keine Zigeunerin gewesen wär ...] 132
Johannes R. Becher: O diese acht Zeilen 162 f.
Johannes Bobrowksi: [Zu schreiben habe ich begonnen ...] 169

Literaturtheoretische Texte
Heinz Schlaffer: [Über die Textsorte Essay] 34
Max Bense: [Über die Textsorte Essay] 34
Hans Magnus Enzensberger: [Über die Textsorte Essay] 34
Michael Hamburger: Essay über den Essay 35
Wolfgang Rothe: Großstadtlyrik im Expressionismus 86
Ruth Klüger: Frauen lesen anders 176
Friedrich Schiller: Auszüge aus zwei Briefen an Goethe zu „Maria Stuart" 196
Bertolt Brecht: [Gegenüberstellung der dramatischen und epischen Form des Theaters] 197

Parabeln
Bertolt Brecht: Das Wiedersehen 99
Bertolt Brecht: Erfolg 99
Günter Kunert: Hinausschauen 99
Franz Kafka: Eine kaiserliche Botschaft 100
Georg Philipp Harsdörffer: Ehrgeiz / ohne Tugendverdienst 101
Georg Philipp Harsdörffer: Die Zufriedenheit 101
Igor Irtenjew: Der Zettel 102 f.
Alexander Kanewskij: Im Kreis 140
Franz Kafka: [Der Aufbruch] 141
Franz Kafka: [Heimkehr] 141
Bertolt Brecht: Wenn die Haifische Menschen wären 142
Günter Kunert: Sintflut 143

Parodien
Loriot: Die Bundestagsrede 107
Ung. Verf.: Der Ballabend 108
Martin Buchholz: Der Kohlkönig 109
Cornelia Rau: Der Erlkönig im Internet 111
Ung. Verf.: [Vadda und kind] 111
Rolf Schneider: Herr K. und das Saxophem 147
Ung. Verf.: Definition des „Reichsgerichts" 147
Erich Kästner: Kennst du das Land, wo die Kanonen blühn? 173

Politische Texte und Stellungnahmen
Franz Fühmann: Brief an Willi Stoph vom „16. 11. 76" 120
Kurt Hannemann: [Ratten, Wanzen und Flöhe ...] 137
Heinrich Himmler: Runderlass „zur Bekämpfung der Zigeunerplage" 137
Ung. Verf.: [Anweisung des Reichskriminalpolizeiamtes vom 1. März 1939] 137
Joachim Betke: Excidium Germaniae (Das Ende Germaniens 228
Johann Rist: Über das Hofleben 232

Reden, Würdigungen
Ernst Reuter: „Ihr Völker der Welt [...]" 20
Willy Brandt: „Liebe Berlinerinnen und Berliner [...]" 21
Stefan Heym: „Liebe Freunde, Mitbürger [...]" 21
Ronald Reagan: „Mr. Gorbachev, open this gate! [...]" 21
John F. Kennedy: „Ich bin ein Berliner." 22–24
Angela Merkel: Der Weg zur Energie der Zukunft 26–28
Richard von Weizsäcker: Rede zum 40. Jahrestag des Endes des Zweiten Weltkrieges in Europa 30–33
Marcus Tullius Cicero: De divinatione (Über die Weissagekunst) 200
Nikolaus Brender: [Laudatio auf Marietta Slomka] 267
Armin Burkhardt: [Laudatio auf Günter Netzer und Gerhard Delling] 267

Romanauszüge
Erich Hackl: Abschied von Sidonie 129 f., 133 f., 136 f.
Charlotte Kerner: Blueprint – Blaupause 212, 214, 216, 222

Hans Jacob Christoph von Grimmelshausen: Der abenteuerliche Simplicissimus **227, 229, 236**
Wolf Haas: London 1988. In: Verteidigung der Missionarsstellung **243**
Daniel Kehlmann: Die Vermessung der Welt **251**
Hermann Hesse: Unterm Rad **255**

Sachtexte/Lexikontexte
Sascha Lehnartz: Die Power Pointe **10 f.**
Kurt Tucholsky: Ratschläge für einen guten Redner **17**
Heinz Schlaffer: [Lexikonartikel „Essay"] **34**
Robert Misik: Alles Ware. Glanz und Elend der Kommerzkultur **58 f.**
Ung. Verf.: [8. Mai 1945: Europa liegt in Trümmern] **125**
Ung. Verf.: [Roma Romeo und Sinti Carmen] **139**
Ung. Verf.: Definition der „Eisenbahn" durch das Deutsche Reichsgericht **147**
Karsten Polke-Majewski: Warum wir das Unmögliche wagen **201–203**
Tito Tettamanti: Die Zukunftsforscher **204 f.**
Marcus Rohwetter: Bald werden wir alle ... oder auch nicht. Die großen Pleiten der Technikpropheten **206 f.**
Alexander Mitscherlich: Die Unwirtlichkeit unserer Städte **208**
Ung. Verf.: [Aus einer Schrift über den absolutistischen Herrscher] **232**
Pierre Goubert: Über das Leben der Landbevölkerung **233**
Karl Bühler: Sprachtheorie: Die Darstellungsfunktion der Sprache **240**
Hadumod Bußmann: [Lexikoneintrag „Wort"] **241**
Friedemann Schulz von Thun: Miteinander reden **242**
Paul Watzlawick, Janet H Beavin, Don D. Jackson: Menschliche Kommunikation. Formen, Störungen, Paradoxien **244**
Samy Molcho: Körpersprache **245**
Marshall McLuhan: Das Medium ist die Massage. Ein Inventar medialer Effekte **247**
Ung. Verf.: [Text zum Jugendarbeitsschutz] **254**
Verfassertext: Denotat und Konnotat im Film **258**
Ung. Verf.: [Mit dem Begriff „Common Rail" ...] **261**
David W. Lawlor: [Nach dem Entropiegesetz der Thermodynamik ...] **261**
Ung. Verf.: § 823 Schadensersatzpflicht **261**
Ung. Verf.: [Der EU-Gesetzgeber bestimmt ...] **261**
Verfassertext: Was ist der Mensch? Auf den Blickwinkel kommt es an! **263**
Verfassertext: Wie Martin Luthers Bibel unsere Sprache prägt **265**

Satiren
Robert Walser: Das Stellengesuch **104 f.**
Umberto Eco: Wie man mit Taxifahrern umgeht **106**
Umberto Eco: Haben wir wirklich so viel erfunden? **110**
Robert Walser: Basta **144 f.**
Georg Bungter: Geh'n wir uns selber vergiften im Park **146**
Dieter Höss: Maria Stuart oder Elisabeth Tudor? **148**

Tagebucheintrag
Bertolt Brecht: „Journal", Einträge vom „15. 3. 39" und „20. 6. 40" **196**

Verseepos
Ung. Verf.: Das Nibelungenlied **269**

Textquellen

Alle Texte, die nicht im Textquellenverzeichnis aufgeführt sind, stammen von den Verfasserinnen und Verfassern dieses Bands.

Adler, Herbert: [Im Jahr 1938 ...]; S. 131 Zitiert nach: http://www.sintiundroma.de/sinti-roma/ns-voelkermord/entrechtung/ausgrenzung/ausschluss-aus-dem-schulunterricht.html (letzter Zugriff: 2. Januar 2014)

Ausländer, Rose: Ich vergesse nicht; Weiß nicht wie; S. 166 und 158 Aus: Rose Ausländer: Gesammelte Werke in sieben Bänden. Hrsg. von Helmut Braun. Band 5: Ich höre das Herz des Oleanders. Gedichte 1977–1979. Frankfurt am Main: S. Fischer Verlag 1984, S. 217 und 247 (Erstveröffentlichung in: Rose Ausländer: Ein Stück weiter. Gedichte. Köln: Literarischer Verlag A. Braun 1979)

Ausländer, Rose: Unendlich; S. 158 Aus: Rose Ausländer: Gesammelte Werke in sieben Bänden. Hrsg. von Helmut Braun. Band 6: Wieder ein Tag aus Glut und Wind. Gedichte 1980–1982. Frankfurt am Main: S. Fischer Verlag 1986, S. 129 (Erstveröffentlichung in: Rose Ausländer: Mein Atem heißt jetzt. Gedichte. Frankfurt am Main: S. Fischer Verlag 1981)

Baumgartner, Sarah: Moment mal!; S. 44 f. Auszüge aus einem bisher unveröffentlichten Schülerinnen-Essay; mit freundlicher Genehmigung der Verfasserin

Becher, Johannes R.: O diese acht Zeilen; S. 162 f. Aus: Das poetische Prinzip, 1957. Ausgabe Johannes R. Becher, Gesammelte Werke, Band 14, Aufbau-Verlag, Berlin 1971, S. 339 f.

Benn, Gottfried: Astern; S. 254 Aus: Gottfried Benn: Gedichte in der Fassung der Erstdrucke. Mit einer Einführung hrsg. von Bruno Hillebrand. Frankfurt am Main: Fischer Taschenbuch Verlag 1982, 31. bis 32. Tausend 1990, S. 268 (Lizenzausgabe der Verlagsgemeinschaft Klett-Cotta Stuttgart)

Bense, Max: [Essayistisch schreibt]; S. 34 Aus: Max Bense: Über den Essay und seine Prosa. In: Merkur. Deutsche Zeitschrift für europäisches Denken. Jahrgang 1, 1947. Drittes Heft. Stuttgart: Klett-Cotta Verlag, S. 414–424, dort S. 418

Betke, Joachim: Excidium Germaniae (Das Ende Germaniens); S. 228 Aus: Joachim Betkius: Excidium Germaniae. Aus dem Lateinischen übersetzt bei Wolfgang Menzel: Geschichte der Deutschen. Band III, 1855, S. 352 f. In: Gottfried Guggenbühl und Hans C. Huber (Hrsg.): Quellen zur Allgemeinen Geschichte. Band 3: Quellen zur Geschichte der Neueren Zeit. Dritte Auflage. Zürich: Schulthess & Co AG 1965, S. 188 f.

Bichsel, Peter: San Salvador; S. 64 f. Aus: Peter Bichsel: Eigentlich möchte Frau Blum den Milchmann kennenlernen. 21 Geschichten. Olten und Freiburg im Breisgau: Walter-Verlag 1964, 7. Auflage 1970, S. 34 f.

Birken, Sigmund von: Waage; S. 231 Aus: Text als Figur. Visuelle Poesie von der Antike bis zur Moderne. Ausstellungskatalog der Herzog August Bibliothek Wolfenbüttel (Nr. 56). Hrsg. von Jeremy Adler und Ulrich Ernst. Weinheim: VCH Verlagsgesellschaft 1987, S. 162

Bobrowski, Johannes: Der Wanderer; Sprache; S. 168 Aus: Johannes Bobrowski: Gesammelte Werke in sechs Bänden. Band 1: Die Gedichte. München: Deutsche Verlags-Anstalt 1998, S. 88 und 177

Bobrowski, Johannes: [Zu schreiben habe ich begonnen ...]; S. 169 Aus: Johannes Bobrowski: Gesammelte Werke in sechs Bänden. Band 4: Die Erzählungen. Vermischte Prosa und Selbstzeugnisse. München: Deutsche Verlags-Anstalt 1999, S. 335

Boldt, Paul: Auf der Terrasse des Café Josty; S. 87 Aus: Paul Boldt: Junge Pferde! Junge Pferde! Das Gesamtwerk. Lyrik. Prosa. Dokumente. Hrsg. und mit einem Nachwort von Wolfgang Minaty. Mit einem Vorwort von Peter Härtling. Olten und Freiburg im Breisgau: Walter-Verlag 1979, S. 70

Bostel, Nikolaus von: Abschied an eine Geliebte. Bilder-Reim; S. 231 Aus: Text als Figur. Visuelle Poesie von der Antike bis zur Moderne. Ausstellungskatalog der Herzog August Bibliothek Wolfenbüttel (Nr. 56). Hrsg. von Jeremy Adler und Ulrich Ernst. Weinheim: VCH Verlagsgesellschaft 1987, S. 96

Brandt, Willy: „Liebe Berlinerinnen und Berliner [...]"; S. 21 Zitiert nach: http://www.willy-brandt.de/fileadmin/brandt/Downloads/Rede_Willy_Brandt_Rathaus_Schoeneberg_1989.pdf (letzter Zugriff: 2. Januar 2014)

Braun, Volker: Wie es gekommen ist; S. 121 Aus: Volker Braun: Wie es gekommen ist. Ausgewählte Prosa. Frankfurt am Main: Suhrkamp Verlag 2002, S. 61 f.

Brecht, Bertolt: Der gute Mensch von Sezuan; S. 177, 187–190, 192, 199 Aus: Bertolt Brecht: Der gute Mensch von Sezuan. Mit einem Kommentar von Wolfgang Jeske. Frankfurt am Main: Suhrkamp Verlag 2003 (Suhrkamp BasisBibliothek 25)

Brecht, Bertolt: „Journal", Einträge vom „15. 3. 39" und „20. 6. 40"; S. 196 Aus: Bertolt Brecht: Werke. Große kommentierte Berliner und Frankfurter Ausgabe. Hrsg. von Werner Hecht, Jan Knopf, Werner Mittenzwei, Klaus-Detlef Müller. Band 26: Journale 1. Bearbeitet von Marianne Conrad und Werner Hecht. Berlin und Weimar sowie Frankfurt am Main: Aufbau Verlag und Suhrkamp Verlag 1994, S. 332 und 392.

Brecht, Bertolt: [Gegenüberstellung der dramatischen und epischen Form des Theaters]; S. 197 Nach: Bertolt Brecht: Gesammelte Werke in acht Bänden. Hrsg. vom Suhrkamp Verlag in Zusammenarbeit mit Elisabeth Hauptmann. Band VII: Schriften I. Zum Theater. Frankfurt am Main: Suhrkamp Verlag 1967, S. 1009 f.

Brecht, Bertolt: Rückkehr; S. 159 Aus: Die Gedichte von Bertolt Brecht in einem Band. Hrsg. vom Suhrkamp Verlag in Zusammenarbeit mit Elisabeth Hauptmann. Frankfurt am Main: Suhrkamp Verlag 1981, 6. Auflage 1990, S. 858

Brecht, Bertolt: Das Wiedersehen; Erfolg; Wenn die Haifische Menschen wären; S. 99 und 142 Aus: Bertolt Brecht: Werke. Große kommentierte Berliner und Frankfurter Ausgabe. Hrsg. von Werner Hecht, Jan Knopf, Werner Mittenzwei, Klaus-Detlef Müller. Band 18: Prosa 3. Sammlungen und Dialoge. Bearbeitet von Jan Knopf unter Mitarbeit von Michael Duchardt u. a. Berlin und Weimar sowie Frankfurt am Main: Aufbau Verlag und Suhrkamp Verlag 1995, S. 21 (Erstveröffentlichung 1932 in Heft 5 der „Versuche"), 24 (Erstveröffentlichung 1953 in Heft 12 der „Versuche") und 446–448

Brender, Nikolaus: [Laudatio auf Marietta Slomka]; S. 267 Zitiert nach: http://www.gfds.de/aktionen/medienpreise/begruendungen/ (letzter Zugriff: 17. Januar 2014)

Brinkmann, Rolf Dieter: Einer jener klassischen; S. 92 Aus: Rolf Dieter Brinkmann: Westwärts 1 & 2. Gedichte. Mit Fotos des Autors. Reinbek bei Hamburg: Rowohlt Taschenbuch Verlag 1975, S. 25 (Reihe „das neue buch", hrsg. von Jürgen Manthey)

Buchholz, Martin: Der Kohlkönig; S. 109 Mit freundlicher Genehmigung des Autors zitiert nach: Waltraut Wende: Goethe-Parodien. Zur Wirkungsgeschichte eines Klassikers. Stuttgart: M und P, Verlag für Wissenschaft und Forschung 1995, S. 321f.

Bühler, Karl: [Die Linienscharen symbolisieren]; S. 240 Aus: Karl Bühler: Sprachtheorie: Die Darstellungsfunktion der Sprache (1934). 3. Auflage. Stuttgart: Gustav Fischer Verlag 1999, S. 28

Bungter, Georg: Geh'n wir uns selber vergiften im Park; S. 146 Aus: Tintenfisch. 14. Jahrbuch für Literatur. Hrsg. von Michael Krüger. Berlin: Verlag Klaus Wagenbach 1978, S. 105f.

Burkhardt, Armin: [Laudatio auf Günter Netzer und Gerhard Delling]; S. 267 Zitiert nach: http://www.gfds.de/aktionen/medienpreise/begruendungen/ (letzter Zugriff: 17. Januar 2014)

Bußmann, Hadumod: [Lexikoneintrag: Lexikon der Sprachwissenschaft]; S. 241 Aus: Hadumod Bußmann: Lexikon der Sprachwissenschaft (1983). 4., durchgesehene Auflage. Stuttgart: Kröner Verlag 2008, S. 849

Celan, Paul: [Espenbaum]; S. 164 Aus: Paul Celan: Gesammelte Werke in fünf Bänden. Hrsg. von Beda Allemann und Stefan Reichert unter Mitwirkung von Rudolf Bücher. Erster Band: Gedichte I. Frankfurt am Main: Suhrkamp Verlag 1983, S. 19 (Erstveröffentlichung in: Paul Celan: Mohn und Gedächtnis. Stuttgart: Deutsche Verlagsanstalt 1952)

Celan, Paul: Nähe der Gräber; S. 165 Aus: Paul Celan: Gesammelte Werke in fünf Bänden. Hrsg. von Beda Allemann und Stefan Reichert unter Mitwirkung von Rudolf Bücher. Dritter Band: Gedichte III. Prosa. Reden. Frankfurt am Main: Suhrkamp Verlag 1983, S. 20 (Erstveröffentlichung in: Paul Celan: Der Sand aus den Urnen. Wien: A. Sexl 1948)

Cicero, Marcus Tullius: [Gentem quidem nullam video …]; S. 200 Aus: Marcus Tullius Cicero: Über die Weissagung. Lateinisch – deutsch. De divinatione. Hrsg., übersetzt und erläutert von Christoph Schäublin. 2. Auflage. Düsseldorf und Zürich: Patmos Verlag, Artemis & Winkler Verlag 2002, S. 6

Cicero, Marcus Tullius: [Kein Volk gibt es …]; S. 200 Aus: Cicero: Werke in drei Bänden. Dritter Band. Darin: Über die Weissagekunst. Aus dem Lateinischen übersetzt von Liselot Huchthausen. Berlin und Weimar. Aufbau-Verlag 1989, S. 7

Eco, Umberto: Wie man mit Taxifahrern umgeht; Haben wir wirklich so viel erfunden?; S. 106 und 110 Aus: Umberto Eco: Sämtliche Glossen und Parodien. Aus dem Italienischen von Burkhart Kroeber und Günter Memmert. München und Wien: Carl Hanser Verlag 1990, 1993, 2000, 2001, S. 305–308 und 495

Eich, Günter: Untergrundbahn (Spiegelbild); S. 87 Aus: Günter Eich: Gesammelte Werke in vier Bänden. Revidierte Ausgabe. Band I: Die Gedichte. Die Maulwürfe. Hrsg. von Axel Vieregg. Frankfurt am Main: Suhrkamp Verlag 1991, S. 76f.

Eichendorff, Joseph von: Frühlingsnacht; S. 250 Aus: Joseph von Eichendorff: Werke in einem Band. Hrsg. von Wolfdietrich Rasch. München und Wien: Carl Hanser Verlag 1984, S. 200

Einzmann, Nadja: Etwas zu erzählen?; Da kann ich nicht nein sagen; S. 78f. und 82 Aus: Nadja Einzmann: Da kann ich nicht nein sagen. Geschichten von der Liebe. Frankfurt am Main: S. Fischer Verlag 2001, S. 95–98 und 18

Elisabeth I. von England: Brief an Jakob VI. vom 14. Februar 1587; S. 179 Aus: Die Briefe der Königin Elisabeth von England. 1533–1603. Hrsg. von G. B. Harrison. Ins Deutsche übertragen von Hans Reisiger. Wien: Bermann-Fischer Verlag 1938, S. 223f.

Enzensberger, Hans Magnus: [Ich verstehe darunter]; S. 34 Aus: 99 Fragen an Hans Magnus Enzensberger. In: ZEIT-Magazin, Ausgabe Nr. 33 vom 12. 08. 2010, S. 13 (Antwort auf Frage 45). Zitiert nach: http://www.zeit.de/2010/33/99-Fragen-Enzensberger/komplettansicht (letzter Zugriff: 3. März 2014)

Ferst, Marko: Wendländische Impressionen; S. 161 Aus: Marko Ferst: Umstellt. Sich umstellen (Gedichte). Berlin: Edition Zeitsprung 2005. Zitiert nach: http://www.umweltdebatte.de/anti-atom-seite-gedichte.htm (letzter Zugriff: 4. Januar 2014)

Fischer, Claus Cornelius: „Blueprint", Auszug aus dem Drehbuch; S. 223 Aus: Stiftung Lesen (Hrsg.): Blueprint. Ideen für den Unterricht. Mainz: Stiftung Lesen 2003, S. 19

Fleming, Paul: Gedanken über die Zeit; S. 170 Zitiert nach: Das große deutsche Gedichtbuch. Von 1500 bis zur Gegenwart. Neu hrsg. und aktualisiert von Karl Otto Conrady. München: Artemis & Winkler Verlag 1991, 3. Auflage 1994, S. 31

Fried, Erich: Einer singt; S. 160 Aus: Erich Fried: Gesammelte Werke. Hrsg. von Volker Kaukoreit und Klaus Wagenbach. Band 1. Berlin: Wagenbach Verlag 1993, S. 400

Fried, Erich: Herrschaftsfreiheit; S. 69 Aus: Erich Fried: Beunruhigungen. Gedichte. Berlin: Verlag Klaus Wagenbach o. J. (1984), S. 53 (Quartheft 129)

Fühmann, Franz: Brief an Willi Stoph vom „16. 11. 76"; S. 120 Aus: Christa Wolf, Franz Fühmann: Monsieur – wir finden uns wieder. Briefe 1968–1984. Hrsg. von Angela Drescher. Berlin: Aufbau Verlag 1995, S. 19

Gernhardt, Robert: Verlassen stieg; S. 148 Aus: Robert Gernhardt: Gedichte 1954–1997. Zürich: Haffmans Verlag 1996, 1997. Vermehrte Neuausgabe 1999, S. 119

Goethe, Johann Wolfgang von: Kennst du das Land …; S. 173 Lied der Mignon am Beginn des Dritten Buchs von Goethes Roman „Wilhelm Meisters Lehrjahre" (1795/96). Aus: Johann Wolfgang Goethe: Sämtliche Werke nach Epochen seines Schaffens. Münchner Ausgabe. Hrsg. von Karl Richter in Zusammenarbeit mit Herbert G. Göpfert, Norbert Miller und Gerhard Sauder. Band 5: Wilhelm Meisters Lehrjahre. Ein Roman. Hrsg. von Hans-Jürgen Schings. München und Wien: Carl Hanser Verlag 1988, S. 142

Goubert, Pierre: Über das Leben der Landbevölkerung; S. 233 Aus: Pierre Goubert: Ludwig XIV. und zwanzig Millionen Franzosen. Berlin: Propyläen Verlag 1973, S. 32

Grimmelshausen, Hans Jacob Christoph von: Der abenteuerliche Simplicissimus; S. 227, 229 und 236 Aus: Hans Jacob Christoph von Grimmelshausen: Der abenteuerliche Simplicissimus Teutsch. Nachwort von Volker Meid. Stuttgart: Reclam Verlag 1961, 1985. Durchgesehene Ausgabe 1994, S. 26f., 222–224 sowie 564 und 571 (Reihe Reclam)

Gröner, Anke: [Filmrezension zu „Blueprint"]; S. 225 Aus: http://phlow.net/mag/video_clip_film_kritik/blueprint.php (letzter Zugriff: 9. Januar 2014)

Gryphius, Andreas: An die Welt; S. 230 In modernisierter Schreibweise abgedruckt nach: Andreas Gryphius: Gesamtausgabe der deutschsprachigen Werke. Hrsg. von Marian Szyrocki und Hugh Powell. Band 1: Sonette. Tübingen: Max Niemeyer Verlag 1963, S. 61f.

Gryphius, Andreas: Tränen in schwerer Krankheit; S. 170 Zitiert nach: Das große deutsche Gedichtbuch. Von 1500 bis zur Gegenwart. Neu hrsg. und aktualisiert von Karl Otto Conrady. München: Artemis & Winkler Verlag 1991, 3. Auflage 1994, S. 40

Gryphius, Andreas: Vanitas! Vanitatum Vanitas!; S. 227 In modernisierter Schreibweise abgedruckt nach: Andreas Gryphius: Gesamtausgabe der deutschsprachigen Werke. Hrsg. von Marian Szyrocki und Hugh Powell. Band 2: Oden und Epigramme. Tübingen: Max Niemeyer Verlag 1964, S. 17 f.

Guben, Günter: So; S. 251 Zitiert nach: Neue deutsche Kurzprosa. Für die Schule gesammelt und hrsg. von Fritz Pratz. Frankfurt am Main, Berlin und München: Verlag Moritz Diesterweg 1970, S. 45 (Quellennachweis dort: Manuskript. Mit freundlicher Genehmigung des Verfassers)

Guttenberger, Elisabeth: [Ich versuchte irgendeinen Beruf zu erlernen …]; S. 131 Zitiert nach: http://www.sintiundroma.de/sinti-roma/ns-voelkermord/entrechtung/ausgrenzung/ausschluss-aus-dem-arbeitsleben.html (letzter Zugriff: 2. Januar 2014)

Haas, Wolf: London 1988; S. 243 Aus: Wolf Haas: Verteidigung der Missionarsstellung. Hamburg: Hoffmann und Campe Verlag 2012, S. 5–7

Hackl, Erich: Abschied von Sidonie; S. 129 f., 133 f., 136 f. (Diesbezügliche Verfügungen) Aus: Erich Hackl. Abschied von Sidonie. Erzählung. Zürich: Diogenes Verlag AG 1989, S. 56, 72–74, 100 f./ 66 f., 85, 87 f., 88–90/ 90–94

Hackl, Erich: Sehend gemacht. Eine Bilanz; S. 126 Aus: Materialien zu Abschied von Sidonie von Erich Hackl. Copyright © 2000 Diogenes Verlag AG Zürich, S. 7–9

Hamburger, Michael: Essay über den Essay; S. 35 Aus: Akzente. Zeitschrift für Dichtung. Hrsg. von Walter Höllerer und Hans Bender. 12. Jahrgang 1965. Heft 4. München: Carl Hanser Verlag 1965, S. 290–292

Hannemann, Kurt: [Ratten, Wanzen und Flöhe …]; S. 137 Zitiert nach: Till Bastian: Sinti und Roma im Dritten Reich. Geschichte einer Verfolgung. München: Verlag C. H. Beck 2001, S. 31 f.

Harsdörffer, Georg Philipp: Ehrgeiz / ohne Tugend-Verdienst; Die Zufriedenheit; S. 101 Aus: Georg Philipp Harsdörffer: Nathan und Jotham: / das ist / Geistliche und Weltliche Lehrgedichte. Band II. Neudruck der Ausgabe Nürnberg 1659. Hrsg. und eingeleitet von Guillaume van Gemert. Frankfurt am Main: Keip Verlag 1991, S. 200 und 247

Heine, Heinrich: Die schlesischen Weber; S. 172 Aus: Heinrich Heine: Nachgelesene Gedichte 1828–1844 (nicht in die „Neuen Gedichte" übernommen; aus dem Nachlass). In: Heinrich Heine: Sämtliche Schriften. Hrsg. von Klaus Briegleb. Vierter Band. München und Wien: Carl Hanser Verlag 1971, 2. Auflage 1978, S. 455

Heine, Heinrich: Nachtgedanken; S. 159 und 171 Aus: Heinrich Heine: Neue Gedichte. Abteilung Zeitgedichte (dort Gedicht XXIV, 1844) In: Heinrich Heine: Sämtliche Schriften. Hrsg. von Klaus Briegleb. Vierter Band. München und Wien: Carl Hanser Verlag 1971, 2. Auflage 1978, S. 432 f.

Helmke, Frank-Michael: [Filmrezension zu „Blueprint"]; S. 225 Aus: http://www.filmszene.de/kino/b/blueprint.html (letzter Zugriff: 20. April 2006)

Herwegh, Georg: Wiegenlied; S. 172 Zitiert nach: Das große deutsche Gedichtbuch. Von 1500 bis zur Gegenwart. Neu hrsg. und aktualisiert von Karl Otto Conrady. München: Artemis & Winkler Verlag 1991, 3. Auflage 1994, S. 334

Hesse, Hermann: Unterm Rad; S. 255 Aus: Hermann Hesse: Unterm Rad. Erzählung. Frankfurt am Main: Suhrkamp Verlag 1970, S. 7 und 46 (suhrkamp taschenbuch 52)

Heym, Georg: Die Stadt; S. 96 Aus: Georg Heym: Dichtungen und Schriften. Gesamtausgabe. Hrsg. von Karl Ludwig Schneider. Band 1: Lyrik. Hamburg und München: Verlag Heinrich Ellermann 1964, S. 452

Heym, Stefan: „Liebe Freunde, Mitbürger […]"; S. 21 Zitiert nach: http://www.dhm.de/ausstellungen/4november1989/heym.html (letzter Zugriff: 2. Januar 2014)

Hilbig, Wolfgang: Berlin. Sublunar; S. 97 Aus: Wolfgang Hilbig: Werke. (2 Bände). Hrsg. von Jörg Bong, Jürgen Hosemann und Oliver Vogel. Band 1: Gedichte. Mit einem Nachwort von Uwe Kolbe. Frankfurt am Main: S. Fischer Verlag 2008, S. 266

Himmler, Heinrich: Runderlass „zur Bekämpfung der Zigeunerplage"; S. 137 Zitiert nach: http://www.arche.or.at/geschichte.html (letzter Zugriff: 5. Januar 2014)

Hoddis, Jakob van: Weltende; S. 162 Aus: Jakob van Hoddis: Weltende. Gedichte. Die zu Lebzeiten veröffentlichten Gedichte. Hrsg. von Paul Raabe. Zürich und Hamburg: Arche Verlag 2001, S. 9 (Erstveröffentlichung in „Der Demokrat", Ausgabe vom 11. Januar 1911)

Höss, Dieter: Maria Stuart oder Elisabeth Tudor?; S. 148 Aus: Dieter Höss: An ihren Dramen sollt ihr sie erkennen. 50 starke Stücke. Frankfurt am Main: Verlag Bärmeier und Nikel 1967, S. 31

Hofmann von Hofmannswaldau, Christian: Die Welt; Beschreibung vollkommener Schönheit; S. 234 und 235 Zitiert nach: Das große deutsche Gedichtbuch. Von 1500 bis zur Gegenwart. Neu hrsg. und aktualisiert von Karl Otto Conrady. München: Artemis & Winkler Verlag 1991, 3. Auflage 1994, S. 66 f. und 65

Irtenjew, Igor: Der Zettel; S. 102 f. Aus: Nieder mit der Mafia! Neue russische Kurzprosa. Russisch/Deutsch. Hrsg. und übersetzt von Valentina Bally. Stuttgart: Reclam Verlag 2000, S. 114–119

Kästner, Erich: Kennst Du das Land, wo die Kanonen blühn?; S. 173 Aus: Erich Kästner: Werke. Hrsg. von Franz Josef Görtz. Band I: Zeitgenossen, haufenweise. Gedichte. Hrsg. von Harald Hartung in Zusammenarbeit mit Nicola Brinkmann. München und Wien: Carl Hanser Verlag 1998, S. 26 (Erstveröffentlichung in „Das Tage-Buch", Ausgabe vom 29. Oktober 1927; erste Buchausgabe: „Herz auf Taille", 1928)

Kafka, Franz: Eine kaiserliche Botschaft; S. 100 Aus: Franz Kafka: Gesammelte Werke in zwölf Bänden. Nach der Kritischen Ausgabe hrsg. von Hans-Gerd Koch. Band 1: Ein Landarzt und andere Drucke zu Lebzeiten. Frankfurt am Main: Fischer Taschenbuch Verlag 1994, S. 221 f.

Kafka, Franz: [Der Aufbruch]; [Heimkehr]; S. 141 Aus: Franz Kafka: Gesammelte Werke in zwölf Bänden. Nach der Kritischen Ausgabe hrsg. von Hans-Gerd Koch. Band 8: Das Ehepaar und andere Schriften aus dem Nachlaß. Frankfurt am Main: Fischer Taschenbuch Verlag 1994, S. 11 und 162 f.

Kanewskij, Alexander: Im Kreis; S. 140 Aus: Nieder mit der Mafia! Neue russische Kurzprosa. Russisch/Deutsch. Hrsg. und übersetzt von Valentina Bally. Stuttgart: Reclam Verlag 2000, S. 121–123

Kehlmann, Daniel: Die Vermessung der Welt; S. 251 Aus: Daniel Kehlmann: Die Vermessung der Welt. Roman. Reinbek bei Hamburg: Rowohlt Verlag 2005, S. 300

Kennedy, John F.: „Ich bin ein Berliner."; S. 22–24 Aus: John F. Kennedy: Dämme gegen die Flut. Frankfurt am Main: S. Fischer Verlag 1964, S. 181–183. Zitiert nach: http://www.berlin.de/berlin-im-ueberblick/geschichte/historische-reden/kennedyrede.de.html (letzter Zugriff: 28. Februar 2014)

Kerner, Charlotte: Blueprint – Blaupause; S. 212, 214, 216 und 222 Aus: Charlotte Kerner: Blueprint – Blaupause. Roman. Weinheim und Basel: Verlag Beltz & Gelberg 1999, 2001, 2004, Neuauflage 2012, S. 82 f.,36 f., 71, 114 f., 35, 36, 133 und 41

Kleist, Heinrich von: Anekdote aus dem letzten preußischen Kriege; S. 252 f. Aus: Heinrich von Kleist: Sämtliche Erzählungen. Anekdoten. Gedichte. Schriften. Hrsg. von Klaus Müller-Salget. Frankfurt am Main: Deutscher Klassiker Verlag 2005, S. 356 f. (Deutscher Klassiker Verlag im Taschenbuch. Band 5)

Klüger, Ruth: Frauen lesen anders; S. 176 Aus: Ruth Klüger: Frauen lesen anders. München: Deutscher Taschenbuch Verlag 1996, S. 96

Krüger, Michael: Tagesschau; S. 160 Aus: Michael Krüger: Ins Reine. Gedichte. Berlin: Suhrkamp Verlag 2010, S. 113

Kürzeder, Heinrich: Multitasking ist eine Illusion; S. 39 Zitiert nach: http://bildung.pr-gateway.de/zeitmanagement-experte-martin-krengel-multitasking-ist-eine-illusion/ (letzter Zugriff: 14. Februar 2014)

Kunert, Günter: Hinausschauen; S. 99 Aus: Günter Kunert: Tagträume in Berlin und andernorts. Kleine Prosa. Erzählungen. Aufsätze. München: Carl Hanser Verlag 1972, S. 44

Kunert, Günter: Sintflut; S. 143 Aus: Günter Kunert: Der Mittelpunkt der Erde. Berlin: Eulenspiegel Verlag 1975, S. 60–63

Kunze, Reiner: Düsseldorfer Impromptu; S. 91 Aus: Reiner Kunze: sensible wege. Reinbek bei Hamburg: Rowohlt Verlag 1969, S. 11

Kunze, Reiner: Die wunderbaren Jahre: Mitschüler; Schießbefehl; S. 113 Aus: Reiner Kunze: Die wunderbaren Jahre. Frankfurt am Main: S. Fischer Verlag 1976, S. 30 und 16

Lasker-Schüler, Else: Weltende.; S. 163 Aus: Else Lasker-Schüler: Werke und Briefe. Kritische Ausgabe. Im Auftrag des Franz-Rosenzweig-Zentrums der Hebräischen Universität Jerusalem, der Bergischen Universität Wuppertal und des Deutschen Literaturarchivs Marbach am Neckar hrsg. von Norbert Oellers, Heinz Rölleke und Itta Shedletzky. Band 1.1: Gedichte. Bearbeitet von Karl Jürgen Skrodzki unter Mitarbeit von Norbert Oellers. Frankfurt am Main: Jüdischer Verlag im Suhrkamp Verlag 1996, S. 75 (Erstdruck in: Moderne deutsche Lyrik, 1903, S. 331)

Lawlor, David W.: [Nach dem Entropiegesetz der Thermodynamik …]; S. 261 Aus: David W. Lawlor: Photosynthese: Stoffwechsel – Kontrolle – Physiologie. Stuttgart: Thieme Verlag 1990, S. 1

Lehnartz, Sascha: Die Power Pointe; S. 10 f. Aus: SZ-Magazin (Süddeutsche Zeitung), Ausgabe vom 26. März 2004, S. 24

Loerke, Oskar: Blauer Abend in Berlin; S. 92 Aus: Oskar Loerke: Wanderschaft (1911). In: Oskar Loerke: Sämtliche Gedichte. Hrsg. von Uwe Pörksen und Wolfgang Menzel. Mit einem Essay von Lutz Seiler. Band 1. Göttingen: Wallstein Verlag 2010, S. 55

Logau, Friedrich von: Des Krieges Buchstaben; Abgedankte Soldaten; S. 159 und 234 Zitiert nach: Das große deutsche Gedichtbuch. Von 1500 bis zur Gegenwart. Neu hrsg. und aktualisiert von Karl Otto Conrady. München: Artemis & Winkler Verlag 1991, 3. Auflage 1994, S. 33 (beide Gedichte)

Loriot: Bundestagsrede; S. 107 Aus: Loriot: Gesammelte Prosa. Copyright © 2006 Diogenes Verlag AG Zürich

Malkowski, Rainer: Schöne seltene Weide; S. 69 Aus: Rainer Malkowski: Was für ein Morgen. Gedichte. Frankfurt am Main: Suhrkamp Verlag 1975, S. 51 (edition suhrkamp 792)

McLuhan, Marshall: [Alle Medien krempeln uns völlig um]; S. 247 Aus: Marshall McLuhan: Das Medium ist die Massage. Ein Inventar medialer Effekte. Zusammengestellt von Jerome Agel. Übersetzt von Martin Baltes und Rainer Höltschl. Stuttgart: J.G. Cotta'sche Buchhandlung Nachfolger 2011. 2. Auflage 2012, S. 26

Meid, Volker: [Über die literarischen Gattungen „Parabel" und „Parodie"]; S. 99 und 107 Aus: Volker Meid: Sachwörterbuch zur deutschen Literatur. Stuttgart: Reclam Verlag 1999, S. 384 und 386 (RUB 18129)

Melia, Paul: We Two Boys Together Clinging; S. 70 Aus: Exciting times are ahead. David Hockney. Hrsg. von der Kunst- und Ausstellungshalle der Bundesrepublik Deutschland, Bonn. Leipzig: E. A. Seemann Verlag 2001, S. 62

Merkel, Angela: Der Weg zur Energie der Zukunft; S. 26–28 Zitiert nach: http://www.bundestag.de/dokumente/protokolle/plenarprotokolle/plenarprotokolle/17114.txt (letzter Zugriff: 12. Januar 2014)

Misik, Robert: Alles Ware. Glanz und Elend der Kommerzkultur; S. 58 f. Aus: Robert Misik: Alles Ware. Glanz und Elend der Kommerzkultur. E-Book. Berlin: Berlin-Verlag 2010 (ohne Seitenangaben)

Mitscherlich, Alexander: Die Unwirtlichkeit unserer Städte; S. 208 Aus: Alexander Mitscherlich: Die Unwirtlichkeit unserer Städte. Anstiftung zum Unfrieden. Frankfurt am Main: Suhrkamp Verlag 1965, S. 9

Mörike, Eduard: Er ist's; S. 250 Aus: Eduard Mörike: Werke und Briefe. Historisch-kritische Gesamtausgabe. Hrsg. von Hubert Arbogast, Hans-Henrik Krummacher, Hubert Meyer und Bernhard Zeller. Erster Band: Gedichte. Erster Teil: Text. Hrsg. von Hans-Henrik Krummacher. Stuttgart: J. G. Cotta'sche Buchhandlung Nachfolger GmbH 2003, S. 41

Mörike, Eduard: Um Mitternacht; S. 148 Aus: Eduard Mörike: Werke in einem Band. Hrsg. von Herbert G. Göpfert. München und Wien: Carl Hanser Verlag 1977, S. 100 f.

Molcho, Samy: [Unsere Körpersprache ist deutlicher]; S. 245 Aus: Samy Molcho: Körpersprache. München: Mosaik Verlag GmbH 1983, S. 11 und 26

Morgner, Irmtraud: Das Duell; S. 114–117 Aus: Irmtraud Morgner: Hochzeit in Konstantinopel. Roman. München: Carl Hanser Verlag o. J. (1969) (Lizenzausgabe des Aufbau-Verlags Berlin und Weimar), S. 12–17

Morgner, Irmtraud: Das Seil; S. 152–157 Aus: Auskunft. Neue Prosa aus der DDR. Hrsg. von Stefan Heym. München, Gütersloh, Wien: C. Bertelsmann Verlag 1974, S. 65–73 (AutorenEdition)

Müller, Heiner: Das Eiserne Kreuz; S. 72 f. Aus: Heiner Müller: Werke 2. Die Prosa. Hrsg. von Frank Hörnigk in Zusammenarbeit mit der Stiftung Archiv der Akademie der Künste, Berlin. Redaktionelle Mitarbeit: Kristin Schulz. Frankfurt am Main: Suhrkamp Verlag 1999, S. 72–74 (Erstveröffentlichung in: Neue deutsche Literatur, Berlin 1/1956, S. 75 f.)

Novalis: [Wenn nicht mehr Zahlen und Figuren]; S. 241 In modernisierter Schreibweise zitiert nach: Novalis: Werke, Tagebücher und Briefe Friedrich von Hardenbergs. Hrsg. von Hans-Joachim Mähl und Richard Samuel. 3 Bände. Band I: Das dichterische Werk, Briefe und Tagebücher. Hrsg. von Richard Samuel. München und Wien: Carl Hanser Verlag 1978, S. 395

Opitz, Martin: Ach Liebste, lass uns eilen; S. 237 Zitiert nach: Deutsche Liebeslyrik. Hrsg. von Hans Wagener. Stuttgart: Reclam Verlag 1982, S. 62 f.

Opitz, Martin: Carpe diem; S. 227 Aus: Deutsche Lyrik des Barock. Hrsg. von Herbert Cysarz. Stuttgart: Reclam Verlag 1957

Petersen, Detlef Friedrich: [Über die Filmmusik zu „Blueprint"]; S. 217 Aus: Presseheft zu „Blueprint". Hamburg: Relevant Film, S. 31

Polke-Majewski, Karsten: Warum wir das Unmögliche wagen; S. 201–203 Aus: Zeit Online, Beitrag vom 22. Februar 2012. Zitiert nach: http://www.zeit.de/wissen/2012-02/geboren-2012-essay (letzter Zugriff: 13. Februar 2014)

Rathenow, Lutz: Böse Geschichte mit gutem Ende; S. 118 f. Aus: Lutz Rathenow. Die lautere Bosheit. Satiren. Faststücke. Prosa. Remchingen: Maulwurf Verlagsgesellschaft 1992, S. 115–117

Rau, Cornelia: Der Erlkönig im Internet; S. 211 Zitiert nach: http://www.balladen.de/web/sites/neueballaden/ballade.php?b27=0&b16=11 (letzter Zugriff: 12. März 2014)

Reagan, Ronald: „Mr. Gorbachev, open this gate! […]"; S. 21 Zitiert nach: http://www.bundestag.de/dokumente/textarchiv/2012/39330642_kw24_kalender_reagan/ (letzter Zugriff: 2. Januar 2014)

Rebhandl, Bert: Trügerisches Glück. Karin Brandauers Verfilmung von Erich Hackls „Sidonie"; S. 128 Originalbeitrag für die DVD-Hülle der Veröffentlichung des Films innerhalb der Reihe DER ÖSTERREICHISCHE FILM | EDITION DER STANDARD. © Wien: Hoanzl VertriebsGmbH 2011

Reuter, Ernst: „Ihr Völker der Welt […]"; S. 20 Zitiert nach: http://www.berlin.de/berlin-im-ueberblick/geschichte/historische-reden/ernstreuterrede.de.html (letzter Zugriff: 2. Januar 2014)

Riedmann, Hubert: Rhetorische Mittel; S. 277 f. Aus: DIE ZEIT Medienkunde 2011/12, S. 40–42. Mit freundlicher Genehmigung des ZEIT-Verlags

Rilke, Rainer Maria: Herbsttag; Menschen bei Nacht; S. 255 und 268 Aus: Rainer Maria Rilke: Das Buch der Bilder (1902 und 1906). In: Rainer Maria Rilke: Sämtliche Werke. Hrsg. vom Rilke-Archiv in Verbindung mit Ruth Sieber-Rilke besorgt durch Ernst Zinn. Erster Band: Gedichte. Erster Teil. Frankfurt am Main: Insel Verlag 1955, 1987, S. 398 und 392 (insel taschenbuch 1101)

Rist, Johann: Über das Hofleben; S. 232 Aus: Barock-Lyrik. Hrsg. von Dietrich Steinbach. Stuttgart: Klett Verlag 1984, S. 66 f.

Rohwetter, Marcus: Bald werden wir alle … oder auch nicht. Die großen Pleiten der Technikpropheten; S. 206 f. Aus: Zeit Online, Beitrag vom 27. März 2013. Zitiert nach: http://www.zeit.de/2013/14/gescheiterte-utopien (letzter Zugriff: 13. Februar 2014)

Roth, Joseph: Der blinde Spiegel; S. 248 Aus: Joseph Roth: Der blinde Spiegel. In: Joseph Roth: Werke. Vierter Band: Romane und Erzählungen 1916–1929. Hrsg. und mit einem Nachwort von Fritz Hackert. Köln: Verlag Kiepenheuer & Witsch 1989, sowie: Amsterdam: Verlag Allert de Lange, S. 359 f.

Rothe, Wolfgang: Großstadtlyrik im Expressionismus; S. 86 Aus: Wolfgang Rothe. Einleitung. In: Wolfgang Rothe (Hrsg.): Deutsche Großstadtlyrik vom Naturalismus bis zur Gegenwart. Stuttgart: Reclam Verlag 1973, S. 13 f.

Sahl, Hans: Die Letzten; S. 138 Aus: Hans Sahl: Wir sind die Letzten. 1933–1975. Frankfurt am Main: Luchterhand Literaturverlag 1991 (Erstausgabe: 1976), S. 7

Sauerbrey, Anna: Zeit, die blutige Tyrannin [Auszüge]; S. 41 Aus: Der Tagesspiegel vom 31. 12. 2011. Zitiert nach: http://www.tagesspiegel.de/meinung/essay-zeit-die-blutige-tyrannin/6008698.html (letzter Zugriff: 13. Februar 2014)

Schädlich, Hans Joachim: Tibaos; S. 149–151 Aus: Hans Joachim Schädlich: Versuchte Nähe. Prosa. Reinbek bei Hamburg: Rowohlt Verlag 1980, S. 59–63

Schiller, Friedrich: Maria Stuart; S. 177, 180–185, 191, 193, 198 f. Aus: Friedrich Schiller: Sämtliche Werke. Auf Grund der Originaldrucke hrsg. von Gerhard Fricke und Herbert G. Göpfert. Zweiter Band: Dramen II. München: Carl Hanser Verlag 1981, S. 549–686

Schiller, Friedrich: Auszüge aus zwei Briefen an Goethe zu „Maria Stuart"; S. 196 Aus: Schiller/Goethe: Briefwechsel. Hrsg. von Emil Staiger. Revidierte Neuausgabe von Hans-Georg Dewitz. Frankfurt am Main und Leipzig: Insel Verlag 2005, S. 760 f. und 763 f. (insel taschenbuch 3125)

Schlaffer, Heinz: [Mit Vorliebe knüpft …]; S. 34 Aus: Artikel „Essay". In: Reallexikon der deutschen Literaturwissenschaft: Neubearbeitung des Reallexikons der deutschen Literaturgeschichte. Hrsg. von Klaus Weimar u. a. Band 1: A–G. Berlin und New York: Verlag Walter de Gruyter 1997, 2007, S. 522

Schnabel, Ulrich: Unsere wichtigste Zeit; S. 42 f. Zitiert nach: http://www.adlershof.de/news/unsere-wichtigste-zeit-essay-von-ulrich-schnabel-wissenschaftsredakteur-der-hamburger-wochenzeitun/ (letzter Zugriff: 13. Februar 2014)

Schneider, Rolf: Herr K. und das Saxophem; S. 147 Aus: Rolf Schneider: Aus zweiter Hand. Literarische Parodien. Berlin und Weimar: Aufbau Verlag 1958, S. 24

Schubert, Helga: Himmel; S. 149 Aus: Helga Schubert: Das verbotene Zimmer. Geschichten. Darmstadt und Neuwied: Hermann Luchterhand Verlag 1982, S. 7

Schulz von Thun, Friedemann: [Aus der Nachricht geht ferner hervor]; S. 242 Aus: Friedemann Schulz von Thun: Miteinander reden. Band 1. Reinbek bei Hamburg: Rowohlt Taschenbuch Verlag 1981, S. 30

Storm, Theodor: Die Stadt; S. 249 Aus: Theodor Storm: Werke in einem Band. Hrsg. von Peter Goldammer. München und Wien: Carl Hanser Verlag 1988, S. 12

Stuart, Maria: Brief an Elisabeth I. vom 19. Dezember 1586; S. 179 Zitiert nach: Maria Stuart: Ich flehe, ich fordere, ich bekenne! Der Königin Briefe. Ausgewählt und übertragen von H. H. von Voigt-Alastair. Heidelberg, Berlin und Leipzig: Verlagsanstalt Hüthig & Co. 1941, S. 399 und 403

Tettamanti, Tito: Die Zukunftsforscher; S. 204 f. Aus: Zeit Online, Beitrag vom 17. Oktober 2013. Zitiert nach: http://www.zeit.de/2013/43/schweiz-nord-sued-achse (letzter Zugriff: 13. Februar 2014)

Tucholsky, Kurt: Ratschläge für einen guten Redner; S. 17 Aus: Kurt Tucholsky: Gesammelte Werke in 10 Bänden. Hrsg. von Mary Gerold-Tucholsky und Fritz J. Raddatz. Band 8: 1930. Reinbek bei Hamburg: Rowohlt Verlag 1960, Taschenbuchausgabe 1975, S. 292 (Schlussteil des Artikels: Ratschläge für einen schlechten Redner)

Vogel, Heinrich: Kreuzgedicht; S. 231 Aus: Text als Figur. Visuelle Poesie von der Antike bis zur Moderne. Ausstellungskatalog der Herzog August Bibliothek Wolfenbüttel (Nr. 56). Hrsg.

von Jeremy Adler und Ulrich Ernst. Weinheim: VCH Verlagsgesellschaft 1987, S. 66

Walser, Robert: Das Stellengesuch; Basta; S. 104 f. und S. 144 f. Aus: Robert Walser: Das Gesamtwerk. Hrsg. von Jochen Greven. Band II: Kleine Dichtungen. Prosastücke. Kleine Prosa. Zürich und Frankfurt am Main: Suhrkamp Verlag 1978, S. 125–127 (Erstdruck in: Kleine Dichtungen, 1914) und 262–265

Walther von der Vogelweide: Ich saz ûf eime steine; S. 264 Zitiert nach: Die deutsche Literatur. Ein Abriß in Text und Darstellung. Hrsg. von Otto F. Best und Hans-Jürgen Schmitt. Band I: Mittelalter I. Hrsg. von Hans Jürgen Koch. Stuttgart: Reclam Verlag 1976, S. 125 f. (RUB 9601)

Watzlawick, Paul, Jeanet H. Beavin und Don J. Jackson: Man kann nicht nicht kommunizieren; S. 244 Aus: Paul Watzlawick, Jeanet H. Beavin und Don J. Jackson: Menschliche Kommunikation. Formen, Störungen, Paradoxien (1969). 12. Auflage. Bern: Verlag Hans Huber 2011, S. 58 f.

Weizsäcker, Richard von: Rede zum 40. Jahrestag des Endes des Zweiten Weltkrieges in Europa; S. 30–33 Zitiert nach: http://www.bundespraesident.de/SharedDocs/Reden/DE/Richard-von-Weizsaecker/Reden/1985/05/19850508_Rede.html;jsessionid=F2223FB8E6AA02BD506F9C3A91206E70.2_cid285 (letzter Zugriff: 5. Januar 2014)

Willmann, Urs: Gedopte Schüler; S. 37 Aus: Zeit Online, Beitrag vom 9. Januar 2014. Zitiert nach: http://www.zeit.de/2014/03/glosse-doping (letzter Zugriff: 13. Februar 2014)

Winter, Rosa: [Wenn ich keine Zigeunerin gewesen wär ...]; S. 132 Zitiert nach: http://www.minderheiten.org/roma/index2.html?http://www.minderheiten.org/roma/textarchiv/texte/winter_kz.htm (letzter Zugriff: 2. Januar 2014)

Wohmann, Gabriele: Kompakt; S. 84 f. Aus: Gabriele Wohmann: Habgier. Erzählungen. Originalgraphiken von Pierre Kröger. Düsseldorf: Verlag Eremiten-Presse 1973, S. 20 f.

Wolfenstein, Alfred: Städter; S. 88 Aus: Menschheitsdämmerung. Ein Dokument des Expressionismus. Mit Biographien und Bibliographien neu herausgegeben von Kurt Pinthus: Berlin bzw. Hamburg: Rowohlt Verlag bzw. Rowohlt Taschenbuchverlag 1920 und 1955, S. 45 f. (Die Fassung in der Anthologie „Menschheitsdämmerung" weicht in Einzelheiten von der Erstfassung des Gedichts ab, das 1914 im Juli-Heft der österreichischen Kulturzeitschrift „Der Merker" erschienen war.)

Zesen, Philipp von: Palm-baum; S. 231 Aus: Text als Figur. Visuelle Poesie von der Antike bis zur Moderne. Ausstellungskatalog der Herzog August Bibliothek Wolfenbüttel (Nr. 56). Hrsg. von Jeremy Adler und Ulrich Ernst. Weinheim: VCH Verlagsgesellschaft 1987, S. 83

Ungenannte Verfasserinnen und Verfasser

[Essays zum Thema „Zeit", Text 1]; S. 36 Abgedruckt mit freundlicher Erlaubnis der Verfasserin

[Schüleressays zum Thema „Zeit", Texte 2, 3 und 5]; S. 36 f. Zitiert nach: http://www.ks-og.de/projekte/Essayprojekt/index.htm (letzter Zugriff: 3. April 2010); abgedruckt mit freundlicher Erlaubnis der Verfasserinnen und Verfasser

„Philosophy for Kids"; S. 47 Aus: http://philosophyforkids.com/startup/bausatz_zum_philosophieren.rtf (letzter Zugriff: 14. Januar 2014)

Rituale – die verkannten Baumeister des Alltags; S. 66 Aus: Stuttgarter Zeitung, Ausgabe vom 21. Januar 1997

Der Ballabend; S. 108 Aus: Goethe-Parodien. Hrsg. von Klaus Schuhmann. Ein Almanach. Leipzig: Faber & Faber Verlag 2007, S. 38 f.

[Vadda und kind]; S. 111 Zitiert nach: http://www.kurzefrage.de/literatur-kunst/132179/Kann-mir-wer-eine-Verarschung-vom-Erlkoenig-von-Goethe-geben-Wichtig-Danke- (letzter Zugriff: 4. Februar 2014; die Urheberin bzw. der Urheber des Gedichts konnte nicht ausfindig gemacht werden; berechtigte Urheberrechtsansprüche werden im Rahmen üblicher Abdruckhonorare gerne auch noch nachträglich abgegolten)

[8. Mai 1945: Europa liegt in Trümmern]; S. 125 Zitiert nach: http://www.bpb.de/geschichte/nationalsozialismus/dossier-nationalsozialismus/ (letzter Zugriff: 9. Januar 2014)

[Anweisung des Reichskriminalpolizeiamtes vom 1. März 1939]; S. 137 Zitiert nach: http://www.sintiundroma.de/sinti-roma/ns-voelkermord/entrechtung/rassenideologie/totale-erfassung.html (letzter Zugriff: 9. Januar 2014)

[Roma Romeo und Sinti Carmen]; S. 139 Zitiert nach: http://www.staatstheater.karlsruhe.de/programm/info/1712/ (letzter Zugriff: 14. Januar 2014)

Definition des „Reichsgerichts"; Definition der „Eisenbahn"; S. 147 Aus: Deutsche Literatur- und Gebrauchsparodien. Hrsg. von Wolfgang Gast. Stuttgart: Reclam Verlag 1958, S. 37

Kino als Sprengstoff-Lager; S. 175 Aus: Süddeutsche Zeitung, Nr. 210, vom 28. September 2004

[Drei Filmrezensionen zu „Blueprint"]; S. 224 Aus: http://www.moviesection.de/v3/filme/1719/Blueprint/ (letzter Zugriff: 9. Mai 2006); http://www.charivari.de/filmkritiken/filmkritiken_010104.php (letzter Zugriff: 9. Mai 2006); http://www.cineclub.de/filmarchiv/2004/blueprint.html (letzter Zugriff: 9. Januar 2014)

[Aus einer Schrift über den absolutistischen Herrscher]; S. 232 Aus: Detlef Albers: Der europäische Absolutismus. Stuttgart: Klett Verlag 1971, S. 11 f.

[Text zum Jugendarbeitsschutz]; S. 254 Aus: Otto Model und Carl Creifels: Staatsbürgertaschenbuch. München: Verlag C. H. Beck 1978, S. 687

[Mit dem Begriff „Common Rail" ...]; S. 261 Zitiert nach: http://www.volkswagen.de/de/technologie/technik-lexikon.common-rail-system.html (letzter Zugriff: 17. Januar 2014)

[Nach dem Entropiegesetz der Thermodynamik ...]; S. 261 Siehe: Lawlor, David W.

§ 823 Schadensersatzpflicht; S. 261 Aus: BGB (Bürgerliches Gesetzbuch)

[Der EU-Gesetzgeber bestimmt ...]; S. 261 Aus: Standardtext der Kundeninformationen von Banken und Sparkassen zur Einführung des SEPA-Zahlverfahrens (ab Februar 2014)

Ein schön new Lied / genannt Der / Teutsche Michel / etc; S. 266 Zitiert nach: http://de.wikisource.org/wiki/Ein_sch%C3%B6n_new_Lied_genannt_Der_Teutsche_Michel (letzter Zugriff: 17. Januar 2014)

Das Nibelungenlied; S. 269 Aus: Das Nibelungenlied. 1. Teil. Mittelhochdeutscher Text und Übertragung. Hrsg., übersetzt und mit einem Anhang versehen von Helmut Brackert. Frankfurt am Main: Fischer Taschenbuch Verlag 1970, 108. bis 112. Tausend: Juli 1993, S. 6 f.

Bildquellen

10: Mertins, Harald, Vollbüttel, Gemeinde Ribbesbüttel; 13: fotolia.com, New York (masterzphotofo); 14, 15: Rudel, Thomas, Tübingen; 16: fotolia.com, New York; 20: akg-images GmbH, Berlin; 21 o.: ullstein bild, Berlin (Ritter); 21 u.: ullstein bild, Berlin; 22: akg-images GmbH, Berlin (Gert Schütz); 24 o.: Picture-Alliance GmbH, Frankfurt/M. (dpa / Alfred Hennig); 24 u.: INTERFOTO, München (TV-Yesterday); 25: ullstein bild, Berlin (Reuters / HO); 26: Picture-Alliance GmbH, Frankfurt/M. (dpa / Michael Kappeler); 34: Thinkstock, Sandyford/Dublin (Lobke Peers); 38: Bridgeman Art Library Ltd. Berlin, Berlin (Museum of Modern Art, New York, USA / © Salvador Dalí, Fundació Gala-Salvador Dalí / VG Bild-Kunst, Bonn 2014); 40: wikimedia.commons; 43: akg-images GmbH, Berlin; 46: Scala Archives, Bagno a Ripoli/Firenze; 51: Schroeder, Niels, Berlin; 54: Hanel, Walter, Bergisch Gladbach; 56: ullstein bild, Berlin (Solcher); 58: bpk – Bildagentur für Kunst, Kultur und Geschichte, Berlin (© Andreas Gursky/VG Bild-Kunst, Bonn 2014. Courtesy Sprüth Magers, Berlin London); 60: fotolia.com, New York (© Syda Productions); 64: Grauert, Christiane, Milwaukee/WI; 69: ullstein bild, Berlin (Ritter); 70: © Hockney, David, California – Los Angeles; 72: Picture-Alliance GmbH, Frankfurt/M. (ZB / © Thomas Lehmann); 73: Grauert, Christiane, Milwaukee/WI; 78: ullstein bild, Berlin (Schleyer); 79: Grauert, Christiane, Milwaukee/WI; 82: Artothek, Weilheim (Ohio, Columbus Museum of Art. Museum Purchase, Howald Fund, 1954.031); 84: ullstein bild, Berlin (B. Friedrich); 86: bpk – Bildagentur für Kunst, Kultur und Geschichte, Berlin (Hermann Buresch / VG Bild-Kunst, Bonn 2014); 88: akg-images GmbH, Berlin (Bildarchiv Pisarek); 94: akg-images GmbH, Berlin; 98: Visipix.com, Niedergatt; 99: ullstein bild, Berlin (Probst); 100 o.: ullstein bild, Berlin; 100 u., 103: Grauert, Christiane, Milwaukee/WI; 104 o.: akg-images GmbH, Berlin; 104 u.: Grauert, Christiane, Milwaukee/WI; 106: ullstein bild, Berlin (Timpe); 108: ullstein bild, Berlin (Haeckel Archiv); 109 o.: Buchholz, Martin, Berlin; 109 u.: ullstein bild, Berlin (AP); 112: Landesbank Berlin AG (Maria Lassnig); 113 o.: ullstein bild, Berlin (Binder); 113 u.: BStU, Berlin; 114: ullstein bild, Berlin (Mehner); 115: akg-images GmbH, Berlin (ddrbildarchiv.de); 116: ullstein bild, Berlin (Messerschmidt); 117: ullstein bild, Berlin (Schöning); 118: ullstein bild, Berlin (B. Friedrich); 119: Grauert, Christiane, Milwaukee/WI; 120: ullstein bild, Berlin (D. M. Marcovicz); 121: ullstein bild, Berlin (Funke); 122 l.: ullstein bild, Berlin (CARO / Christoph Eckelt); 122 r.: ullstein bild, Berlin; 123 l.: ullstein bild, Berlin (Nowosti); 123 r.: ullstein bild, Berlin; 124 m.: Bündnis für Demokratie und Toleranz; 124 o.: Schauspielhaus Salzburg, Salzburg (Foto: Eva Maria Griese); 124 u.: Bundeszentrale für politische Bildung, Bonn; 125 l.: akg-images GmbH, Berlin; 125 r.: ullstein bild, Berlin; 126: Diogenes Verlag AG, Zürich ; 128: mauritius images GmbH, Mittenwald (United Archives); 129: Diogenes Verlag AG, Zürich (© 2000 / aus: Materialien zu Abschied von Sidonie von Erich Hackl); 131: bpk – Bildagentur für Kunst, Kultur und Geschichte, Berlin; 132 o.: Verein Ketani für Sinti und Roma, Linz (© Rosa Gitta Martl); 132 u.: Lagergemeinschaft Ravensbrück und Freundinnen, Wien (Helga Amesberger); 133: Diogenes Verlag AG, Zürich (© 2000 / aus: Materialien zu Abschied von Sidonie von Erich Hackl); 138: Gemeindekindergarten Sidonie Adlersburg, Neuzeug; 139 o.: www.bildbuehne.de, Berlin (© David Baltzer); 139 u.: Grünschloß, Felix, Karlsruhe; 140–157: Grauert, Christiane, Milwaukee/WI; 158: Picture-Alliance GmbH, Frankfurt/M. (United Archives/DEA Picture LIBRARY); 160 o.: ullstein bild, Berlin (dpa); 160 u.: ullstein bild, Berlin (Jürgen Bauer); 161: fotolia.com, New York (© unitypix); 162: wikimedia.commons; 163: ullstein bild, Berlin; 164: ullstein bild, Berlin (Imagno); 165: aus: Diercke Schulatlas, Für höhere Lehranstalten, Grosze Ausgabe. Neunundsechzigste Auflage, ausgeführt in der kartographischen Anstalt von Georg Westermann in Braunschweig, 1929; 166: ullstein bild, Berlin (dpa); 167: akg-images GmbH, Berlin (János Kalmár); 169: Bertram, Dr. Mathias, Berlin (Roger Melis); 169 u.: Verlagsarchiv, Braunschweig; 172: akg-images GmbH, Berlin (© VG Bild-Kunst, Bonn 2014); 174 l.: Verlagsarchiv, Braunschweig; 174 r.: gezett.de, Berlin; 176 l.: Picture-Alliance GmbH, Frankfurt/M. (dpa); 176 r.: Theater Freiburg (© Maurice Korbel); 177 o.: akg-images GmbH, Berlin; 177 u.: Picture-Alliance GmbH, Frankfurt/M. (dpa); 178 l.: wikimedia.commons; 178 r.: Artothek, Weilheim; 186: DRAMA. Agentur für Theaterfotografie, Berlin (Gianmarco Bresadola); 190: Dreher, Matthias, Stuttgart; 193: Hupfeld, Birgit, Bochum; 200: fotolia.com, New York (© Coloures-Pic); 202: fotolia.com, New York (© alphaspirit); 205: fotolia.com, New York (© Sergey Nivens); 206: fotolia.com, New York (© NLshop); 207: fotolia.com, New York (© kirstypargeter); 208: ullstein bild, Berlin (CARO / Tanja Schnitzler); 210 l.: RELEVANT FILM, Hamburg (Bernd Spanke); 210 r.: Beltz & Gelberg in der Verlagsgruppe Beltz, Weinheim; 211 1, 4: RELEVANT FILM, Hamburg (Bernd Spauke); 211 2, 3: dfd Deutscher Fotodienst GmbH/ddp images, Hamburg; 213: RELEVANT FILM, Hamburg (Bernd Spauke); 215 o. l.: RELEVANT FILM, Hamburg (Bernd Spauke); 215 u. l.: dfd Deutscher Fotodienst GmbH/ddp images, Hamburg; 215 o. r., u. r., 217, 218 o. l., m. l., m. r.: dfd Deutscher Fotodienst GmbH/ddp images, Hamburg; 218 o. r., u. l., u. r: RELEVANT FILM, Hamburg (Bernd Spauke); 219: Westermann-Archiv, Braunschweig; 221: dfd Deutscher Fotodienst GmbH/ddp images, Hamburg; 222: RELEVANT FILM, Hamburg (Bernd Spauke); 226: Artothek, Weilheim; 227: Mauritshuis, Den Haag; 228: Artothek, Weilheim; 229: akg-images GmbH, Berlin; 230 1: Kesper, Ingrid, Salzkotten; 230 2: mauritius images GmbH, Mittenwald (Werner Otto); 231: Herzog August Bibliothek, Wolfenbüttel; 234: Trux, Stefan, Großkarolinenfeld; 235: Visipix.com, Niedergatt; 236: akg-images GmbH, Berlin; 237: Picture-Alliance GmbH, Frankfurt/M.; 238: wikimedia.commons; 239 1: fotolia.com, New York (Mint Foto); 239 2: fotolia.com, New York (© von Lieres); 239 4: fotolia.com, New York (© B. Wylezich); 239 5: fotolia.com, New York (© obelicks); 239 6: fotolia.com, New York (© Andrey Semenov); 239 7: fotolia.com, New York (© Andrey Kuzmin); 240: fotolia.com, New York (© thingamajiggs); 241: Shutterstock.com, New York (altanaka); 242 o.: Prof. Schulz von Thun, Hamburg; 244: Streuli, Beat, Wädenswil (© Beat Streuli); 245 o.: ullstein bild, Berlin (Rudolf Dietrich); 245 u.: Kobal Collection, Berlin (images.de); 246 o.: Sprüth Magers Berlin; 246 u.: Jeff Wall Studio, Vancouver (Jeff Wall, Outburst, 1989, transparency in lightbox, 229.0 x 312.0 cm, Courtesy of the artist); 247: Getty Images, München (Hulton Archive / Ulf Andersen); 248: akg-images GmbH, Berlin; 249, 250 l.: wikimedia.commons; 250 u., 252: akg-images GmbH, Berlin; 256 o. l., u. l., u. r.: ddp images GmbH, Hamburg; 256 o. r.: Cinetext Bildarchiv, Frankfurt am Main (RR); 259 m. l.: fotolia.com, New York (© ufotopixl10); 259 m. r.: Picture-Alliance GmbH, Frankfurt/M.; 259 o. l.: fotolia.com, New York (© jorisvo); 259 o. r.: fotolia.com, New York (© pict rider); 259 u. l.: Kösel-Verlag, München; 259 u. r.: aus: Musik um uns 2/3, Metzler Verlag, 2002, S. 52; 264: akg-images GmbH, Berlin; 265 o. : wikimedia.commons; 265 u.: akg-images GmbH, Berlin; 266: wikimedia.commons; 267 o.: Picture-Alliance GmbH, Frankfurt/M. (rtn, Ulrike Blitzner); 267 u.: ullstein bild, Berlin (Sven Simon); 269: Visipix.com, Niedergatt.